◆ 作者简介

顾理平，江苏江阴人。南京师范大学新闻与传播学院二级教授、博士生导师、教授委员会主任。国家社科基金重大项目首席专家。2003—2016年，任新闻与传播学院党委书记、院长。兼任教育部新闻卓越人才培养专家指导委员会委员。2016年，联合复旦大学、中国人民大学等高校发起成立中国新闻史学会媒介法规与伦理专业委员会并被选为首任理事长，2021年获连任至今。

先后出版《新闻传播法学》等个人独著12部。在《新闻与传播研究》等一流期刊发表论文两百余篇。是我国新闻传播法学领域的拓荒者和研究成果最为丰硕的学者之一。先后主持国家社科基金项目5项，其中重大项目1项（2021年），重点项目2项（2015年、2019年），重大项目子课题和一般项目各1项。

人工智能时代的
公民隐私保护

◆ 顾理平 著

图书在版编目（CIP）数据

人工智能时代的公民隐私保护 / 顾理平著. -- 北京：商务印书馆，2025. -- ISBN 978-7-100-25090-0

I. D923.04

中国国家版本馆CIP数据核字第2025F7W904号

权利保留，侵权必究。

本书系国家社科基金重点项目"人工智能时代的公民隐私保护研究"结项成果；国家社科基金重大项目"智媒时代的公民隐私保护问题研究"阶段性成果

人工智能时代的公民隐私保护
顾理平　著

商务印书馆出版
（北京王府井大街36号　邮政编码100710）
商务印书馆发行
北京市艺辉印刷有限公司印刷
ISBN 978-7-100-25090-0

2025年6月第1版　　开本 880×1230　1/32
2025年6月北京第1次印刷　印张 13¼
定价：72.00元

目　　录

绪论 …………………………………………………………………… 1
  一、激动人心的技术进展 ………………………………………… 1
  二、人类文明进程中的尊严 ……………………………………… 6
  三、技术进展对公民隐私的影响 ………………………………… 11
  四、生命中微小或终极的隐私记忆 ……………………………… 17

第一章　嬗变与应对：人工智能时代的传媒业 …………………… 20
  第一节　蕴含无限可能的人工智能时代 ………………………… 21
    一、突飞猛进的人工智能技术进展 …………………………… 21
    二、人工智能的发展 …………………………………………… 25
  第二节　人工智能给传媒业带来的革命性变革 ………………… 35
    一、人工智能对传媒业新闻内容生产方式的变革 …………… 35
    二、人工智能对传媒业接收场景的改变 ……………………… 36
    三、人工智能对传媒业传播方式的革新 ……………………… 39
  第三节　人工智能的演进与传媒业的困境 ……………………… 41
    一、传媒业面临的伦理困境 …………………………………… 41
    二、传媒业面临的法律困境 …………………………………… 50
  第四节　人工智能时代传媒业的发展与规制 …………………… 55
    一、技术拓展了传媒业的发展空间 …………………………… 55
    二、人工智能与传媒业的技术治理 …………………………… 58

三、人工智能应用中应强化人的作用的发挥 …… 59

四、人工智能背景下媒体规制中的社会综合治理 …… 60

第五节 传媒业必须积极拥抱人工智能 …… 62

一、理念：智媒化思维 …… 62

二、思路：网络化平台 …… 65

三、实践：智能化生产 …… 66

第二章 演进与省思：公民隐私保护中的前沿问题 …… 69

第一节 隐私作为一种个人特质 …… 70

一、作为一种人格权利的隐私 …… 70

二、作为一种社会资本的隐私 …… 73

第二节 人工智能时代隐私内涵的嬗变 …… 75

一、流动的数据与液态的隐私 …… 76

二、整合型隐私成为数字化社会最主要的隐私类型 …… 80

三、隐私的财产属性持续显现 …… 84

第三节 隐私保护中的前沿问题 …… 88

一、智能生物识别技术应用中的隐私保护 …… 89

二、"万物互联"世界中的隐私保护 …… 92

三、信息披露中的隐私悖论难以消退 …… 94

第三章 公私边界消融：数字化社会公民隐私保护问题的逻辑前提 …… 98

第一节 隐私保护中的公共空间和私人空间 …… 99

一、社会性动物 …… 99

二、公共空间社交行为中的隐私 …… 101

三、寻找私人空间 102
　第二节　边界区隔与个人独处 106
　　一、区隔的意涵 106
　　二、私密性需要以"独处"的方式获得满足体验 109
　第三节　边界区隔：传统媒体时代公民隐私保护的
　　　　　防火墙 110
　　一、农耕社会的隐私及边界区隔 110
　　二、媒体侵扰与隐私权的提出 112
　　三、边界清晰前提下隐私的法律保护 114
　第四节　边界消融：新媒体时代数字人的出现与隐私
　　　　　困境的来临 116
　　一、自然人以数字人形式进入社会生活 116
　　二、公私边界消融及其对隐私保护的影响 119
　　三、隐私数字化带给隐私保护的新课题 123
　第五节　超越边界：理性对待技术进展与数据流动 126
　　一、淡化边界区隔 126
　　二、限制技术能力的野蛮生长 128
　　三、辩证对待数据的控制与流动 129

第四章　从圈子到关系：网络社交应用中的隐私 132
　第一节　从圈子出发理解隐私保护的边界 134
　　一、圈子构成的公私边界区隔 134
　　二、网络交往与网络圈子 137
　第二节　圈子：传统媒体时代的一种隐私边界 141
　　一、圈子中的名誉和隐私 141

二、圈子中的信息传播与隐私 ……………………………… 146
三、圈子中的隐私披露 ……………………………………… 148
第三节 关系：智媒时代隐私边界的渗透 ……………………… 151
一、人际交往中的关系 ……………………………………… 151
二、智能媒体中的强关系与弱关系 ………………………… 155
第四节 边界渗透引发的隐私风险 ……………………………… 157
一、交往的拓展消解着纯粹的私人空间 …………………… 157
二、资源流动中的隐私失控 ………………………………… 161

第五章 监控与挖掘：智能技术的成熟对公民隐私的侵扰 …… 165
第一节 被精准凝视的现代人 …………………………………… 166
一、持续成熟的数据挖掘分析技术 ………………………… 166
二、被监控全方位关注着的个人隐私 ……………………… 168
第二节 社会治理中对公民隐私数据的采集 …………………… 173
一、数字化监控中的现代公民 ……………………………… 174
二、数字化社会治理中的监控 ……………………………… 176
三、有形监控与无形监控 …………………………………… 178
四、隐私数据被主动收集与公民的容忍度 ………………… 181
第三节 商业活动对公民隐私数据的收集 ……………………… 184
一、商业活动中公民隐私数据的外泄 ……………………… 184
二、隐私数据受到普遍的商业挖掘 ………………………… 187
三、隐私主体的选择与行动 ………………………………… 190

第六章 规训与操控：智能生物识别技术带给隐私主体的
终极风险 ……………………………………………… 194

第一节　生物识别：开启数字化生存之门 ………… 195
　一、唯一性是生物特征的核心价值 ………………… 195
　二、永久性成为生命体的存世符号 ………………… 198
　三、生物特征包含众多敏感信息 …………………… 199
第二节　智能生物识别技术应用中的隐私侵害 ……… 200
　一、在贴心服务中寻求对公民隐私的掌控 ………… 201
　二、无感识别可能导致的隐私侵权 ………………… 204
　三、失范识别存在的故意侵权 ……………………… 205
　四、不当应用导致隐私主体身份被复制 …………… 208
第三节　智能生物识别技术对主体的操控 …………… 210
　一、对意图的窥探 …………………………………… 210
　二、借助行为暗示培养成瘾性 ……………………… 212
　三、信息诱惑 ………………………………………… 215
　四、需求创造 ………………………………………… 217
第四节　拥抱还是拒绝：智能生物识别技术的适用
　　　　之惑 ………………………………………… 219
　一、社会进步中的智能生物识别技术 ……………… 219
　二、从显性到隐性的隐私风险 ……………………… 221
　三、主体在技术风险面前的无力感 ………………… 224

第七章　身份何以确认：数字身份的情景化识别 …… 226
第一节　传统媒体时代的身份识别 …………………… 228
　一、身份被识别构成隐私侵权的必要要件 ………… 228
　二、隐私侵权构成要件的法律确认 ………………… 230
　三、新闻信息传播过程中受害人身份的识别 ……… 232

第二节　数字化社会的身份识别 ………………………… 235
一、默认识别：民法侵权要件之违法行为 ………………… 236
二、直接识别：新闻侵权要件之可指认 …………………… 237
三、结合识别：隐私信息侵权中模糊的识别条件 ………… 239

第三节　识别的情景：智媒平台中身份识别的类型 ……… 241
一、基于"收集—存储"的直接识别情景 ………………… 242
二、基于"处理—加工"的整合识别情景 ………………… 245
三、基于"提供—公开"的扩散识别情景 ………………… 247
四、基于"重组—分类"的群体识别情景 ………………… 249

第四节　法律意义的识别困境：基于情景的辨析 ………… 251
一、身份视角：特定个体的对应与认证 …………………… 252
二、行为视角：对象特征的区分与应用 …………………… 254
三、情景化识别的法律困惑 ………………………………… 256

第五节　隐私侵权纠纷中情景化识别的认定 ……………… 257
一、情景化识别中的直接识别认定 ………………………… 257
二、情景化识别中的间接识别认定 ………………………… 258
三、情景化识别中的群体识别认定 ………………………… 260

第八章　知情同意：隐私保护原则中的实践困境与平衡之道 ……………………………………………………………… 263

第一节　知情同意原则的内涵 ……………………………… 264
一、作为隐私保护基本原则的知情同意 …………………… 264
二、知情同意原则在隐私保护中的实践历史 ……………… 266
三、知情同意原则的内在价值 ……………………………… 270
四、知情与同意的规范构造 ………………………………… 272

第二节　知情同意原则实践中真实意思表示的困境 ……… 275
一、知情的鸿沟：告知义务与知情权利的失衡 ………… 276
二、不同意即退出：同意的裹挟与决定权的失效 ……… 283
三、执行中的未知：模糊地带与无限授权的争议 ……… 286

第三节　知情同意原则科学化适用的设计构想 …………… 289
一、真正的知情意涵 ……………………………………… 290
二、建立可协商式同意机制 ……………………………… 293
三、完善执行环节中的问责与评估体系 ………………… 297

第九章　"数字遗产"：网络空间中逝者隐私的保护 ………… 301

第一节　逝者隐私的概念及已有的法律保护 ……………… 303
一、逝者隐私的概念 ……………………………………… 303
二、不同国家和地区关于逝者隐私保护的规定 ………… 307

第二节　尊严与自主：保护逝者隐私的内在逻辑 ………… 310
一、从尊严和自主的角度关注逝者隐私 ………………… 310
二、"合理隐私期待"可否超越死亡 …………………… 312
三、有关生死的预先自主权利与法律保护 ……………… 314

第三节　逝者隐私保护的现实困境 ………………………… 316
一、逝者隐私何以得到保护 ……………………………… 316
二、中介性平台的协议保护方案 ………………………… 318
三、逝者继承人保护逝者隐私的方案 …………………… 320
四、个体逝世后的隐私悖论 ……………………………… 321

第四节　作为"数字遗产"的逝者隐私保护 ……………… 323
一、作为"数字遗产"的逝者隐私 ……………………… 323
二、"数字遗产"与逝者隐私的保护 …………………… 325

三、"数字遗产"保护的模式 ············ 328

第十章 路径与构想：人工智能时代公民的隐私保护 ············ 332
第一节 公民隐私保护的时代性理念 ············ 333
一、在流动性框架中理解隐私语境 ············ 333
二、在整体性构想中完善隐私保护方案 ············ 335
三、在生态性视角中推进隐私治理 ············ 340
第二节 公民隐私保护的基本路径 ············ 343
一、全社会规则意识的建立 ············ 343
二、法律的底线保护 ············ 346
三、良好隐私自控意识的确立 ············ 353
四、严格科学的隐私自决与知情同意 ············ 356
五、科技向善理念的践行 ············ 361
第三节 隐私保护中的技术可能 ············ 367
一、区块链提供的可能的技术解决方案 ············ 367
二、智能生物识别技术致力于公民隐私保护 ············ 372

结语 ············ 379
一、隐私关注的维度 ············ 379
二、隐私之于生命的意义 ············ 381
三、隐私保护中的意义边界与自主意愿 ············ 384

参考文献 ············ 386
后记 ············ 405

绪　　论

科技进步是推动人类文明持续前行的最大动力。从石器文明时代开始，人类文明不断向前发展，但囿于缓慢的科技进展速度，在数百万年的时间里，只有火、弓箭、房屋之类的发明，才让人告别了茹毛饮血的蛮荒岁月。在漫长的发展进程中，人类长期处于"低水平均衡陷阱"中，日复一日年复一年地在日出而作日落而息的低水平生存状态中循环，无法借助技术取得突破。直到18世纪以后，科技的加速进步推动了产业革命的到来和人类生活方式的变革，社会现代转型的加速发展才真正成为一种现实。在人的现代化转型和人类文明的持续演进中，科技给这个世界带来了无尽的精神财富，也让我们的生活不断趋向美好。

一、激动人心的技术进展

人类科技史上许多突破性的进展，经常源于研究者在经年剖幽析微后的灵光乍现，人工智能技术的发明也不例外。1936年，逻辑学家艾伦·图灵在多年绞尽脑汁深刻思考的基础上，提出了一种神奇的设想：通过对一种可以在无限伸展的纸带上读、写、记忆和擦除标记的设备进行精准定义，将计算机的能力和局限形式化，即创设"图灵机"，随后进展至"通用图灵机"。在这个过程中，他发现"数字化应该比电子化更有趣"。① 经过十余年的持续研究，在 20 世纪 50 年代，艾伦·图灵提出了对人工智能技术发展产生重大影响的"图灵测试"（The Turing test），也就是在人机对话中，测试人类评估者是在与人，还是与机器进行交谈。沿着艾伦·图灵灵光一闪的神奇设想，无数科学家殚精竭虑地持续研究，人工智能技术也在几经波折之后，终于迎来了黄金发展期。

从农耕文明到工业文明，从纸媒传播到电子传播，我们熟悉的、缓慢且坚定进步的这个世界，在万物皆数字化的当下，正在发生着迭代变化，而人工智能技术的进展，则是这种变化的关键推手。相比于人类历史上以机械化特征和蒸汽机发明为标志的第一次工业革命，以及以电气化特征和电的发现为标志的第二次工业革命，当今时代风生水起的以数字化特征和人工智能技术发明为标志的新一轮产业革命，其影响的广泛和深度并不亚于前两次工业革命。而其对人类思维和意识内在的影响，更是前所未有。在前两次工业革命中，人类以独立、主动的主体姿态发挥作用，自身的主体价值得到了彻底的尊重，而人工智能技术在推动社会和人类文明进步的同时，却对人的主体性构成了挑战。例如，人类引以为傲的大脑具有独特的记忆、删除和分析优势，它可以通过对有价值的信息进行分析、整合，进而加以判断和决策，也可以通过删除记忆中相对次要或无用的信息，防止大脑过载。而人工智能可以轻松地记住每一条信息并在对全数据进行分析、整合的基础上加以判断和决策，令判断、决策更趋近理想目标。在这个过程中，人工智能几乎不会存在过载的担忧。更值得关注的是，随着社会数字化步伐的持续进展，与自

---

① 参见〔美〕乔治·戴森（George Dyson）:《图灵的大教堂》，盛杨灿译，浙江人民出版社 2015 年版，第 15 页。

然人相对应的数字人开始出现。它不仅以自然人的对应物自由切换于现实世界与虚拟世界之间,更可以以离身状态,借助智能设备在现实世界中进行身份认证,在虚拟世界中进行社会交往。这种变化不仅仅是一种技术的演进,也是人工智能消解人的主体性的最初尝试。

与人工智能对人的主体性的影响相对应,其对社会的巨大影响也深入宏观和微观的广泛层面。可以说,在当今数字化社会中,人工智能技术的发展水平将直接影响整个国家在国际竞争中的地位和影响力。资本机械和电力动能是全球近代以来社会文明的巨大推动力,而以数据为动能的人工智能正在成为现代文明的强大推动力。进入数字化社会,政治革新、经济发展、文化演进甚至军事竞争,无不依靠人工智能作为国家力量的关键技术支撑。"越来越多的个人行为被记录,对国家而言,这意味着每一个国民个体、每一辆车甚至每一个其他物体都可以被追踪。如果懂得使用数据,那么站在官僚层级的金字塔上,我们的社会将呈现出一种现在就非常清晰而且会越来越清晰的状态,数据就是这个高清社会的纹理。"[①] 智慧国家、智慧城市和智慧社区等的建设,给全体社会成员带来了前所未有的工作场景,而在今天已经变成一种生活日常的数字化生活方式,也依托人工智能的赋能,使人们能够获得感受生命美好的全新体验。

在人工智能的发展过程中,数据发挥着举足轻重的作用,可以这样说:没有大数据技术的成熟,就不会有人工智能的发展。人工智能快速进步的基础,就是大数据的出现。"人工智能需要大量

---

① 涂子沛:《数文明》,中信出版集团2018年版,第XV页。

的数据进行训练，在一定程度上可以理解为，人们给算法'喂'数据来换取智能，如果把人工智能比作一个婴儿，数据就是奶粉，婴儿的成长是数据奶粉不断喂出来的，而这些数据来自人类对自身及其活动的记录。"[1] 没有海量的、层出不穷的数据支撑，人工智能的发展是无法想象的。今天风生水起的生成式人工智能，正是基于对海量的文字、图片、影像的深度机器学习而迅速崛起的。人们的言行持续被数字化，令海量数据存在，成为我们这个社会的基本形态。

数据并不是数字化社会的专有物，但人工智能技术令数据产生现代意义。"我们的文明从一开始就伴随着对数据的使用，可以说数据是文明的基石。"[2] 早期人类通过对自己所生存的世界中的日月交替、四季轮回、草木生长、流水变化等的观察，形成一系列有价值的数据，构成了最初的人类文明的符号。埃及人通过对尼罗河河水涨落变化数据的观察记录，开创了早期的天文学；苏美尔人则通过月亮盈亏的变化数据，制定了太阴历；而希腊人在天文、数学方面的成就主要也将数据作为重要支撑。中国人关于四季时节变化的数据，成为农耕文明社会耕种繁衍的重要科学依据。中国历法中二十四个节气的列表，是依据斗转星移、北斗七星循环旋转的数据记录而产生的。立春之所以成为二十四节气之首，是因此时北斗七星的斗柄指向寅位。在这个时间节点上，大地回春，万物萌生。随后时光在春生夏长、秋收冬藏中完成岁月轮转。中国先民关于星象、时令、气候、物候等方面的数据变化规律的总结，是形成历法的

---

[1] 涂子沛：《数文明》，中信出版集团2018年版，第26页。
[2] 吴军：《智能时代：大数据与智能革命重新定义未来》，中信出版集团2016年版，第9页。

基础。数据与数据之间常常存在诸多神秘的联系,其中的相关关系,则成为大数据技术最为关注的关系,也成为推动人工智能技术的关键要素。数据是"新世纪最重要的原材料,数据就是新石油",区别于石油使用的稀缺性和受特质形态的限制,数据库可以由多个实体接入并创造出不同产品。[1]并且,大数据的使用价值不会因为一次或多次使用而消失,其呈现出"非竞争性"特征,也就是说,这种"新能源"取之不尽,用之不竭。基于大数据技术而迅速发展的人工智能,因此也具备了广阔的发展前景。

经过数十年的发展,人工智能已经从奇妙的学术构想,进展到成为社会发展过程中的一个有机部分,几乎在所有的领域都发挥着不可或缺的作用。当然,作为一种革命性的新技术,人工智能也不可能是完美无缺的,无论技术本身,还是在具体的应用过程中,它也有可能存在所有技术发展之初难于预计的问题。"机器智能如此天翻地覆的革命,不可能不对社会产生巨大的负面影响。我们在给大家展示大数据和机器智能带来的美好前景时,也必须强调它们可能会给很多人的生活带来负面影响。"[2]"从人类历史来看,科技发达并不意味着文明,反而可能意味着野蛮。从15世纪末与16世纪的所谓'地理大发现时代'以来,科技成为西方文明优越性的证明,西方人一手拿着枪,一手拿着《圣经》,用武力征服、掠夺、毁灭其他文明,同时也用西方文明来改造驯化他们眼中的'野蛮人',并为其野蛮行为背书。直到今天,这种基于科技发展水平的等级文明观仍然

---

[1] 〔美〕安德雷斯·韦思岸:《大数据和我们》,胡小锐、李凯平译,中信出版集团2016年版,第18—19页。

[2] 吴军:《智能时代:大数据与智能革命重新定义未来》,中信出版集团2016年版,第339—340页。

是世界上许多矛盾与冲突的根源所在。"[①]

每次技术革命的进展对相关国家和组织产生的影响，取决于这些国家和组织对它的态度：拒绝还是接纳。或者说，在接纳的基础上，如何未雨绸缪，在拥抱新技术巨大红利的同时，防止可能的问题出现，这是最值得关注的。而人工智能正在带给社会全体成员一个重大的问题，即，个体隐私如何安放的问题，这和人们高度关注的尊严等一系列生命的生存发展问题紧密相关。

二、人类文明进程中的尊严

人工智能技术的发展对社会的影响是宏观的、显性的，它以加速社会进步的方式来直观地呈现。对于作为具有主体性的个人来说，这种影响却是具体的、隐性的，它会在潜移默化的长期影响中，体现出技术强大的渗透力。面子（名誉）和隐私是构成主体尊严的两个主要要素，也是人区别于其他生命体的核心要素。在过往的时光里，这两个要素以自身的既有模式发展，较少受外在物影响，形成了自身独有的完善路径。进入数字化社会，这种自我完善的路径正持续受外在物的严重影响。

在中国人的文化记忆里，尊严首先是与面子问题紧紧关联在一起的。面子问题从个体出生开始，就始终在规制和整饰着其生命的演进过程。在传统社会，从刚刚学会记事开始，许多幼儿们就会有诸多禁止性规范的教育，很多情况下被规定"不能"和"不准"，循规蹈矩是一种基本要求，乖巧听话则是好孩子的典型表征。这样的

---

① 鄢一龙：《以道驭器：数智时代科技如何向善》，《中国科技论坛》2023年第6期。

教育不仅关联孩子的形象,更关乎家长的面子。直到进入现代社会,对孩子的禁止性规范的教育才得以减弱,尊重与发展孩子的个性成为许多拥有现代意识的家长们的共同选择。当然,就宏观层面而言,对面子的关注几乎始终是人们生命中最关键的重要部分。林语堂认为命运、恩典和面子是统治中国的"三大女神",而面子"比之命运、恩典,更有势力,而比之宪法更见重视"。[①] 在他看来,面子是一种心理作用,它像生理面貌那样有趣,但比其更为"神妙和动人",所以是"最高等最精细的规范"。将面子落脚于"规范",确实是非常有意思的。我们在日常生活中经常会提到面子,但面子到底是什么却很难明确定义。求人办事,"给我一个面子"往往是开口时的前缀;酒桌文化中,"给不给我面子"往往是软中有硬、极具杀伤力的劝酒话语。如果真的不给人面子,则往往成为难于宽恕的无礼之举。面子既是一种外在的要求和规范,也是一种内在的自我约束。翟学伟认为:"'面子'一直是任何一个在中国生活过的人或接触过中国人的人都能感受到的一种文化心理现象",因此,"真正可以用来概括、描述和分析中国人性格和关系的重要概念之一,便是中国人常用的'脸面'一词。只有提示它的内涵与外延,才算触及了中国人心理与行为的关键"。[②] 他认为,脸面首先是一个日常用语,作为一个隐喻的说法,即"用面部本身的丰富变化来指代复杂的心理和行为"。"脸是一个体为了迎合某一社会圈认同的形象,经过印象整饰后所表现出的心理与行为,而面子是这一业已形成的形象在社会圈人的心目中所产生的序列地位,也叫作心理地

---

① 林语堂:《吾国与吾民》,陕西师范大学出版社2006年版,第190页。
② 翟学伟:《人情、面子与权力的再生产(第二版)》,北京大学出版社2013年版,第153、154页。

位。"① 这些关于面子的学术讨论从一个非常重要的层面，显示了中国人对精神层面主体需求的高度关注。

面子问题直接关联的是中国公民的名誉问题。如果说中国公民对个人隐私曾经并不很重视的话，对名誉的重视却是一以贯之的。学人黄仁宇曾经谈及过的明代邹元标的个案就颇能说明问题。明代有位叫邹元标的官员于1577年得中进士，时年26岁。当时还没有任何官职的他根据圣贤的教导，竟上书指出时任内阁首辅的张居正不肯丁忧的可耻可恶，由此遭遇廷杖并被流放至贵州。1583年冤案昭雪后其被召回北京任职给事中，职司监察。到任不久，他即上书万历皇帝，称其不能清心寡欲。不久后他又二次上书引用"欲人勿闻，莫若勿言"批评皇帝装腔作势，无人君风度，由此再次受到严惩。此种举动，在历代臣子中颇为少见。黄仁宇认为邹元标之所以敢如此作为，是出于"讪君卖直"的声望追求。他们宁可御前犯不敬之罪，也要今日受刑，明日留史册，流芳百世。这说明"忠臣烈士的名誉，确乎是一种高贵的商品"。② 名誉作为公民品德、才能、信用等的社会评价，是面子的标志性体现。墨子在《墨子·修身》中称："名不徒生，而誉不自长"，所以"功成"才能"名遂"，强调人们需要通过努力，去成就名誉。民间谚语中有"树活一张皮，人活一口气"或"雁过留声，人过留名"，说的正是人们对名誉的高度重视。

作为构成主体完整性核心层面的面子问题，始终是人在发展过程中关切的重要问题。对尊严和面子问题有过深入研究的哈佛大

---

① 翟学伟：《人情、面子与权力的再生产（第二版）》，北京大学出版社2013年版，第157、158页。

② 黄仁宇：《万历十五年》，生活·读书·新知三联书店2006年版，第68—69页。

学唐娜·希克斯(Donna Hicks)博士在研究美国人的社会心理后指出:"保留脸面的诱惑就像或战或逃的本能反应一样强大,但是我们或许从来不会意识到这种诱惑对自身而言有多么自然,也不会意识到想要在别人眼里保持良好形象的冲动对自身而言又有多么强烈。"[1] 当个人因为身处某种情境而被人揭穿谎言或被曝光某种丑行从而伤及面子时,通过撒谎或掩盖真相是一种常见的手法。关心美国政治的人们会发现,四年一度的总统大选往往是彼此谎言与事实的拉锯战。巧舌如簧的竞选主张、被揭丑后的拼命掩饰、无可辩驳后的公开道歉……这样的剧情总是会反复上演。"总而言之,人们作出选择的最终目的并非保留脸面,而是要拯救自身尊严。在我看来,每个人必须迫使自己作出决定,因为富有尊严的选择并不会自然而然地如期而至,而是需要经历内在各部分之间的艰苦斗争,这种斗争就是我们在持续发展过程中所必须面对的一切挑战的关键和核心所在。"[2] 另一位研究者美国斯坦福大学的弗朗西斯·福山研究员则从另一个角度来说明了自己的观点:"许多情况下,政治领导人之所以能发动追随者,是因为人们认为该群体的尊严被冒犯、被贬低、被忽视了。这种怨恨唤起该群体的尊严得到公开承认的渴求。比起单纯追逐经济优势的人,渴望恢复尊严的受辱群体怀抱的情感更有分量。"[3] 尊严和面子在许多时候是从个人的角度被讨论的,但在这里变成了一种群体行动。在群体性事件中,尊严也变成了一种可资利用的重要社会动员力量。特朗普担任美国总统期间

---

[1] 〔美〕唐娜·希克斯:《尊严》,叶继英译,中国人民大学出版社 2016 年版,第 142 页。
[2] 同上书,第 146—147 页。
[3] 〔美〕费朗西斯·福山:《身份政治:对尊严与认同的渴求》,刘芳译,中译出版社 2021 年版,第 12—13 页。

发生的"黑人的命也是命（Black Lives Matter）"的抗议和骚乱行动之所以蔓延至全美上百个城市并致使整个社会发生严重的撕裂，群体性尊严被冒犯是一个十分重要的诱因。就如职场或校园性骚扰经常会受到社会广泛关注一样，当一个群体受到感同身受的尊严创伤时，抗争会成为群体不约而同的选择。

美好的旧时光和曾经的荣耀经历不仅是一种共同的文化记忆，也是不容被冒犯的尊严符号。这种情况意味着，一旦尊严或面子受损，无论是作为单独的个体还是作为群体中的个体，都会采取比较激烈的反应来维护尊严或面子。可见，作为尊严表征的面子，是个人在对自我形象管理时刻意建构的一种社会心理形象，是一种自我价值的呈现和社会资源的显现。

网络社会，面子通常可以通过"人设"来表达。网络社会给人们的工作和生活提供了极大的便利性，它可以通过快速传播的方式借助"表演"型塑自己的社会形象，于是人们沉溺其中难于自拔。在现实生活中，一些人借助这个平台的表演，扩大名望和增加财产。传统媒体时代，获得大众传媒的关注和传播是一件十分困难的事，基于媒体规制的要求及平台的稀缺性，绝大多数社会成员并没有通过大众传媒型塑自己形象的机会。进入网络社会，公共传播的便利性几乎可以令每一位拥有智能手机使用能力的人获得"表演"的机会，从而努力去成为自己想成为的人。与此同时，名望的扩大还可以带来财富的增长。"网络经济"在近年持续快速发展，就是一个最好的例证。当然，网络毕竟是一个公共传播平台，网络表演一旦失误，也有可能带来难于预期的灾难性后果。在网络社会中，"社死（社会性死亡）"之所以成为一个热词，就是因为网络事件一旦发生，传播速度极快，当事人很难有寻求自我救济的机会。由于网络用户的个人素质参差不齐,网络事件在传播过程中会产生较大的失真,从而导致伤害扩大。

三、技术进展对公民隐私的影响

尊严问题和公民的隐私息息相关。主体基于对自身某些私有信息敏感性、私密性的考虑,会刻意掩饰和隐瞒,以免让自我陷于尴尬和沮丧之中。如果说这些需要保密的信息是与公共利益无关的、纯属个人的私人信息,则属于受到法律保护的隐私。这些私人信息一旦受到外泄,则会令主体的尊严受损。值得关注的是,在我国,公民的隐私并没有作为一项单独的法定之权被写入法律规定的年代里,公民隐私权被侵犯是比照名誉权受侵犯来予以司法处理的。这也从一个侧面佐证了隐私与名誉(面子)的密切关系。

隐私作为构成人类尊严的重要组成部分,从人类隐私意识萌芽开始,这个要素便一直广受重视,并被采用多种方式予以守护。英国学者大卫·文森特认为,"房屋设计的演化与隐私存在千丝万缕的联系,因此被放在了早期隐私史的核心位置。回溯至中世纪晚期,至少已有散布的坚实建筑,能为隐晦的行为、不曾明言的态度提供庇护,以此令人安心"。[1] 所以,由住宅组成的物理空间成了区分社群的边界。人们一旦进入住宅,则可以免受他人的侵扰或监视,获得了独处冥想的安宁场所。当住宅的作用和功能被强调时,私人生活就进入了一段美好的黄金岁月。"从大门关上的地方开始,不受窥视的权利即告生效。"[2]

---

[1] 〔英〕大卫·文森特:《隐私简史》,梁余音译,中信出版社2020年版,第6页。
[2] 同上书,第61页。

作为公共空间和私人空间区隔的一个符号,门的功能在保护隐私的过程中可以视作一种重要的权利。要想进入他人的私人空间,必须获得"开门"的机会,即使这个门"薄如纸壳",门上的锁也是"装模作样",但任何人在获准"进门"时仍需遵循一套请求礼仪以获得准予进入的许可。在中国社会,门在隐私保护中有同样的意义。与求见他人,领授名片(帖)以获许可一样,"另有一种情况,古人逢节日喜庆,贺而不亲临其门,即以名帖书'某某顿首拜'字样,贴于对方大门上,亦谓之投刺。访问礼节,则须敲门而后入。通常是轻轻敲三下,若主人家门开着,须先呼喊,俟主人应声之后才进去"。[①]这从一个侧面说明了"门"在中国传统文化中的意义。在这里,开门与否变成了一种个人权利——主体可以决定是否允许他人进入私人空间。这种权利与此后受到法律保护的隐私权的功能具有异曲同工之妙。

法国学者安尼克·帕尔代赫-加拉布隆对住宅及隐私的关系有着更为细化的分析。他在考察了17、18世纪法国巴黎2783个家族的私人生活时发现,在住宅中,床对个体隐私的意义同样十分重要。"床(lit)就像房屋中的房屋,它和壁炉(cheminée)是家中的两个活动中心。床通常被帘子(rideaux)封闭起来,它不仅仅是睡觉和休息的处所,在这些供暖不足、冷风穿过的房间里,它也是一个堡垒。大量家庭住在过度拥挤且缺乏隐私的房间中,在此,床也庇护着婚姻隐私。在这个时代,每个人都生于和死于所爱的人们之间,床是出生和死亡的场所。见证了家中快乐与悲伤的事件,床带我们走向家庭隐私生活的核心。18世纪末,单人床和单人卧室数量的增

[①] 胡世庆、张品兴编著:《中国文化史(上册)》,中国广播电视出版社1991年版,第300页。

长,表现了隐私与舒适方面的巨大进步。可以被帘子封闭起来的高柱床与低柱床的流行标志着这一进化的开端。随着隐私概念本身永久性地安身于人们的态度与习惯之中,床逐渐可以被简化,并去掉床帐。但是,出于同样的原因,它们也丧失了庇护所的地位以及一部分的魅力。"[1] 能如此深刻地表达一张具象的床和抽象的隐私的关系,只有在对隐私详尽分析和透彻把握的基础上才能做到。在习惯的隐私认知中,无论是私密感的形成,还是隐私的保护,私人住宅已经是可以被讨论的私人空间的微小单位了,具体到床这样更为细微的空间,确实令人意外。但细究之下就会发现,床在个体的隐私保护中确实具有重要意义,这是因为一方面,尽管家庭成员之间是一种亲密关系,但并不是所有的隐私都是可以在形成亲密关系的成员间分享的。另一方面,大学生活中的集体宿舍、城市蓝领或白领等工作期间的合租屋或出差时的合住房中,床(尤其是配布帘的床)对个体的隐私保护确实不可或缺。

在中国文化中,窗在隐私保护中也有特殊的功能,这种功能具有复杂性和开放性。作为人的一种本能的窥私欲,在中国文化中会通过"后窗窥视"的方式实现对这种欲望的满足。人有窥视他人私生活的欲望,但既然是"窥视",就不能明目张胆地进行,所以只能在他人的后窗窥视。但后窗窥视无论在礼仪规范还是伦理规则中,不仅严重"失礼",还是一种道德冒犯,所以有着极大的风险。面对"后窗"的诱惑,抑制欲望还是放任冲动是一种艰难的决断。就普遍意义而言,窗的意义是多重的,第一,对住宅的主人而言,窗是除了门之外,个体与外界联结的第二通道。拉开窗帘,打开窗户,除了可

---

[1] 〔法〕安尼克·帕尔代赫-加拉布隆:《私密感的诞生:近代早期巴黎的隐私与家庭生活》,成沅一、周颜开译,浙江大学出版社2022年版,第149、165—166页。

以收获灿烂的阳光和新鲜的空气外，还可以观察丰富的外部世界。第二，住宅主人可以通过窗户，窥视过往行人或对面邻居的行为，稍稍满足个体的好奇心和欲望冲动。当然，这种窥视往往较少有风险。第三，对他人而言，窗除了是一种住宅的自然附着的存在物以外，还是一种满足窥私欲望的机会和诱惑，对这种诱惑的把控能力体现着个体的自律能力，也由此呈现出个体的道德水准。伴随着信息传播技术的进步，人类进入到网络时代，而曾经意义丰富的后窗功能，开始减弱——包罗万象的网络帮助人在网络世界这个巨大的"后窗"满足个体的窥私欲望。

就"隐私"的意义而言，它包含了十分丰富的社会意涵。在社会生活中，"隐"通常与"隐退""隐蔽""隐逸"等词关联，往往与政治消极和生活逍遥直接相关，体现了在社会生活和人际交往中不事张扬的特征。在个人生活中，"隐"却一直对应着隐私中形式层面的核心做法，即对身体隐私的保护。时至今日，也时有公民因身体隐私被曝光而痛不欲生的新闻。这也反证了隐私之于公民"有尊严的生活"的重要价值。有尊严的生活，是每个人可以获得公平的发展机会并自由成长，隐私得到尊重保护。首先，社会必须给每个成员提供公平的成长环境。机会平等是一种前提性的平等，只有在机会平等面前，每个人才会真切地体会到被尊重的感觉。即使个体在机会面前并没有拥有社会成员平均状态的收获，也不会有被剥夺的不平等体验。由于隐私的价值基础一直存在某种内在矛盾：即隐私的主要价值是促进和保护个人自主，但个人自主又深度依赖社会，所以隐私通常被置于"公共善"的社会语境中来考察，必须关注隐私存续的社会环境。① 其次，

---

① 余成峰：《数字时代隐私权的社会理论重构》，《中国法学》2023 年第 2 期。

在价值多元的社会中,每个人的个性可以得到充分的展现,由此收获真正的自我认同。尊严是一种社会评价,但更是一种自我体验,在个性得到充分释放的社会里,个人即使无法收获更多的社会赞誉,但真正的自我认同对于尊严而言意义更为重大。最后,尊严的生活必须是隐私得到有效保护的生活。对于私密性、不愿为他人所知的隐私,每个人都会刻意加以掩饰。个人成长过程中曾经有过的不堪经历,甚或是长于后背的一个胎记,所有这些或大或小的隐私,一旦不当泄露,都会产生尊严受挫感。例如,某人生有某种隐疾,当其向医生陈述病症时,如果旁边有他人(尤其是熟人)可以清晰地听到其对病症的详细描述,其内心一定是崩溃的,尊严受挫感不言而喻。因此,无论是借助树叶、兽皮来对身体敏感部位的遮蔽,还是借助房屋来庇护自己的私人生活,只有个人不愿为他人知晓的内容真正得到"掩隐",尊严才能真正得到有效维护,个人的生命过程才是令人心安的。

内心安宁是隐私保护的另一项核心内容,也是个人尊严的内在追求。内心的安宁看似是一种繁花落尽之后的生活日常,但实际上是对美好生活的最好诠释,是个体拥有尊严的最佳样貌。从隐私权诞生之日起,内心的安宁一直都是隐私权所要包括的重要的内容。"隐私是一种保护安静地独处生活的权利(the right to be alone)。"[1]这是对隐私内涵有独特价值的归纳。作为社会的人,必须与他人交往、欢聚,并融入鲜活的社会生活之中。但是,人都是独立的个体,有自身的内心需要和追求,因此,安宁独处非常重要。这其实是组成一个人完整生命状态的两个方面:一方面,通过交往和欢聚,发展

---

[1] 〔美〕阿丽塔·L.艾伦、理查德·C.托克音顿:《美国隐私法》,冯建妹、石宏等编译,中国民主法制出版社2019年版,第13页。

社会关系,得到他人的普遍认可,个人也可以据此直观地感受生命的价值。另一方面,通过安宁独处,个人可以通过孤独内省回望生命的来路,规划人生的前程。有研究者认为:"显然不会有这样的时代,不允许个人、家庭或小团体偶尔离开公共视野,回到自己的小天地。"这种离开的原因除了维系亲密关系外,还有"整理心绪、实现身体机能"和"保护自己的思想和行为不受外部权力的侵犯"。[1] 寒窗苦读,孤灯苦坐,独立思考,才会有所发现,有所发明,才能赋予尊严持久的内涵。"个体内在自我有别于外在自我,且内在自我的道德赋值高于外部社会。"[2] 事关个人尊严的面子从表面上看是一种关系性的评价,即面子主体在其关系圈中的一种心理地位,是一种外在的评价,但就其实质而言,则是一种内心体验。如果一个人在社会交往中感觉自己愚蠢无知、能力低下、在外在的压力面前不堪一击,则会觉得大失颜面,尊严感会濒于崩溃。而自我和解的主要方法,则是通过自我奋斗,完善自我的各种能力,以求重获自尊。

从表征来看,个人的尊严是通过外在的显性的方式获得的,现实世界人际交往中的赞美和肯定,网络分享中的点赞和好评都可以让人感受到尊严的价值。但就其本质而言,尊严主要源自人的自我奋斗和创造性,没有人的自我价值的创造,尊严便成了无源之水、无本之木。"只有人而不是神或其他存在物,能够成为名副其实的价值主体。人类的这种地位不是来自上天的赐予,也不是大自然所固有的秩序,而是来自人类自己的奋斗与发展。人类依靠自己的力量从自然界发展起来,不再仅仅是大自然中的一个被选择者,同时也

---

[1] 〔英〕大卫·文森特:《隐私简史》,梁余音译,中信出版社2020年版,第2—3页。
[2] 〔美〕弗朗西斯·福山:《身份政治:对尊严与认同的渴求》,刘芳译,中译出版社2021年版,第37页。

是强有力的选择者。"[①] 而人的自我奋斗和创造性,需要个体孤独、安宁的内心驱动。孤独是人创造性得以发挥的重要条件。在强调团队合作的现代社会,人们通过聚集、交流,相互激发获得创造性似乎是一种常态,但这里的前提是:这个团队的成员是有创造性的,否则,一群没有思想的个体聚集在一起,永远也不可能有创造性的思想产生。而个体的创造性必须是在孤独地学习、思考后才可能产生。由此可以反证安宁独处的价值,反证对这种权利保护的意义。人生绚烂之后,洗尽铅华安享宁静,可以视作个人尊严的最高境界。换个角度去看,个体可以通过自己的努力体现创造性,更好地实现自身的价值,寻求最为重要的尊严。

四、生命中微小或终极的隐私记忆

一个初春时节普通的上班日,我通过学校的人脸识别系统,刷脸进入雕梁画栋的随园校区。穿过悠长的林荫道,沿着绿草如茵的大草坪一路向前,在樱花的幽香中来到学院的办公大楼。再次通过刷脸进入大楼,打开办公室的大门,然后端坐在办公桌前约学生讨论问题。这样的生活日常自然而然、顺理成章,但我始终存在一些隐忧:我的生物信息隐私会被泄露吗?学校的大门最早是所有人都可以自由出入的,新冠疫情发生后,先后经历了凭证进入、扫码进入和目前的刷脸进入的入门验证过程。学院办公大楼的通行证最早是一张长方形的芯片卡(也可输入密码),后来改成指纹验证,目前实施流行的人脸识别。在这个过程中,我的指纹信息、脸部信息已

---

① 李德顺:《价值论:一种主体性的研究》,中国人民大学出版社2013年版,第99页。

经被智能机器收集、存储和使用。在这个过程中,我的生物信息安全吗?这是一个挥之不去的重大疑问。

当指纹信息、人脸信息这些对每个人而言都是独一无二的生物隐私信息被作为日常生活中的通行证普遍使用时,泄露的风险就会持续扩大。一旦这种风险由可能性变成现实性时,由于生物隐私信息具有唯一性和不可更改性的特征,个人将永久失去顺利使用自己这些生物信息的机会。如果勉强使用,原本只有这些生物信息主体才可以享有的权利会存在巨大的风险,指纹开门导致的人身风险、刷脸支付导致的财产风险随时都可能出现。与此相对应的还有智能家居在现实生活中的使用。随着智能传感器的成熟和普及,智能家居开始进入私人住宅,成为解决家庭中人与物进行信息交换的重要媒介。"在智能家居和其他人机交互新技术的推动下,家庭会成为一个基本的媒介生态单元,或者说一个立体的信息系统,它集成了个人化信息、家庭信息、家庭成员间互动信息、物体信息及公共信息等多层次信息,在不同的场景下以不同的方式进行信息的交互与推送。人的生存,越来越多地变成'媒介化生存'。"[1]这也意味着,智能媒介已经开始深度介入隐私的核心空间——私人住宅。这是多么令人惊讶的场景!当智能技术步步紧逼并频频登堂入室时,我们愈加强烈地意识到,智媒时代的隐私保护,不仅仅是一个学术问题,同时也是一个十分重要的现实问题。

在人类文明的进步过程中,语言的出现是一个标志性的事件。区别于其他动物对声音的运用,人类可以通过语言进行信息分享,从而通过协同行为扩张自己的生存能力。文字的发明,则让人们

---

[1] 彭兰:《万物皆媒——新一轮技术驱动的泛媒化趋势》,《编辑之友》2016年第3期。

开始告别结绳记事的原始记录方式,将有价值的经验信息加以传承。甲骨文出现之初主要用于占卜和记录凶吉,表达和寄托原始信仰,但这些遗存成了中国古代文明最显著的表征之一。文字的出现使以《诗经》《史记》等为代表的古代文明得以永续。信息的传播,正是以潜移默化的方式,成就了当今世界的丰富多彩。作为现代社会最新科技进展的人工智能,则让我们关于世界的认知不仅指向过去,也可以面向未来。"人工智能和生物科技的兴起肯定将改变世界,但并不代表只会有一种结局。"[①] 我们可以致力的方面,一是力求最大程度地去发现和实践那些积极、美好的可能性;二是最大限度地去预防和限制那些消极、可恶的可能性,从而让科技向善的理念,成为一种生活现实。

---

① 〔以色列〕尤瓦尔·赫拉利:《未来简史》,林俊宏译,中信出版集团2017年版,第358页。

第一章 嬗变与应对：人工智能时代的传媒业

从最早口耳相传的人际传播，到以印刷媒体、电子媒体为标志的大众传播，再到今天以无所不能的数字媒体方式进行的大众传播，每一次传播技术的进步，都会给传媒业带来革命性的变化。进入数字传播时代，人们曾经习以为常的传播方式和传播规则，因为传播技术的全面革新而开始出现不适，有时甚至显得不合时宜了。一成不变因循惯例，不仅不能适应社会发展需求和传媒业发展规律，甚至还会导致被淘汰的局面。基于这种现实，从数字传播萌生开始，经过短暂的好奇观望阶段后，人们就开始持续地寻找适应数字传播技术的应用之道，尽管过程中伴随怀疑、争议和持续不断的波折，但经历过最初的失序后，终于开始初见成效。这种及时顺应时代发展趋势的应变无疑是令人欣喜的，当然，应变的脚步绝对不能停滞。当以数字为基础、算法为核心的人工智能技术开始全面介入现代社会生活时，传媒业的新一轮挑战再次展开。浪潮式推进的数字传播不仅给整个社会带来了广泛深刻的影响，也对个体的生存发展产生了巨大的影响。每个社会个体或主动地参与，或被动地卷入，成为庞大传播网络的一个有机组成部分。在无处不在的传播网络中，每个人都不可避免地在这里观看、感受身外的人与物，同时也成为他人观看的对象。过往的时光，世界从未有过如此海量的信息集成,也从未展演过如此复杂多彩的社会。讨论现代公民的隐私保护问题,必须置于这样一种气象万千、变动不居的宏大社会背景之下。

第一节 蕴含无限可能的人工智能时代

一、突飞猛进的人工智能技术进展

人工智能是科学技术发展史上带给人们最激动人心的技术进步之一。随着人工智能技术应用的不断普及,这项技术已经全面介入我们的生活并深刻改变着我们所处的世界。如果说,网络的出现在我们的生活中构建了一个与现实世界相对应的虚拟世界,让我们可以在两个世界中自由地切换,感知生命中独特的体验,那么人工智能的推广普及则给我们的生活带来了智能互联、万物互通、充满无限可能的丰富世界。人工智能以技术的形态影响我们的生活,例如,它创造了曾经只有生物人特有的、具有智能的技术,它可以自由地游走于现实世界和虚拟世界,成为自然人不可或缺的存世依托。它也会对人的主体性存在带来深刻影响。就某种意义而言,现代公民依托智能机器构建的数字身份,在数字化社会中比自然身份更具社会性。疫情期间,寄存于智能手机中、以健康码方式存在的数字身份,几乎成了出入小区、商场,搭乘飞机高铁的唯一获准通行的标志,自然人只能依托这个标志才能获得相应的生活自由。这在前智能化时代不可想象,难以置信。

从随处可见的智能手机,到无孔不入的智能监控;从快速精准的人脸识别,到体察入细的基因比对;从嵌入式的智能控制,到数字化的数据挖掘,智能机器成了我们自然身体的一个组成部分。从功能上看,曾经被视作无可替代的智力劳动,如,新闻采写、数据分析、绘画、谱曲、写诗,在今天几乎全部可以被智能机器取代。近年来,以生成式人工智能为代表的技术进展在语言、绘画、编程甚至视频制作方面的持续突破,不断冲击着人们的既有认知。"所有的数据都指向一个方向:目前由人类承担的大部分工作在未来将由机器承担。""机器将尝试掌握人类擅长的每个领域,包括思想。"[1]2022年11月,随着生成式人工智能ChatGPT的推出,其强大的能力引起人们的高度重视和广泛关注。这种生成式人工智能不仅可以用作常规的文字处理,还可以实施复杂的数据挖掘和处理,进行编程,开展对话……而2024年推出的以文生视频为标志的Sora,则进一步彰显着生成式人工智能迭代进展的迅速。一些人工智能专家发现生成式人工智能的最新产品已经开始具备人类意识的征兆。无论是欢呼也罢,担忧也罢,人工智能已经以不可替代的方式,全方位介入人类的生活。而且,我们必须承认,人工智能比之于人类有着难以替代的巨大技术优势。

第一,它具有人类无法企及的多种超能力,可以帮助社会加速发展。有人说我们今天已经进入了"加速社会",其核心动力无疑是以大数据为基础的人工智能。以智力提升为例,千百年来人类持续为提升自身的能力而努力。但是,回顾人类智力提升的历程,我们可以清楚地意识到,这种提升速度是十分缓慢的。人工智能却恰恰相反,它可以在极短的时间里,极快地实现自身智能水平的提升。我们通常认为人类的学习能力是区别于其他生物和机器的核

---

[1] 〔美〕阿米尔·侯赛因:《终极智能——感知机器与人工智能的未来》,赛迪研究院专家组译,中信出版集团2018年版,第40、42页。

心能力,因为这是一种智能行为,但现代人工智能却可以令机器具备超级强大的学习能力。人类在学习过程中受脑容量限制,必须不断删除那些不重要的信息以防止大脑"过载",但智能机器却因为强大的存储能力而不必进行删除,它可以记住所有的信息。这也就意味着当它需要对存储的信息进行整合,从而生产某些意见或结论时,它不仅比人脑的整合速度更快,整合的信息也更周全。"未来,人类创造力的产物将是思想,也就是创意构思。我们的创意将比机器智能更好吗?机器智能将深度掌握人类擅长的每个领域,包括思想。"[1] 尤瓦尔·赫拉利认为,人工智能和生物科技的兴起和发展将改变世界。如果从宏观的生命历程看,这三个方面的发展变化最值得重视:"1.科学正逐渐聚合于一个无所不包的教条,也就是认为所有生物都是算法,而生命则是进行数据处理。2.智能正与意识脱钩。3.无意识但具备高度智能的算法,可能很快就会比我们更了解我们自己。"[2]

第二,人工智能具有快速的迭代升级能力,从而能够在短时间里实现智能的升级换代,推动人类社会的革命性进步。在人工智能已有的技术发展历史中,每次新技术的推出和应用,都给社会发展和人们的日常生活带来了重大且深刻的影响。以无人驾驶为例,曾几何时,无人驾驶只是人类的一个梦想,但是,从20世纪50年代人们真正设计无人驾驶开始,到今天无人驾驶少量投入实际应用,至今也只有几十年的时间。可以想像不用经过多长时间,无人驾驶将

---

[1] 〔美〕阿米尔·侯赛因:《终极智能——感知机器与人工智能的未来》,赛迪研究院专家组译,中信出版集团2018年版,第41—42页。
[2] 〔以色列〕尤瓦尔·赫拉利:《未来简史》,林俊宏译,中信出版集团2017年版,第359页。

成为一种生活常态。人工智能技术的每一次迭代升级，都刷新了人们对这种新技术的认知，智能计算、智能生物识别技术、生成式人工智能等，莫不如此。一旦人工智能真如人们孜孜不倦地追求的那样，进入强人工智能阶段，其对人类文明的影响将是革命性、颠覆性的。事实上，这样的进展正在持续、快速进行中。

第三，人工智能可以代替人类完成超级计算、海量存储、克服复杂工作环境等许多曾经不可能完成的任务。人类的能力，也借助人工智能技术的帮助得到了巨大的提升。以复杂工作环境为例，高温有毒的环境是人类生存的禁区，在这样的地方从事救援服务等工作对人类而言几乎是不可想像的，但对智能机器人而言，人类对高温、毒气的忍受极限并不会成为它工作的主要障碍。例如太空科研工作。人类把"太空漫步"从梦想变成现实经历了无数的艰难险阻，迄今为止，也仅有少数国家的航天员在经过很长时间的努力才真正实现了这一梦想。其中一个重要的原因，是人类无法抵抗高辐射的危害，但是，太空中的高辐射对智能机器的影响却有限。中国的玉兔号月球车在月球上超长工作了将近一千天才停止工作，而祝融号火星车迄今还在火星上自主漫步。智能机器人以打破人类想象极限的能力，在完成着各种不可能完成的任务。

第四，人工智能具有强大的感知世界的能力。人工智能的感知能力是一种需要高度关注的能力。在相当长的时间里，感知外部世界的能力曾经是人类独有的能力，是人类在这个世界中以主体性方式存在的核心能力。当人工智能开始具有感知能力后，在某种意义上它就开始具备了最初的人类意识的萌芽。随着人工智能技术的持续发展，人工智能可能会在未来的某个阶段，开始对人的主体性构成重大挑战。工具（机器）是人的器官的延伸，而人工智能则更是全方位地拓展人感知世界的能力,智能互联是当今信息革命最新的重大进展,而智能互联依靠的是人工智能超强的智能感应能力。这些能力包括"重力感应、压力感应、触摸感应、辐射感应、影像感应、人脸识别等诸多功能,并且还能通过各种智能识别,对外界进行感知"。[①]通过这些感应能力,人类对世界的认知会超越经验的距离、体积、重量等限制,甚至还可以超越非经验的时空感知。美国学者迈克斯·泰格马克则从另一个层面讨论人工智能对世界的感知能力。他认为,与人类相比,人工智能感知世界的巨大优势体现在三个方面:首先,与我们人类的体验相比,人工智能的体验空间可能是巨大的。其次,一个人脑大小的人工智能的意识主体每秒拥有的体验可能比我们人类多几百万倍,因为电磁信号以光速传播,比神经元信号快数百万倍。最后,如果未来一个巨大的人工智能拥有了意识,那么,它几乎所有的信息处理过程都是无意识的。[②]类似的进展,对人类文明的影响是广泛而深远的。

二、人工智能的发展

(一)人工智能早期的发展阶段

在人类社会开始进入人工智能时代的当今社会,与智能机器进行对话交流正在变成一种生活日常。"无智能,不现代",人工智能已经以不同的方式,全方位地介入人类活动中。几乎人手一部的智能手机成为现代人身体上的一个"器官",它不仅可以帮助人们完

[①] 项立刚:《5G 时代:什么是 5G,它将如何改变世界》,中国人民大学出版社 2019 年版,第 44 页。

[②] 〔美〕迈克斯·泰格马克:《生命 3.0》,汪婕舒译,浙江教育出版社 2018 年版,第 408—409 页。

成最基本的信息交流沟通,更可以帮助人们完成工作、生活中许多繁杂的日常事务。无人商店、无人旅馆的出现是一种智能机器的常见应用,而在实验室里,具有更强智能的机器正在被研发中。如果把与机器对话的场景放到几十年前,这在当时被视作天方夜谭。而英国科学家艾伦·图灵则是具体构想这样一种场景并把"天方夜谭"实践到科学实验中的人。

早在1936年,图灵就在一篇论文"论数字计算在决断难题中的应用"中开创性地提出"图灵机"(Turing Machine)的构想。文章的中心观点是"通过对一种可以在无限伸展的纸带上读、写、记忆和擦除标记的设备进行精准定义,将数字计算机的能力和局限形式化。在这种'图灵机'(Turing Machine)之后,图灵又展示了通用图灵机(Universal Computing Machine),也就是说,只要有足够的时间、足够的纸带和精准的定义,它就能模拟其他任何计算机器的运算过程"。[①] 与人们通常认知的机器不同,他提出的"图灵机"是一种计算装置或者说是一种思想模型。1950年,他在发表的另一篇论文"计算机器与智能"中,进一步深化了自己的研究,并提出了著名的"图灵测试":如果一台机器能够与人类展开对话而不被辨别出其机器身份,那么可以判断这台机器具有智能,是可以像人一样思考的。由图灵开启的人工智能构想,自此便进入了快速发展的轨道。

图灵富有创造力的学术构想自实施"图灵测试"开始,逐渐由书面的描述,进入到实践层面,但是,这个转换过程经历了比较长的时间。1945年,约翰·冯·诺依曼进一步界定了"计算机可以做什

[①] 〔美〕乔治·戴森:《图灵的大教堂》,盛杨灿译,浙江人民出版社2015年版,第15页。

么"和解决了"如何构建真实的计算机问题"。他建议"使用一个内部处理器和可以同时存储程序和数据的计算机内存"。[1] 所以,约翰·冯·诺依曼也被人们称为"现代计算机之父"。美国科学家约翰·麦卡锡首先提出了"人工智能"(Artifical Intelligence)这个概念。1956年,新罕布什尔州的达特茅斯学院举办了一次学术会议,参加会议的有数学家克劳德·香农、科学家马文·明斯基等。会议的主题是研讨计算机超越纯粹数字运算范畴的任务。"支撑这场讨论的基础是:假设我们可以精确地描述出学习和创造过程的每个方面,并可以对其进行数学模拟且该模拟数据能够被复制到机器里面。这个目标很宏大,从会议宗旨便可见一斑:'想办法让机器使用语言,形成抽象的概念来解决目前只有人类可以解决的各种问题,并让机器具备自我改进能力。'"[2] 正是在这次会议上,约翰·麦卡锡灵光一闪,提出了"人工智能"这个概念。随后,图灵以他非凡的智慧,丰富了这个概念的内涵。

还有两位学者对人工智能的发展作出了重要的贡献。一位是马文·明斯基。这位曾经在普林斯顿工作过的科学家于1959年和麦卡锡相聚在麻省理工,创建了世界上第一个人工智能实验室——麻省理工人工智能实验室(MIT AI Lab)。这位博士学位攻读期间致力于"人工神经网络"研究的学者主要贡献在于,在认知心理学、自动化理论、机器学习、知识表达、常识推理、计算机视觉和机器人操作等方面有许多创新性的构想。另一位则是提出了"机器学习"概念的电子工程师亚瑟·塞缪尔。在理论研究和编写程序的过程

---

[1] 〔美〕拜伦·瑞希:《人工智能哲学》,王斐译,文汇出版社2020年版,第30页。
[2] 〔美〕保罗·多尔蒂、詹姆斯·威尔逊:《机器与人——埃森哲论新人工智能》,赵亚男译,中信出版集团2018年版,第25页。

中,他大胆构想出"跳棋程序",简单地说,即教计算机下跳棋:让另一个程序根据跳棋规则运行,自己与之对弈。经过一次又一次的完善,他终于败在了自己教授的机器人手下。自此以后,"机器学习"成为人工智能技术中的一个核心概念。

(二)人工智能进展中的困难

人工智能的推进必须借助庞大的数据库和高速的运算能力。前卫的创造性学术构想,并没有在计算机技术发展中得到及时的回应,其主要原因是当时还无法生产出能高速运算但价格相对低廉的计算机。"在1961年,还不存在这样的计算机,但如果你把美国两年的GNP(国民生产总值)全都花在购买当时速度最快的计算机上,然后把它们连接在一起,其计算速度就会接近每秒10亿次浮点运算。到1984年,买一台'gigaflops'(每秒进行10亿次浮点运算)的计算机——克雷'超级计算机',大概要付出相当于购买一架非常好的私人飞机的价钱。"[1] 高速计算机的价格昂贵(实际上不仅价格昂贵,当时计算机的速度甚至还无法称为"高速"),无法被广泛使用。与此相对应的,数据量的不足,也成为制约人工智能发展的瓶颈。人工智能的顺利运行必须建立在大规模数据库的基础上,没有庞大的数据库作为支撑,这种运行只能是空中楼阁,因此,在20世纪70、80年代,限于计算机昂贵的价格和有限的计算速度,收集、建设庞大的数据库困难重重。

另一个影响此阶段人工智能发展的因素是科学实验与现实应用中的矛盾。无论是"图灵测试"还是"跳棋程序",作为一种科学实验可以设定比较纯粹的条件进行实验,从而验证相应的假

---

[1] 〔美〕拜伦·瑞希:《人工智能哲学》,王斐译,文汇出版社2020年版,第31页。

设,但如果试图将人工智能从实验室转到现实应用,问题就会变得十分复杂。对于投资于人工智能技术的资本而言,庞大的投入在相当长的未来,看不到预期的产出,便难以拥有持续投入的信心。"如果人们想教计算机学习认识一棵树,那么向计算机描绘树干和树枝的外观是不够的,因为船桅杆也有树干和树枝。冬天树枝会掉很多叶子,以至于树叶也不适合充当区分的标志。我们轻而易举就可以找到很多这样的例子,人们用规定好的规则根本就无法取得进展。因此,在20世纪70年代,许多研究人员非常沮丧地离开了人工智能领域。"[1] 资本逐利的本性难于改变。当科学家们试图说服资本进入人工智能领域从而改变其困顿不前的局面时,资本迟疑地观望着:巨大的投资和似乎遥不可及的回报无法让他们下定决心。

人们的科学认知也影响着人工智能的发展。其实,任何一种新技术的到来都会引发不同的人产生不同的判断,人工智能的出现也不例外,这是因为一方面科学创新并不总是只会产生积极的效果。发明火药是人类在改善自然过程中的巨大进步,但火药用于战争和杀戮却严重地影响了人们对这种技术发明的评价。蒸汽机的发明也曾经在英国社会引发过巨大的恐慌,因为机器能力的巨大提升必然会导致类似失业等社会问题。与此同时,科学创新也并不总是只带来成功,相反,失败的先例比比皆是。当失败一次次来临,而成功无法获得明确的预期时,犹豫甚至退却是最容易作出的选择。

(三)人工智能发展中的波折起伏

1936年,英国数学家、逻辑学家艾伦·图灵提出了一种抽象的

---

[1] 〔德〕乌尔里希·艾伯尔:《智能机器时代:人工智能如何改变我们的生活》,赵蕾莲译,新星出版社2020年版,第35页。

计算模型——图灵机，用纸袋式的机器来模拟人类进行数学运算。1956年夏季，美国达特茅斯会议成功召开，人工智能融合了计算机科学、控制论、信息论、脑神经科学、心理学、语言学等多种学科的理论、方法和技术。虽然在其技术进展过程中最初发展状况比较顺利，之后的十多年，人工智能的一些领域也不断取得了突破，但在20世纪70年代，人工智能便遭遇了瓶颈，许多问题和批评也接踵而至。如前所述，其主要原因是当时计算机有限的处理速度、内存的不足以及资本投入少等问题直接影响着人工智能的发展速度。

20世纪80年代开始，人工智能迎来了第二次发展高潮，引领它的力量是来自知识工程和专家系统，这一发现与斯坦福大学教授爱德华·费根鲍姆（Edward Feigenbaum）有着重要的关系，其通过实验和研究证明了实现人工智能行为的主要手段在于知识，在多数情况下是特定领域的知识，这使得知识工程成为人工智能重要的研究分支。20世纪90年代，人工智能发展再次进入寒冬，并且长达20年之久，原因是各国政府纷纷停止对人工智能项目的经费支持，加之个人计算机的迅猛普及，对人工智能产业再一次产生了深重的影响。从21世纪第二个十年开始，人工智能开始强势进入世人眼帘。2016年被称为"人工智能元年"，这也是人类史上人工智能进入广泛社会应用的标志性年份。这一次人工智能复兴的最大特点是，人工智能技术不再局限于科学研究和实验室探讨的阶段，而是在语音识别、机器视觉、数据挖掘等多个领域走进了业界的真实应用场景，并开始在产业界发挥出真正的价值。关于人工智能的概念，尼尔斯·J.尼尔森（Nils J. Nilsson）在《人工智能》（*Artificial Intelligence*）中已经给出这样的定义：人工智能就是致力于让机器变得智能的一种活动，而智能就是让一个实体在其所处环境中能够适当地、有远见地实现其功能的一种能力。这一次人工智能的长足发展主要得益于大数据时代的崛起。人工智能是基于互联网技术逻辑而出现的影响面广泛的颠覆性技术，带来改变就业结构、冲击法律与社会伦理、侵犯个人隐私、挑战国际关系准则等问题，对政府管理、经济安全和社会稳定乃至全球治理等都产生了深远影响。人工智能技术快速发展的同时，相伴相生的问题也开始逐渐凸显。划归学科界线后，人工智能的发展在人文社科领域新生的迷思主要有：人工智能机器自身的法律议题、人工智能可能产生的社会伦理问题、人工智能机器在实际运用中的传播规制问题、技术变革对传统行业的冲击及应对问题……而对隐私问题的影响无疑会波及每一个社会成员。

随着人工智能的发展，其对人们生活的浸入值得高度关注。今天，各行业都在深入挖掘人工智能的可能性：机器律师、智能医疗、智能交通、智慧城市、智能媒体，等等，但许多问题也开始显现：如，在法律领域内，就出现了人工智能辅助司法裁判的不确定性风险和可解释性风险，从而导致出现新科技应用带来的裁判不公及失灵现象。较有代表性的就是美国威斯康星州诉艾瑞克·卢米斯（Eric Loomis）案，该案采用量刑智能辅助工具对被告人判刑引发了广泛的社会争议。在传媒领域，人工智能主导下的技术与人的双向驯化是正在发生中的场景，这种驯化是好是坏也正在被广泛探讨。人工智能对我国的各行业和领域的发展，既是机遇也是挑战，上述的这些迷思将会成为在人工智能发展中产生广泛影响，并成为人们常谈常新的议题。

（四）国家力量的介入对人工智能发展的助推

国家力量的介入，对于人工智能的发展意义重大。在人工智能发展的历史上,由于智能技术的应用更多地处于试验和验证阶段,无法产生显著的经济效益,所以尽管其发展过程中不时受到资本的关照,但总体而言,需要庞大资本支撑的这项前沿技术长期陷于技术瓶颈和资本匮乏之中,在这样的关键时刻,包括中国在内的诸多国家,洞察了这项技术对于社会发展的战略意义并鼎力推进,因此,对人工智能发展形成了巨大的助推作用。

2016年之所以被称为智能机器发展史上"具有纪念意义的年份",因为这是一个时代的结束和一个新时代的开端。其标志性的事件则源于一场引起社会关注的围棋赛事:"Google的围棋计算机'AlphaGo'在与世界著名选手李世石的对局中,以4∶1取得了压倒性的胜利,'AlphaGo'(俗称'阿尔法狗')采用多层人工神经网络和蒙特卡洛树搜索法,根据落子选择器和棋局评估器进行自我的深度学习,形成了良好的预判和决策能力,从而成为第一台战胜围棋世界冠军的机器人。它的意义要远远超过1997年IBM的'深蓝'计算机战胜国际象棋世界冠军卡斯帕罗夫,因为从难度上讲,围棋比国际象棋要难6—9个数量级。这件事不仅是人类在机器智能领域取得的又一个里程碑式的胜利,而且标志着一个新的时代——智能时代的开始。"[①]尽管这是一场实验性的比赛,但由于众多媒体对比赛的高度关注,人工智能开始进入更多人的视野。人工智能重点关注智能计算机完成人类智能行为的状况,受制于其他相关技术发展阶段的滞后,尤其是计算机计算速度的"缓慢"(相对于高速计算机),计算机的智能优势在相当长的时间里很难体现出来。而这场"人机对话"的结果,则让资本看到了人工智能开始显现宏大美好前

[①] 吴军:《智能时代:大数据与智能革命重新定义未来》,中信出版社2016年版,前言1—2页。

景的可能性，也让许多国家的决策者看到了智能技术可能的广泛应用前景。

通过与物联网、机器人等技术的组合，人工智能能够构造出整个信息化的物理世界。基于人工智能技术发展蕴含的巨大潜能，各国纷纷将人工智能作为国家未来发展的重要战略。德国在2012年推行了以"智能工厂"为重心的"工业4.0"计划。美国白宫科技政策办公室自2015年以来，陆续发布《为人工智能的未来做好准备》《国家人工智能研究和发展战略计划》及《人工智能、自动化与经济报告》等重量级报告，同时成立了机器学习与人工智能分委会，专门协调美国人工智能的研究与发展。法国经济部、教研部发布《人工智能战略》，旨在把人工智能纳入原有创新战略与举措中，谋划未来的发展。2017年，我国国务院印发了《新一代人工智能发展规划》，明确通过三步走的战略目标，争取到2030年，使中国人工智能理论、技术与应用总体达到世界领先水平，成为世界主要人工智能创新中心。这三个目标具体为：第一步，到2020年，人工智能总体技术和应用与世界先进水平同步，人工智能产业成为新的重要经济增长点，人工智能技术应用成为改善民生的新途径，有力支撑进入创新型国家行列和实现全面建成小康社会的奋斗目标。第二步，到2025年人工智能基础理论实现重大突破，部分技术与应用达到世界领先水平，人工智能成为带动我国产业升级和经济转型的主要动力，智能社会建设取得积极进展。第三步，到2030年，人工智能理论、技术与应用总体达到世界领先水平，成为世界主要人工智能创新中心，智能经济、智能社会取得明显成效，为跻身创新型国家前列和经济强国奠定重要基础。人工智能自此正式上升为我国国家战略。

作为一项革命性的技术进展,人工智能技术已经使整个世界发生巨大的变化,也给社会发展提供了无限的可能性。从深层次的精神层面思考,人工智能的快速迭代进展将深刻地影响人类文明的进步。被称为"未来生命定义者"的麻省理工学院的迈克斯·泰格马克教授通过将人类生命分成三个阶段,来探究人工智能对人类文明的影响:"生命1.0是说:生命的硬件和软件都是靠进化得来的,而不是靠设计。不过,你和我却属于'生命2.0':生命的硬件是进化而来,但软件在很大程度上却是依靠设计的。在这里,'软件'指的是你用来处理感官信息和决定行动时使用的所有算法和知识,从你识别某人是不是你朋友的能力,到你行走、阅读、写作、计算、歌唱以及讲笑话的能力,这一切都属于软件。""所有这些,都需要生命经历一次最终的'升级',升级成不仅能设计自身软件,还能设计自身硬件的'生命3.0'。换句话说,生命3.0是自己命运的主人,最终能完成脱离进化的束缚。"[①] 其中生命1.0是生物阶段,靠进化获得硬件和软件;生命2.0是文化阶段,靠进化获得硬件,但大部分软件是由自己设计,这也是我们目前所处的阶段;生命3.0是科技阶段,自己设计软件和硬件。这个阶段目前还没有真正到来,但当下正在发生。一旦进入生命3.0阶段,以人工智能为代表的人创造的技术将对生命进化进行干预,这将是通用人工智能即强人工智能真正到来的时刻。我们无法预知这样的时刻什么时候会到来,但必须为此做好准备——这无论对于传媒业的发展,还是人类本身,都是具有划时代意义的。

---

① 〔美〕迈克斯·泰格马克:《生命3.0》,汪婕舒译,浙江教育出版社2018年版,第34、36—37页。

第二节 人工智能给传媒业带来的革命性变革

一、人工智能对传媒业新闻内容生产方式的变革

人工智能主要通过智能机器学习来生产新闻,这是一种前所未有的新闻生产方式。机器学习算法可以被分为多种类别。例如,监督式学习算法是以一组事先贴标的示例来表示的算法,这种算法可以确认数据和贴标结果之间的关联或类别。例如,给它一组标明名称的、经过分类的植物的照片进行学习,随后让它辨识植物及其名称。无监督式学习算法则不使用事先贴标的示例集,而是使用无贴标或无分类的数据。经过足够的数据学习的训练,人工智能可以较好地掌握所学习的内容。无论采用何种方式,智能机器都可以在极短的时间里,学习到新闻生产需要的足够的技能。其实,智能机器人写新闻并不是新鲜事,早在 2006 年,美国汤姆森公司就利用计算机完成了金融方面的新闻写作。[1]但在相当长的时间里,这种写作主要处于实验阶段。直到 2017 年 8 月 8 日四川九寨沟发生地震后,智能机器人在 25 秒的极短时间里,完成了一篇 540 字的配图新闻,人们才开始高度重视机器人写作新闻现象——新闻生产的重大变革已经来临。

在许多人的认知里,智能机器人的新闻生产主要还是以金融、体育等以客观数据为主要表达内容的新闻,更多需要创造性的新闻生产还是无能为力。但是,也有专家对此持有不同看法:"未来,人

---

[1] 徐婷婷:《新闻业的人工智能时代》,《科技传播》2016 年第 8 期。

类创造力的产物将是思想,也就是创意构思。我们的创意将比机器智能更好吗?机器智能将尝试掌握人类擅长的每个领域,包括思想。"[1] 人类的创意和思想是建立在对既有知识认知基础上的一种升华,那为什么就可以肯定地说储存了海量既有知识的智能机器就一定不如人有创意和思想呢?设想一下,如果有一天,人的创意和思想也可以被智能机器取代,世界将变成什么样子?与之相对应,这必然将对新闻生产产生难以估量的影响。当然,人工智能在新闻生产领域的作为是渐进式的,在可预见的未来,"智能化技术与人的力量的结合,可以在某些方向上提高新闻的深度,也可以提高预测性新闻的准确性,还能对海量资讯中蕴藏的知识进行智能化提炼与累积"。[2] 这无疑是令人欣喜的。

二、人工智能对传媒业接收场景的改变

传媒业生产的新闻产品主要通过用户的视听感知,成为有价值的信息。传统媒体时代的接收场景以阅读、收视收听为主要方式,载体则主要以报刊、电视机和收音机为主。进入新媒体时代,接收场景则是在原有场景的基础上增加了更加方便快捷的互动,交互过程产生了全新的接收体验,但是,这种交互体验总体上的方式还比较单一。基于语音识别和视觉识别基础上的人工智能技术,令交互体验发生了重大变化,其中,AR 技术和 VR 技术的发展将会对传媒业产生重大影响。

人工智能技术通过虚拟与现实的混杂,产生了奇妙多姿的

---

[1] 〔美〕阿米尔·侯赛因:《终极智能——感知机器与人工智能的未来》,赛迪研究院专家组译,中信出版社 2018 年版,第 41—42 页。

[2] 彭兰:《智能时代的新内容革命》,《国际新闻界》2018 年第 6 期。

信息接收场景,较好地满足了用户的感官体验和信息需求。AR(Augmented Reatily)技术是一种增强现实技术,即通过智能技术,将虚拟的信息应用到真实世界,使真实环境和虚拟环境叠加在一起,从而实现超越现实的多重感官体验。VR(Virtual Reality)技术则是一种虚拟现实技术,主要通过计算机模拟、感知和传感设备等,生成实时动态的三维立体逼真影像。简单地说,即把观看者的意识代入到一个虚拟的世界中。"相比图片、视频载体,VR技术所提供的沉浸式体验往往会给受众带来全新的感知,从而达到意想不到的传播效果。""过去任何一种事物表达方式都是空间聚合型的,从空间的角度来聚合事实。而VR表达是一种时间上的进程式表达,它可以用时间线来呈现内容。VR使人看待事物的角度有了时间和空间两种不同的维度,这就使人对现实的把握更全面、多样。"[1]这两种智能技术对传媒业都产生了十分重要的影响。

值得注意的是,这样的一种场景将与5G技术的发展协同推进,从而给新闻传播过程带来更多的惊喜。2019年被称为"5G商用元年"。这一年,我国工信部向中国电信、中国移动、中国联通、中国广电发放了5G商用牌照,我国正式进入5G时代,与之相配套的5G基站、5G手机等也在持续建设和发展中,一种前所未有的接收场景开始以激动人心的方式呈现。时空交叉、身临其境的特殊体验,让用户真切地感受到"万物互联"的奇妙。5G时代,以广泛覆盖、纵深覆盖为标志的"泛在网"逐渐成为一种现实。在泛在网场景中,终端的数量将不再以个体的人来确定,而是以可能的需求来确定。生活中习以为常的普通物件,如,电线杆、垃圾桶、窗帘、

---

[1] 喻国明、姚飞:《试论人工智能技术范式下的传媒变革与发展》,《新闻界》2017年第1期。

桌椅等设施，也可以通过智能联网，从而极大地拓展其功能。"未来的所有设施，甚至穿戴产品，都有可能连接到移动网络，形成无比强大的数据库，虚拟与现实无缝对接，带来全新的智能时代。"[1]在人工智能的助推下，用户在新媒体初始阶段引以为傲的互动，变成了直接的参与，这种复杂的交互体验在以前是不可想像的。"未来的传播格局中，各种媒介越来越多地将自身建立在与用户的关系中，人与媒介的一体化，也将促进人人平台、人物平台的有效融通，对既有的信息生产格局和传播秩序带来革命性的影响，并以此重构社会关系。"[2]

以生成式人工智能为标志的技术的持续进展，将会以更加多样化的方式介入新闻生产和新闻接收场景中。生成式人工智能的快速成熟正在建构新的新闻生产、传播方式和接收场景，互动将会被身临其境的身心浸入取代，传播的样式可以通过即时生产的逼真的动态视频传播，传播中的疑问随时可以通过与生成式人工智能的即时互动解决。"不同于以人为核心竞争力的新闻生产传统，生成式人工智能对新闻内容生产领域的介入，以高效便捷的信息分享交流为始，以改变信息生成与交流的传播范式和用户习惯为发展节点，进而实现以用户需求反向作用于内容供给，并逐渐实现以交互体验为核心的内容迭代升级。"[3]

---

[1] 项立刚:《5G时代:什么是5G,它将如何改变世界》,中国人民大学出版社2019年版,第109—110页。

[2] 严三九:《融合生态、价值共创与深度赋能》,《新闻与传播研究》2019年版第6期。

[3] 唐铮、林子璐:《生成式人工智能与新闻业:赋能、风险与前瞻》,《新闻与写作》2023年第11期。

三、人工智能对传媒业传播方式的革新

人工智能对传媒业传播方式的革新主要表现在两个方面。一方面表现为媒体融合的意义不断彰显。媒体融合是一个长期的过程，通过传媒各要素的互相融合，不断推进媒体化进程。即新闻信息的传播以全媒体、融合媒体的方式进行。目前正在进行的媒体融合，正是致力于这个过程。媒体融合通过媒体功效、媒体平台、媒体渠道、组织结构的整合，使资源共享、渠道互通，生产出多元化的产品供不同平台的用户共享，以实现有限产品资源传播效果的最大化。在媒体融合发展的过程中，大数据挖掘技术的快速发展使海量无序的数据得到了有效的整合，以数据新闻为代表的新闻产品和可视化表达方式使新闻产品的传播力得到了进一步发挥，而人工智能技术的不断普及则进一步助推着媒体融合的进程。"'智能化'语境中内容生产模式的变化，还与渠道的平台化扩张有关。各平台虽然自身不生产内容产品，却鼓励内容创作者入驻。为了筑巢引凤，各平台纷纷利用自身技术优势，为内容创作者开发并提供内容发布、用户监测、数据挖掘等方面的技术工具，以确保内容生产者专注于优质内容生产。"[①] 这也意味着，作为新技术的人工智能将在未来传媒业传播方式的革新中发挥重要作用。

另一方面则表现为算法新闻在新闻传播过程中的普遍应用。算法新闻（algorithm journalism）一般是指算法技术介入到新闻写作和推送等过程而产生的新闻。算法新闻是以大数据、人工智能为代表的新传播技术在新闻传播过程中具体应用的产物。"机器人写新闻"和"算法推荐"是算法新闻最为人熟知的方式，但其应用范围和

---

① 夏雨禾：《"智媒化"语境中的新闻传播》，《编辑之友》2019 年第 5 期。

传播方式远不止这样两种,"智能技术的应用从智能技术的思考维度向行为维度扩展,包括观点挖掘与机器学习、社交网络分析与挖掘、路径发现与规划方法等技术。这些智能技术在思考维度上主要致力于寻找潜在的受众对象,进而完成对应受众群体的用户画像和群集组合分析,并在此基础上通过行为维度的社交网络分析、路径分析和规划,进行信息的高效分发,最终目的是提高信息内容和受众需求的一致性"。[1]

算法在新闻传播过程中的作用首先表现为数据的挖掘与整合。在用户至上、流量为王的时代,用户的欣赏趣味、接收爱好等是媒体最为关注的要素。在传统媒体时代,这些往往需要经过复杂的受众调查才能得到相对准确的结论。随着算法对新闻传播过程的介入,通过大数据技术,可以精准全面地挖掘用户兴趣并通过多种要素的整合,对用户精准画像。这是因为大数据可以根据每一个用户的新闻点击情况、停留时间、收藏内容展开"算法神技",获得准确结论,并且这种数据挖掘还不是传统媒体时代受众调查的抽样调查,而是全样本分析。"大数据是指不用随机分析法这样的捷径,而采用所有数据的方法。"[2] 它注重分析所有样本间的相关关系而不执着于分析因果关系。"在无法确定因果关系时,数据为我们提供了解决问题的新方法,数据中所包含的信息可以帮助我们消除不确定性,而数据之间的相关性在某种程度上可以取代原来的因果关系,帮助我们得到我们想知道的答案,这便是大数据思维的核心。"[3] 智能机器

---

[1] 陈昌凤、虞鑫:《智能时代的信息价值观研究:技术属性、媒介语境与价值范畴》,《编辑之友》2019年第6期。

[2] 〔英〕维克托·迈尔-舍恩伯格、肯尼思·库克耶:《大数据时代》,周涛译,浙江人民出版社2013年版,第39页。

[3] 吴军:《智能时代——大数据与智能革命重新定义未来》,中信出版集团2016年版,第141页。

可以根据数据挖掘形成的结论(画像),对用户进行精准推送。在万物兼媒,万物互联的智媒时代,传媒业将借助人工智能的助力,向人们展示更多的神奇的变化和无限的可能性。

第三节 人工智能的演进与传媒业的困境

传媒业的发展与传媒技术的进步如影相随,密不可分。现代报业的发展和成熟,需要借助印刷技术、造纸技术甚至运输技术等系列技术的完善。而随着广播、电视等电子技术的进步,以报刊为主要样式的既有的传媒业面临诸多的困难。曾经行之有效的传播模式、规制方式乃至新闻样式都面临重大挑战,传媒业在经历了漫长艰苦的应对和激烈的嬗变后,才重新完善了新的传媒业态,形成了新的传媒生态。随着大数据和人工智能技术的快速发展和在传媒业中的普遍应用,新的挑战已经产生。

一、传媒业面临的伦理困境

(一)资本逻辑与新闻价值观的矛盾

人工智能的应用通常被理解为客观的、可信赖的和有效率的,所以其在传媒业的推广虽然也伴随着一些争议,但总体而言是快速而普遍的。随着人工智能技术应用的逐渐普及,一些伦理问题也开始变得严峻起来。人工智能在推广过程中经常是以营利为目的,资本推动色彩比较明显,在传媒业中的推广也不例外,这就与传媒业的价值标准和伦理追求发生冲突——传媒业追求以客观中立的专业手段履行社会使命、实现社会价值。技术能够赋权、赋能,人工智能大规模普遍使用所形成的权力运行模式会对传统的权力运行模式形成冲击。例如把关人的设置是传统媒体权力运行中的重要环节，而人工智能的算法推荐却对把关人功能产生颠覆性影响。"后置"成为把关人设置的基本框架，但把关人的后置却对媒体权力作用的发挥带来了诸多变化，其中最核心的是更坚决的事前预防还是更有效的事后追惩成为焦点。博弈的初步平衡是常规的事后追惩中巧妙嵌入事前预防的要素。再如，资本具有逐利的本能，由资本推动的人工智能在传媒业中的应用并不会改变这种本能，于是，为了流量而传播耸人听闻的低俗新闻，或为了推送"精准广告"而挖掘个人的隐私信息之类的失范行为就难于避免。

真实性是人们对信息的一种本质性要求。现代人对信息的认知通常是从新闻信息开始的。"真实是新闻的生命"，这是人们耳熟能详的一条传播原则，其实不仅是新闻信息需要真实，其他信息同样需要真实。根据失实信息传播的公共信息最终只能编织谎言，误导用户。生成式人工智能 ChatGPT 推出后，传媒从业者极为关注。早些年机器人生产的新闻作品横空出世，"新闻记者会被智能机器人替代"的观点广为流行，但多年过去了，这种"替代"没有（在短时期内也无法）成为现实。此次功能更强大的 ChatGPT 智能应用的推出再次引发这种议论，这并不令人感到意外，与此同时更多行业的从业者也在开始担心这种"替代"的可能性。从目前的状况看，这种可能性尚难在短期内能成为现实。但信息失实情况在这种智能应用中时有发生。清华大学教授史安斌认为"基于语料库、大数据的 ChatGPT，无法保证五个 W 新闻要素的真实。比如，在人物（who）这一要素中就因为同名，出现张冠李戴的情况"[1]。新华社研究院的何慧媛认为

---

[1] "部分人被淘汰不可避免！但 ChatGPT 真能颠覆新闻业吗？"，传媒茶话会（2023-2-9）（https://mp.weixin.qq.com/s/13XlF1m1HZmOB6zoohvEsQ）。

"ChatGPT输出的内容是训练数据的反映,错误的信息源和数据可能导致错误的内容,有人担心ChatGPT成为假新闻之源。媒体必须意识到使用人工智能工具的风险,采取措施确保发布的内容准确可靠,并与自身的编辑准则保持一致"[1]。基于大语言模式训练的生成式人工智能在学习海量的语料信息的过程中,要保证学习数据的高度真实、准确,并不是一件容易的事。

(二)主体性消解的担忧

传媒业是一个极具道德敏感性的行业。从新闻传播发展史的角度观察,传媒业的发展及其规则的确立是以社会目标的实现为指向的,传媒伦理作为一种应用伦理的形式,贯穿于媒体的日常工作和专业实践之中。传统传媒伦理的判断能力是一种独特的人文素养,它源自于公众的委托,成型于长期的专业理念的熏陶。但是,在人工智能时代,新闻从业者个人的重要性在逐渐减弱,机器自主判断的重要性在不断上升。机器专注于生产的效率性,并不能形成关于客观、中立、公正以及新闻品质、社会责任的自主判断,所以会造成新闻伦理的主体性缺失以及主流价值观念的偏离。前人工智能时代,既有的传媒业已经形成了相对成熟的传媒伦理并对传媒业的有序发展产生了良好的规范引导作用,也形成了较为良好的传媒伦理生态。社会主流的伦理准则、道德观念等通过多种影响路径,已逐渐内化为传媒人自觉的道德追求并在传媒实践中得以体现。人工智能时代,由于机器对传播过程的深度介入,诸多新问题就不可避免地出现,一些曾经得到解决了的老问题,也有可能在新技术面前再生变数。人工智能的引入一定程度上解决了新闻信息的处理

---

[1] "放心! 火爆全球的ChatGPT不会换走媒体人的工作",中国记者(2023-2-9)(https://mp.weixin.qq.com/s/hS93sCYwKdVhyJY4wRM_Uw)。

和分发问题的效率,但也同时出现了一些难以克服的弊端,比如个性化推送中的低俗化倾向和公共性信息的不彰;社交媒体中的虚假新闻现象;个人隐私与数据监控问题;信息茧房、过滤泡沫效应,搜索引擎中的竞价排名与虚假广告;算法偏见和歧视;人工智能对现有新闻职位结构的冲击、对职业记者的排斥等。"当记者把工作都交给机器做的同时,他们获得了创作的自由,也失去了读者对于新闻劳动产品的尊重。科技公司可以将他们的未来押在人工智能或任何一个复杂的技术上,但是整个新闻业却可能面临着用户和读者的不信任。"[1]这些问题得不到解决,智能化的传媒业将难以持续性地健康发展。

在许多时候,人们会理想化地认为技术会规避掉可能出现的新闻伦理问题,技术中立可以防止诸多不公平现象,但是技术背后是一个个持有自身价值观的人,技术本身并非是全然中立的,技术与社会生态的互动常常使得技术的发展呈现出环境的、社会的和人类的难于预测的后果,人工智能在传媒领域的发展亦是如此。在媒体产业发展与智能科技协同共鸣的进程中,背后掌控全局的往往是商业资本的意愿和力量,只是资本往往善于将自己隐身于更具前沿和精英色彩的科技手段之后。在技术突破的欢呼声背后,独自"窃喜"的是商业资本。人工智能的应用的确带来了新闻生产力的提高,但从政治经济学的角度分析,商业通过人工智能的布局将饱含公共利益和人文色彩的新闻信息变成了俘获受众眼球的工具,并且更进一步使用户变成了更精准可测的抽象数据。通过对数据的垄断和控制,一些大型互联网科技企业实现了对生活世界、社会空间的"殖民"。

---

[1] 徐敬宏、胡世明、陈文兵:《人工智能时代新闻业面临的机遇与挑战》,《郑州大学学报(哲学社会科学版)》2018年第5期。

(三)科学精神减弱：人类进步中的终极隐忧

科学精神是人类区别于其他物种的关键性标志。它可以帮助人类准确面对自身进步过程中的成绩和问题，并通过自身的创新能力持续创造更加美好的未来社会。人类对人工智能技术的态度也是如此。智能技术的出现是科学技术里程碑式的突破，对人类文明进程会产生加速作用，但也可能会存在一些科学精神减弱等问题。技术进步中存在的问题有的会以显性的方式即时显现，例如，网络出现后层出不穷的失实信息会导致人们对世界的认知出现偏差。有的则会以隐性的方式经过累积呈现，如算法推荐中的信息茧房会导致个体判断能力和价值标准的失衡。特别值得注意的是，新闻信息的影响力是潜移默化地发挥作用的，初期影响也许无足轻重，但天长日久之后的影响则可能产生难于估量的作用。我们需要积极解决即时出现的问题，但更需要对累积出现的问题保持高度警惕。以目前流行的生成式人工智能为例，在其应用之初，显性的即时呈现的问题往往在技术推广之初就已经解决，隐性的累积问题则可能处在潜滋暗长之中，需要提前做好预期。

1. 无限重复消费既有文明成果后形成的惰性心理。在人类文明的进程中，"勤劳勇敢"一直被认为是最为重要的品德，也是社会进步的重要推动因素。人类之所以能在千万年的进化过程中，从茹毛饮血的原始状态，发展到和谐共荣的现代文明，人类的勤奋进取至关重要。从赤手空拳竭力获得生存的机会，到刀耕火种获得发展可能；从工业革命推动社会财富快速增长，再到数字技术推动人类文明的革命性进展，所有的进步都与人的勤奋进取密不可分。而贪图享乐，不思进取则往往是某些人类文明退步甚至消失的主因。基于这样的社会发展背景，对人的进取心的培养和鼓励在任何时候都是不可或缺的。心理学的研究已经证明惰性心理是人的一种本能,一个人的文明程度和现代性往往表现为其能在多大程度上克服惰性心理。人类进化的历史演进也佐证了类似的判断。研究表明,人类持续发展进化的心理机制是因为"有机体内拥有一组加工程序"以解决生存中的适应性问题。其具体的过程,是人在生存过程中会通过接收一部分特定的信息以向有机体预示它正面临的适应性问题,并根据内心决策转换成输出信息(如何应对)。"我们的主要观点并不是说心理机制的输出结果总是会成功地解决问题,而是说心理机制的输出结果平均来看会比当时的进化环境中存在的其他策略更为有效地解决问题。"[1]人类能够从作为普通的原始人进化到能力强大的现代人,输入信息(学习),进行决策,作出反应是一个普遍的心理过程,也是一个持续学习和进取的过程。如果放弃学习和思考决策,就难以在充满竞争挑战的社会立足。只有保持强烈的进取心,保持勤劳勇敢的良好品德,人类才会持续进步。

在欢呼每一个科技进步的同时,我们往往存在某些小小的担心:这些进步会不会诱发人们的惰性本能?生成式人工智能有着前所未有的强大功能,它甚至可以编程、生成比较复杂的论文、文生视频等,这些能力在以前都是需要人脑经过比较复杂辛苦的工作才能完成。当人们习惯于用轻点鼠标来轻松完成以前必须通过人类的智力劳动才能完成的工作时,会不会因此使人变得更为懒惰?从生物学的角度看,前额叶是人脑中负责判断、分析、思考的重要组成部分。当人类长期依赖人工智能,身体就会慢慢

---

[1] 〔美〕戴维·巴斯:《进化心理学》,张勇、蒋柯译,商务印书馆2015年版,第52页。

被机器接管，那个时候，机器就成了大脑的一部分。所以，有专家担心，生成式人工智能可能攫取"人类的前额叶"。换言之，如果人类习惯于无限重复消费既有文明成果，社会发展的进程会不会停滞？

2. 工具依赖导致创新激情减弱。创新是人类进步的源泉。崇高的理想和天马行空式的想像力，经常会激发伟大发明创造的产生。从技术发展的宏观历史维度看，工具的使用、蒸汽机的发明以及数字传播技术的普及都是技术发展革命性的创新，也都在人类文明进步中产生了巨大的推动作用。而更多的、具体领域的创新，则把人们从简单、重复的劳作中解放出来，从而可以从事更加有价值的创造性劳动。当然，创新本身也是一个探索或者说是"试错"的过程。几乎所有的创新都不是完美无缺的。在使用这些创新成果的过程中，不断令其完善，这是创新过程包含的应有之义。当然，也有一些所谓的"创新"实际上可能是并无任何突破性的进展，对此需要仔细甄别。但无论从何种角度去讨论，创新能力无论对于个人的发展，还是社会的进步都意义重大。在今天这样一个智能社会，人工智能技术的进步为人类创新提供了更多可能性，必须通过对创新能力的培养和鼓励，推动人类文明。

人工智能功能强大，人们可以借助其强大的能力来生产更加复杂的产品，于是，一些人将其用于设计创新方案、制作工作总结、完成作业甚至完成不同学业阶段的毕业论文，这是令人担忧的。类似的工作对人们创新思考、工作内容反思、知识体系形成具有十分重要的意义，是创新实践和创新训练必不可少的过程。如果借助智能工具"一键完成"，且不说其产品是否适用，对个人创新能力，一定会产生严重的减弱作用。这是因为，这个过程并不能帮助使用者形成自身的知识体系，提升创新必不可少的复杂判断能力和逻辑思维能力的培养。更值得关注的是，以ChatGPT为代表的生成式人工智能在生产这些相对复杂的产品时，使用的都是人类文明既有成果，是对这些既有成果的反复组合和重复消费，这是令人担忧的。

以生成式人工智能为代表的人工智能在发展过程中，持续带给人们惊喜，其生产的文字作品逻辑顺畅，符合常规的思维逻辑；绘画作品风格多样，满足大众普遍的审美情趣；视频作品形象逼真，产生着良好的视觉效果，这是令人心动的。但是，从人工智能发展的内在逻辑分析，生成式人工智能主要基于庞大海量的数据训练，即对既有的人类智力劳动成果进行机器学习，是对既有成果的一种消化。人工智能的发展目标是前瞻性的，指向未来的，但其应用的内在逻辑却是向后看的，满足于现有和常规之需。至少就目前的发展状况而言，持续致力于对既有人类成果的机器学习会使创新之源枯竭。

3. 信息投喂习惯下理性思维能力的下降。一个人的理性思维能力包括想象力、质疑精神和发现问题的能力等要素。这种能力的培养需要长期的教育和内在的自我追求。这种可贵的能力在智能技术进展中开始出现令人担忧的下降趋势。据发布在《自然》的子刊《自然人类行为》杂志上的一项研究显示，"中国学生在经过大学学习后，批判性思维能力和学术技能水平均出现下降"。这项研究由俄罗斯、中国、印度和美国的三万余名本科生参与。数据显示，"刚刚入学时，中国学生的批判性思维能力与美国学生差距不大，明显高于印度和俄罗斯学生。但在大学毕业时批判性思维能力显著下降，能力水平被俄罗斯学生反超，而美国学生则在毕业时批判性思维能力有了显著性提高,在四国学生中'鹤立鸡群'"[1]。这项研究虽然主要讨论的是大学本科生的批判性思维问题,但也从一个侧面说明了他们的理性思维能力方面存在的问题。

持续进步的智能工具为人们提供了越来越快捷便利的信息收集、接收和处理方式,换言之,人们越来越安于主动或被动接收由算法推动的信息投喂,长此以往,理性思维能力的下降将不可避免。"算法推荐所运用的过滤机制,其逻辑过于注重用户偏好,而忽视了诸如真实、客观、理性等其他价值理念,实际上是损害了用户的信息选择权。用户能够选择的范围不是看或者不看什么信息,而是在算法推荐的范围内,接受还是拒绝算法推荐的信息。因此,用户选择的自主性是基于算法推荐的结果,而选择的范围也是基于算法推荐的结果。"[2]我一直担忧在PPT教学模式下成长起来的年轻一代的感性思维能力上升而理性思维能力下降的问题。如果长期习惯于在"月上柳梢头,人约黄昏后"的诗句下配上恋人牵手的照片,或者在"明月松间照,清泉石上流"的美文下配上山涧流水视频,那么长此以往,关于浪漫的想象和唯美的意境会在许多人的思维里会变成刻板划一的"牵手凝望"或"流水漫石"吗?"未来的人工智能发展的不确定性会让我们无法确认机器到底具有哪些本质,从而人类的认识能力将受到极大的挑战。""在对待人工智能上,一开始,人类就锁定了主仆关系。""然而人类的创造物就一定会听从于人类,成为人类的仆人吗?正如孩子由父母创造出来,但是孩子是父母的仆人吗?黑格尔用主仆关系阐释了人与上帝的关系,上帝是主人,人类

---

[1] "研究发现:中国学生经过大学学习后,批判性思维和学术技能均出现退步?",学术志(2023-2-11)(https://mp.weixin.qq.com/s/_7dXiEzWNLokw7GZ-Mazjg)。

[2] 周丽娜:《智媒时代算法推荐对用户自主性的解构与重构——基于规则治理的视角》,《现代传播》2023第10期。

是奴隶。然后,当人类反过来创造的时候,上帝的主人地位就岌岌可危了。这句话也同样适用于人与人工智能的关系。"[①]

二、传媒业面临的法律困境

人工智能技术是建立在大数据技术基础之上的一项智能技术,在智媒时代,"数字化生存"是现代公民一种基本的生存方式——人们的言行已经被普遍数字化。而在这些被数字化的数据中,无疑留存有大量的公民的权利内容,人工智能技术在采集、储存和使用这些数据的过程中,有可能涉及对公民隐私权、名誉权、著作权甚至财产权的侵犯。例如,算法推荐新闻需要根据既往受众的接收兴趣向其推荐新闻,但受众的接收兴趣包含有公民丰富的隐私信息,稍有不慎,可能会导致对公民隐私权的侵犯。与此相对应,由于新闻是作为一种公共产品被传播,这些包含隐私信息的新闻一旦被传播,其侵权后果就变得异常严重。传媒技术的进步应该为公民权利的保护提供更加有效的技术手段和能力而不应该是相反。人工智能技术的进步导致的法律困境主要有以下这些。

第一,人工智能发展与法律制度之间的矛盾。法律最为核心的功能,乃是维护社会规范性期望的稳定,给全体社会成员提供一种确定性预期,以确保社会有序运行。而人工智能的逻辑则与之不同,它会通过各种大数据、身份虚拟账户、评分系统、智能算法等技术形成新的法律主体特征;同时,互联网作为新的信息传播空间和法律空间,具有自由化、虚拟化、超主权化的全新特征。这些新问题

[①] 牟怡:《传播的进化:人工智能将如何重塑人类的交流》,清华大学出版社2017年版,第136—137页。

使得法律规范的稳定性难以与人工智能的发展性相匹配,自然在两者之间产生一定矛盾。具体而言,法律的制定通常需要经过一个漫长的法定程序,以条文法为特征的大陆法系国家尤其如此。只有经过广泛的讨论论证,平衡好各主体之间的权利和义务关系,才能确保法律的公正科学。与此同时,制定的法律需要有相对较长的稳定期,以确保全体社会成员准确理解和严格遵守。法律的这个特征和人工智能的技术要求正好相反,人工智能日新月异,如果不能随势而变,技术就会落后,而技术的快速进展不可避免地会带来新的法律问题。所以"虽然在法律层面保护隐私是必需的,但是光靠法律是解决不了问题的","法律的制定永远落后于案件的发生,尤其是在大陆法系的国家。因此,除了法律手段外,我们还必须有相应的技术手段维护个人的隐私"。[1] 这样说并不意味着法律手段并不重要,而是说滞后的法律在人工智能时代社会发展过程中会出现一定程度的失配状态。

第二,人工智能技术主体作为新闻传播法律主体地位的认定困难。人工智能作为一种新的社会现象,其技术主体作为法律主体的地位难以衡量。例如,智能机器人写作生成的新闻作品,机器人或机器人所有者是否能享有相应的著作权?在著作权问题中,作者是构成著作权三大要素(作者、独创性和可复制性)中最为核心的要素。基于传统媒体背景确定的著作权法通常将自然人、法人和非法人组织确认为作者的三种形态。随着智能机器人创作作品的出现,智能机器人是否可以成为作品的作者一直存在争议。有人认为智能机器人生成的作品与自然人创作的作品判断标准一

---

[1] 吴军:《智能时代:大数据与智能革命重新定义未来》,中信出版集团2016年版,第267页。

致,只需根据内容本身来判定是否是著作权意义上的作品。[①] 也有人认为,如果因为智能机器人生成的作品与自然人创作的作品在外观上相似而确认其著作权,会导致著作权法激励价值的落空,还会造成权利寻租与著作人身权落空等消极后果。[②] 总体而言,研究者通常基于对法律传统原则关于作者三种形态认定的尊重,并不将其视为作品的权利主体(作者),但可以将其创作物可能产生的收益以财产权方式加以保护。我国已有相应的案例:腾讯公司开发的"梦幻写手"智能写作辅助系统于2018年8月20日完成了一篇标题为"午评:沪指小幅上涨0.11% 报2671.93点 通信运营、石油开采等板块领涨"的财经报道文章,发表于腾讯证券网站。盈讯公司未经许可将该文章复制发表于自己运营的"网贷之家"网站。腾讯公司依据著作权中的信息网络传播权提起诉讼并获胜诉。[③] 这个案例也从一个侧面表达了对智能机器人作品权利认定的主流意见。但是,这样的认定和判例并没有解决根本性的问题:当以ChatGPT为代表的生成式人工智能创作的作品在"创作"过程中大量使用语料库中他人作品的内容并以新的形式出现,可能会导致以智能技术为幌子的智能"洗稿"成为一种普遍现象,原作品作者的权益难以得到有效保护。

数字化社会中,无数作者海量的作品构成了智能机器人写作训练和应用中的庞大的语料库。不同于搜索引擎使用中原作者和作

[①] 易继明:《人工智能创作物是作品吗?》,《法律科学(西北政法大学学报)》2017年第5期。

[②] 陈虎:《论人工智能生成内容的不可版权性——以表现形式为中心》,《重庆大学学报(社会科学版)》2021年第1期。

[③] 雷丽莉、朱硕:《人工智能生成稿件权利保护问题初探——基于Dreamwriter著作权案的分析》,《传媒观察》2022年第5期。

品同时呈现,也区别于此前智能机器人写作时对他人作品相对纯粹的"数据式"使用,生成式人工智能在其推广应用之前进行了大量、长期的大型语言模型训练,训练的数据集包括维基百科、书籍(小说和非小说为主)、报刊(论文为主)等众多成熟的既有作品。所以,其在创作作品时甚至可以模拟某个作者的写作风格,这样方式的使用显然已经不再是纯粹的"数据式"使用了,而是可能有相应潜在的权利纠纷。

关于作品"合理使用"及后续的财产权归属同样值得关心。因教学、科研等需要可以"不经著作权人许可,不向其支付报酬"而"合理使用"他人的作品。这是世界范围内通行的著作权限制原则。生成式人工智能应用研究过程中,引用大型语料库中他人的作品进行智能训练,这显然属于"合理使用"的范畴,并不会产生争议,即使进入到测试应用阶段,由于是非营利性使用,所以也不存在争议。作为一种智能应用,它可能拥有的广阔发展前景令众多资本趋之若鹜,在它的研发过程中许多企业进行了大量的资金投入。研发成功后,具有逐利本能的资本当然期待获得商业回报,因此良好的商业应用前景激发着资本想借此赢利的冲动。由于生成式人工智能会学习并使用他人作品中的创意、逻辑框架甚至写作风格,极具商业前景,但一旦开始商业收费,则会产生众多著作财产权纠纷。无论是生成式人工智能的开发者,还是语料库中作品的作者,都需要高度关注这个问题。对于开发者而言,巨额经费投入开发的产品不能成为免费使用的公共产品;对于作品的作者而言,殚精竭虑创作的作品和多年创作形成的个人写作风格不能以"合理使用"作为开端,而后续却成为他人持续牟利的工具。权利和义务的动态平衡,应该是处理智能机器人作品著作权时必须始终坚持的原则。

回应这一问题必须回到法律主体理论设立的初衷上,厘清其理论发展的历史进程,深入分析人工智能出现以后对构成法律主体要素的权利主体、义务主体、责任主体带来的冲击。跳出法律主体的类型化思维,用全方位的方法论思考人与人工智能之间的权利义务关系,并通过立法予以确认。

第三,人工智能在新闻传播活动中的侵权责任认定。在人工智能的新闻实践中,涉及隐私权、名誉权、肖像权、著作权以及数据歧视等多种侵权的可能性,尤其是人工智能技术进展带来的深度伪造、深度仿真或"换脸"技术,对既有的法律认定造成了较大的困难。在这些情况下,人工智能应该是可以被问责的。具体而言,要解决过错问题,避免公众困惑,人工智能系统必须在程序层面上具有可问责性,证明其为什么、以何种特定方式运作。法律应当说明人工智能系统开发、部署和应用过程中的职责、过错、责任、可问责性等问题,便于制造商和使用者知晓其权利和义务。现实面临的困惑是,所有的这些构想,尚未有明确的实体法律与之对应,换句话说,所有的这些构想尚有待未来法律法规的制定。

侵权责任认定是确保法律规范可以得到有效遵守的约束性条件。法律作为一种刚性规范,强制性是其最为显著的特征。法律颁布后,会通过学校教育、社会教育等方式,实现社会知晓和全民遵守。与此同时,一旦发生对法律规范的冒犯,随之而来的侵权追责也就变成了自然而然的事,所以,侵权责任认定是确保法律严肃性的基本要求。科学公正的法律,只有在追责的护航下,才能发挥好底线作用。人工智能技术推广过程中难以避免会出现类似主体责任不清、虚拟与现实混杂、真实与仿真模糊等问题,但这些不能成为减免法律责任的理由。

第四节 人工智能时代传媒业的发展与规制

一、技术拓展了传媒业的发展空间

人工智能作为人类文明发展史上的一场技术革命,给整个社会带来了重大、广泛、深远的影响。由于这场技术革命是以数据作为基础,以人的言行被全部数字化,数字人开始形成作为背景,因此,它不像过往技术进步只局限于对人的外在影响,而是开始影响人的主体性地位。当然,从其自身的发展和社会的接受程度来看,它也经历了一个渐进的过程。有研究者将技术革命总结为三个阶段,如下表:

阶段	引入阶段	渗透阶段	动力阶段
装置	神秘的	标准化的	杠杆的力量
使用者/受益者	很少	有选择性的	很多
认识	精英的	培养的	普遍的
每次使用的成本	高	中等	低
有效	有限的	适度的	高度的
融入社会	次要的	温和的	主要的
社会影响	微不足道的	显著的	重大的

(1)引入阶段。技术是以神秘的状态出现,因此只有少数人知晓着迷并探索其功能。由于技术新颖复杂,所以探索的时间、经济成本较高。(2)渗透阶段。技术以标准装置的方式出现,因此设计和操作更为常规,使用成本会下降,从而推动用户增加。(3)动力阶段。技术的价值被牢固确立且便利易得。广泛的应用推动技术不断改进完善。如果技术是革命性的,"它融入社会将是主要的,并

且它对社会的影响将是重大而深远的。"① 而人工智能技术正是这样一种革命性的技术。这项技术在广泛应用的过程中,对传媒业产生着"重大而深远的"影响。它不仅变革着传媒业习以为常的生产流程,更在理念、原则甚至社会认知等诸多层面产生影响。

"技术是人的延伸",除了人脑的功能外,在自然界中,人的器官在视觉、听觉、行走能力等方面就单个器官的功能而言,都没有出类拔萃的优势,视觉比不上高飞的雄鹰,听觉比不上温顺的小猫,奔跑比不上威武的雄狮……但技术的进步却让我们拥有了压倒所有生物的"超能力"。以视觉为例,望远镜的出现首先可以让我们看得更远;远程视频传输技术可以让我们"视觉无极限";数字监控设备不仅让我们观看现在,还可以让我们回望过去,预测未来。人工智能技术的广泛应用,不仅可以全方位地扩张人的器官的各种功能,更可以在模拟乃至取代人的活动方面发挥巨大的作用。传媒业曾经作为高智能的人的核心工作领域,被视作机器无可取代的"智慧禁区"。但是,当机器写作新闻开始成为一种流行趋势,算法推荐新闻成为吸引用户的关键技术后,人工智能在传媒业发展中举足轻重的作用被广泛关注倚重。

以人工智能为代表的传媒技术的进步,给传媒业的发展开拓了广阔的空间,提供了无限的可能性。虽然说人工智能技术会给传媒业的发展构成挑战,但就总体而言,它更提供了无限的可能。就传媒业本身而言,新技术非但不会使新闻降低质量,反而会使它更出色。它可以极大地提升从业者的采写能力和传播效率。为了使这种正向作用得以更好地发挥,"媒体的编辑部要实现现代化,必然会

---

① 〔荷兰〕尤瑞恩·范登·霍文、〔澳大利亚〕约翰·维克特主编:《信息技术与道德哲学》,赵迎欢、宋吉鑫、张勤译,科学出版社2019年版,第25—26页。

变得更加复杂,尊重并容纳比现在更多的技术。需要尊重的技术人才有程序员、数据库管理员、信息管理员(以前称为图书馆员)以及不写稿的信息收集员等。现代化的编辑部里可能需要有一位懂研究方法的职员负责检验数据,告诉记者哪些统计数据有意义,哪些没有意义,哪些统计分析符合逻辑,哪些存在错误"。[1] 类似的做法可以提升传媒业自身的时代性和适应能力。在人工智能快速发展的今天,生成式人工智能更在替代、超越传统媒体从业者职能方面快速进展,在当下的传媒业,技术已经不再是一种学术建议或理论想像,而是一种新闻生产和传播的基本现实。

在新闻信息采集阶段,由于人工智能在数据采集方面具有传统媒体时代人工采集无可比拟的能力优势,所以以前人工难以甚至无法完成的采集工作,可以依靠人工智能比较快捷地完成,用户也可以因此接收到前所未有的新类型新闻信息。在新闻生产阶段,人工智能的介入更可以将可视化新闻、数据新闻等新闻生产样式生产出来呈献给接收者。在新闻信息传播阶段,以算法推荐为代表的新闻推送方式,更是令用户的个性化需求得到了极大的满足。另外,人工智能在新闻用户的需求获取、传播接收体验、传播效果等诸多方面,也有广泛的应用前景。"表面上看,算法机器人是用于算法新闻任务的软件工具,事实上它们现在已经成为整个新闻生产的一部分,完全依靠自动化文本生产的算法新闻已经充分证明了算法机器人是新闻实践中的重要行动者。这些机器人的工作基于记者将事件和叙述输入'故事数据库'的平台,接下来的新闻故事完全以结构化数据显现出来,可为自动写作工具生成关

---

[1] 〔美〕比尔·科瓦奇、汤姆·罗森斯蒂尔:《真相:信息超载时代如何知道该相信什么》,陆佳怡、孙志刚译,中国人民大学出版社2014年版,第192页。

于新闻事件的叙述。"①

当然,作为一项新兴技术,技术本身的诸多未知也可能会构成挑战甚至产生风险,所以,其推进过程必须接受国家政策法规的规制及社会主流伦理原则的评价和检验,并根据需要作出调适和转化。归根结底,人工智能应该为人类信息的传播和社会长期的稳定发展带来福祉。因此,在人工智能时代,面对伦理和法律的诸多困境,传媒业的发展必须与技术治理、内部治理、外部治理相伴推进,从而形成美好的传播场景。

二、人工智能与传媒业的技术治理

传媒业以积极主动的姿态拥抱人工智能的同时,也必须积极推动技术治理。人工智能技术在传媒业的快速普遍推广,给传媒业带来了革命性的变革,也不断丰富着新媒体的景象。新媒体的繁荣景象不仅给传媒业本身带来了巨大的发展机遇,更给社会成员方便自由地介入传播过程提供了历史性的机遇。但是,并不是所有的媒体和社会成员都对这种突然降临的机遇做好了准备的。就媒体而言,大规模运作且复杂运行的人工智能在技术上并不透明,资本介入导致的商业秘密性也使其难以确保公正性。简单的对技术中立的期待在技术人的介入后并不会确保这种中立的纯粹性,而资本逐利的本能和作用的外溢性发挥(如作为广告主出现)会产生难以避免的负面影响,这就导致公众实施监督,法律实施的权威性缺乏确定性。就全体社会成员而言,新媒体和人工智能导致的猝然降临的机会,在把关人后置的背景下,容易滋生各种不良的传播行为,从而导致伦理和法律问题多发。

---

① 全燕:《隐形超权力:算法传播研究》,商务印书馆2023年版,第83—84页。

技术导致的失范行为,多元化技术手段的治理措施显然更具有针对性。算法推荐新闻导致的信息茧房、群体极化等问题,需要通过相应的技术手段来解决。"在新闻生产过程中扮演越来越重要角色的算法,往往被认为是机密而被隐藏起来。""新闻媒体中的算法透明度,是公开算法机制相关信息的尝试。算法信息的披露,有利于公众知晓算法可能存在的价值导向。"[1]应该通过技术手段加强不同信息的平衡推送,防止出现接收偏向。数据挖掘导致的大规模隐私信息泄露,应该通过多元加密技术和更加严格规范的隐私规则,来确保公民的隐私权。生成式人工智能的普遍推广,导致了新闻失实、性别歧视乃至意识形态等问题,需要通过更加科学规范的技术手段来加以防范。

三、人工智能应用中应强化人的作用的发挥

传媒业在大规模引入人工智能进入传播全过程的同时,要发挥好人的能动作用,积极加强传媒业内部治理。人工智能的应用和推广确实给传媒业带来了全新气象,但新闻价值失衡、舆论异化等现象普遍存在。媒体从业人员在智能机器面前似乎有被边缘化的倾向。每次人工智能技术的重要进展出现后,"新闻记者的职业将被人工智能取代"的论调总会被提起,"计算机写作大大提高了新闻行业的效率,但是同时也让记者和编辑这类工作正在萎缩。或许再过若干年,我们在编辑部里看到的景象不再是一批伏案工作的编辑,而是一台台计算机,这个行业也就被重新定义了"。[2]"技术导致失

---

[1] 季芳芳:《如何认识新闻伦理层面的算法透明度》,《中国报业》2018年第5期。
[2] 吴军:《智能时代:大数据与智能革命重新定义未来》,中信出版集团2016年版,第315页。

业论预测,技术的发展最终将导致大规模的人类失业。我们眼中的'工作'实际上只是一系列经济上有用的任务。随着时间的推移,机器完成这些任务的能力将逐渐与人类持平并最终超过人类。对公司来说,使用机器会比雇用人力更划算。现在在受人雇用做工的人们最终会发现,他们提供的服务已经不再被需要了。"[1]面对这类频频被设想的新闻编辑部未来可能的场景,我们必须有冷静客观的心态。

面对自然人从事的传媒工作将被人工智能替代的论调,我们必须关注两个方面的问题。第一,短期来看,传媒从业者不可能大规模地被智能机器人替代,这既基于对传媒工作重要性、复杂性的判断,也基于人工智能进展水平及科技伦理规制需要的判断。第二,长期来看,即使许多传媒从业者的工作被智能机器人取代,留存于传媒业中工作的人依然是传媒业的关键和主导力量。所以,以人为本在人工智能时代依然应该被反复强调。这里的以人为本不仅是强调对人的尊重,更是强调对人主观能动性的重视。人工智能作为一种技术当然是以人为主导的,因此,智能机器工程师、编码师的伦理提升必须要高度重视,广而言之,在资本推动的新媒体发展中,资本主导者和媒体负责人的社会责任意识必须要作为关键来重视。传播路径的规范化、新闻行业的集体自律和资本的社会责任是传媒业内部治理的关键所在。

四、人工智能背景下媒体规制中的社会综合治理

新媒体的快速发展和人工智能技术的应用推动了传媒业的发

---

[1] 〔英〕杰米·萨斯坎德:《算法的力量:人类如何共同生存?》,李大白译,北京日报出版社2022年版,第247页。

展，但人工智能引发的公民权利受损、公正报道受限、公共利益漠视的现象时有所见，因此而导致的价值冲突、伦理冲击、法律权威挑战等问题令人关注。在公共传播时代，全体社会成员都有了话语表达的机会，但每个成员的媒介素养和个人素质各不相同，人工智能技术的应用容易导致某种情绪被快速放大。因此，在人工智能技术全方位介入传媒业的背景下，强调全社会的外部治理，通过法律规制和伦理引导十分关键。

面向传媒业的社会综合治理需要通过确立底线意识和倡导理想境界，以有效实现社会综合治理目标。所谓底线意识，即在人工智能时代，法律依然是人们一切行为的基本出发点，换言之，法律是一切传播场景和传播行为总的游戏规则，它通过向人们传达一种明确的预期，帮助人们作出作为或不作为的正确选择。社会治理者虽然为应对人工智能时代的到来，在法规的修订和重新制定方面作出了卓有成效的努力，但依然会引发新的权利义务冲突。我们必须回应社会的这种现实关切，为寻找权利义务新的最佳平衡点尽早开展研究并寻找科学的方法，从而为良好的社会治理提供有效的法规对策。所谓理想境界，即在人工智能时代，无论是现实社会还是虚拟世界，我们需要去寻找建立和谐人际关系和理想社会场景的有效路径。大数据的深度挖掘，人工智能的广泛应用和算法的普遍推广，使信息接收和分享成为所有人的生活方式，并从外在的生活行为和内在的价值取向层面产生着深刻影响。我们当然在全方位直观地体会着这种科技进步带给社会和个人的巨大推动作用，但是，阶层的冲突撕裂、价值观的矛盾冲突，或者，我们开始关注但尚未寻找到全面有效治理之策的信息茧房、群体极化、网络非理性、非道德等行为，依然在消解着这个社会的美好。基于这样一种宏观的社会背景,我们应该从具体微观的问题入手,回望历史,体察现实,努力寻找更加美好的未来世界。

人工智能时代的到来给传媒业开辟了一片广阔的天地,提供无限的发展可能。但是,与传媒技术快速进步相伴随的诸多不可预知性也让传媒变革面临伦理和法律的诸多不确定性。对此,以传媒业从业者为主的社会成员对此都必须有所预期并采取行动。

第五节 传媒业必须积极拥抱人工智能

人工智能作为人类技术发展史上的革命性进展,它最大的价值是给社会发展带来了无限的可能性。许多想不到、不敢想、不可能的工作和生活场景,正在变成现实。对社会发展高度敏感的传媒业,必须从理念、思路和实践等方面入手,积极拥抱人工智能。

一、理念:智媒化思维

人工智能时代,传媒业要完成有效的信息传播过程,获得良好的传播效果,必须具备智媒化的思维理念。智媒化思维是建立在互联网思维基础上的新的思维模式,是互联网思维的一种进阶,也是在媒体融合过程中主动顺应世界媒体进步的潮流,拥抱和实践传媒新技术的思想基础。智媒化思维应重点关注两个方面:大数据和机器智能。

第一,建立强烈的大数据意识。数据的存在有着漫长的历史。所以,在相当长的时间里,人们的印象中,以数字方式存在的数据本身与数字并无本质性差异。这种认知本身没有太大的问题,因为早期的大数据实际上也就是数字——计算机工程师需要处理,但已超出一般电脑在处理数据时所能使用的内存量的数据,被称作大数据。而在今天,大数据已经消除了"僵化的层次结构和一致性",可以被挖掘并按需要排列组合,具有极大的商业价值和社会价值。"大数据是人们获得新的认知、创造新的价值的源泉;大数据还是改变市场、组织机构,以及政府与公民关系的方法。"[1] 梳理古代埃及及两河流域文明中的天文学上的重要进展会发现,对数据的获取和分析一直是"人类建造文明的基石";"人类文明的过程是伴随这样一个数据流程进行的:获取数据 ⟶ 分析数据 ⟶ 建立模型 ⟶ 预测未知。"[2] 数据作为一种资源或工具不仅用于人类零碎的日常生活,更在重塑人类的精神方面发挥着重要的作用。它正如农耕生产之于古代文明,工业革命之于现代文明一样,催生一种全新的数据文明。[3] 数据的范畴和包含的意义远比我们想象的要广大和深远得多。人类在探索自然规律、分析经济、社会领域的行为时,总是伴随着数据的使用。获得和利用数据的水平反映出文明的水平。在电子计算机诞生、人类进入信息时代之后,数据的作用越来越明显,数据驱动方法开始被普遍采用。"如果我们把资本和机械动能作为大航海时代以来全球近代化的推动力,那么数据将成为下一次技术革命和社会变革的核心动力。"[4] 事实上,在今天这样一个数字化社会中,数据已经变成了我们生活的一部分甚至全部,所以,无论是在思考宏观的媒

---

[1] 〔英〕维克托·迈尔-舍恩伯格、肯尼思·库克耶:《大数据时代》,浙江人民出版社2013年版,第9页。

[2] 吴军:《智能时代:大数据与智能革命重新定义未来》,中信出版集团2016年版,第12页。

[3] 参见涂子沛:《数文明——大数据如何重塑人类文明、商业形态和个人世界》,中信出版集团2018年版,第XIV—XX页。

[4] 吴军:《智能时代:大数据与智能革命重新定义未来》,中信出版集团2016年版,第35页。

体融合,还是微观的新闻信息传播问题,必须首先思考大数据对传媒业的深刻影响,用大数据思维,去设计传媒改革的基本路径。

第二,对智能机器的主动拥抱。人工智能不仅会带给传媒业内容生产方面的深刻变革,也会带来接收场景的巨大影响。从可视化新闻、数据新闻到算法推送新闻,从智能增强现实技术(AR)到智能虚拟现实技术(VR),从机器人写作新闻到生成式人工智能生产新闻,人工智能将覆盖整个传媒产业链。从更加广阔的时空范畴来看,人工智能将会介入到包括传媒业在内的更加全面的社会生活空间,并对人的主体性和独立性产生重大影响。美国著名的计算机科学家阿米尔·侯赛因是这样描述人工智能未来状态的:"人工智能系统需要像人类一样成为通才。它需要通过海量数据进行学习,然后归纳所学到的东西,就好像我们在小时候学会将积木叠在一起、组合在一起或者垫在脚下去拿书架上的书。它需要理解含义和语境、能够合成新知识、有自己的意图并且在任何情况下具备自我意识,这样它才能理解在这个世界上拥有决定权意味着什么。"[①] 当人工智能真的拥有了"自己的意图"并具备了"自我意识",意味着其进阶到了强人工智能阶段,对社会发展和人类文明将产生"终极影响"。这样的"终极智能"阶段离我们的现实生活还比较遥远,但它很有可能会变成现实,所以,我们必须提早作好准备。传媒管理者不仅要继续与现实的人发生联系,还要不断学会与智能机器发生联系,并且这是一个贯穿未来的漫长过程。网络兴起之初,曾经长期在传媒业中占据主导地位的主流媒体总体而言在前瞻性上有所欠缺,对网络发展的可能性预期不足,导致疲于应对新媒体快速发展

---

① 〔美〕阿米尔·侯赛因:《终极智能——感知机器与人工智能的未来》,赛迪研究院专家组译,中信出版集团 2018 年版,第 34—35、41—42 页。

的窘迫局面。人工智能正在呈现网络勃兴初期显现过的一些特征，曾经的失当判断应该成为今天良好的殷鉴。在未来传媒业发展的大格局中，应该主动拥抱智能机器，积极学习和引进智能技术，以获得良好的发展机会。

二、思路：网络化平台

网络化是指传媒业首先要真正完成传统媒体"上网"，实现与网络的互联互通。在过往的实践中，有人将网络化简单理解为数字化，即将文字图片进行数字化转换，从而完成"上网"行为，这是对网络化的浅表理解。在传媒业实现网络化的过程中，数字化转换只是网络化过程中一个最初步的环节，而主流媒体整体"迁移"到网络上，网上网下多向互通互联，数字化场景传播，才是真正的网络化。"迁移"是实现网络化的逻辑前提，在这样的前提下展开的核心工作是依托网络平台通过智能化的手段获取信息，组织传播。"移动互联网日益成为信息传播的主渠道，成为热点生成、舆论发酵的策源地。当下的互联网就像水和电一样，已经成为基础设施，各行各业都离不开。既然这样，融合必然要围绕着互联网来进行。"[1] 同时，随着年轻一代网络原住民的成熟和年长一代对网络传播技术的熟练应用，网络传播的对象也在发生本质性的变化，以中产阶级为核心的社会主流阶层日渐成为网络的活跃用户，借助智能技术的广泛应用，从形式到内容都可以提升传播效果，这对于增加用户的黏性，提高传播的效果，实现媒体传播核心价值观，构建风清气正的网络空间作用巨大。

---

[1] 卢新宁：《融合三问：新型主流媒体的转型思考》，《新闻与写作》2019年第2期。

网络化平台强调传媒业主动在网络上创建传播平台,实现有效传播。"建设自主可控的平台是媒体掌握网络舆论主导权的关键举措","平台化有利于主流媒体聚合优势资源、吸引海量用户"。[①] 网络化平台首先是指信息的聚合。以《人民日报》、中央电视台等为代表的国家级主流媒体创建的融媒体平台和正在大力推进的县级融媒体平台,完成了网络化平台的初步建设任务,为传媒业实现传播目标提供了平台条件。不同的信息聚合于这个平台并借助多样化的手段进行传播(如近年流行的短视频传播),可以发挥多方面的传播效果。其次是指传受关系的交会点。网络传播强调交互性,强调网状链接,但这种交互和网状链接绝不是"对空言说",而是有效互动平台,使传受关系在"云端交往"中感知对方的存在和意见的倾听,只有这样,各方的发声才有价值。最后是指初生舆情的中心。网络化平台不仅联结各种人与物,也是舆情的生存中心。通过技术手段,网络化平台可以对汇聚于平台的初生舆情进行挖掘整合。这个过程一方面可以形成对舆情走向情况的整体掌握和基本判断,也可以进行精准研判,从而形成主流的舆论并通过平台传播。信息传播是对人的传播,当几乎所有的社会成员都开始成为"挂在网络上的生物",成为网络传播的重要节点时,传播的平台化就变得不可或缺。

三、实践:智能化生产

首先,是智能技术条件的完备配置,确保了新闻信息的快速有

---

① 宋建武等:《平台化:主流媒体深度融合的基石》,《新闻与写作》2017年第10期。

效传播。传播技术的进步推动了传媒业的革命性进步，所以传媒业的未来发展首先需要有良好的技术条件作为支撑。在新媒体的快速发展中，传播平台需要有可靠的硬件设施基础和软件工具配置，这需要付出巨额的经费。一些传统媒体之所以在新旧媒体的竞争中渐趋式微，与没有得到充足的经费保障有密切的关系，所以传媒业要在未来的信息传播中有效发声，智能技术条件的完备是必不可少的。智能技术条件除了硬件设备，更主要的是软件的高度智能化及持续的更新完善。当然，要做到这一点，就不能缺少一批技术精湛，有前瞻性、预见性眼光的计算机工程师队伍。而所有这些，都需要有相应的平台和技术条件来确保主流媒体舆论声音的快速有效传播。

其次，是媒体从业者对包括各类生成式人工智能和其他智能技术的熟练掌握和使用。这是一种"能力再造"的过程，可以提升他们适应媒体发展要求的能力，以保证新闻的内容和形式符合现代受众的接收兴趣。在目前的传媒业中，全媒体记者正在成为传媒从业者的一种职业目标。全媒体记者的内在要求除了完成传统的新闻采访、写作外，还要求通过对智能设备、技术和应用的掌握，熟练地通过文字、音频、视频等方式传播新闻信息，争取做到传播的新闻信息能快速覆盖多种传播渠道。这就要求新闻记者不仅会采写新闻，还会制作和智能生成（有别于传统意义上的编辑加工）新闻，并且在采访之时就要考虑到声音、图片、视频等要素的集中采集，这是对新闻记者的一种高要求，但也应该成为一种基本要求。新闻记者要在强调客观性、真实性的基础上，在个性化和创造力上多做文章。

最后，是智能引导。传媒业的本质决定了其传播的内容必须彰显主流的价值观，需要发挥引导社会舆论的作用。在这个过程中，智能引导将成为一种主流方式。大数据挖掘技术、智能机器深度学习、算法进展和类脑芯片的持续开发,深度再造传媒业的各个流程。例如,可以通过各种无人机、航拍器和多类型视频摄像头等收集的素材,配合大数据挖掘技术,及时捕捉公众意见、关注度、情绪升降等,并通过数据新闻、数据可视化新闻的方式快速传播,及时引导公众舆论。智能化引导要求主流媒体尽早尝试新闻智能机器人进入新闻传播全流程,从机器人采访、写稿、编辑到机器人主持播报新闻,从而节省人力成本,加快新闻制作流程。在未来可以通过"文生视频"等方式,模拟、仿真新闻的发生过程,来提升传播效果。

  传媒业呈现出了前所未有的开放性,这种开放性既有传媒从业者的主观追求,也有智能技术进步的客观推动。"联结的社会,是边界模糊的社会,既往稳固的要素边界,在各要素不断分分合合、变更重组的过程中,更加易变,这就使未来的新闻传播新业态具有了显著的开放性。"[①] 随着数字技术的快速进展,我们正在进入一个媒介化社会,个体的生存,将受到媒介的全方位影响。换言之,个体本身就是媒介,因此,我们将会面对许多已知与未知的挑战,而作为用户的所有社会成员,也将面临更加复杂的信息环境,包括个人隐私在内的个人信息,会在这样一种全新的未来媒介场景中经受考验。

---

① 姜华、张涛甫:《传播结构变动中的新闻业及其未来走向》,《中国社会科学》2021年第8期。

第二章　演进与省思：
公民隐私保护中的前沿问题

　　以大数据和人工智能技术为基础的智媒时代的到来，不仅给传媒业带来了革命性的变化，也给公民隐私保护带来了诸多前所未有的新问题。以手机为代表的日益智能便捷的信息接收终端给全体社会成员获取多样化信息、参与信息传播提供了极大的便利，由此也真正营造了人人都是传播者的公共传播时代的媒介奇观。在海量传播的日常生活信息中，许多公民的隐私信息被熟悉或不熟悉的人上传至网络。与此同时，基于网络活动和网络社交而产生的人际交互信息，也持续充实着数据库，并丰富着数据库的类型。这些庞杂海量的数据，为大数据的挖掘和人工智能的整合提供了前提和基础。在数字化社会中，我们对社会生活的所有记录都是以数据的形式出现的，记录得越详尽，数据库就越庞大，反映的事实就越清晰真实，对数字经济的发展也就越有价值。但是，基于分享与交互而产生的庞大真实的数据又成为公民隐私数据的聚集地，人们持续输出的信息正在不断成为隐私受损的重要源头。流动的数据在网络世界四散流溢，随意聚集，营造了一个丰富多样或者说光怪陆离的数字世界。而算法技术则悄无声息地对这些数据进行有规律的挖掘、整合和使用，丰富着社会发展的各种可能性。这也意味着，前数字化社会曾经得到的较为有效保护的公民隐私，在数字化社会开始面临诸多新挑战。

第一节　隐私作为一种个人特质

一、作为一种人格权利的隐私

隐私是人们的精神外衣，是附属于人而存在的一种个性符号。学术界通常把隐私定义为"自然人免于外界公开和干扰的私人秘密和私生活安宁的状态"。[①]

隐私是人们在追求"尊严生活"时最为关注的人格权要素之一，"大多数人希望维持合理的高自尊，也就是说，认为自己是好的、高尚的，这是大多数人都有的一种强烈需求"。[②]而隐私的有效维护，正是人们拥有这种"高自尊"的关键要素之一。自尊作为一种对社会和他人有益、个体发自内心的需求，对人的现代性的培养意义重大。这种需求得到尊重，个体会感到自在和满足；一旦受到伤害，则会产生不适反应，导致负面情绪产生。所以，隐私没有得到良好保护的社会，所谓有尊严的美好生活无从谈起。美国隐私法研究专家尼尔·理查兹从另一个角度来讨论隐私之于个体的意义，他认为隐私是一种"内在善"，"独处和不被观察可以被看作（正如哲学家所说）一种内在善。内在善是指本质上就是善的事物，在某种程度上与其产生的任何其他后果相区分。这些事物本质上是善的，而且本身就是目的"；"有相当多的人类学证据表明，人类和许多动物一样，

[①] 王利明：《人格权重大疑难问题研究》，法律出版社2019年版，第599页。

[②] 〔美〕埃略特·阿伦森、蒂莫西·D.威尔逊、塞缪尔·R.萨默斯：《社会心理学》（第10版），侯玉波、曹毅等译，人民邮电出版社2023年版，第15页。

从拥有私人空间和关系中获益,而且这种获益是一种内在善"。[①]将对隐私保护的意义理解为一种对"内在善"的保护,和我们将隐私理解为对人类尊严的敬重在理念上是一脉相承的,体现的都是对构成人类可贵核心要素的敬重。

隐私是一种个人化的客观存在,所以它经常与"私人""私密"这样一些个人化的词相联结。在公民的人格权利中,名誉权和隐私权是两种最为重要的权利,但名誉权更关注的是其社会化的存在形态。"名誉是一种社会评价",所以名誉作为一种人格权利,更关注与社会的关系;"隐私是个人不愿为他人知晓的秘密",所以,隐私作为一种人格权利,更关注的是隐私主体的内心感受。这种差异性也可以在侵权构成的要件上得到佐证。名誉权的侵权要件之一是"社会评价的降低",亦即如果个人的言语或媒体传播的信息即使令当事人感到不快甚至伤害,但只要没有导致社会评价的下降,也不会导致侵权。某人为了寻找某个理想的科研数据反复实验却屡试屡败,直到数次失败后才获得成功。媒体对这个过程报道后,某人认为报道中把"数次失败"的实验经历报道出来有损其名誉——会令人怀疑自己的方法多次失当或不够聪明?事实上,即使诉诸法庭,法律也不会支持其诉求。因为社会评价中,"失败是成功之母"是一种常识判断,也是社会认可的一种主流道德标准,况且科研过程中失败的实验经历也是一种常态,不会导致当事人社会评价的下降。这也意味着,名誉更多关注的是一种外在关系。而隐私侵权的构成要件之一是"当事人感到痛苦",亦即隐私侵权是否构成,与社会评价无关,只要

[①] 〔美〕尼尔·理查兹:《隐私为什么很重要》,朱悦、嵇天枢译,上海人民出版社2023年版,第84页。

当事人精神上感受到伤痛，就可能构成侵权。例如一个人的恋爱受挫经历常常被当事人视作隐私，一旦这类信息被传播，当事人会有自己"缺少魅力""不漂亮""个性存在缺陷"等受挫感，深陷内心痛苦之中。披露这些信息的人或媒体可能构成隐私侵权。反之，也有人会对失恋的经历被披露持"无所谓"的心态，不会产生精神痛苦，所以这些经历被披露也就不会构成侵权。这意味着隐私虽然也关注关系性，但更关注内在感受。名誉权和隐私权在侵权构成方面存在的差异性也许可以帮助我们更好地理解隐私的"个人化"特点。

隐私的"个人化"特征常常被人简单解读为隐私的封闭性。因为隐私表现为"个人化"的特征，且其侵权构成要件的认定上也包含了个人化的"主观感受"而非"社会评价"，所以，隐私常常被人解读为一种封闭性。其实这种解读是对隐私特征的一种狭义理解。

隐私的"个人化"，实际上是公民作为生命体的个体特质的体现。从可外显的隐私看，公民个体的生理特征，如肌肤形态、指纹特征、虹膜、声纹等，可以构成其独特的、具象的生命形态，可以令其从千千万万个生命体中区别出来，形成具体的"我"。从内隐的隐私看，个人的情感经历、社会关系等，构成了作为社会人的个体的存在。每个个体都有自己独特的存在形态，作为社会性动物，这种"独特的存在形态"主要不是指个体的生物特征，而是其难以外显的社会关系组成方式。以血缘为纽带的亲情关系，以友谊为纽带的友情关系，以及以工作、学习、生活为纽带的弱关系性质的社交关系等，组成了每一个个体独特的存在。这种个体状态同样也是其他人无法复制的独特的"我"的存在。

二、作为一种社会资本的隐私

美国学者尼尔·理查兹曾经写过一本名为《隐私为什么很重要》的书。他在回答自己提出的这个问题时,首先强调隐私"是一项基本人权,应该受到保护,免受政府和私人行为者的影响,无论这些人是公司还是其他个体"。[①] 这个观点非常有价值但并无新意。在美国另外两位学者沃伦和布兰代斯最早提出"隐私权"的概念时,这个观点就被强调,并在此后的一百多年时间里被不断重复,最终变成许多国家法律规定的内容。但他的另一个观点值得重视:隐私"已经成为我们作为个人、公民和身处现实的消费者参与数字社会的能力的核心"。[②] 他从"基本人权"和"能力的核心"两个层面对隐私意义进行强调,构成了对隐私重要性的完整表述,尤其是后者的表达更具有强烈的现实价值。因此,隐私对每一个社会成员而言,是一种不可或缺的社会资本。隐私作为社会资本主要体现在以下两个方面。

第一,隐私是在建立社会关系的过程中,获取信任的社会资本。在讨论社会资本问题时,人们首先讨论的是共同主体之间(包括个体或团体)建立社会网络和互惠性规范过程中的信任问题。没有信任,社会资本就无从谈起。隐私是人际关系的"润滑剂"和符号共同体的"粘合剂",隐私作为信息资源可以在交换中建立人际关系资本,建立和改变个人符号并以此建立利益共同性。[③] 信任建立的前提条件是交流信息,其中就包括隐私信息。在数字化社会中,诸多客观的自然信息可以借由网络的海量信息来获取,而获取隐私信

[①] 〔美〕尼尔·理查兹:《隐私为什么很重要》,朱锐、嵇天枢译,上海人民出版社2023年版,第263—265页。
[②] 同上书,第266页。
[③] 参见何丽野:《隐私、符号与资本》,《中国社会科学评价》2022年第1期。

息却并非易事,于是,交流分享就显得十分必要。"信任,无论是通过反复互动、明示或暗示、互惠还是转移的方式,都是我们根据情境决定是否与他人共享个人信息这个决定的核心。我们在现实生活中可以感受到它的存在,从信任游戏到在线社交网络,从朋友之间的熟悉互动到在线相对陌生人之间的有限交流。信任赋予我们共享的信心和意愿,因为它减少了披露中固有的漏洞……隐私和信任之间的关系通常可以相互作用,即隐私可以建立信任,而信任可以带来披露。"[1] 网络社交是一种基于"趣缘"的人际交往方式,交往主体出于对审美观点、情绪共振的新闻或商业信息等的趋同爱好进行交往,一旦产生"情投意合"的契合感,则进一步分享被小心呵护保存的隐私信息,从而保持交往的粘度。这样的状况在现实生活中十分常见:陌生人之间在交往初期,彼此总是小心翼翼地回避着隐私话题,担心一旦触及隐私话题会伤及基本的社交礼仪。熟人之间的交往则较少顾虑隐私话题,有时候会通过刻意分享一些隐私以维持关系。交往过程中分享隐私,这是隐私在信任建构中的意义所在。

第二,隐私信息在数字化社会还是一种重要的商业资本,这对不同主体之间建立经济联系具有举足轻重的意义。在智媒时代,我们打开任何一个网络应用的前提条件是同意其隐私规则,而所有隐私规则的核心内涵是收集和使用个人的信息,其中一定包含隐私信息。在理想的商业模式下,隐私信息会在知情同意原则的保护下被合规使用,而隐私主体也可以自由自主地使用网络应用,双方相安无事并彼此成就。如果隐私主体刻意严格控制信息的流动,一定会

---

[1] 〔美〕阿里·埃斯拉·瓦尔德曼(Ari Ezra Waldman):《隐私即信任——大数据时代的信息隐私》,张璐译,法律出版社 2022 年版,第 81 页。

导致其社会活动尤其是经济活动的严重受限。不同经济主体基于关系亲疏的考量和商业利益大小的权衡，将相应的隐私信息作为彼此联结的纽带，以通过商业合作实现商业目标。在庞大的商业数据库中，公民的隐私数据具有特殊重要的商业价值。

隐私在维护个人尊严、成就个人发展中具有独特的意义，与此同时，全社会对于隐私保护的努力，也取得了较良好的预期效果。在传统媒体时代，现代化的法治国家都已经建立起了相对完善的隐私保护的法律体系，但数字化技术的进步和智媒时代的到来，却令公民的隐私保护面临前所未有的困境。现代公民的隐私无处安放、"隐私已死"的悲观论调开始声音渐显。数字化社会的公民隐私面临复杂严峻的困境，关于公民隐私的保护必须有时代性的应对。

第二节　人工智能时代隐私内涵的嬗变

人们的隐私意识萌芽于原始社会、形成于农耕社会、成熟于工业社会，其内涵有着漫长的丰富过程。我们的先民们最初所"隐"之"私"，主要是身体秘密。原始人最早以兽皮、树叶之类的外在物遮掩身体的某些敏感器官以实现藏"私"掩"耻"的目的。随着社会的发展和人际交往的增加，人际关系、个人活动轨迹等也开始成为需要掩隐的"私事"，于是，房屋、树丛、夜色等成了最好的掩私物品。隐私产生之初即基于一个清晰的前提：公共空间和私人空间的明确界限区隔。人们可以在私宅等私人空间内休养身心、整理思绪或会见好友、处置私人事务。进入数字化社会，"一切都被数据化，人亦不例外。人即数据。不仅人的一切活动都以数据的方式进行并成为数据，而且人是怎样的、人可能怎样的，均由数据构建与呈现","数据时代的隐私危机是数据隐私危机"[1]。在数字化社会中，个人的言行已经全部被数字化，这也意味着借助这些数据可以比较全面地建构个人完整的数字人格。数字人格的建构基于个人被数字化的第一肉身，作为第一肉身的自然人因为数字人格的出现，其主体性地位被削弱，对隐私遭遇伤害的感知能力下降。当然，个人的数字人格最终被如何建构，实际上与建构者采用何种算法、如何编码等要素密不可分，而与隐私主体的主观愿望关联度不大。与之相对应，在传统媒体时代相对稳定的隐私内涵，也随着智媒时代的到来而发生着快速、深刻的嬗变。"从作为个人珍贵的资源，到象征身体皮肤与内在呼应的尊严，再到关乎个人自主性的自由，以及落到独一无二的身体和终极的心智，最后引向数字遗产中的隐私。这样一个由表及里的过程，覆盖了社会到个体，连接了外在与内心，又承接生者和逝者。"[2] 现代公民的隐私内涵以复杂多样的多维方式存在于我们的生活中，并在个人的社会实践中发挥着重要作用。

一、流动的数据与液态的隐私

流动性是智媒时代社会发展进程中一个最为显著的特点。著名社会学家齐格蒙特·鲍曼在其晚年的学术活动中致力于"流动的现代性"问题的研究，提出"'流动的现代性'是对变化就是恒久而不确定性就是确定性的更大确信"[3]。这位极具前瞻性眼光的思想家

---

[1] 高兆明、高昊：《第二肉身：数据时代的隐私与隐私危机》，《哲学动态》2019年第8期。

[2] 俞立根：《手机媒介与公民隐私权保护》，中国广播影视出版社2022年版，第9页。

[3] 〔英〕齐格蒙特·鲍曼：《流动的现代性》，中国人民大学出版社2018年版，第5页。

虽然并没有经历真正的大数据带给社会的激动人心的变化,但他经历了网络勃兴带给整个世界的深刻影响,从而洞察到了"流动"的价值,并将其赋予了"现代性"的符号。而流动,恰恰是数字化社会的核心特征。数据的流动性是其价值存在的基础。静止停留在数据库中不流动的数据,只能是一堆枯燥的数字。数据古已有之,但数据在今天才真正显示出其无限的价值。数据产生之初,人们只是将其作为记事的重要手段之一。通过数据的记录,以达到更好地记录和了解世界的目的。随着社会的发展和记录数据的增多,社会开始产生种类多样、体量庞大的数据库。如何高效使用这些数据库一直是社会发展过程中社会治理者和商业组织思考的重要问题,而分类、抽样使用则成为常见的方式,但这种效率低下的使用方式并不足以发挥数据的作用。随着数字技术的出现和计算机运算速度的迅速提升,可供提取、分析、整合、利用的数据开始形成大数据,成为数字社会最为重要的资源。

大数据的形成成为当今这个时代的标志性特征,也给整个社会带来了激动人心的变化。"大数据的科学价值和社会价值正是体现在这里。一方面,对大数据的掌握程度可以转化为经济价值的来源。另一方面,大数据已经撼动了世界的方方面面,从商业科技到医疗、政府、教育、经济、人文以及社会的其他各个领域。"[1] 大数据的出现给我们与世界的交流方式带来了全新的视角,其中最重要的变化之一是在理解世界的过程中,我们可以减弱对因果关系的执念,转向通过对数据的整合分析,致力于对相关关系的探寻。同时,大数据的预测能力也是技术发展史上的重大进步。"大数据的核心

---

[1] 〔奥〕维克托·迈尔-舍恩伯格、〔法〕肯尼思·库克耶:《大数据时代:生活、工作与思维的大变革》,盛杨燕、周涛译,浙江人民出版社2013年版,第15页。

就是预测。它通常被视为人工智能的一部分,或者更确切地说,被视为一种机器学习。但是这种定义是有误导性的。大数据不是要教机器像人一样思考。相反,它是把数学算法运用到海量的数据上来预测事情发生的可能性。这些预测系统之所以能够成功,关键在于他们是建立在海量数据的基础之上的。"[1]正是这种预测能力,让大数据和人工智能拥有了更为广阔的发展前景。对大数据进行分门别类的挖掘整理,并据此加以个性化的使用成为一种常见的方式。大数据的个性化应用借助的就是数据的流动性特征,并通过算法技术的精准计算,满足用户的个性化需求。

"流动的数据"强调两点:其一,数据一旦产生,它就会被分享、复制、无限制地持续传播;其二,在数字化社会中,个人和社会组织基于各种目的,不断对数据进行收集整合,以实现相应目标。在数字化社会中,电脑或智能手机是每个人的标配,但如果没有数据流动,这些设备就成了一种装饰物。流动的数据与我们经验认知中物理性的物质有着极大的差异性。在数字化社会,"流动性"是数据价值的体现,数据流动越快,相应的价值也就越大。

数据的流动当然首先是基于数据自身的特点——便捷且可以无限制复制和传播。在这里首先需要强调的是,物质产品在流动中会产生损耗,一旦使用,则会失去其基本的价值,而数据则不同,除了可以不受限制地流动外,每次使用实际上并不会导致其基本价值的丢失。也就是说,在数据使用中存在"非竞争性"的特征。其次,数据的流动也依赖于数据平台的作用发挥。平台的数据分发和传播、整合、裂变与衍生,都会导致数据的快速流动。数据的"非

---

[1] 〔奥〕维克托·迈尔-舍恩伯格、〔法〕肯尼思·库克耶:《大数据时代:生活、工作与思维的大变革》,盛杨燕、周涛译,浙江人民出版社2013年版,第16页。

竞争性"特征对平台处理数据的技术能力提出了高要求,技术越先进,在竞争中就越具备压倒性优势。最后,去中心化的数据市场的形成,成为数据流动的制度保障。数据的流动是数字经济发展的基础,如果产生数据垄断,从表面上看会导致数据流动受到限制,从本质上看则会严重影响数字经济的发展。鉴于数据及其流动的价值,致力于数据收集的技术和设备得以快速发展,而这又进一步加速了数据的流动,形成一种良性的数据运行状态。

数据的流动性令隐私的内涵呈现出液态特征。隐私是否成立更多依赖于其存留的载体与具体的场景,而这个载体实际上也在物理空间和虚拟空间中流动不居。传统媒体时代,以生物性为标志的隐私往往是静居不变的。一个人身上的胎记或者个人的社会关系等,都有着比较良好的稳定性,不会也不应随意变化。从人们对隐私的最初认知,到隐私作为一种权利被提出,它都是以一种可实际感知的形式存在。除了身体隐私外,即使像人际关系、情感经历等这样一些相对抽象的隐私,隐私主体也会真实地感受到它的存在。而这种存在方式一旦形成(如某段独特的感情经历),就不会因时光流逝而发生变化。在数字化社会中,以信息为特征的隐私却时时体现出流动不居的样态。个人的位置信息可以借助智能技术形成位置隐私甚至社会关系隐私(例如,与某人的位置信息相关的"时空伴随"),个人的消费习惯和能力(在什么档次的消费场所消费),可以通过数据挖掘形成消费隐私。

流动的数据,令个人的隐私呈现液态、易变的特征。隐私载体的流动,即借助数字人格,在虚拟世界和现实世界之间自由流动,这在传统媒体时代是不可想像的。尽管传统媒体时代以新闻信息为代表的信息也是对现实世界的呈现,但这种呈现是"镜像式"的,亦即现实的人和"镜像"中的人无法实现互动。新媒体时代，原来作为个人权利的隐私权，借助数据频频流向平台，然后继续反向影响隐私主体。这种双向作用对隐私的影响十分显著：一方面，隐私作为权利的存在形态会变得十分复杂，呈现出分散、多样和变动的特征；另一方面，传统媒体时代形成的对其保护的方式也难以适应这种变化。作为商品的流动，即数据流动形成商业价值后，隐私信息成为商业价值的核心而在平台之间以及平台和个人之间流动。在相当长的时间里，隐私主要是作为一种人格权而存在的，不具有财产属性，而数字化社会中，隐私的财产属性会不断显现。

二、整合型隐私成为数字化社会最主要的隐私类型

在数字化时代到来之前，隐私的存在方式呈现出显著的生物特征，即个人隐私以主体不愿被他人知晓的生物特征秘密为主要内容。这与隐私萌生初期人们遮蔽个人敏感器官、掩藏不雅举动等近乎本能的行为一脉相承。即使是类似情感经历、社会关系等具有更多社会性色彩的隐私，也紧密地依附于人的肉身而存在。传统的中国社会中，尽管文人雅士的隐居独处一直在文献典籍中被作为优雅高洁的生活方式而推崇，但这仅是少数衣食无忧的士大夫阶层的一种生活理想。对于绝大多数普通社会成员而言，张家添丁、李家吵架之类的凡人琐事才是生活日常。而在人情至上、往来繁密的村寨社区中，往往难以对隐私持有足够的尊重，就如经常被持有"中国人历来不重视隐私"观点的人作为例证的是人们打招呼的方式："吃过饭了吗？到哪里去？"等，这在现实生活中确实（曾经）普遍存在过。吃过了没有或吃的什么，到哪里去或曾经去过哪里也确实是个人隐私，但这并不足以简单得出传统的中国社会对隐私缺乏重视的

结论。一方面，从绝大多数使用这些问候语的具体语境分析，这种打招呼的方式基本上是作为礼节性的"打招呼"方式，以联结彼此的关系，吃过与否与去哪里并不是问候者真正关心的内容。另一方面，中国人在任何时候都十分重视生物特征隐私。对于诸如身体胎印、缺陷等生物隐私总会竭尽所能地掩藏遮盖，以确保其"不为人知"。至于对身体的某些敏感部位，则更严加保护。一旦某些身体隐私不慎外露，当事人一定会痛不欲生。现实生活中有许多因为个人生物特征隐私被他人有意无意"看见"而令隐私主体深陷"人言可畏"的悲痛之中的情形。这也从一个侧面说明中国人对生物特征隐私的重视。

生物特征隐私的最大特点是隐私主体的可感知性。这种隐私是一种客观存在或实际经历，所以隐私主体对其可感可知，一旦隐私泄露就会产生实际的精神痛苦。对加害者而言，由于隐私主体对相关隐私严加保护，所以挖掘和散布他人的隐私是存在较大风险的。

进入数字化社会，伴随着人们的言行被数字化及更具社会性色彩的数字人格的形成，以数字化为特征的整合型隐私开始出现并逐渐成为主要的隐私样态。数字化生存中的现代人一方面通过自己的信息分享行为主动泄露着自己的隐私，"智能手机的出现导致人们对视觉影响过度需求，促使人们乐此不疲、永不停歇地拍照和存储相片，并把它们立刻分享到整个世界"[1]，这成为一种生活日常。另一方面，个人的信息则被密布于我们身边的各类传感器和大数据挖掘技术挖掘整合，让我们被动地失去对自己隐私的控制力，同时也产生整合型隐私。美国学者安德雷斯·韦思岸将传感器的泛化

---

[1] 〔法〕马尔克·杜甘、克里斯托夫·拉贝:《赤裸裸的人——大数据，隐私和窥视》，杜燕译，上海科学技术出版社2017年版，第17页。

使用状况归纳为"人类社会的传感化",因此我们处在一个"传感数据大爆炸的时代"。[1]确实,以几乎是人手必备的智能手机为例,其拥有的传感器至少包括麦克风、信号定位仪、确定方向的磁力仪、加速器、背景光传感器、触屏传感器等十余个。加上密布于社会生活各个角落的监控镜头,方便实用的智能穿戴设备以及网络数据挖掘技术等,个人的数据正在被全方位地收集。令人担心的是,这些数据正在被社会化使用。"在接下来的几年里,人工智能翻译不断发展,数据服务商可以通过自动化程序为数据添加标签,上述情况将有所改变。企业将会发现所有数据都有分析和处理的价值,包括顾客在商场里的行走路线、员工的专注程度等,而且数据分析技术的成本将大幅下降,大多数企业都能负担起这笔费用。"[2]这种情况将公民隐私被挖掘、整合得更为广泛普遍,整合型隐私由此也成为一种最常见的隐私。

整合型隐私,是指通过数据挖掘技术将人们在网络上留存的数字化痕迹进行有规律整合而成的隐私。整合型隐私是基于数据而产生的一种隐私,是进入数字化时代后一种新类型的隐私。数字化时代被社会学家们称为"身体消失"的时代,这里的身体消失,意指自然身体的价值淡化和数字人格价值的凸显。于是,曾经依附于自然身体而存在的生物特征隐私,逐渐被数字化特征隐私所取代。在整合型隐私形成的过程中,大数据技术的成熟发挥了关键性的作用。被称为"大数据时代的预言家"的英国学者维克托·迈

---

[1] 参见〔美〕安德雷斯·韦思岸:《大数据和我们——如何更好地从后隐私经济中获益?》,胡小锐、李凯平译,中信出版集团2016年版,第130页。

[2] 〔美〕安德雷斯·韦思岸:《大数据和我们——如何更好地从后隐私经济中获益?》,胡小锐、李凯平译,中信出版集团2016年版,第141页。

尔-舍恩伯格早在十余年前就指出"大数据的核心是预测","这些预测系统之所以能够成功,关键在于它们是建立在海量的数据之上的"。他同时指出:"(大数据的)相关关系很有用,不仅仅是因为它能为我们提供新的视角,而且提供的视角都很清晰。"[①] 简言之,大数据专注于关注数据之间的关系,而对这种关系的洞察则会产生一系列数据价值。在这个过程中,公民的隐私数据也因为被深度挖掘和整合使用而被侵犯。一位美国学者谈到过一个例子:一位新婚妇女结婚数月后感觉自己可能怀孕了,在去商店购买化妆品时将常用的化妆品换成成分较温和的化妆品,随后还两次浏览了育儿网站。不久,她便频频收到关于婴幼儿用品的商业广告。她的怀孕信息是其隐私,但大数据公司根据其线上线下两件似乎毫不相关的行为的关联,比较方便地挖掘到了这条信息(这位女士在完成上述两次行为后才去医院进行检查,随后被证实自己确实怀孕了)。大数据对隐私数据的挖掘和超强的整合能力由此可见一斑。

人工智能技术的普遍应用和快速推广加速了整合型隐私的产生。在整合型隐私产生之初,大数据技术尚未真正成熟,但其在整合数据的过程中对公民隐私的侵扰已经比较严重。随着大数据技术的不断成熟和计算机处理数据能力的不断提升,尤其是随着智能技术在数据处理中的广泛应用,整合型隐私将被更加快速、精准地整合出来,隐私危机将愈加严峻。人工智能技术是基于大数据和算法而发挥作用的一种新型技术形态,它以计算机科学为依托,借用信息学、控制论、自动化、仿生学等相关学科知识,通过语言学习、图像识别等机器学习手段,模拟人类的智力能力。由于这种技术具

[①] 〔奥〕维克托·迈尔-舍恩伯格、〔法〕肯尼思·库克耶等:《大数据时代》,盛杨燕、周涛译,浙江人民出版社2013年版,第16、88页。

有快速全面的数据挖掘和处理能力,所以对个人信息的相关关系可以作出快速准确的判定,因此,我们生活的世界中数据越丰富,隐私便暴露得越彻底。并且,这种整合型隐私的产生是在隐私主体未感知的情况下完成的。现实的问题是,鉴于我们生活在一个数字化的社会中,无论我们愿意与否,与个人相关数据的产生将成为一种无法回避的生活常态。任何一个生存在这样一个社会中的人,都难以避免地成为一个"透明人"。

三、隐私的财产属性持续显现

工业革命时代,经济和社会发展的主题是"机器",作为一种标志物,机器集成了人们对自然界各种物质功能可利用性的综合认知,从而也推动着社会的进步。工业革命的标志性事件是1776年具有广泛实用价值的蒸汽机的发明。英国发明家詹姆斯·瓦特经过精心改良,使蒸汽机成为一种"万能的原动机",推广于社会生产的各个领域。蒸汽机的发明是由机械思维直接推动的。机械思维强调确定性,即世界万物的变化是有确定的规律的,而这种规律是可以被认识和利用的。从本质上讲,机械思维强调对因果关系的探寻,从而为事物变化规律的发现提供方法。工业革命带来生产力的快速提高和社会财富的大幅度增加,而这些社会财富又大多是以可见的、有形的物质财富呈现的:如,高楼大厦、飞机游轮等。人们可以根据感官经验,直接感知物质财富的增加和因此而映射出的社会的进步,感受着人类文明持续演进中的喜悦。

进入数据革命时代,"数据"则成为一种新的时代性标志物,是这个时代的核心资产。区别于工业革命中蒸汽机的作用,数据革命时代的基础是庞大的数据和超级计算机的出现。从思维的层面分析,数据革命时代更强调对相关关系的探寻。这是因为数据具有流动不居和永续产生的特点,导致社会的不确定性持续提升,这就需要通过对相关关系的分析——超级计算机提供了这种可能性,帮助人们更好地理解这个瞬息万变的世界。数据革命的社会财富主要以不能借助经验感知的数字财富的形式出现,而这些数字财富的基础是数据。人们已经普遍认为数据是一种"新石油",即是这个时代的一种主要能源,它可以持续地推进社会进步和经济发展。但是,数据的作用并不仅限于类似石油的能源作用,实际上它还是一种重要的工具,其作用发挥的大小,取决于使用它的人的能力的大小和方式的多寡。人工智能的快速发展,正是这种工具作用的具体实践。有学者从金融市场的具体实践探讨了数据的作用:"在海量数据市场上,货币将不再是乐队里的首席小提琴手。银行和其他金融中介机构需要重新调整其商业模式,并迅速采取行动,因为一种新的数据驱动型金融科技公司,即所谓'fintechs',正在对海量数据市场敞开怀抱,向传统金融服务业提出挑战。"[1]如果不能适应这个"海量数据市场"的数据实践,就可能在未来的竞争中成为输家。这是解释数据价值的一个微小支点,但足以让我们从这个微小支点中,发现数据无限的潜在价值。

毫无疑问,作为数字化社会中的能源,数据会像工业社会中的石油等能源一样,对社会的发展产生巨大的推动作用。伴随着网络社会的到来,在世界范围内产生了一批借助数据快速崛起的商业巨头,如美国的亚马逊、脸书,中国的阿里、腾讯等,对社会经济发展产生了巨大的推动作用,数据经济呈现出巨大的发展潜力和无限的可能性,并

---

[1] 〔奥〕维克托·迈尔-舍恩伯格、〔德〕托马斯·拉姆什:《数据资本时代》,李晓霞、周涛译,中信出版集团2018年版,第12页。

且，许多可能性已经或正在变成现实。数据的财产属性在数字化浪潮中已经成为众所周知的事实：国内外的网络巨头借助影响无所不在的数字媒体，不断用隐性和显性的方式，演绎其一个又一个的财富神话。数据是以符号的形式存在的，并且在功能不同、目标各异的平台间频繁流动，因此，数据被何人在何时何地如何使用，并不会像石油等这些可见的能源一样被明确感知，同时，由于公共领域和私人领域的界限日渐消融，人们对隐私数据被收集的敏感度也在持续下降。

对个人数据的利用主要是通过收集、处置和使用三个环节来完成的。在收集阶段，主要通过手机、电脑等对人们的网络使用情况进行数据收集。同时，通过各种智能穿戴设备和传感器、监控设备进行数据收集。在处置阶段，主要通过对收集到的数据按需进行分类、整合，挖掘出其有价值的部分。在使用阶段，主要基于科学研究、社会治理和商业应用的目的，发挥数据的使用价值。

在数字化社会中，社会治理、行政管理、工作生活等都离不开对数据的非商业性使用，这也会令现代人对自身数据如何被使用逐渐"脱敏"，也就是个体对个人信息被收集和处置的敏感度会下降。"随着个人信息与公共空间的联系愈发紧密，个人信息已经不再是一个简单的隐私保护概念，它既包括了隐私，同时还包含着具有价值的信息、材料。"[1] 这些具有价值的信息、材料被用于公共事务中，弱化了个人信息的私人性。隐私的主体是个人，因此从个人维度讨论隐私问题理所当然，但隐私的标准却是由社会确定的，对其保护的关切必须综合平衡不同主体之间的利益关系，即对隐私的确权和侵权认定必须从社会维度出发。通过网络或传感器的应用，个人数据会不可避

---

[1] 林爱珺、蔡牧：《大数据中的隐私流动与个人信息保护》，《现代传播》2020年第4期。

免地进入公共数据库,这个时候,个人的隐私数据开始呈现公共性的特征,"个人信息的公共属性展现出一种新的社会合作态势"。[1]

在隐私产生之初,隐私权被天然地认定为是一种人格权利。传统媒体时代的隐私侵权案件中,侵权人要承担的法律责任往往主要是赔礼道歉,而"赔偿损失"也只是"精神损失"而非物质损失。今天,随着数字技术的快速进展,数字经济成为一种新型、主流的经济形态,数据的财产性由此得到彰显,包括隐私数据在内的个人数据所具备的财产权属性不仅在数字化社会中不断得到体现,也已经开始在法律救济中得到确认。

鉴于数据的财产价值,当今社会,对(包括隐私数据在内)数据的商业性使用日趋频繁。例如,视频网站会通过对用户接收内容这种隐私数据的分析,窥视用户喜好,借助算法进行推荐,并设计最方便的观赏方式,目的就是引导用户长期停留在该页面上。网站之所以冒着侵权的风险竭尽所能地收集用户的个人信息并提供这种"无偿"服务,潜藏的商业逻辑是:流量与广告收益变现呈正相关。对流量的疯狂追求,往往会导致失实信息满天飞、视频直播无底线、内容标题博眼球等诸多乱象的出现,而现代人的隐私,也在这个过程中频遭侵害。另外,隐私的财产属性还可以从相反的层面得到佐证,如,"传主兜售'我和某某某不得不说的故事',厂家用明星肖像打广告,平台基于用户画像搞推送,这些经济活动都涉及将个人信息作为生产资料,由此会引起信息主体基于财产利益的掌控主张"[2]。

随着大数据技术的成熟和人工智能应用的普及,一种新的广告

---

[1] 李延舜:《隐私确权的个人维度与社会维度》,《河南大学学报(社会科学版)》2023年第1期。

[2] 戴昕:《看破不说破》,《学术月刊》2021年第4期。

形式受到诸多电商企业的推崇，这种广告被称为"精准广告"。精准广告以用户的真实需求和关切为核心诉求，针对性强、触达率高，可以产生良好的广告效果。但是，精准广告在推行过程中饱受争议——"精准"由何而来？仔细探究发现，"精准"往往来自对用户购物习惯、浏览兴趣甚至讨论话题等私密信息的挖掘、窥视和整合。广告商锲而不舍地用最新的技术手段悄然收集公民的隐私信息，这是因为这些信息隐含着巨大的商机。简言之，隐私的财产属性已经成为网络广告商最关注的商业诉求。

2020 年，中国发布了《关于构建更加完善的要素市场化配置体制机制的意见》，明确提出要"研究根据数据性质完善产权性质"。2021 年 3 月通过的国家第十四个五年规划中，也明确提出要"建立健全数据产权交易机制"。在这样的背景下，数据财产价值的重要性将持续体现，数据的产权价值将得到更大的提升。公民隐私数据作为一种重要的个人数据，如何在财产属性的视角下得到更有效的保护，令人关注。

第三节　隐私保护中的前沿问题

在漫长的人类文明史上，隐私虽然与名誉一起，成为构成个体人格尊严的两个主要要素之一，但它未能像名誉一样早早受到足够重视。直到 1890 年，才有学者从理论层面提出需要将其作为一种权利在法律层面予以保护。随后，世界各国先后开始重视这项权利之于个人生存的意义并探寻立法保护。在传统中国文化中，隐私因其"私"的属性而长期未受到足够的重视。在传统文化的习惯认知中，需要"隐"的"私"似乎总与"不名誉""见不得人"相提并论，因而，对其进行保护似乎就无从谈起。所以,在相当长的时间里,隐私一直未能拥有与其作为人格要素相匹配的地位。在中国社会,隐私作为学术概念开始受到重视也是20世纪80年代的事。这样的认知误区甚至在我国的立法实践中也有明显的体现。在相当长的时间里,中国公民的隐私权一旦受到损害,一直是比照名誉权受损处理的,直到2009年的《侵权责任法》颁布,隐私权才被视作一项法定权利在法律中被正式提出。值得庆幸的是,关于隐私的滞后的认知在智媒时代的立法中并未延续。我国的《网络安全法》《民法典》以及最新颁布的《个人信息保护法》中,都有了比较详尽的关于隐私权及个人信息保护的法律规定。当然,基于规范性程序的要求,条文法的制定毕竟需要较长时间,所以,与现实生活的失配性在所难免。随着传播技术的快速发展和普及,隐私保护的新问题频频出现且亟待重视,学术界需要用更具前瞻性的眼光去研究这些新问题,从而为隐私的法律保护开辟前路。

一、智能生物识别技术应用中的隐私保护

随着大数据和人工智能的快速发展,传播技术不断增强"人的延伸"能力,人可以在广度和深度上不断提升感知世界的能力。与此相对应,智能技术也可以更加全方位地"对身体进行深度开发和利用",其中智能生物识别技术是最具代表性的一种。"生物特征识别系统本质上是基于模式识别的系统,利用生理特征(如,指纹、人脸、虹膜、视网膜、手形、热谱图、静脉纹理、耳形、身体气味)或者行为特征(如,声音、签名、手写体、键盘输入习惯、步态)进行验证和识别。"[1]

---

[1] 〔意〕帕特里齐奥·肯佩斯编著:《生物特征的安全与隐私》,陈驰、翁大伟译,科学出版社2017年版,第1页。

可见，个人的生理特征和行为特征可以被正在广泛应用中的智能生物识别技术快速识别辨认。在智能生物技术持续取得进展的当今社会，智能生物识别技术成为开启人们数字化生存的一把钥匙。以人脸识别、指纹识别等为代表，现代公民进出单位、商场、乘坐飞机、火车，打开电脑、手机等，往往需要借助智能生物识别技术作为参与社会活动的前置条件。这种技术主要通过对自然人生理特征和行为特征的识别来判别个体身份，从而决定是否允许相关人员进行后续行为。这项技术较早时主要适用于刑侦领域进行身份识别，并在有效性、准确性上也得到了较好的验证。多起影响广泛的陈年积案，也是借助这项技术得以侦破。随着技术的完善和使用的廉价便捷，开始被推广到社会生活的各个领域。数字技术的推进和传感器的普遍设置，令"万物互联"成为现实，生物识别技术开始触达每个人生活工作的各个方面。

　　智能生物识别技术以识别自然人的生物特征为核心，这种识别触及的是人的核心隐私。无论是指纹、声纹，还是步态习惯，这些特征都是人的核心隐私内容。首先，这些隐私信息具有唯一性。一个个体区别于另一个个体最关键的要素，是人的生物特征，这种生物特征不会因为客观的要求或主观的意愿而产生变化。正是因为这个特点，人们采用刷脸支付、指纹支付等支付手段用于日常生活中重要的交易行为时，交易的安全性才可能得到保障。其次，这些隐私信息具有永久性。永久性即人的指纹特征等生物要素一旦形成，会伴随人的一生，外在手段可以对这些特征进行微调（如整容），但不能从本质上改变这些要素的核心元素。最后，这些隐私信息包含了诸多敏感信息。例如，世界上不同地区的人的肤色可以分为若干种类，种族特质也千差万别，这些敏感信息构成了人的肤色种类和种族的差异性，保证了世界生物的多样性。智能生物识别技术识别的这些以人的生物特质为核心的隐私，一旦受到侵害，其后果是极为严重的。法律可以对侵权者实施惩罚，但无法施以有效的"救济"，即无法弥补损害后果。对隐私主体而言，生物特征隐私一旦泄露，就意味着自己无法继续加以有效使用（继续使用会导致持续且严重的安全性问题）。

智能生物识别技术的普遍应用对社会发展产生了极大的推动作用，也给人们的日常生活带来了诸多便利。但是，智能生物识别技术也给公民的隐私保护带来了潜在的巨大风险。有研究者将这种风险称为"科技异化"。"科技异化会对公民的自由和隐私安全造成威胁"，主要体现在四个方面：对私人物理空间的突破、导致公民隐私期待降低、个人隐私几乎被全面窥视、数据监控产生负面效应[1]。智能生物识别技术的发展，也因为场景应用过程的特殊性易产生某种程度的"异化"。智能生物识别技术是在人们"无感"的状态下进行的，即使"有感"，也会因应用的普遍性（如，刷脸进门、进车站）和日常性，导致客观的无感，这就会令隐私主体的风险敏感性下降，而导致被侵权可能性增大。"大部分用户对隐私政策往往采取漠视的态度，用户忽视隐私政策使得其有效性成为了互联网最大的谎言。"[2] 同时，智能生物识别技术收集的是公民的核心生物数据，这些数据的唯一性和稳定性特征导致其不存在保质期（长期有效），也无法像数字密码一样可以修改，所以，对收集者的收集、存储和

---

[1] 李延舜:《科技异化对隐私安全的危害及隐私权立法的回应性发展》，《中州学刊》2021 年第 8 期。

[2] Obar, J. A., & Oeldorf-Hirsch, A., "The Biggest Lie on the Internet: Ignoring the Privacy Policies and Terms of Service Policies of Social Networking Services", *Information, Communication & Society*, vol. 23, no. 1, 2020, pp. 128-147.

使用提出了极高的保密性要求。而在这个长期的过程中，收集者能否始终根据隐私规则的约定保证严格的践诺，外部监督如何有效施行，令人关注。与智能生物识别技术普遍应用不相适应的，是对约束这些技术应用的规范制订方面的严重滞后。这种局面给隐私保护问题的研究提出了迫切且重要的要求。

二、"万物互联"世界中的隐私保护

随着数字技术的进步和 5G 技术的快速发展，"万物互联"成为一种生活现实，人们开始享受这种新技术带来的诸多红利。5G 技术的目标是高数据速率、低延迟和大规模设备连接的技术。这种技术给新闻信息的内容生产方面提供了极大的技术便捷性和传播效率，同时也可以更加有效地满足"万物互联"的应用场景需求，给社会关系中的"人际交互""人机交互"提供强大的技术支撑。进入 5G 社会，传播技术与物联网、大数据、云计算等技术有机融合，推动数字化社会不断趋向"智慧社会"，这是令人欢欣鼓舞的。"互联网的发展史便是连接的演进史，以连接一切为核心的互联网法则在人工智能时代下愈演愈烈，同时也成为数据主义的内在逻辑。……数据主义追求充分的数据流动以及数据连接，实现这二者的前提便是允许数据自由。"[①] 但是，技术的进步并不只会带来积极的推动性力量，也有可能伴随某些缺憾，这在新技术发展之初尤其如此。数据流动和数据连接的加速，必然会导致隐私侵权变得更加容易和普遍。

---

① 王长潇、刘娜：《人工智能时代的隐私危机与信任重建》，《编辑之友》2021 年第 8 期。

"万物互联"的社会场景令加拿大传播学者麦克卢汉提出的"地球村"概念从学术构想不断趋近到现实生活。与此同时,法国思想家福柯构想的监控的"全景监狱"场景,也在这样的技术背景下变得更为现实。数字化社会的到来令公私边界逐渐消融,曾经被严格限制于公共空间的监控手段,因为边界的逐渐消融而介入公民的私人空间。网络的快速普及和智能移动终端的普遍应用不仅培养了用户数字分身方式的流动性,更增加了他们网络生活的在线时间,于是,数据产生的频次持续提升,数据被采集的可能性也不断增加。云端的智能技术借助技术的先进性获得了人们的信赖感,借此也开始进入人们的日常生活,常态化地收集公民(包括隐私数据在内)的数据成为一种普遍现象。

网端的大数据技术借助网络平台的海量信息,以文字、图片、视频的方式满足人们几乎所有的数据接收、生活服务以及休闲娱乐等需求,同时也收集、整合个人的社会关系、生活习惯乃至价值观等显性和隐性的私人秘密。而密布于社会生活各个角落的智能家居、穿戴设备等传感器则不仅监控着人们的显性行为,也偷窥着人们的隐性动机。在这样的生活场景下,曾经深藏于人们内心深处或私人空间的个人隐私,持续被窥视、打探。"可穿戴设备以及其他人体的传感设备,将带来人的一种'外化',人的思维活动、内部状态这些本来的隐秘,成为可以被感知、存储、传输甚至处理的外在信息。……拥有某些技术权力的机构和个人,对于这些'人肉终端'发出的信息,都能加以收集与利用,这就意味着对个人隐私的侵犯和私人信息的滥用等风险。"[1] 在"万物互联"网状联结的世界里,个人的肉身

---

[1] 彭兰:《万物兼媒——新一轮技术驱动的泛媒化趋势》,《编辑之友》2013年第3期。

已经不再属于个人，而是数字世界的一部分。数字化的要求令个人身体信息不断被挖掘、组合，由此也开始了数字人活跃的时代，"万物互联"让人际关系变得简单——就联结意义而言，同时也变得复杂——就关系意义而言，复杂的关系因为简单的联结而日趋透明化。公民的隐私风险也因为技术推动的场景化而风险渐长，隐私主体在流动、变化的场景中难于清晰地感知隐私受损的消极后果。

三、信息披露中的隐私悖论难以消退

随着网络的普及和类型丰富的社交媒体的快速崛起，网络分享行为成为人们日常生活中最常见的行为，网络网状传播的特点推动了公共传播时代的到来。曾经习惯于接收信息的"沉默的大多数"，忽然可以借助智能终端分享信息、表达观点，成为信息传播者。公共传播时代的传播场景已由"沉默的大多数"观看少数人的表演，演变成"众声喧哗"的全民演出。一位学者在论及20世纪90年代的社会文化现象时用了"众神狂欢"这个词。他认为"80年代后期社会中心价值解体之后，人们的精神空缺"被迅速崛起的"市民阶层"带来的通俗文化和消费文化的多样性所弥补，整个社会显现出喧嚣繁杂和充满活力的样貌。[①] 而今天，因"人人都是传播者"而生成的公共传播，给整个社会的信息传播带来了类当年文化现象中的"众神狂欢"的场景。人人都是传播者的社会带来了传播生态的革命性变化，也给公民的隐私保护提出了新的挑战。

公民在参与公共传播时代的信息分享时，其分享的内容千差万

---

① 参见孟繁华：《众神狂欢——当代中国的文化冲突问题》，今日中国出版社1997年版，第105—108页。

别，但总体可分为两类，即个人的动态分享（包括个人的行为特征和社会认知）和公共（网络）信息转发。在个人动态分享的过程中，分享者往往基于隐私风险感知而采取选择性分享，即选择分享不会或较少伤及自身隐私的信息，或者采取微博小号、微信朋友圈分组等方式，控制隐私信息被知晓的范围。当然，也有人采取隐匿不语、从不主动分享的方式来保护自己的隐私。在公共（网络）信息转发环节，则较少有隐私担忧。基于网络平台，隐私规则的约束和现有法规的规制，公民的这种选择总体可以在一定程度上保护好自己的隐私（实际上处于公共空间的个人数据已经无法真正全面有效地得到保护了）。但是，对个人隐私数据的绝对控制，会在一定程度上影响个人的社会活动，所以人们总会在控制和分享间纠结，陷入隐私悖论之中。隐私悖论是隐私主体在感知到隐私风险存在的情况下，经权衡风险、利弊后，继续披露自己隐私的行为。[1] "悖论之所以产生，是因为个人信息的披露可以带来某种切实的利益：比如，为了满足信息和娱乐需求，为了维持人际关系，为了获得更多的社会资本以及为了进行在线的印象管理。"[2] 随着人们数字化生存程度的加剧，这样的需求只会变得越来越强烈。因为"曝光度已成为我们这个时代通用的货币，社交媒体的盛行以及监控手段无处不在的经济社会，共同颠覆了我们的生活方式"。[3] 无论对数字化社会中的这种状况持何种态度，我们必须适应这种生活方式。

---

[1] 参见王飔濛:《智媒时代的隐私悖论》，中国广播电视出版社2022年版，第22—23页。
[2] 李唯嘉、杭敏:《社交媒体中的隐私困境：隐私边界与大数据隐忧》，2019年第1期。
[3] 〔美〕阿奇科·布希:《无隐私时代》，郑澜译，北京燕山出版社2021年版，第15页。

隐私悖论并不是一个新近出现的问题,但在智媒时代会面临诸多新变化。早在2006年,苏珊·B.巴恩斯首次在文章中提及社交网站上存在"隐私悖论"现象。他将社交网站隐私悖论表述为成年人对社交网站隐私泄露的顾虑和青少年轻易泄露个人信息两种现象之间的相悖性[①]。随后,国内外学者开始持续关注人们在网络应用中的这种特殊现象。既有的研究选择了"从社会化媒体平台或用户特征这两个角度出发,探讨影响用户隐私披露决策的因素"[②],这确实抓住了研究问题的关键要素。我们面对的问题是,随着人工智能技术的快速普及,媒体平台和用户在网络活动中发生了许多重大变化。媒体平台在运行中,伴随着大数据技术成熟的是算法技术的普遍应用,这令平台对用户的"了解"更为深入。同时,人工智能基于数据分析的"预测"能力,则进一步推进了这种"了解"的程度。用户在网络使用中,正在被动地弱化自己的主体地位。智能技术为人类极大地延伸了自己的活动空间,同时也在这个过程中开始对人们形成更大的掌控支配作用。智能技术提供的诸种"便利"让人们对主体被弱化的感受越来越漠视。贯穿于平台和用户间的巨大商业逻辑,令作为个体的用户在披露和保护隐私之间选择的权利不断缩减。于是,隐私悖论的考量变得愈加复杂,从而也导致问题重重。

除此以外,随着网络用户离世者的增多而出现的"逝者隐私"问题、"数智社会"到来引发的"数智隐私"问题、"人机联接"后产

---

① 参见:Barnes, S. B., "A privacy paradox: social networking in the Unites States", *First Monday*, vol. 11, no. 9, 2006.

② 李凯、于艺:《社会化媒体中的网络隐私披露研究综述及展望》,《情报理论与实践》2018年第12期。

生的"意图隐私"问题等,也将会给隐私保护问题的研究提出新的要求。在倡导追求美好未来,让人们过"有尊严的生活"的当今社会,只有从技术、社会、个体三个层面协同努力,才能让现代人避免陷入"赤裸裸的未来"的窘境,才有可能让我们拥有更加美好的生活。

第三章　公私边界消融：数字化社会公民隐私保护问题的逻辑前提

私密性是隐私最为核心的诉求。在早期的学术研究中，"不愿为他人知晓"的私人信息或事务一直被强调并得到学界的共识。我国于2020年颁布的并在2021年正式施行的《民法典》中，则进一步将隐私明确为"自然人的私人生活安宁和不愿为他人所知晓的私密空间、私密活动、私密信息"。基于这种学术解读和法律实践，隐私最为关注的私密性要得到有效保护，就必须控制知晓范围，唯有如此，隐私主体"不愿为他人知晓"的主观诉求才可能得到有效的满足。这也是讨论隐私保护的一种基本的思路——划定公私边界，将需要保护的隐私安放在隐私主体可控的私人空间内。在数字化社会到来之前，与这种思路相对应的隐私保护的司法实践产生了良好的效果。进入数字化社会后，随着个人言行的被数字化及数据流动的不断加速，公私边界不断消融，纯粹的私人空间不复存在。这也就意味着在讨论隐私保护问题时，必须将关注的重点从对公私边界划定的关注，转向边界消融后对个人数据收集、使用的合法合规层面。唯有如此，公民的隐私才可能真正得到有效保护。

长期以来，边界一直是讨论隐私保护问题的逻辑前提，而关注边界的区隔也一直是隐私保护致力的方向。从隐私实践的历史维度看，公私边界的划定在隐私保护过程中长期、稳定地发挥着作用。进入数字化社会，随着人的数字化进程不断加速，私人信息日渐成为公共数据库中不可或缺的重要组成部分，公私边界日趋消融，曾经有效的边界也开始隐而不见。因此，从数据思维的维度去理解今天的边界问题，体认边界的消融，对于现代公民的隐私保护意义重大。

第一节 隐私保护中的公共空间和私人空间

一、社会性动物

对隐私的理解只有在良好的历史纵深维度和对社会发展的整体把握中，才可能更加精准。隐私讨论默认的前提是公共空间和私人空间的明确区隔，因为私密性始终是隐私的核心要义，而在传统的隐私理念中，私密性应被明确置于私人空间，这对于隐私主体的主观追求和社会的公共认知而言都是如此。前数字化社会是一个公私边界区隔相对明晰的社会，人们可以将视作隐私的信息置于精神的记忆深处不再回首，或置于物质的私宅箱柜内并用一把精美的锁牢牢锁住。而在数字化社会中，个人言行的被数字化和无处不在、无所不能的网络，迫使人们以数据存在的方式置身公共空间，成为可以被收集、处置的抽象数据。以私宅或私人云空间等形式出现的私人空间尽管在当今社会依然存在，但这些私人空间已经被公共空间完全包含，成为公共空间中的一个有机组成部分，所以，对隐私以及公私二元关系的理解，必须建立在这种新的前提和基础上。

社会心理学者艾略特·阿伦森和乔舒亚·阿伦森在其第12版的《社会性动物》一书的开头，引用了亚里士多德关于人的社会性的著名论断："从本质上讲，人是一种社会性动物，那些生来离群索居的个体，要么不值得我们关注，要么不是人类。"他们明确表示这个论断"当然是对的"，然后从"提供一些人类作为社会性动物行动的具体事例"开始，对这个重大问题从社会心理的层面进行深入探究论证。[①] 从这个意义上说，人对公共空间是具有一种天然的，或者说是无法回避的适应性的，这种适应性首先表现为个体社交需求的满足上。人潮涌动的公共空间是人们社交的空间，人们可以借助多样化的接触机会开展社会交往行为，进而完成自己的社会化过程。在"车流不息、人潮汹涌、楼宇林立"的城市中无论感到"孤零无助"，还是"自在如家"，人的"社会化永不终结。它承载着自由理念与依赖理念之间各种变动不居的复杂互动形式"。[②] 人们拥有与生俱来的社交需求，"人是社会的人"，只有在公共空间，人们才能真切地感知自己的需求是什么，并通过观察、交流，获知他人的特质并将其优质的要素移情为自身的需求。换句话说，个体需求往往需要比较之后才能真正得以明确并内化为内心的欲求冲动。也只有在公共空间，人们才能真切地感知自己被需求。人们内心深处对自我的价值认知不是一种纯粹的自我判断——尽管这种自我判断十分重要，更多的是一种社会判断。愈被他人强烈需求，就愈能感受强烈的自我价值，反之亦然。

[①] 〔美〕艾略特·阿伦森、乔舒亚·阿伦森:《社会性动物（第12版）》，邢占军、黄立清译，华东师范大学出版社2020年版，第1页。

[②] 〔英〕齐格蒙特·鲍曼、蒂姆·梅:《社会学之思（第3版）》，李康译，上海文艺出版社2020年版，第43页。

二、公共空间社交行为中的隐私

基于公共空间公共性的特征,在公共空间的社交活动中,被视作隐私的个人信息往往难以得到有效的保护。尽管如此,人们依然会在公共空间的社交活动中,频频触及个人隐私,因为社交从本质上是一种隐私信息的交换。人们在谈论隐私时,实际是通过这个介质建立信任的过程。网站的鼓励分享实际上也是促进信任的过程。"信任是我们对隐私期望的核心。"[1] 谈资在人们的社交活动中被视作一种不可或缺的基本介质,借由这种介质的作用,交往双方不同的隐私信息实现由此及彼和由彼及此的流动,从而完成社交行为。这些谈资通常分为两种:公共话题和私人话题。公共话题进行形象展示。通过思想表达和观点呈现,反映表达者认知世界的广度和深度,同时也完成作为一个社会个体和思考者的形象展示。这个过程在某种程度上会展示隐私主体意识形态的隐私——一种通常会被掩藏的价值观。当然这种展示是一种主动展示,意味着隐私主体对自己这种隐私的放弃。隐私主体不可能也无必要对所有的隐私寻求保护,更何况关于公共话题的思想表达和观点陈述已经由隐私主体做了必要和理所当然的修饰。私人话题实现友情联结。"窃窃私语"历来被视作一种最为亲密的、私密的状态,而这种状态通常只发生在熟人之间。当然,随着网络社交的增加,这种行为也会发生在"陌生的熟人"之间,即交往双方在现实生活中互相并不认识,但在虚拟世界已经成为了"熟人"。既然是熟人,一定是在此前已经完成了部分私密信息的交换,很难设想未经私密信息交换的个体

---

[1] 〔美〕阿里·埃斯拉·瓦尔德曼(Ari Ezra Waldman):《隐私即信任——大数据时代的信息隐私》,张璐译,法律出版社2022年版,第65—67页。

之间会存在窃窃私语的场景。当然,在一些会议等公共活动中也会偶见类似的行为,但仅仅是"类似"而已,因为这里的窃窃私语往往不是交换私密信息,而是出于避免公共空间大声喧哗影响他人或无话可说而冷场的尴尬,呈现的是个人在公共活动中的良好教养。在中国传统文化语境下,私人交往中的坦诚相见是彼此亲密关系的最高境界,不仅体现情感融洽的亲密关系,也体现互不设防的开放状态,而要达到这种境界,将双方的私密信息和盘托出几乎是终极追求了。

三、寻找私人空间

为了有效地保护隐私,人们需要离开公共空间。大卫·文森特认为人们需要离开公共空间,从而更好地进行私密信息的交流,这主要基于以下三个原因:"一是亲密关系的培养要求有秘密交流空间;二是人们要寻找一处私室,用以整理心绪、实现身体机能;三是人们想保护自己的思想与行为不受外部权力机关的侵犯。"[1] 其实,人们之所以在公共空间开展最初的社交活动后,需要离开这个众声喧哗的场所,进入更加秘密的私人空间,主要还是基于隐私保护的内心驱动。隐私信息是纯粹私密的信息,因此在进行交流时,对交流有着强烈的安宁需求,这既包括外部环境的安宁,即宁静平和的物理环境,也包括内部的心理安宁。在安宁需求得以满足的前提下,隐私主体可以在静心思考和理性梳理之后,字斟句酌地将私人信息缓缓道出。而倾听者则在这样的环境中安静地接收着对方的信息并真切地感受到对方的善意。私人空间之所以重要,从法律层

---

[1] 〔英〕大卫·文森特:《隐私简史》,梁余音译,中信出版集团2020年版,第3页。

面分析主要有三个原因：其一，个人的住所、居所是其安身立命之本，是他人建立家庭生活、私人生活的场所，是逃离社会并且隐居、独处的场所，是免受别人打扰、惊扰和享受生活安宁的地方。其二，个人的私人场所是其建立亲密关系、人际关系和发展自我的场所。其三，个人的居所、私家车或者私家游艇本身就属于其"独处""隐居""安宁"的组成部分。[1]正是基于这样一些原因，私人空间在隐私保护中具有特殊重要的意义。

人们在社会交往行为中，总是试图建立不同的社会关系（就亲密程度而言），以实现良好的心灵沟通。在这种关系里，共同分享快乐当然重要，但更重要的是可以共同分担痛苦，即彼此可以即时倾诉内心痛苦，从而寻找心灵的安宁。分享快乐在所有的人际关系中并不困难，以同理心分担痛苦却并非易事。建立亲密关系虽然是人们内心的核心需求，但满足这一需求并非易事。因此，人们需要在私密的空间里，经过持续的交流，深度完成亲密关系的建立。有效的亲密关系可能会经历"一见钟情"并"至死不渝"的理想化过程，但这种"理想化"的状态是极难发生的。事实上，亲密关系建立过程中会经常经历失败，这就像恋爱关系中男女双方风平浪静时彼此情投意合，而一些偶发事件就可能导致反目成仇一样。如果寻求建立亲密关系的过程中失败的场景呈现于公共空间，会让当事人备感沮丧甚至备受打击，而呈现于私人空间的"失败"尝试付出的代价显然要小得多——这种尝试本身也可算作隐私行为，所以，对私人空间的保护就显得极其重要。

整理个人心情需要借助私人空间。隐私在最初被作为权利提

---

[1] 参见张民安主编：《场所隐私权研究——场所隐私权理论的产生、发展、确立和具体适用》，中山大学出版社2016年版，第39—41页。

出时，特别强调这是一种"独处的权利"。人要"独处"，私密的物理空间当然不可或缺，只有拥有私密的物理空间，才能更好地保护私密的精神空间。人类社会发展经历了漫长的、多样化的发展阶段，处在不同发展阶段的人们有着不同的焦虑、压力，所以都会有整理个人心情的内在需求。无论是遥远的农耕社会，还是近现代的工业革命社会，人们感受的生存压力没有本质的变化。数字化社会的到来，给人类的生存发展带来的是革命性的变化。人们一方面需要应对来自现实世界的压力，同时也需要应对虚拟世界的压力。与传统媒体时代被媒体镜像的受众不同，网络社会中的虚拟人群与现实人群存在着一种直接的对应关系，这就意味着现实世界中的个体会直接感受来自虚拟世界的压力，并且，基于人在虚拟世界中的透明性，这种压力就可能会大到异乎寻常。

消解压力，整理个人心情，从而更好地适应这个日新月异的世界，这对每一个现代人而言非常重要，而拥有一片属于自己的私人空间，在这片精神的芳草地里放松心情、整理情绪、排遣压力，以便更好地重新出发是特别必要的。大卫·文森特在研究英国社会的隐私发展时就对此深有体会，但他也说道："除非是精英家庭，否则由于卫生条件有限，也没法躲开仆人，普通家庭要维持疏离与亲密之间的平衡是个深刻的难题。屋子里几乎总有旁人，想要和某个人单独谈话从来都不是易事。"[①] 如果存在这种情况，个人的隐私实际上处于一种尴尬状态。

在追求生命安宁的过程中，人们需要把守住秘密空间的"门"。"门"的概念在公民隐私保护中具有特定的意涵。就物理

---

① 〔英〕大卫·文森特：《隐私简史》，梁余音译，中信出版集团2020年版，第5页。

意义的私人空间而言，人们只要在私人领地（主要指私人住宅）设置了一扇门，哪怕这扇门薄如纸壳，内心的安全感也会大幅增加。其他人也不能未经许可地登堂入室，因为对私人空间的侵入是一种显而易见的隐私冒犯。在已有的隐私侵权案例中，闯入私人住宅几乎是最常见也是最清晰可辨的隐私侵权。就精神意义而言，在何时何地向何人打开心灵之门，意味着隐私主体的一种主动性和权利意识。精神之门向他人打开，意味着对对方的接纳，允许其进入自己精神的私人空间。反之，关闭精神之门，则意味着对对方的排斥，不允许对方共享私人的精神世界。换句话说，对隐私主体而言，对精神之门的态度，实际上是一种隐私意识的体现。良好的隐私意识，可以适时帮助隐私主体作出开或关的处置。如果没有良好的隐私意识，就会出现处置失当甚至自己隐私权利受损的情况。

在现实世界中，人们总会面对精神之门是开还是关的纠结，这被视作一种时代性矛盾——隐私悖论。生活在数字化社会中的人，似乎永远处在这样一种悖论中，而几乎人手一部的智能手机，则集成了人们的这种悖论。功能不同、花样繁多的社交媒体和便捷的应用，可以随时随地分享个人的心情日志或行为轨迹，而即时的传播方式和病毒般扩散的传播速度，可以在极短的时间里让众多熟悉或陌生的人了解自己的隐私，也因此产生了难以预期的传播效果。有些人会担心传播效果"失控"而成为资深的"深潜者"，有些人则基于自身的目的在通往网络红人的道路上一路狂奔。更多的人，则选择必要、适量的网络曝光度。但是，不管作何选择，数字化社会中的每个人都或多或少面临难以避免无私可隐的困局。

第二节 边界区隔与个人独处

一、区隔的意涵

作为个人与"他者"边界的区隔问题历来是讨论公民隐私保护的关键要素,也是一种前提条件,"尽可能严格、精准、明确地建构边界,就成了人造世界的核心特征。事实上,明确标注的边界发送给我们指示,告诉我们在特定的背景中该期待什么,又该如何行事"。[1]可见,公共空间和私人空间清晰的边界,是讨论隐私问题的前提。隐私主体只要将隐私放置于私人空间,就会减少隐私外泄的风险。也就是说,在相当长的时期里,隐私只要被有效区隔在私人空间的范畴内,就被认为是得到了有效的保护。一旦被他人泄露,就可以追究其相应的责任。在传统的对边界区隔的理解中,物理区隔是最显性的表现。为了保护私人信件的私密性,人们会将其置于密封的信封之中,这个时候,信封就是物理区隔的符号。人们在人际交流时需要涉及私密内容时,总会积极寻找具有隐秘性的私人空间以阻挡他人的视线和隔离自己的声音。"因此无论是自然的距离或者地形,还是人工的建筑物或者器具,不仅可以为空间隐私划定边界,也可以为信息隐私提供手段和条件。"[2]当然,隐私得以有效保护的前提,得益于公民良好隐私意识的形成。隐私意识的形成到底

---

[1] 〔英〕齐格蒙特·鲍曼、蒂姆·梅:《社会学之思(第3版)》,李康译,上海文艺出版社2020年版,第56页。

[2] 岳林:《论隐私的社会生成机制——以习俗和法律关系为视角》,《学术月刊》2019年第6期。

是人类进步过程中自然而然地形成还是缘于某个突发事件,已经缈不可考,但我们依然可以从服装、住宅等产生过程中寻找到某些迹象。人类社会早期将兽皮等作为衣服穿在身上不仅仅是为了御寒、保护肌肤或者追求美观,而且还为了遮掩身体的某些特定部位,"羞于在公开场合将自己身体的某些部位展示给他人""是为数不多的隐私受到了原始人的习惯保护"[①]。借助服装将身体的敏感器官与他人的目光区隔开,这是隐私保护最初的边界意识。住宅的出现也有类似功能,除了为生活舒适外,将私人空间借助住宅与公共空间区隔,保护个人在私宅内活动的隐私,是住宅受到重视的一个重要原因。法律也竭力保护这种"生活安宁"。这种"心安"来自于家可以将"他者"明确、具体地隔离在外,个人无须担心因为"他者"的存在而需要约束自己的行为。所以,以私宅为标志的家是真正身心放松的乐园,是私密感获得良好体验的悠闲之地。

在英国学者大卫·文森特看来,"房屋设计的演化与隐私存在千丝万缕的联系,因此被放在了早期隐私史的核心位置"。精英阶层会设立私室,是为了实现有效的区隔,"甩开穷邻居和家仆单独用餐和休闲"[②]。法国学者安尼克·帕尔代赫-加拉布隆在对17—18世纪的2783个家族进行学术探究后认为"在穿越时空的漫长散步中,我们走过了如此多的家门,登上又爬下了如此多的楼梯,从这些分布在不同楼层的住处的地下室走到阁楼,或是从一个房间到另一个房间",经过对这些抽象而又具体的"家"和"房间"的考察,明确地感受到其对人们私密感诞生的意义,并且因此"人们拥有了更多的

---

① 张新宝:《隐私权的法律保护(第二版)》,群众出版社2004年版,第2页。
② 〔英〕大卫·文森特:《隐私简史》,梁余音译,中信出版集团2020年版,第6、26页。

隐私"。① 这样的描述典型地说明了私宅这种边界的意义。

随着现代传媒的出现和对人们隐私的频频侵扰，学者们开始寻找法律手段保护隐私。19世纪80年代，美国报业进入黄金发展期，而以"钥匙孔新闻"为代表的低俗新闻侵扰公民隐私的行为频频出现，令人不胜其烦，"报纸连篇累牍地充斥着只有侵入家庭才能获取的流言蜚语""新闻报刊和各类发明，分割个人隐私，使人遭受精神上的痛苦与困扰，较之纯粹身体上的伤害，有过之而无不及"，因此，隐私权应该作为"不受打扰的权利"得到如财产权一样的法律保护。② 隐私权被作为学术概念提出的15年后，"法官里德（Reid）在派维斯奇诉新英格兰生命保险公司（Pavesich v. New England Life Ins. Co.）一案中代表佐治亚州高等法院，宣布隐私权是佐治亚州法的一部分"。③ 这是世界上对隐私权进行法律保护的首个案例。1960年，法学家威廉·普罗瑟将侵犯隐私具体界定为四种类型："入侵（intrusion）、私人事务之公众揭露（publicdisclosure of private facts）、误导（falselight）和盗用（appropriation）。"④

威廉·普罗瑟界定的这四种侵犯隐私的行为通常被美国法院公认为是"提起隐私诉讼的唯一理由"。当然，在具体执行的过程中，对此的界定还争议颇多，但这毕竟是具有重要意义的判断隐私的依据。这种界定对于我们今天思考隐私保护问题也具有重要的

---

① 〔法〕安尼克·帕尔代赫-加拉布隆：《私密感的诞生》，成沅一、周颜开译，浙江大学出版社2022年版，第380页。

② 路易斯·D.布兰代斯等：《隐私权》，宦盛奎译，北京大学出版社2014年版，第1、6、7页。

③ 阿丽塔·L.艾伦、理查德·C.托克音顿：《美国隐私法：学说、判例与立法》，冯建妹等译，中国民主法制出版社2019年版，第5—6页。

④ 转引自爱伦·艾德曼、卡洛琳·肯尼迪：《隐私的权利》，吴懿婷译，当代世界出版社2003年版，第159—160页。

启发作用。

二、私密性需要以"独处"的方式获得满足体验

"独处"或称"不受打扰"是隐私所要求的。当然,"独处"并不仅仅是追求物理意义上的隔离,更包括精神层面的安宁和清静。"独处"的价值"是精神减压(relax),即人们希望至少在一些时候从面临诸多期待、约束、品评的社会生活的前台退至后台,稍加喘息"。[1] 基于隐私对于个人尊严等精神权利的重要意义,隐私开始被纳入人格权的视野被法律予以强制保护。值得注意的是,在传统媒体时代对隐私相对完善的法律保护中,公私边界的区隔始终是一个理所当然的前提。以住宅为代表,"私闯民宅"会受到法律的制裁,这也说明了公私边界之于隐私的意义。

进入数字化社会,曾经在隐私保护中发挥过重要作用的边界问题,出现了本质性的变化。这种变化表现为伴随数字化社会的到来而出现的个人言行的数字化,曾经清晰可见的公私领域的区隔正在趋向消融。而传播技术的发展和智能媒体的普及,则是导致这种趋势不可逆转的技术因素。形式繁多的新媒体令几乎所有的社会成员自觉或不自觉地进入众声喧哗的公共传播时代,享受着传播技术进步带来的信息盛宴。个人的隐私,也在这样的信息传播盛宴中变得无处安放。"数字革命并不满足于把我们的生活方式打造得拥有更多信息,使我们更迅捷地与外界连接,它还要让我们变得毫无隐私,丢失私人生活。"[2] 面对边界的这种嬗变,在探寻公民隐私保护的

---

[1] 戴昕:《看破不说破:一种基础隐私规范》,《学术月刊》2021年第4期。
[2] 马尔克·杜甘、克里斯托夫·拉贝:《赤裸裸的人:大数据、隐私和窥视》,杜燕译,上海科学技术出版社2017年版,第1页。

新途径时,我们必须立足于传播技术变化带给社会的本质影响,才有可能寻获时代性的解决方案。

第三节　边界区隔:传统媒体时代公民隐私保护的防火墙

一、农耕社会的隐私及边界区隔

边界在农耕社会人们的交往中有着特殊的价值。在现代传媒产生之前的农耕时代,人们的隐私更多的是作为社会交往中的谈资而不是作为人格权利而存在的。合适的谈资是人们完成社会交往的必要介质,但在现代传媒出现之前,人们日出而作、日落而息的生活日常单调重复,谈资有限,所以个人的身体秘密、人际交往中的私密情感等就成了一种重要交谈内容。当然,这样的谈资也局限于族群共同生活的区域。费孝通先生将这种交往和区域关系归纳为差序格局。"我们的格局不是一捆一捆扎清楚的柴,而是好像把一块石头丢在水面上所发生的一圈圈推出去的波纹。每个人都是他社会影响所推出去的圈子的中心。被圈子的波纹所推及的就发生联系。每个人在某一时间某一地点所动用的圈子是不一定相同的。"[1]不同的个体形成不同的小中心,不同的小中心构成圈子。这就意味着人们的关系是以个体所处的社区来决定的,相距越近,彼此的关系越紧密,而了解的隐私和互动的频度就越高。鉴于这种状况,我们通常也将处于农耕时代的中国社会称为"熟人社会",熟人社会

---

[1]　费孝通:《乡土与中国》,上海人民出版社 2006 年版,第 21 页。

的交往以"坦诚相见"的交往方式为特征,共同社区的成员间只有亲密无间才可以更好地被其他社会成员所接纳。

农耕时代技术的有限性无法给人的机能提供更多扩张的能力,因而也限定了人们活动的边界。这种边界分为两种情形。第一种情形是社区与社区之间的边界。这个边界决定了不同社区的成员之间交集很少,即所谓"鸡犬之声相闻,老死不相往来",彼此无法了解对方社区的更多信息,因此边界的存在可以有效保护各自社区内各类人员的隐私。第二种情形是社区内的边界,即社区内不同成员彼此之间的边界。农耕时代的中国社会并没有形成基本普遍的隐私意识,相反,"隐"与"私"在中国传统社会的使用语境中并不多是中性的意义。《荀子·王制》中有"四海之内若一家,故近者不隐其能,远者不疾其劳……"。《诗经·小雅·大田》中则有"雨我公田,遂及我私"之句。前者强调对个人信息"不隐",后者强调"公""私"关系的顺序必须先"公"后"私"。"中国个体如果离开了集体,便成为孤独、孤苦伶仃的或一无所有的人……集体总是个人获利的前提,个人总是集体成员。"[1] 传统文化这样的熏陶深刻地影响了中国社会人际交往的习俗:将彼此交流隐私的多寡作为私人情感厚薄的依据;将打探他人隐私作为关心他人的方式。这也就意味着,社区内的成员彼此之间无边界可言。由此,"忙什么呢""吃过饭了吗"等问候语也就不足为奇,而家长里短的家庭琐事则成了人们日常谈论的主题。相反,如果有人侵扰了他人的隐私,却往往以"又不是见不得人的东西,为什么不能让别人知道"为自己辩护。在这种情形中,同一社区成员间的隐私是不可能寻求边界保护的,

---

[1] 翟学伟:《关系与中国社会》,中国社会科学出版社2012年版,第57页。

即社区内的成员彼此间很难寻找边界区隔，也就难有隐私可言。

总体而言，在农耕社会，君主制度规训下的家族制度对人际关系和公私边界产生着根本性的影响。家族制度对外确定交往的边界区隔，对内影响人际关系的亲疏。由于这个阶段人们的隐私意识尚处在初级阶段，所以，绝大多数家族成员并不觉得这种基于人为干预为底色的家族制度构成对自己人格权利的明显冒犯。所以，人们相对坦然地接受着有私难隐的客观现实。

二、媒体侵扰与隐私权的提出

人作为社会性生物的存在，在其交往过程中，"谈资"成为一种必不可少的交往要素。生产力的高速发展和工业革命的完成推动了现代传媒业的发展，从以报纸为代表的印刷媒体到以广播为代表的电子媒体，都为人们的交往提供了取之不尽的"谈资"。对"谈资"的需求又反向推动了现代传媒业对私人生活的频频侵扰。当然，并不是媒体提供的所有的新闻信息都拥有普遍的"谈资"价值，只有真正具有贴近性、亲近性的资讯，人们才更有谈论的兴趣。为了满足这种"受众兴趣"，传媒所报道的内容往往可能会涉足私人空间和私人生活。

"社会物质文明愈发达，运输和旅行工具愈高速化，大众传播、通讯和交际手段愈现代化，人们愈加觉得自己的私人生活更有可能被他人严重、深刻、广泛和快速地侵犯，因此愈觉有必要保留只属于自己的内心世界的安宁（peace of mind）以及与纷乱复杂的外界相对隔离的宁居或说独处环境（to be let alone）。"[1] 基于这种需求，美

---

[1] 张新宝：《隐私权的法律保护（第二版）》，群众出版社2004年版，第3页。

国私法学者路易斯·D.布兰代斯等开始从法律层面寻求"保护隐私权的规范"①。当然，从学术建议到法律实践，其间经历了多方力量艰难博弈的过程。美国"从沃伦和布兰代斯的这篇文章首度发表，到第一个州正式承认隐私法，中间相隔了13个年头"，"在接下来的一个世纪中，隐私法缓慢向前发展。今天，除了三个州外，其余各州均已承认隐私权"。②美国学者普遍认为这篇文章"试图从道德层面上创新法律原则""在自然法原理中绝对站得住脚"。所以这篇文章对美国的隐私法律规范的发展具有极其重要的影响，也是在其法律体系的历史上被评论和引用得最多的文章之一。③文章对大众传媒侵扰公民隐私行为的最早洞察及保护理念，深刻地影响了后人对这个问题的认知。自此开始，新闻报道侵扰公民隐私的行为便持续和法律规范发生碰撞。

仔细分析新闻报道和公民隐私的各自功能我们就会发现，两者存在天然的功能性冲突。新闻报道需要"广为传播"，换句话说，一篇新闻报道价值的大小，与传播的范围（数量）成正比，传播越广，则价值越大。在"流量为王"的现今社会，对传播量的极致追求更体现了"广为传播"的意义。公民隐私则要求"不为人知"，竭力追求"隐而不显"，即使被他人知晓，知晓的范围也越小越好。这是因为如果隐私信息遭遇泄露，泄露的范围（知晓的人数）与隐私主体受伤害的大小成正比。但就信息接收者而言，对隐私信息有着本能

---

① 路易斯·D.布兰代斯等：《隐私权》，宦盛奎译，北京大学出版社2014年版，第8页。

② 唐·R.彭伯、克莱·卡尔弗特：《美国大众传媒法（第19版）》，张金玺译，中国人民大学出版社2022年版，第186页。

③ 参见阿丽塔·L.艾伦、理查德·C.托克音顿：《美国隐私法：学说、判例与立法》，冯建妹等译，中国民主法制出版社2019年版，第14页。

的好奇兴趣,这就激发着媒体采集和传播隐私信息的冲动,导致媒体对公民隐私的侵扰行为频频发生。

20世纪90年代开始至21世纪前10年,中国传统媒体经历了长达二十余年的"黄金发展期",以报纸和电视为代表的传统媒体也在这个黄金发展期内引发了多轮"隐私热"。这些严重侵犯公民隐私的新闻频频播出,引发了社会的严重担忧,也引起了专家学者和立法部门的高度关注。"隐私热"中大量被频频采用的"偷拍偷录"的隐性采访行为超越了合法性、合规性的底线,成为严重的社会问题。当然,由于在这个阶段公私空间的分野是比较清晰的,因此新闻媒体对公民隐私的侵犯也引发了多起影响较大的新闻诉讼案件,从而从一个侧面推动了我国法律对公民隐私保护的进程。

三、边界清晰前提下隐私的法律保护

在媒体侵权与公民维权的博弈过程中,对公民隐私权利立法加以保护的力量逐渐占据主流意见地位,因此,与世界许多国家隐私保护的趋势相一致,在较短的时间里,中国社会建立起了相对完备的公民隐私的法律保护体系。在这个过程中,首先是将隐私权从名誉权中独立出来,成为一项独立的法定权利,随后通过对隐私的内涵进行明确的法律界定,从而明确了对隐私权的法律保护。这个体系是以公私边界的确立为前提,其宏观的社会背景是个体主体意识的不断强化和中国法治现代化建设的持续推进。

传统媒体时代,新闻媒体传递的各类信息会从不同的层面影响人们的工作与生活,但这种影响往往是外在的,因此并不会严重影响公私边界的清晰区隔。美国传播学者沃尔特·李普曼认为传统

第三章　公私边界消融：数字化社会公民隐私保护问题的逻辑前提

媒体时代人们会和经过媒体选择、加工后形成的"拟态环境"发生关系，这不是镜子式地对现实环境进行再现，而是经新闻媒体选择后的"供给式"再现。区别于新媒体时代的虚拟环境，在拟态环境中，人们无法与新闻报道中的个人直接互动。在这样的传播场景中，人们只要把个人隐私置于私人空间就不会遭遇侵扰，如果新闻媒体强行侵入私人空间，则无可争议地构成违法。

基于公私边界的明确区隔，我们可以通过制定法律来有效保护个人隐私。以中国为例，尽管直到20世纪80年代初，隐私权才真正作为一个学术概念被广泛讨论，但在1988年最高人民法院颁布的《关于贯彻执行〈中华人民共和国民法通则〉若干问题的意见》第140条中，即明确规定"以书面、口头等形式宣扬他人的隐私……应当认定为侵害公民名誉权的行为"。尽管限于当时人们对隐私的认知，将隐私权受损视作名誉权受损，但这个时候就提出从法律上对其予以明确保护，显然具有十分重要的意义。在2009年颁布的《侵权责任法》中，首次将隐私权与生命权、名誉权等并列作为一项独立的人格权利。在此后颁布的《民法典》等一系列法律中，则对隐私保护进一步明确予以规定："隐私是自然人的私人生活安宁和不愿为他人知晓的私密空间、私密活动、私密信息。"在这个阶段，隐私主要以公民的身体特征、情感经历、社会关系或财产信息等自然特征隐私为主体。这些隐私往往可以通过物理边界加以区隔，也形成了比较周密的法律保护网。

随着数字化社会的到来，曾经比较周密的法律保护体系正在面临新的困局。有学者对一些"隐私权纠纷"案裁判文书进行量化分析后得出的结论之一是："司法实践中的隐私权更保护现实空间中的'私有领域'而不是流动于网络和现实空间的'个人信息'……法官在侵权认定上,更关心现实物理空间的隐私和安全。"①这种情况的出现其实并不令人意外。尽管从法理层面看,法官在审理案件的过程中享有"司法自由裁量权",但这种"司法自由裁量权"是一种建立在尊重已有法律规范(条文)基本原则的基础上的自由,这是自由的底线所在。而这些法律规范是经过传统媒体时代多年实践后被证明是行之有效的。就总体而言,由于传统媒体时代公私边界清晰,无论是学术探讨还是法律实践,均已形成了对隐私内涵的基本共识,因此隐私侵权问题审理上也未有较大争议案件出现,这也强化了法官们的信心并形成其基本的惯例。可以预期,随着数字化社会的到来,相对清晰的边界开始不断趋向消融,公民隐私保护面临全新的局面,法律保护手段不断更新完善的要求也将日益显著。

第四节 边界消融:新媒体时代数字人的出现与隐私困境的来临

一、自然人以数字人形式进入社会生活

在讨论公民隐私保护问题时,"自然人的隐私"是一个理所当然的前提。这当然是没有问题的,隐私是公民的一种人格权利,对其予以保护必须与具体的、法律关系中的合格主体即自然人相对应,以借此将公民生存中的私人空间与公共空间区隔开来。在相当长

---

① 申琦:《重"私有领域"轻"个人信息":我国网络隐私权保护的司法困境》,《出版发行研究》2019年第2期。

第三章　公私边界消融：数字化社会公民隐私保护问题的逻辑前提

的时间里，公民隐私保护就是基于这样一个逻辑前提并产生着预期的保护效果。

进入数字化社会，曾经纯粹的自然人，在社会生活中已不仅仅以单一的自然人身份出现，而是以自然人和数字人的复合身份出现，并且在很多时候，数字人的身份拥有更加自由的活动空间。"在数据时代，数据是人的第二肉身。"① 在网络产生初期，数字化生存就成为现代人的一种生存方式，但这种生存是"一种纯粹的符号化生存"，与自然人的关系不大。在智能媒介出现以后，无处不在的智能传感器和可穿戴电子设备令这种"第二肉身"表现为"数字化的人不再仅仅是飘浮在各种虚拟空间的账号，而是现实世界实在个体映射的不同维度镜像，虚拟个体与现实个体之间也因此越来越多地绑定在一起"。"人的物质实体被以数据化方式映射为'虚拟实体'。"② 这也就意味着，数字人在数字化社会不再是一种简单的数据组合，而是已经被抽象成一种主体的身份。

事实上，被称为"第二肉身"或"虚拟实体"的数字人不仅是与自然人"绑定在一起"，而且在许多时候可以脱离自然人单独生存。例如，自然人在微信群中留下问题后匆匆离线，但以实名或昵称出现的个体作为一种主体身份依然留存于网络；自然人上线进入微信群"暗中观察"群里热烈的讨论，但以可以隐身的数字人身份出现。数字人的一个核心特点，就是突破了人与机器的边界，作为身体与技术互嵌的混合体，可以在同一个时间里自由切换于不同的空

---

① 高兆明、高昊：《第二肉身：数据时代的隐私与隐私危机》，《哲学动态》2019年第8期。

② 彭兰：《智能时代人的数字化生存——可分离的"虚拟实体""数字化元件"与不会消失的"具身性"》，《新闻记者》2019年第12期。

间,也可以在同一个空间里(虚拟空间)拥有众多的身份、担当不同的角色。当数字化社会中自然人的言行被以数字化方式来呈现和传播时,隐私保护的讨论就必须进入数字化的语境中才具有实践意义。

在人们习惯的认知中,数字人的产生源于以网络巨头为代表的组织的数据挖掘和整合,即自然人的身份"被数字化"。这样的理解当然没有问题,网络巨头为了获取商业利益,或者政府组织为了更好地实施社会治理,会主动采取数据挖掘整合行为,自然人在这个过程中往往处于被动状态。但是,我们还必须看到问题的另一面,数字人的形成和功能的拓展,与自然人主动的网络行为是有着密切关系的。即数字化社会自然人的"主动数字化"。当今社会,"曝光度已成为我们这个时代通用的货币,社交媒体的盛行以及监控手段无处不在的经济社会,共同颠覆了我们的生活方式","自我宣传,打造个人品牌,以及在社交媒体上创建、培植各类形象,以便一个人从消费、社交、政治与专业等各个角度展示自我"的"身份策划"(curating identity)成为一种普遍现象。[1]这种现象实际就是我们通常所说的"网络人设"的打造。人们为了各不相同的目的,通过微博、微信等形式多样的社交媒体,打造自己不同的人设。于是,人们主动转发信息,分享动态,或者创作、发布公众号文章和短视频等成为一种常态。人们在网络中的这些行为,在一定数量的累积之后便会逐渐形成自己数字人的网络形象。当然,借助网络形象产生的知名度,可以成为网红主播或带货达人是许多人的直接目标。在这个过程中,主体可以通过具身的视频传播等方式,获取某种个人

---

[1] 参见阿奇科·布奇:《无隐私时代》,郑澜译,北京燕山出版社2021年版,第15、18页。

的具体"人设",也可以仅仅以数字人(如,网络昵称)的方式,打造某个数字人的"人设"。有效的"身份策划"需要主动传播相应数量的个人数据,因为这些个人数据是数字人身份中的重要组成部分,个人隐私也可能会在这个过程中遭到外泄。

二、公私边界消融及其对隐私保护的影响

个人数据从产生伊始,就是一种公共产品。换言之,个人数据公共化是数字化社会的基础和前提。当数据只是一串枯燥的数字,并不能作为一种公共产品进入公共领域进行"流动"时,真正的数字化社会是无法到来的。英国思想家齐格蒙特·鲍曼将"流动的现代性"作为其晚年学术思想的核心概念[1],这既可以视作他对社会发展的洞察,也可以视作他对社会发展变化趋势的顺应,变动不居的"流动"正是数字化社会得以发展的基础。大数据时代,"人们不再认为数据是静止和陈旧的",而是"开启了一次重大的时代转型","是人们获得新的认知、创造新的价值的源泉"。[2]

数字化社会的这种特征,决定了公民不再可能像传统媒体时代那样,将个人数据作为一种私密数据存放于纯粹的私人空间。个人言行被全部数字化后持续流动,导致不再存在传统意义上的私人空间。前数字化社会,人们可以基于社会长期运行过程中形成的清晰的公私边界,决定如何处理自己的隐私,即全部安放于私人空间,还是将其中的部分分享至公共空间。进入数字化社会,纯粹的私人

---

[1] 齐格蒙特·鲍曼:《流动的现代性》,欧阳景根译,中国人民大学出版社2018年版,第5页。

[2] 〔奥〕维克托·迈尔-舍恩伯格、肯尼思·库克耶:《大数据时代》,周涛译,浙江人民出版社2013年版,第7、9页。

空间几乎不复存在,以数据形式呈现的个人隐私已经随着数据的公共性特征而出现了公共性转向,个人数据实际上是公共数据的一部分。于是,诸如体重、腰围、饮食癖好、消费能力、社会关系等曾经可以被严加保密的自然隐私,对许多网络平台、社交媒体而言已经变成了"公共数据"。这些曾经作为典型的私人信息存在的数据,在人们关于隐私泄露的无感状态中成为公共数据的一部分,被不同的社会组织和机构以多样方式反复使用。

更值得关注的事实是,网络社会是以"连接"为设计原则的,网状传播就是从这个设计原则出发的,社交媒体的快速发展正是这个设计原则的具体实践。这样的设计原则决定了连接是网络的本质,也是人们网络生活中的生存状态。于是,社交媒体的分享就成为个体之间"连接"的前提和结果。"人们不但要使用社交媒体,更要在上面输出关于自己的内容,此时,隐私让渡本质上是一种社交回馈(reciprocal activity)行为。"[①] 这种"输出"(分享)毫无疑问会让更多的个人隐私信息被对外传播。

数字人复杂隐秘的社会活动丰富了自然人的生命体验,但同时也加剧了隐私泄露的风险。自然人的社会活动是由人们的主观意愿驱动的,是一种有意识的活动,所以作为隐私主体的公民可以主动感知和处置自己的隐私状态。数字人的社会活动在大多数情况下当然是跟随自然人且也是一种主动的有意识活动,但也有许多情况是隐私主体无感的。网络浏览作为一种生活日常,人们通常并不会意识到其与隐私的关联,但大数据可以根据对浏览痕迹的挖掘整合出人们的审美情趣甚至偏好。人们私密的社会活动会主动隐藏

---

① 董晨宇、丁依然:《社交媒介中的"液态监视"与隐私让渡》,《新闻与写作》2019年第4期。

交往对象、交往地址等信息,但对手机位置信息的回溯可以轻松了解隐私主体刻意隐藏的这些敏感信息。"网络的使用促进了隐私边界的渗透,让用户更倾向于将隐私内容公开化,这就使得越来越多的隐私处于暴露的风险之中。"[1] 同时,"社交媒体信息共享应用的发展,拓展了信息传播的范围,却也使用户个人隐私和公共信息的边界越来越模糊"[2]。所以,我们经常听到"手机是这个时代最大的间谍机"这样的类似说法,这是对客观事实的真实陈述,也是数字化社会中现代公民必须面对的一个无奈现实:现代公民要想在这个数字社会顺利生存,有谁能离开智能手机呢?当自然人逐渐被数字人替代,智能手机开始绑架人们的生活时,隐私保护就陷入了一种前所未有的困境中。

与此相对应,人们的网络分享还会产生另一个风险:共同隐私被泄露。共同隐私具有关联性的特点,即共同隐私保护只有在有两个或两个以上的个体进行社会交往中才有意义,不被他人知晓的、纯粹的个人独处一般不会产生隐私外泄问题。由于共同隐私的这种关联性特征,所以对共同隐私的讨论不能脱离人的社会交往,在社会交往中产生的两人或两人以上共同拥有的隐私就是共同隐私。所以,共同隐私是一种隐私的常态化存在。在传统媒体时代,共同隐私是受到法律明确保护的——两人或两人以上的共同隐私,只有在所有个体共同同意的情况下,对外透露才被认为是合法的。例如,在大学的公共宿舍中,一个宿舍里的四位共同居住者之间产生

---

[1] 李唯嘉、杭敏:《社交媒体中的隐私困境:隐私边界与大数据隐忧》,《编辑之友》2019年第1期。

[2] 牛静、赵一菲:《数字媒体时代的信息共享与隐私保护》,《中国出版》2020年第12期。

的某些生活隐私，只有四位成员全部同意时，某个成员才可告知他人。新媒体时代对隐私的保护延续了这样的规则，即共同隐私继续受到法律保护。但是，由于不同用户的网络使用与分享习惯的不同，类似多人合照、朋友聚餐、单位团建等信息的网络分享这样一些共同隐私受到侵害的情况司空见惯。从这个维度分析，如，聚餐中人们互动的各种场景就成了共同隐私，在征得所有成员同意之前，任何个人就无权对外分享。由于"主流社会化媒体平台一般只为发布者提供相应的隐私设置功能"，这"必然导致共同隐私冲突问题越来越严峻"。[①]

总体而言，数据的加速流动、网络连接的设计原则和分享信息行为的日常化会导致公私边界日渐模糊并趋于消失。美国学者桑德拉·彼得罗尼奥基于边界之于隐私保护的作用，曾提出用户掌握隐私边界的三条原则，即，控制边界链接、控制边界渗透和明晰边界所有权。这条原则在理论上毫无疑问是合理的，隐私权作为用户的个体权利，理所当然应由自我掌握，但事实上，这三项原则在遵守的过程中遭遇了前所未有的挑战：个人言行的数字化和数据的持续流动使用户实际上无法控制边界的链接；与之相对应，控制边界渗透强调用户控制个人隐私信息知晓的边界，防止超范围知晓情况的出现，但随着数据采集的普遍化、隐秘化以及包含了个人隐私数据的公共数据库的普遍存在，控制边界渗透也只是一种美好的理论想象；至于明晰边界所有权，这在权利认知和法律实践中基于隐私权的日渐重视而不再存在争议，但具体实践却因为公私边界的模糊而变得有名无实，所有这些问题，都源于数字化社会公私边界的消融。

---

① 朱侯：《隐私边界冲突下社会化媒体共同隐私信息规制研究》，《情报学报》2021年第6期。

三、隐私数字化带给隐私保护的新课题

在人们的传统认知中，隐私是依附于隐私主体而存在的，是隐私主体自身清晰地可感可知的。进入数字化社会，隐私的内涵和形式都有了极大的变化，尤其是与数字人相伴随出现的隐私的数字化，无论在认知层面，还是在实践层面，都给隐私保护带来了新课题。隐私的数字化主要表现为通过数据挖掘技术将人们在网络上留存的数字化痕迹进行有规律整合而成的隐私，它是一种整合型隐私，是数字化社会产生的新类型隐私，其产生的前提条件是人的言行被数字化和数字人的出现。值得注意的是，这种隐私是基于对海量数据的挖掘整合而产生的，并且无论何种类型的个人数据，都具有公共性和流动性的特征，所以，许多曾经不被传统认知确认为隐私的内容，也有可能因为挖掘整合而成为新的隐私。由于数字化社会公私边界的消融，对这种隐私的挖掘一定会侵入与个人数据密切相关的私人领域，且这种侵入不会像传统媒体时代对私人空间的侵入（如私闯民宅）那样会导致易感知的明确冒犯感和违法风险，于是，这种侵入极易变得肆无忌惮。

由于整合型隐私产生于公私边界消融的数字化社会，因此，给隐私主体造成的伤害是全方位、全天候的。一方面，整合型隐私的内容几乎无所不包。大数据挖掘技术具有强大的能力，人工智能技术的发展更令其如虎添翼，而边界的消融则让这种能力有了更大的作用空间。于是，曾经并不是典型隐私的单次购物数据、行程数据等均可以通过串连、回溯、整合成敏感的隐私信息。曾经被自己忽视的人际亲疏关系、个人价值观，可以通过对微信朋友圈点赞、评论、挖掘或网络浏览痕迹统计获得相对清晰的"可

视化呈现"。另一方面，以数字化的形式呈现的整合型隐私所造成的伤害是一种普遍且无感的伤害。数字化社会每个人都会拥有数字人身份，这就意味着每个人的数据共同组成了庞大的公共数据库，且在任何时候、任何地方都可能被挖掘并形成挖掘者想要的有价值的数据（隐私）。"数据合理使用与侵犯隐私的标志是隐私边界……但无处不在的媒介和公共空间中的媒介都可能使用户在无知无觉中表露个人信息"，"掌握边界渗透即由用户多大程度上暴露自己的隐私，但同样因为信息采集途径日益隐蔽，用户也很难知道自己的哪些信息被泄露"。[1]隐私侵权的无感伤害表现为数据的庞大和流动决定了隐私主体无法及时了解关于自己数据被处置的情况，即使自己的隐私被侵犯，如，被非法利用、非法扩大知晓范围，当事人也处于无感状态。直到这种伤害的消极影响持续扩大，才会真实感知这种严重侵害。在这个过程中，数字人的形成成为隐私侵权导致无感伤害的重要诱因。尽管数字人作为自然人的对应物具有强大的能力，但它毕竟是一种数据物，目前还不具备人的意识和感知力，所以无法直接体验到隐私侵权伤害造成的精神痛苦。直到这种伤害投身到自然人身上，痛苦才会被感知。

大数据挖掘技术对个人信息的杂糅整合推动了边界的消融，也持续加剧隐私风险。在大数据技术面前，所有的个人信息都是透明的，具有明确的指向性特征。相关组织和大数据公司为了确保信息顺利流动，从而合法地获得相应的商业利益，必须进行匿名化处理

---

[1] 李凌霄：《隐私悖论：万物互联与赛博人的隐私边界》，《传媒》2019年第19期。

以规避法律风险。"个人生产的信息汇聚成了大规模的数据,大量的私人信息被糅合在一起成为了公开或半公开的数据,导致数据层面难于划定私人领域和公开领域的界限。"[①] 包含个人隐私在内的大数据在匿名化后进入到公共空间,成为被更广泛使用的"公共数据"。这些以"公共数据"形式流动的数据不仅不存在公共领域和私人领域的边界,实际上个体与个体间的区隔也不再存在,这就导致隐私主体对隐私泄露风险的担忧持续减弱。另外,大数据的匿名化处理并不意味着个人信息可以真正匿名,对神通广大的大数据处理技术而言,"匿名化"只是抚慰现代人隐私外泄焦虑的"一个美丽的谎言"。通过各种复杂算法进行"再标识化",从而进行身份识别或投放"精准广告"等,是商业组织获利的常规做法,也是数字化社会的一种常见行为。被大数据匿名的个人,实际上始终以"透明人"的方式存于大数据中。

随着数字化社会的到来,现代人的隐私无处安放,每个人都成了"透明人",这是一种社会共识。事实上,令现代人严重不安的隐私困境正是开始于公私边界的消融。从宏观的角度看,随着法治现代化步伐的持续推进,传统媒体时代已经建立了对公民隐私保护相对完备的法律法规体系,但这些法律法规主要基于边界区隔的存在,保护的目标是与私人生活密切相关的对象物,所以对隐私形式和隐私侵权的认识已经形成了相对成熟的判断标准。当在数字化社会中公私边界消融时,对隐私进行法律法规保护的前提发生了重大变化,保护困境的到来不可避免。从中观的角度看,随着大数据技术的发展和整合型隐私的出现,前所未有的数字隐私持续产生并

---

① 李鹏翔、武阳:《模糊的边界:算法传播中隐私边界的内涵、衍度及其规制》,《新闻与写作》2021年第1期。

迅速超越传统的自然隐私的数量,这种现实导致侵权行为持续发生。在过往的研究中,笔者曾对新闻侵权的各种类型进行整理分析,发现在传统媒体时代新闻侵害名誉权案件高居首位,约占70%,而新闻侵害隐私权则占20%左右(其余为姓名侵权、肖像侵权等)。进入新媒体时代,由于"人人都是传播者"的公共传播成为现实,侵害公民隐私权的情况大大增加。从微观的角度看,随着个体自主意识的不断增强,现代公民对关涉个人尊严的隐私愈加重视,隐私保护意识不断提升,这也意味着,"不愿为他人知晓的秘密"的数量也会越来越多。与此相反,网络的强大功能却让公民越来越透明,基于公私边界消融而产生的新变化,都加剧了公民隐私受侵害的风险,因此,化解这种风险必须有全新的理念。

第五节　超越边界:理性对待技术进展与数据流动

一、淡化边界区隔

边界区隔在过去的旧时光里,曾经对公民的隐私保护产生过举足轻重的作用。衣服遮蔽了关注的目光、私宅阻挡了好奇的窥视、密码隔断了信息的外泄……凡此种种,都在最关键的地方有效区隔了公私边界,保护了公民的隐私。基于边界的这种作用,关于隐私问题的学术探讨一直致力于边界的清晰稳固。即使在数字化开始之初,网络侵扰公民隐私的情况时有发生,学者们也主要致力于边界区隔的协调管理研究以应对隐私侵权的新变化。美国学者桑德拉·佩特罗尼奥(Sandra Petronio)提出的"沟通隐私管理理论",重点讨论的就是在数字化之初,公私边界面临消融困境时,如何通过动态方式对边界进行协调管理。[①] 学者们的努力也在一定时间内对隐私保护产生了积极的影响作用，而这种作用又进一步支撑和提升了学者们的学术信心，并致力于更加全面的边界管理的努力。但是，随着全社会数字化程度的深化，基于边界区隔的隐私保护手段日渐捉襟见肘，旧思维已经难以真正解决新问题。

在实践层面，法律的规定和执行也主要致力于明确公私边界的法律界限，对"闯入者"承担的法律责任予以规定。如我国《网络安全法》（2017年）第27条规定："任何个人和组织不得从事非法侵入他人网络、干扰他人网络正常功能、窃取网络数据等危害网络安全的活动。"在此后颁布的《民法典》和《个人信息保护法》中，虽然法律保护的边界意识开始淡化，但边界依然是默认的前提，主要表现为不再有侵权边界性质话语的表述，例如，关于隐私（信息）、个人信息这两个概念之间是什么关系，并没有明确规定，导致两部不同的法律中分别使用不同的概念（理论上应统一规定），因而在现实生活中就可能导致执法困难。这种情况产生的重要原因之一，是对边界认知的不同导致的立法分歧，这样的认知惯习需要在新时代作出与时俱进的改变。

数字化社会，讨论隐私问题只有充分承认公私边界消融的客观事实，并超越传统的边界认知，才有可能为讨论公民的隐私问题寻找到科学方案。智媒时代，由于个人言行的数字化和数字人的形成，纯粹的私人空间已不复存在，个人的隐私信息已经成为公共数据的一部分，因此，需要重点探索个人或组织对隐私主体数据收集和使用中的边界，即在什么范围可以收集个人的隐私信息，这些被

---

① Sandra Petronio, *Boundaries of Privacy: Dialectics of disclosure,* New York: State University of New York Press, 2002: 85-125.

收集的信息在何种条件下可以被使用。令人欣慰的是，2021 年颁布的《个人信息保护法》规定限定信息内容从而规范信息的收集和使用。该法除了对个人信息收集处置的合理范围进行了具体的规定外，还在其第 28 条中明确规定"生物识别、宗教信仰、特定身份、医疗健康、金融账户、行踪轨迹等信息"属于个人敏感信息，对这些信息的处理必须"具有特定目的和充分的必要性，并采取严格保护措施"。在个人主体性不断被尊重的现代社会，与隐私关联的个人敏感信息的内涵和范围会不断变化，隐私保护的理念必须不断进步才会及时适应和有效应对这种变化。

二、限制技术能力的野蛮生长

传统媒体时代公私边界的清晰存在，从客观上控制了技术对私人领域的"入侵"，也有利于公民隐私的保护。传媒业的发展经历了三种技术形态：印刷技术、电子技术和数字技术。当然，后两种技术形态的出现都不是对前面技术形态的替代，而是迭代并存。印刷技术和电子技术共同缔造了现代传媒业的黄金时代，也大致型塑了传媒与公民隐私相爱相杀但又相对稳定的关系。在这个阶段，公共空间和私人空间的边界相对清晰，技术变迁并没有导致公私边界模糊，而法律也据此形成了刚性的保护体系。数字技术的出现则导致了革命性的变化：公私边界消融、人人都是传播者成为现实和数字人的形成。前者导致包括公民隐私信息在内的数据全部进入公共空间，大数据挖掘技术可以任意挖掘整合各种数据；后者导致海量数据被上传和隐私侵权因被侵权人的无感而持续加重。

在公私边界消融的智媒时代，如果对野蛮生长的数字技术不加控制，必然会对公民隐私带来持续深刻的影响。因此，探讨智媒时代的隐私时，必须关注边界消融背景下技术扩张的消极影响。对数字技术能力的极致追求是工具理性在现代人身上的典型表现。工具理性的核心是对效率的极度追求，这种核心精神契合了现代人追求成功的理想目标。工具没有价值观，就像技术没有价值观一样，但使用工具的人是价值的尺度。当人们致力于通过数字技术极致追求社会治理目标或商业利益时，千万不能忽视我们为什么出发——数字技术的发明和进步必须助力人类生活得更美好而不是导致相反的结果。

"技术是人类自主活动的产物，但一旦被人类发明并广泛应用，又往往有其自主的逻辑。技术的逻辑有时可能背离人们的初衷，偏离预设的轨道，挣脱人们的控制，导致公开的或隐蔽的反主体性效应。"[1] 从这个意义上说，限制技术能力的野蛮生长并引导技术开发者致力于人们的良善生活，显然意义重大。数字技术作为一种应用得最为广泛的传播技术，无论是开发方还是拥有者，都必须以"科技为了人类生活更美好"作为技术的实践原则。"人不应当被技术所左右，而应从科技异化这一'理性铁笼'中挣脱出来。"[2]

三、辩证对待数据的控制与流动

数字化社会公私边界的消融导致公民隐私频遭侵扰，而公民数据被数字化后的持续流动，则是边界消融产生的直接原因，于是，控制数据流动，保持边界有效区隔成为一种隐私保护的应对方案理所当然地被提出。在数字化社会，"控制了数据就是控制了肉

---

[1] 孙伟平：《人工智能与人的"新异化"》，《中国社会科学》2020年第12期。
[2] 李延舜：《科技异化对隐私安全的危害及隐私权的回应性发展》，《中州学刊》2021年第8期。

身。在数据时代要摆脱被控制、支配的命运,就得有效地保护自身的信息",所以,有效地管理大数据,确保安全存储与使用,"是数据时代隐私保护所面临的重大问题"。[1] 类似强调"保护自己的信息"频频被一些学者作为隐私保护的重要对策提出来,但是,这种方案可以作为一种学术想像,却不可能成为社会实践。这是因为数字技术作为一种传播技术自推行以来,极大地推动和普及了信息流通,加速了现代社会的迭代进步。欧盟委员会消费者权益委员梅格雷纳·库内瓦(Meglena Kuneva)曾经说过:"个人信息是互联网世界的石油,也是数字世界新的流通货币。"[2] 数据作为现代社会的一种能源,在今天的数字经济中是一种核心生产力,如果进行区隔,减少流动,不仅数据将重新回归为价值不大的枯燥数字,还会严重阻隔数字经济的发展,因而影响社会的文明和进步。

从更加宏观的历史维度分析,数字化是社会发展的基本趋势,其在推动现代人类文明、创新社会治理能力、扩张个体身体机能等诸多方面产生了里程碑式的巨大作用。随着数字技术的迭代更新,人类在探索世界的过程中不断取得重大突破,在解放自己繁重的体力、脑力劳动,拥有更加美好的生命体验方面也持续取得进展。在这个过程中,隐私受损只是这种进程中的一个具体问题,数字化进程不会为了绝对保护个人隐私而"因小失大"。另外,数字技术一经普及,被数字化的人的言行无法逆转回归到非数字化状态,也就是说传统媒体时代清晰的公私边界在新媒体时代已经无法再重新

---

[1] 高兆明、高昊:《第二肉身:数据时代的隐私与隐私危机》,《哲学动态》2019年第8期。

[2] 转引自: Bert-Jaap Koops, Forgetting Footprints, Shunning Shadows: A Critical Analysis of the "Right to Be Forgotten" in Big Data Practice, Social Science Electronic Publishing, 2011, 8(3): 229-256。

建立起来。

公民隐私保护的现代路径,不应从传统的边界区隔中寻找方案,而应超越边界,在对隐私的现代内涵进行深刻理解的基础上,从动态的数据收集和处置过程中,寻找新的"边界"。

第四章 从圈子到关系：网络社交应用中的隐私

圈子是人们社会交往中的基本方式，也是人的社会性得以实现的重要途径。"互联网可以将人们聚集在一起，而不是让他们分散。数不清的人正在利用社交媒体组成更大也更多样化的群体。"[1] 这是对数字化社会个体连结方式的客观描述，也是网络对个体生活方式影响的具体概括。心理学家的研究表明："人类是以群体的形式进化而来，为了生存和繁衍，我们必须依赖于他人的帮助。所以，自然选择肯定已经在人类身上塑造了相应的机制，激发我们去寻找同伴，形成社会同盟，或者讨好群体中的其他成员。如果一个人不能被他人（至少几个）所接纳，他就得不到群体的保护。"[2] 人类进化过程中形成的这种心理机制也意味着，成为圈子中的合格成员，建立某种社会的联结关系，成为人们社会生活中一种近乎本能的需求。这种需求的客观存在不仅会影响人们的社交关系，也会影响人们的隐私分享行为。

隐私作为一种私密性的个人事务，属于典型的私人信息。个体

---

[1] 〔美〕凯斯·桑斯坦：《标签：社交媒体时代的众声喧哗》，陈颀、孙竞超译，中国民主法制出版社2021年版，第82页。

[2] 〔美〕戴维·巴斯：《进化心理学（第4版）》，张勇、蒋柯译，商务印书馆2015年版，第403页。

对自己在日常生活中与何人交往,曾经经历过哪些不堪的经历,或者自己的私宅位于何处,有什么样的个性爱好等私人信息,完全可以秉持"不愿为他人知晓"的隐私本能诉求而对他人缄口不言。但是,人的社会性决定了即使这样一些纯粹的私人化信息,也有可能因为诸种不同的原因而由隐私主体主动分享。传统的隐私概念一直将隐私理解成一种封闭独立和区隔离散的取向,但在智媒时代,数字技术强调对个人数据进行无缝追踪、连续提取和快速配置。所以,"隐私不只是保护个人权益,也承担着重要的社会功能,为现代社会的互动沟通和系统运作提供基础支撑。正因为如此,隐私具有超越个人本位的社会公共品维度"。[1]

同时,基于数字化社会个体数字化的生存方式,这些私人信息也有可能被他人泄露。我们暂且不去讨论那些被动式的隐私泄露问题,而是将关注的目光聚焦于个人基于社会化需求而作出的主动分享行为会受哪些因素影响、会导致哪些后果产生。隐私的披露或分享,往往与隐私主体交往过程中实际所处的地理位置、社会阶层和社会关系等密切相联。在通常情况下,人们总是愿意在同类人群中型塑相应的个体形象以寻求群体认同。传统媒体时代,人们往往根据自身所处圈子的状况,决定披露隐私的边界与程度。进入智媒时代,随着人们网络生活的增加,人际交往中曾经相对稳定的圈子,逐渐扩散至网络世界,而现实交往中的圈子,也更多地被网络活动中的关系所取代。圈子交往中相对明确的公私边界,在关系交往中日渐模糊。从圈子问题出发进入关系层面,从而关注边界与区隔,可以深化关于公私边界问题的理解,这对于探讨隐私保护问题显然意义重大。

---

[1] 余成峰:《数字时代隐私权的社会理论重构》,《中国法学》2023年第2期。

第一节　从圈子出发理解隐私保护的边界

一、圈子构成的公私边界区隔

由性格各异、举止行为各不相同的个体组成的社会，会形成彼此关联但又各具独立性的圈子或圈层。在处置个人的隐私问题上，不同圈子中的个体会因为认知的差异性，而采取不同的处置方式。隐私就其本意而言，是公民个人不愿为他人所知晓的秘密。《民法典》将其明确为私密空间、私密活动和私密信息三个具体的方面。无论是"不愿为他人知晓"，还是对"私密"的强调，都隐含着对边界的关注，即隐私主体无论如何处置隐私，都需要控制知晓的范围。在过往的研究中，关于边界范围的确定往往基于公共空间和私人空间的区分，这当然是有道理的，但细究之下就会发现，对"公私二元"区分的讨论往往设定在传统媒体时代这一特定的时代背景下。因为在这样的时代中，公私空间的边界是相对清晰的。所谓公共空间，是指人们可以自由进出的空间。这里的空间不以室内室外区分，而是以人们是否有权进出来进行公私性质的界定。诸如住宅、私家庭院、私人车辆等这些空间中，或者在宾馆的房间、饭店的包间等这些公共空间的独立单位中，即，需要征得空间拥有者（如私宅）或使用者（如包间）同意后才能进入的空间，则是私人空间。而马路、广场或影院、商场等空间则是典型的公共领域。对于空间的这种区别，在传统媒体时代人们有明确的认知和普遍的共识。这些共识对于隐私的实践状态会带来直接影响：在确定的公共空间保持警觉、掩藏隐私；在确定的私人空间放松身心、坦然自处。

　　对不同的个体而言,关于空间的理解通常还要考虑其所处的圈子,因为在圈子和圈子之间,人们还会认同一种无形的边界:在圈子成员间可以分享的内容,未必适合与圈子外的成员分享。例如,某些生活习俗对圈子内部的成员而言是一种生活日常,口传心授,经年不变,但对圈子外的人而言则需要缄口不言。形成于农耕社会的圈子,较多受地理位置影响,这种影响在农耕社会早期尤甚。出身于山高水阻的闭塞山村的人姑且无须讨论,即使是出身于城镇的个人,也限于道路、交通工具的局限而无法拥有太大的活动范围,于是,圈子以出身地为中心展开,可扩张的空间相对有限。人们在由地理空间确定的圈子里活动、交往,也在这个圈子里生儿育女,延续家族的繁衍。

　　与此同时,血缘关系也会影响圈子的形成。基于血缘亲情而展开交往、形成圈子是最为便捷的:共同的家族文化熏陶、生活方式及与生俱来的亲缘关系,会产生诸多的心理认同和情感共鸣,在此基础上形成相应的圈子理所当然。在人们的社交行为中,血缘是最为重要的社交要素。一年一度的春节,无论是出人头地的社会精英,还是碌碌无为的普通人,无论是远隔千山万水,还是近在咫尺,人们都有一个共同的愿望——回家、团圆。于是在爆竹声声里,有兴高采烈的激情释放,也有"执手相看泪眼"的无奈感怀,但团圆本身了却了一年又一年的生活夙愿,同时也完成基于血缘的社交活动。

　　总体而言,传统媒体时代,圈子的形成主要基于地缘和血缘。两者的共同作用使社会形成较多的相对单纯、稳定的圈子。基于地缘和血缘而形成的圈子对于任何一个国家或民族而言都意义重大。

漫长的社会发展过程中形成了诸多人类文明,而这些文明总是体现出与这些文明的创造者的生存环境相关的特质。渔猎文化、农耕文化等所有的这些人类文明都反映了圈子的意义。"蒹葭苍苍,白露为霜。所谓伊人,在水一方……"对于这样一种美好情感的极致表达,含蓄内敛的中国人往往会"心有戚戚焉",而对于那些热情开放的西方人而言,则往往会奇怪为什么不"直抒胸臆"。这种情感、审美差异性的产生,主要也是基于圈子文化的差异。因此,由圈子划定的边界的区隔,虽然无形,却往往会在许多具体的实践层面得以体现。

社会的发展和科技的进步拓展了人们活动的范围,也对人们社会关系的建立产生了深刻影响。这种拓展首先是以可见的飞机、火车、汽车等交通工具和交通网络的发展为标志的,日行千里甚至万里由梦想变成现实。随后,网络的出现更使"咫尺天涯"的"地球村"构想由学术想像变成了生活现实。曾经的圈子,也由此产生了重大变化。进入智媒时代,网络交往中的人际关系联结,对于个人的社会活动更具联结价值,而在关系联结中,公私边界却变得日渐模糊。随着数字化技术的持续推进,地理位置不再是限制个体活动空间的重要因素。一方面,当今社会的交通工具和交通网络已经十分发达完善,这也意味着距离不再成为人们社会交往的阻碍因素。另一方面,智媒时代信息的传播十分快捷,人们更容易在信息的分享和接收间,产生新型的社交关系,形成具有时代特征的社交网络。"互联网以其独特的传播方式使人类社会的交往行为超越了具体的时空场景,达成了随时随地的互动和分享。如今的人际传播已经带有互联网时代媒介化社交的鲜明烙印,'在线'变得比'在场'更加重要,互联网群体传播比现实生活中的人际传播更加积极、活跃。"① 也就是说,传统媒体时代主要受圈子影响的人际交往,在智媒时代开始更多地寄身于网络,形成更加多样化的交往关系。在这个过程中会形成更多新型的圈子。而这些圈子的形成往往基于共同兴趣,亦即"趣缘"。因此,从圈子这个基点出发,进入到对关系的关注,进一步理解边界问题,对于更好地探讨隐私保护异常重要。

二、网络交往与网络圈子

社会学领域对圈子现象的研究中,费孝通的"差序格局"理论曾经产生过重要的影响。该理论将公私关系中的"私"与圈子的划分相联系,指出"所谓'私'的问题却是个群己、人我的界线怎样划法的问题"。② 其对中国农耕社会圈子的这种界定方式体现了时代特征。个人与集体、自我与他者在朝夕相处的空间中拥有什么样的处置态度,对于个人的生存状态和心理感受有重要影响。也有研究者从利益交换的角度定义圈子,指出圈子是具有相同利益或相同成分的群落,圈子的实质是利益关系网。③ 这样的定义当然也有一定的道理,基于利益形成的圈子在社会上确实较多,但必须同时注意到,利益会影响圈子的形成,但利益本身包含着复杂的内容。

圈子的边界并不是封闭的。一般来说,圈子具有一定的弹性,中国人的个人关系结构可伸可缩。④ 小圈子是基于家人关系、熟人

---

① 隋岩:《群体传播时代:信息生产方式的变革与影响》,《中国社会科学》2018年第11期。
② 费孝通:《乡土中国》,北京大学出版社2012年版,第40页。
③ 参见王如鹏:《简论圈子文化》,《学术交流》2009年第11期。
④ 参见罗家德:《关系与圈子——中国人工作场域中的圈子现象》,《管理学报》2012年第2期。

关系而形成的小团体,而人情交换能够拓展熟人关系。数字技术革新了现代人的信息交流与社交方式,基于网络形成的圈子在规模与存在形式等方面较之传统社会中的圈子都有所发展。网络圈子是个体基于某种兴趣或缘由,以关系的远近亲疏为标准,通过网络集聚、互动而形成的社会关系网络。个体的社会属性影响着圈子的形态与结构,不同的网络圈子间互有交集。[1]网络圈子中的个体拥有一定的自主性,他们可以根据需要构建圈子、管理圈子,并通过社交平台将圈子展现出来。

与传统媒体时代的圈子相比,网络圈子具有自身的时代性特征。首先,传统媒体时代对圈子形成产生重要影响作用的地理位置和亲缘关系依然会对网络圈子的形成产生影响,但这种影响作用日渐式微。数字化社会,远隔万水千山的个体可以即时产生联络,虽然这种快速即时形成的人际连接并不是真实意义上的圈子,但足以证明空间距离对圈子的影响作用几乎可以忽略不计。而网络交往在今天这个社会已经成为一种生活日常,随着交往频次的增加,圈子成员间的感情开始形成,圈子的意义开始生成,由此也令亲缘对圈子的维系纽带作用大幅下降。其次,共同兴趣是圈子形成的核心要素。网络圈子是在人们分享和接收信息的过程中形成的,因此,共同的兴趣是维系圈子存在的关键。热衷于美食的圈子,会对各种食品带给舌尖的体验津津乐道,而学术圈子更关注某个共同感兴趣的学术热点话题或冷门绝学,并因此乐此不疲。圈子中的成员一旦兴趣发生变化,瞬间即可消失得无影无踪。这和传统媒体时代,即

---

[1] 参见朱天、张诚:《概念、形态、影响:当下中国互联网媒介平台上的圈子传播现象解析》,《四川大学学报(哲学社会科学版)》2014年第6期。

使脱离原来的圈子也会出现"抬头不见低头见"的境遇完全不同。最后,网络圈子存在的形式更加丰富多样。从圈子的类型、规模,到圈子扩张的速度、关注问题的多寡等,传统媒体时代的圈子是无法和网络圈子相提并论的,例如,某个学术问题,网络圈子可以快速整合全球相关研究者来探讨问题、表达意见,从而产生丰富的认知,这在以前是无法想象的。当然,网络圈子的这些特点并不意味着个体能完全摆脱现实的差序格局,网络圈子中可能会形成群体压力而抑制个人意愿。[①] 个体可能会重新回归到现实社会的圈子中,寻找可感可触的情感依托。网络社会的到来必然导致圈子持续扩散,圈子淡化而关系作用凸显的情况可能随时出现,圈子的稳定性也会存在问题。

圈子区隔出的公与私的边界,在网络社会实际上表现为人与人之间(包括现实世界的自然人和虚拟世界的数字人)的边界,亦即受关系影响的边界。在人们习惯的认知中,个人隐私管理中最重要的一个环节是对私人边界的管理。桑德拉·佩特罗尼奥强调"隐私边界"概念,认为人们会管理公共领域与私人领域之间的边界,在分享信息时会考虑到边界问题。隐私的边界并不是固定的,而是可渗透的、可伸缩的。[②] 隐私管理的核心内容是对于透露信息的时机、对象、内容等问题的思考。[③]

随着智能手机的普及,每个人都会面临信息分享与隐私保护

[①] 参见彭兰:《网络的圈子化:关系、文化、技术维度下的类聚与群分》,《编辑之友》2019 年第 11 期。

[②] 参见:Sandra Petronio, *Boundaries of privacy: Dialectics of disclosure*, Albany: State University of New York Press, 2002, p. 12。

[③] 参见〔美〕斯蒂芬·李特约翰:《人类传播理论(第七版)》,史安斌译,清华大学出版社 2004 年版,第 293 页。

的内心纠结。这种纠结的出现是人们面临选择时的一种正常心理。一方面,在信息社会人们需要通过信息分享,保持与他人的联系,也在一定程度上型塑自己的某种社会形象。另一方面,基于对个体私密性内心需求的尊重,需要保护隐私以维护个体内心的安宁,于是更多时候,人们愿意选择适度分享信息,以维护网络交往中的人际关系。当然,在这个过程中,技术进步也会给人们的选择造成困惑。媒介技术进步为信息的大规模集聚、分析和储存提供条件,公共领域与私人领域的边界更加模糊,隐私的界定更困难。[①] 也就是说,人们无法确切地知晓哪些信息属于隐私信息,或者可以通过信息整合技术成为隐私信息。[②] 在关系主导的网络交往中,人们对隐私边界的管理会受诸多因素的影响。个体使用网络媒介的目的(如,社交、娱乐、获取信息等)影响了用户的隐私边界管理。[③] 在影响边界认知的诸多要素中,关系的亲疏远近也是一个重要的考量要素,会更多影响隐私披露的程度和范围。这就如在现实生活中的人际交往一样,人们总是更愿意向最亲近的人"袒露心迹"。但借助网络形成的圈子中,成员间的亲疏关系有着较多的不确定性,较易发生改变,导致边界不稳定。

在传统媒体时代"圈子主导"的隐私保护问题在智媒时代发生了本质性的变化,在数字化社会,人们现实生活中的人际交往逐渐

[①] 参见王晓琳:《信息时代公共空间中的隐私问题》,《自然辩证法通讯》2018年第7期。

[②] 参见顾理平、杨苗:《个人隐私数据"二次使用"中的边界》,《新闻与传播研究》2016年第9期。

[③] 参见:Qian Liu, Mike Z. Yao, Ming Yang, Caixie Tu, "Predicting users' Privacy Boundary Management Strategies on Facebook", *Chinese Journal of Communication*, vol. 10, no. 3(2017), pp. 295-311。

被网络交往取代，因此，"关系主导"成为智媒时代公民隐私考量的关键要素，而这种考量因素因数据流动和信息繁杂而变得复杂多变。

第二节 圈子：传统媒体时代的一种隐私边界

一、圈子中的名誉和隐私

在人际交往中，个体的人格力量会产生重要的作用，也会在圈子形成中产生重要的作用，所以，我们有必要探讨作为人格要素的名誉和隐私各自具有哪些特征，通过这些讨论，可以更好地理解隐私之于圈子形成的意义。

（一）名誉的特征

在关于一个人人格的评判要素中，名誉一直是占据核心地位的，这在中国社会尤为如此。名誉是关于公民品德、才能、信誉等的社会评价。既然是社会评价，个体在社会活动中展现出来的言谈举止就尤为重要，由此也促使人们在日常生活中不仅注重个人形象展示的得当，也注重外在的社会评价，一旦有失当的负面评价出现，名誉主体会致力于对非法侵害的追究。与此同时，也有人为了达到"青史留名"的目的，致力于关涉良好名誉的社会活动，如，慈善、公益等社会活动。

公民的名誉代表着公民的人格尊严和在社会生活中受尊敬的程度。名誉是一个十分重要的社会概念，也是一个十分重要的法律概念。对任何一个社会成员而言，在其社会自处与交往中，名誉都具有十分重要的价值。就其自身内涵而言，名誉有三个基本特征。

其一，名誉是一种重要的社会评价。名誉不是单纯的一个人对另一个人的评价，也不是公民或法人自己对自己的评价，而是公众对特定人的社会评价。换言之，名誉是众多社会成员对名誉主体一种主流的认知和判断，是关于个人综合品性的评定。这种评价源于公民或法人在相当长时期内的所作所为进而产生的一种社会影响。这种社会评价有时通过直接的明示表达出来，但更多的时候则通过间接的默示反映出来。所以，名誉对于每个社会成员而言是十分重要的。人们常说："雁过留声，人过留名""名垂青史"，等等，强调的正是名誉的重要性。尽管名誉是一种社会评价，但它同时也会对名誉主体的言行产生导向作用。在现实生活中，每个人都十分关注自己的名誉，如果名誉是良好的，那么其会努力去维护这种名誉；如果名誉较差，则会努力去塑造良好的名誉，以求重新获得社会良好的评价。一个全社会成员对自身名誉普遍关注的社会，是文明健康的社会。如果全社会成员对自己的名誉毫不关心，一方面固然不会发生名誉权侵权纠纷，另一方面则证明了这个社会是一个不健康的社会。在当今社会，之所以频频发生有关名誉权侵权纠纷，就微观而言，证明了主体意识不断强化后人们对名誉的高度注重；就宏观而言，也证明了这个社会是知廉耻、分善恶、讲文明的社会。

其二，名誉具有客观性。对任何一个身心正常的个体而言，都有主观追求良好名誉的动机，但这种主观动机并不一定会产生良好名誉的客观后果。名誉虽然作为主观观念存在于社会公众的意识之中，但它不会根据名誉主体主观态度的变化而变化。在一个特定的时期里，某一个体的名誉总是特定的和难以改变的。首先，对于名誉主体来说，公众的社会评价不会受其主观态度和思维的影响。也就是说，名誉主体对公众的评价一般只能被动地接受。其次，这种评价依据的是一种客观的社会标准。社会不同成员对一个人名誉的评价会有差异,但这种差异不是本质的差异,而是一种非本质的差异,因为他们所依据的是当前社会主流的评价标准。评价名誉的客观标准会因不同的时代、国家而有所变化,同样的行为在不同的时代和国家在社会评价上可能会有重大的差异,但其总体而言会呈现出客观性的特征。另外,一些普适性的评价,如尊老爱幼、廉洁自律等,也会成为人们作出社会评价的普遍标准。

其三,名誉是一种人格价值评价。名誉评价着眼于个体的人格价值。换句话说,名誉是关于人的一种精神资源,对人的影响主要在精神和心理的层面。例如,对一个人道德品质、生活作风的评价,或者对一个法人信用的评价,等等,都着眼于人格价值的评价而不是其他。当然,这种人格评价也会产生物质层面的影响。诚信是对一个人的人格评价,如果这个人格主体是一个商人,其可能会因诚信而获得更多的商业机会,从而有利于其物质财富的增加。

总体而言,名誉和隐私等权利对一个人生命的完整和美好具有极为重要的意义,是人的尊严的标志性体现,"以人格尊严为基本价值理念,根本上是为了使人民生活更加幸福、更有尊严。……所以,它可以说是人格权法诸种价值中的最高价值,指导着各项人格权制度。无论是物质性人格权还是精神性人格权,法律提供保护的目的都是维护个人的人格尊严ށ"[1]"当'人格'用以表达'人的尊严'时,在法律上必然以伦理上的人格观念为基础。这是因为,在整体意义上,人的尊严只能源于其自在目的性地位,而尊严之得到维护,也就意味着,其自在目的性地位得到充分尊重。"[2] 我国《民法典》专门设

---

[1] 王利明:《民商法精论》,商务印书馆2018年版,第230页。
[2] 朱庆育:《民法总论(第二版)》,北京大学出版社2013年版,第401页。

置了"人格权编",明确对公民的名誉、隐私、姓名、肖像等人格权利予以法律保护,体现了对人格权利的高度重视,也体现了在社会文明进步和人的现代化过程中,人格价值的不断彰显。

(二)隐私的特征

作为人格评判中的一个关键要素,隐私在传统媒体时代中国公民的价值判断中虽然远不如名誉重要,但作为生存于面子社会中的个体,依然会基于"羞耻心"而对其高度关注和保护。随着社会的进步和人们人际交往的增加,隐私独特的人格价值开始不断显现。从对个人尊严维护的角度看,隐私之于个人存世有着特别的意义。个体生存的价值不是简单的肉体存在,而是肉体和人格价值完美结合后作为人的主体性存在。隐私作为人格评价中的核心要素之一,具有以下这样两个基本特征。

第一,隐私是一种自我评价。与名誉是一种社会评价不同,隐私作为一种自我评价,更加关注的是主体的自我评价和感受。在隐私侵权案中,精神痛苦作为一种损害性后果,是构成侵权的关键要素之一,之所以这样规定,正是体现出主体自我评价的意义。精神痛苦是指个体在受到侵害后精神上的痛苦(如,感到恐惧、紧张、不安、羞辱等)和肉体上的疼痛(如,因精神痛苦引发身体疾病)两个方面。由于精神和肉体是互为一体的,所以精神损害既会导致精神的痛苦,也可能会导致肉体的疼痛。当然,这种精神损害不以肉体痛苦为必然要件。

必须说明的是,在信息传播过程中出现个人隐私信息并不一定会导致权利主体精神痛苦的产生。在新闻报道中,尤其在一些自媒体和社交媒体中,我们经常可以看当事人"自曝隐私"的行为,但这种行为似乎并未给当事人带来精神痛苦。事实上,这种主动曝光隐私的行为在现实生活中并不少见,尤其在一些文化体育名人中间,经常有人希望借助这种主动曝光隐私的行为,实现某种个人目的。普通人主动曝光的隐私的增多,改变了文化体育名人隐私泛滥的局面,使普通人也成为媒体报道的主角,这在短视频传播流行的当今社会表现得尤为明显。必须说明的是,通过主动"自曝隐私"的人,不同的隐私主体有各不相同的目的,他们在隐私曝光后并不会感到精神痛苦,因此也就不会构成隐私权的侵害。隐私主体对隐私是否公开,公开后是否会对自己的精神造成伤害,凡此种种,都是取决于隐私主体的主观意志。如果一个人认为公开隐私对自己不会造成伤害,对隐私的被披露不存在任何不安和精神痛苦,就不构成隐私权的侵害。如果一个公民认为披露自己的隐私会造成自己精神的痛苦,那么即使这种披露是出于善良的愿望,也会构成对公民隐私权的侵害。

第二,隐私具有主观性。与名誉主要关注社会评价不同,隐私主要在乎隐私主体的主观感受,比如,失恋的经历在许多人看来也许并不是隐私,但是,只要隐私主体认为失恋是自己的隐私,他人泄露这种隐私就会令其精神痛苦,那就构成隐私侵权。尽管《民法典》中将隐私界定为"私人生活安宁""秘密活动""私密空间"和"私密信息"这样一些具体的层面,但我们在讨论隐私时,依然倾向于将隐私界定为"不愿为他人知晓的秘密"。之所以这样做,是因为什么是"私密活动""私密空间"和"私密信息",每个人的理解是不尽相同的。有人愿意将个人的生理缺陷、被骗经历等分享于众,认为这是"生命中特殊印记"和"人生中的丰富体验",但更多的人则会对此守口如瓶,认为这是"生命中不可为人所知的痛"。这种差异性的体认,正是隐私主观性的具体标志。

二、圈子中的信息传播与隐私

圈子是一种包含资源、信息、影响力的社会圈层。资源的存在是人们加入圈子的重要动因。社会中的每个人都拥有相应的资源，但这种分散的资源的价值相对有限。当零散的资源整合成一种圈子中的共享资源时，其价值就会呈几何级增加。1967年，哈佛大学心理学教授斯坦利·米洛格拉德曾经通过实验提出了一个六度分隔理论：你和任何一个陌生人之间所间隔的人不会超过六个，也就是说，最多通过六个人，你就可以认识任何一个陌生人。通过与相结识的人建立联系，可以较为容易地享用想要的资源，这也从一个侧面说明了社交的作用和圈子的价值。

信息传播活动在圈子的发展过程中起到了分类和聚集作用。信息传播一方面表现为人们可以根据圈子与圈子之间存在的差异性决定自己行为的选择方向，即人们可以根据信息传递的内容决定加入哪个圈子。另一方面，在圈子内部，人们也可以根据信息传递的内容决定自己的行为方式。而价值和影响力则是圈子存在的意义。人们基于自身的不同需求加入相应的圈子，期待借力圈子，更好地满足自己的需求。有人期待加入相应的圈子获得上升的机会，有人希望加入特定的圈子争取财富的增值。一旦期待未能如愿，则可能会选择退出。因此，圈子对个体需求满足程度的高低反映出其对个体助力的大小，也决定着其影响力的大小。有学者还从网络群体传播的视角，来分析网络社交对个体的影响：通过网络分享、网络叙事等网络实践建立起来的网络社交关系可以扩大和增强个体现实的社交形态，但也使新的交往方式存在诸多不确定性；复杂的网络传播环境和网络叙事方式会令人类思维方式也面临再度被解构与重构的隐忧。群体话语权的作用会影响个体的话语表达和经验传递,"特别当个体力有不逮之时,群体经验便成为个体叙事实践的支持性力量,个体独立分析的思维方式便被群体经验所遮蔽甚至取代"。①

在中国的传统社会,亲疏关系会深刻影响人们之间的交往,血缘和地缘则是影响人们选择是否或如何披露信息及其程度的主要因素。但事实上,传统圈子内流通的信息具有同质性,所以共享价值有限,资源性特征也就不够显著。从血缘上讲,在以血缘为核心的圈子内部,成员之间不加掩饰,没有保留就成为一种常态。与这种"坦诚相见"的信息披露相对应的是信息阻隔。比如,"家丑不可外扬",则是将信息封锁在家族内部,这是对隐私边界的管理,既管理家族中的人员,也管理隐私信息的流动。从地缘上讲,"远亲不如近邻",这句话从地缘上描述了中国人交往的动机——互相帮助,这为邻居提供了进入私人空间、了解私人生活的可能。在中国的传统社会中,存在着许多血缘圈子、地缘圈子。血缘和地缘深刻影响到圈子的规模与发展,血缘结构越广则圈子的规模越大,地缘越近则互动越频繁。身处血缘圈子中的个体往往容易获得更多悠然自在的心理体验机会,因为在这样的圈子里,已没有更多掩饰自己隐私的必要。而身处地缘圈子中的人,则获得了更多交往的机会,成员间彼此相对熟悉,也因地缘接近容易拥有更多共同的谈资。

圈子因人而建、因境而成,情境中的人对边界的处理形成了各具特点的圈子。圈子内的互动方式多种多样,既受到主流文化氛围

---

① 隋岩:《网络叙事的生成机制及其群体传播的互文性》,《中国社会科学》2020年第10期。

的影响，也与圈子中多数人的文化水平、价值观念息息相关。中国人注重互助合作，同一个圈子里的人往往会分享重要的信息与资源，而分享与帮助是双向的、有来有往的，在分享与帮助之间，圈子得以扩大，并与其他圈子碰撞、交流。同时，中国传统社会中内外有别的观念也区分了圈内与圈外，关系的亲疏远近时刻影响着隐私的边界。在相当长的时间里，中国人的隐私观念，继承了古人以圈子为中心的价值观念。

中国传统社会强调的"家国同构"的理念，也影响了中国公民对隐私的认知。翟学伟认为，中国人对于人的思考，需要放在国家、家族中去思考。[①]《礼记·大学》中提到：修身，齐家，治国，平天下。这句话被当作古人的行为准则和最高理想。为了宏大的目标，小我必须舍弃包括隐私在内的一切"私"的、自我的东西，服从"公"的、共同的信仰。纵观中国公民对隐私的态度可以发现，传统文化深刻影响着中国人的价值观念和交往准则，对传统社会隐私边界的确定实际上也会产生严重的消解作用。

三、圈子中的隐私披露

现代社会是强调对个性尊重的时代，也是强调保护个人合法利益的时代，而公民在分享信息时，也会从个人意愿和利益出发，作出分享与否的决定。虽然隐私泄露事件频频发生会影响人们的隐私披露意愿，但是披露隐私信息带来的利益使人难以拒绝这种分享行为。隐私作为人际关系的"润滑剂"和符号共同体的"粘合剂"，

---

① 翟学伟：《中国人的人情与面子：框架、概念与关联》，《浙江学刊》2021年第5期。

可以在建立人际关系资本,建立和改变个人符号,从而在建立有效的利益共同体过程中发挥重要作用。[1] 心理学家将这种自我表露的行为称为"表露互惠(disclosure reciprocity)效应:一个人的自我表露会引发对方的自我表露。我们会对那些向我们敞开胸怀的人表露更多。但是亲密关系的发展并不随之即来(如果亲密关系立即产生,那么这个人就会显得不谨慎和不可靠)。合适的亲密关系的发展过程就像跳舞一样:我表露一点,你表露一点——但不是太多。然后你再表露一些,而我也会做出进一步的回应"。[2] 这种渐进式的表露,更容易建立并加强彼此间的亲密关系。人们会关注、在意社会关系的建立和维护他人对自己的看法,由此也会影响自我判断。同时,对圈子外隐私信息的封锁和保护也深受这种观念的影响。

圈子内部人们对隐私的态度和隐私披露可能与获取的利益息息相关。隐私利益的产生与圈子内成员之间的竞争有关。资源具有稀缺性,圈子内部的成员为了追求利益需要掌握相应信息,而这些信息又不能被圈子外部竞争对手所掌握。所以,为了在与其他竞争者的竞争中取胜,拥有共同利益追求的人因合作而形成圈子利益共同体。由于圈子成员之间存在着复杂的竞争与合作关系,对于有价值的信息,人们会选择性地分享与控制,从而形成了不同的隐私边界:处于合作关系时,合作者倾向于分享与合作有关的信息,为合作创造良好的信息优势;处于竞争关系时,则选择封锁信息。这个时候,与合作者之间的边界是模糊的,而与竞争者之间的边界是清

---

[1] 参见何丽野:《隐私、符号与资本》,《中国社会科学评价》2022年第1期。
[2] 〔美〕戴维·迈尔斯:《社会心理学(第11版)》,侯玉波、乐国安、张智勇等译,人民邮电出版社2016年版,第423页。

晰的。这种状况典型地说明了资源、信息、影响力之于圈子建立的意义，合作与竞争，影响着圈子边界的扩张与收缩。在通过圈子对资源获取和享用的过程中，信息的分享至关重要，但信息分享的边界如何把握，每个圈子的成员都会认真地综合权衡，试图通过这种处置方式确保影响力的最大化。

以往的隐私研究发现，传统媒体时代人们隐私信息的披露还受现实社会中彼此间亲疏关系的影响。中国人的社会关系分为三类，即家人关系、熟人关系及陌生人关系，这三类关系以个人为中心，向外层层扩散。[1]越是关系亲近的人，越容易获取彼此的隐私信息。在智媒时代，人们的亲疏关系状况对隐私分享的影响发生了变化。人们分享隐私时，一方面会考虑自己与被分享者的亲疏程度，另一方面也会注意自己分享的场景是否安全、适宜。人们在圈子中披露信息的程度、内容会考虑到他人的反应。信息披露后，圈子中的接收者会表达对披露者的情绪，从而反向影响披露者的态度。这也意味着，家人关系、熟人关系和陌生人关系依然会影响人们的隐私分享动机和意愿，但分享场景的影响作用也正在逐步增加。隐私主体在隐私信息分享时，会较多考虑智媒社会信息传播对自身及他人的交互影响。人们为了防止因为数据挖掘、整合而导致隐私更大范围的扩散，会采取适当的保护措施。因为"隐私边界的失守将导致社会偏见与歧视滋生。"[2]

但是，隐私的作用并不是单向度的。美国学者阿里·埃斯

---

[1] 杨国枢：《中国人的社会取向：社会互动的观点》，《中国社会心理学评论》2005年第1期。

[2] 肖冬梅、陈晰：《硬规则时代的数据自由与隐私边界》，《湘潭大学学报（哲学社会科学版）》2019年第3期。

拉·瓦尔德曼（Ari Ezra waldman）认为："隐私即信任（privacy-as-trust）。如果信任能给社会联系带来益处，可以减少披露中固有的风险，从而创造有利于与他人共享信息的环境，那么信息隐私就是基于信任的信息流的社会规范。"[①] 在此基础上，他提出了在实施"隐私保护时建议法官、政策制定者和监管者应关注的二条原则：第一，共享不仅是必然的，而且是必要的。第二，隐私不是隔离个人和社会的盾牌，而是一种社会结构的要素，它通过限制信息持有者的力量来促进共享和社会互动"。[②] 他的这些观点，对于我们理解和处置圈子中成员的隐私分享是具有重要意义的。在任何一种圈子中，隐私不应成为限制个人交往与行为的桎梏，而应真正作为一种个体权利自由行使，从而实现主体的更好成长。简言之，圈子中的人不得不分享隐私，也不能过度分享隐私，在隐私分享中该怎样把握尺度，每个人都会仔细考量亲疏关系和圈子边界。

第三节 关系：智媒时代隐私边界的渗透

一、人际交往中的关系

数字化社会的到来对人们基于圈子文化而形成的隐私意识产生着深刻的影响。传统媒体时代，圈子一旦形成，即会呈现出公私边界相对清晰的特征，个体可以根据明确的主观认知，决定是否扩大自己隐私的知晓范围。进入数字化社会，曾经相对恒定的圈子边

[①] 〔美〕阿里·埃斯拉·瓦尔德曼（Ari Ezra Waldman）：《隐私即信任——大数据时代的信息隐私》，张璐译，法律出版社2022年版，第89页。
[②] 同上书，第89—92页。

界,不断渗透乃至消融。与此相对应,伴随人们网络行为的增加和网络交往的便捷频繁,关系开始影响隐私边界。有"大数据时代预言家"之称的维克托·迈尔-舍恩伯格认为,在探索世界的过程中,"知道'是什么'就够了,没必要知道'为什么'。在大数据时代,我们不必非得知道现象背后的原因"。[1] 而知道"是什么"的关键是讨论相关关系,即"两个数值之间的数理关系"。[2] "在小数据世界中,相关关系也是有用的,但在大数据的背景下,相关关系大放异彩。通过应用相关关系,我们可以比以前更容易、更快捷、更清楚地分析事物。"[3] 这种"相关关系"不仅可以帮助我们明晰人与人、物与物或者人与物的联结状态和作用原理,还可以帮助我们更好地理解"此"与"彼"、隐私主体和他者的地位,对于我们研究隐私保护中公私边界问题有重要的借鉴作用。

随着大数据技术的成熟和人工智能技术的普遍应用,公私边界消融已经成为一种社会现实,我们正在进入圈子之间边界相互渗透而形成的关系社会。传播技术的进步导致圈子持续扩散,圈子与圈子之间的边界开始消融,隐私信息分享无法由个体主动控制在其设定的圈子内。从另一个意义上讲,数字化生存中的现代人需要借助网络人际关系和生活场景的建立,以更好地拥抱数字化的生活。在这样的背景下,公私边界的渗透、关系的强弱,成了影响隐私边界的关键要素。

人际关系会基于联络的紧密与否呈现出不同的强弱状况。美

---

[1] 〔英〕维克托·迈尔-舍恩伯格、〔英〕肯尼斯·库克耶:《大数据时代:生活、工作与思维的大变革》,盛杨燕、周涛译,浙江人民出版社2013年版,第67页。
[2] 同上书,第71页。
[3] 同上。

第四章 从圈子到关系:网络社交应用中的隐私

国社会学家格兰诺维特提出人际关系分为强关系和弱关系,测量关系强弱的四个维度分别是:互动的频率、情感力量、亲密程度和互惠交换。[①]根据互动的频率等指标,强关系往往表现为家庭成员、同事、朋友等之间的人际关系,这种关系的同质性较强、联系密切。弱关系表现为接触较少、互动性弱的关系。这种关系的异质性较强,为一种偶发性的关系。在这里,同质性和异质性成为影响关系强弱的重要指标。当然,同质性和异质性对关系的影响并不必然是正向的。社会资本理论的代表人物皮埃尔·布尔迪厄从场域的视角来分析这种关系,他认为"场域是以各种社会关系连接起来的、表现形式多样的社会场合或社会领域"[②]。场域作为社会关系网,处在动态变化之中,变化的动力是社会资本,资本之间可以相互转换。根据格兰诺维特、布尔迪厄的理论,他们都认为个体行为在一定程度上受到以关系为核心的社会网络的影响。在圈子发生作用的过程中,圈子领袖的作用对圈子的影响巨大。从某种意义上说,圈子在最初形成时就是基于圈子领袖的影响和作用。圈子领袖的能力主要体现在连接虚拟空间和现实过程中的能力。他们往往"能够在社会网络中嵌入丰富的人力资本,凝聚组织,获取利益,以及社群成员能够心甘情愿让渡话语权,都很依赖社群领袖的强大执行力"。[③]除此之外,圈子领袖还必须具备对圈子成员兴趣挖掘、能力提升、功能增强和氛围和谐的良好能力。换言之,圈子领袖只有具备良好的组

[①] 魏春梅、盛小平:《弱关系与强关系理论及其在信息共享中的应用研究综述》,《图书馆》2014年第4期。

[②] 潘玉庆:《社会资本理论与创新型组织文化建设》,《国外社会科学》2009年第5期。

[③] 马嘉:《趣缘社群领袖信任权威指标体系的建构与应用》,《当代传播》2024年第2期。

织协调能力和公益心,才能更好地推动圈子的完善发展。

在涉及关系的讨论中,学者们还关注到个体的个人经历、关系情境等影响因素。李志超和罗家德认为,在被区隔出的社会空间中,社会行动者的身份特征、行为模式及其遵守的规范在一方面取决于个体的私人关系及其过去经历,另一方面取决于个体所处的社会网络的整体结构。人们会根据关系的强弱,对自己在日常生活中的行为作出调整,从而调适不同的交往对象间的情感程度。私人关系、过往经历、社会关系网络的整体结构都影响着人们的身份、行为、情感以及行为规范。[1]黄莹认为处在关系中的人考虑到时间、情境、亲密程度等因素而随时管理、调整着公共领域与私人领域的边界,这一边界的渗透性是动态的。[2]关系中的人不仅考虑短期收益,也会顾及长远利益,在对利益、合作、信任、权力等因素综合考量后,来选择性地披露隐私信息。

圈子在存续和发展的过程中,会形成更大的团体、社会组织,同时个人行为也会不断改变原有的结构。在这个过程中,圈子的边界会不断扩散,而关系的亲疏远近会影响边界的再次确定。这种组织与个体的互动行为,会影响个体的社会交往。具体而言,随着网络社会的到来,曾经的圈子随着人们网络交往的增加而呈现出边界渗透乃至消融的特征,但其固有的以组织方式体现的圈子仍会发挥调节作用。组织每一次作用的施加,都会强化圈子的意义——尽管总体而言作用越加趋弱,关系的价值就日趋强大。

---

[1] 李志超、罗家德:《中国人的社会行为与关系网络特质———一个社会网的观点》,《社会科学战线》2012年第1期。

[2] 参见黄莹:《语境消解、隐私边界与"不联网的权利":对朋友圈"流失的使用者"的质性研究》,《新闻界》2018年第4期。

现实生活中，人们根据血缘、地缘、趣缘等因素形成了亲疏有别的关系，人与人之间的互动以人际关系为基础。而在智媒时代，原有的关系弱化，智媒用户之间形成了一种新的关系——虚拟关系。虚拟关系具有较强的自由性和交互性，基于虚拟关系的互动可能会维持用户在现实生活中的关系，也可能导致用户关系的转化。以大数据和人工智能技术为依托的智能媒介不仅为用户提供各类可阅读的内容，也营造了一个有助于用户建立、维持虚拟关系的平台。用户不仅能浏览其他用户分享的内容，还能直接与其他用户私聊，并与其建立关系。与现实关系相比，虚拟关系中的人们在互动时可以省略礼节性的环节和程序，所以可以更便捷、更高频次地互动，其内容也更为丰富。值得注意的是，借助虚拟平台建立的虚拟关系并不是纯粹意义上的"虚拟"，而是一种与现实关系可对应的虚拟，并且会趋向"脱虚向实"。

二、智能媒体中的强关系与弱关系

智能媒体中的强关系，可以满足用户迫切的社交需求，具有双向互动性，且互动程度高、内容深入私人领域，伴随情感交流，其中隐私信息无疑是这种交流的重要介质。强关系中的人在现实生活中一般有着类似的社交网络，与虚拟世界的人的社会关系可能存在一定程度的重叠。强关系的社会交往比较轻松、自由，彼此的警惕性低，需要通过坦诚的情感交流来维系人际关系。这种互动属于深层次互动，在现实生活中互动的双方已经建立起了长期的交往关系、彼此信赖。

强关系媒体中的互动往往伴随大量的隐私信息，人们对隐私边界的控制比较灵活。微信是典型的强关系媒体，微信好友大多数是现实生活中已经认识的人,或者是在微信群中认识的新的好友,因此人们对大部分微信好友都是比较信任的。如果某一个微信好友并不是现实生活中认识的人,并且在社交关系上没有交叉,人们往往对其信任度降低,与此同时,即使在微信中成为好友,也可能被划分为朋友圈内容"不可见"的群组中。由于对朋友圈里的人总体而言比较信任,人们在朋友圈中的隐私边界管理也就不会十分严格。正是基于这样一种关系现实,微信朋友圈就成了一个自我呈现的绝佳平台,人们不仅在朋友圈分享包含想法、情感的文字,也在这里分享自己的照片、视频、所在地理位置。有的人甚至还会在微信朋友圈分享自己的支付宝年度账单等非常隐秘的信息。这种基于信任的信息分享,在一定程度上也会进一步增加信任、强化关系。

智媒时代弱关系的作用主要在于实现信息的扩散和传播,虽然同样具有双向互动的特征,且有的时候互动程度较高,但在互动过程中一般较少涉及隐私话题。网络交往中弱关系主要充当"信息桥"的作用,所以在弱关系形成之初,互动双方彼此陌生,交往目的主要是建立关系,关系双方更多交换的是比较透明公开的个人信息。例如,人们在参加工作或进入新的学校读书伊始,会添加微信"好友",但这些"好友"实际上主要是工作中的同事或学习中的同学,彼此的关系主要基于工作或学习信息的交流沟通,我们也可以将这些交流的信息称为"准公共信息",即不涉及隐私主体个人生活的信息。有时候,人们为了某些商业目的也会添加"好友",但其主要目的只是为了获得商业利益或者售后服务,不具备人际关系中必要的情感基础。在未来发展中,弱关系可能会一直维持原状,也有可能向强关系转化。当然,基于网络交往中的匿名性(尽管只是形式上的匿名性),也有弱关系双方会彼此深度分享隐私信息的情况发生,但这往往只是少数个案。弱关系向强关系转化的主要动因来自于共同的兴趣，即趣缘。在当今社会，趣缘在人际交往中已经开始发挥重要的作用，有的时候甚至已经超越血缘和地缘的作用。

强关系和弱关系形成以后，会产生传统媒体时代圈子成员交往的特征，即在强关系中更多披露隐私信息，而在弱关系中保持戒心。但是，关系的强弱也会发生变化，强弱关系反向运行的情况在网络关系中频繁发生。而这种转变则给传统媒体时代形成的对隐私边界的认知带来冲击——由于边界渗透、变化、消融，过往试图通过边界区隔保护隐私的做法正在面临挑战。

第四节　边界渗透引发的隐私风险

从传统媒体时代圈子交往中的"不设防"，到智媒时代关系交往中的选择性披露，隐私主体基于自身对边界的理解，处置着隐私知晓的范围和程度。以大数据和人工智能技术为依托的智能媒介不仅为用户提供了信息分享的平台，更重要的是构建了一个以用户关系为核心的数据采集、整理和分析的平台。这个平台聚焦了大量的个人信息，因而也会对公民隐私产生着重大的影响作用。

一、交往的拓展消解着纯粹的私人空间

交往是人们参与社会生活，成长为合格的社会成员的过程中必不可少的社会行为。人的成长性当然可以在自我的世界里得以实现，但人的情感需求和社会性必须借助与他人的互动得到满足。个体成长的标志，也只有在社会行为中得到体现。作为具有鲜明社会性特征的人类，在日常生活中注重人际交往和人情往来是一种

人之常情，在合适的时机施予他人一些恩惠，对他人的善意施以回报，或者接收他人的馈赠，感受他人的善意，这是交往过程中常见的方式，也是人们的生活日常。就如社会学家齐格蒙特·鲍曼和蒂姆·梅所言："影响人的互动（interaction）的有两项原则：对等的交换（exchange）与馈赠（gift）。就前者而言，自我利益主导一切。"① 其中"对等的交换"基于特定的人类行动观，预设的主导原则是计算，所以"自我利益主导一切"。但"馈赠"中的礼物"对于互动各方所属的群体来说，这些礼物具有符号价值，馈赠发生在倡导互惠性的信念体系内。因此，在给予的行为中，我们也是在给予一部分的自我，相比于工具性计算，这更受到推崇"。② 这种具有互惠意义的行为会加深人的情感联结。

在人情往来的过程中，人与人之间建立起良好的关系。身处于群体、组织中的人因为人情而连结在一起，人情是"社会交往中的润滑剂"。人情一般有四层含义：一是指人主观的情感和心理状态。作为主体性的人在社会交往中主观的情感和心理状态是讨论人情的核心前提，会严重影响人情的后续走向。人是一种具有高度理性的生物，但这种理性并不是与生俱来的，而是后天习得的，感性的情感体验是理性的前提和依托。二是人与人之间在交往、互动中形成的情谊、情面。这是人情的核心内容，关乎个体在人情问题上的总体态度。人情总是会以不同个体彼此间的交往频度、亲疏程度等这些显性的指标来体现，由此也决定个体处置其情谊、情面的态度。人情具有双向互动性。单向的付出长期得不到反馈回应，人情就会

---

① 〔英〕齐格蒙特·鲍曼、蒂姆·梅：《社会学之思》，李康译，上海文艺出版社2020年版，第125页。
② 同上书，第126页。

消弭，所以我们通常将相互"交心"、彼此"给予"作为维系人情的基本条件，所谓"将心比心"，说的就是这个意思。三是约定俗成的交往准则，这是人们共同认可的事理标准。无论在前数字化时代的熟人社会，还是数字化时代的关系社会，人们的交往过程中总是会遵循相应的准则，强调"礼尚往来"。这些约定俗成的默认准则成为保障社会交往的有序和合理的基础。这种情况类似于心理学家们讨论的人际关系中的"共有关系"的建立："一个人会倾向于对他人的需要作出回应，当他（她）感到自己需要帮助时，他（她）也会很乐意得到同样的照顾。"[1] 四是风土人情、民间习俗。每个个体总是在特定的自然区域和文化空间中生存的，这种可见和不可见的空间会对个体的社会交往和人情世故产生重要影响。我们通常会评判某些地区的人普遍具有"性格豪爽"或"情感细腻"的个性特质，这些评判往往是基于该区域人群的共性特征。而这些共性特征的形成，主要基于其成长环境中的风土人情和民间习俗。

总体而言，人情往来会遵循一定的规则，规则应该合乎法律、道德要求以及主流价值观念。人情往来具有一定的时代特征。中国乡土社会的农业生产以家庭为单位，人们在交往中重视血缘和地缘关系，有着强烈的家族观念，日常交往中注重邻里互助，个体的主观性和独特性很难发挥出来。翟学伟认为："中国的很多关系是结构性的，不是由个体的意志决定的。这就是'人在江湖，身不由己'。从这个意义上讲，中国为什么说'和为贵'，就是永远要让大家在长久而无选择的关系当中维持良好的关系，无论你愿意不愿意，这都

---

[1] 〔美〕艾略特·阿伦森、乔舒亚·阿伦森：《社会性动物》，邢占军、黄立清译，华东师范大学出版社2020年版，第327页。

是必须的。"[1] 进入现代社会后，媒介技术的发展影响着人情关系。在传统媒体时代，媒介技术尚未深度影响人际交往，人情交换依赖于实实在在的信件、物品和讯息，需要借助一个密闭的空间来阻隔其他人的视线，从而保持交往的私密性，这是边界明确的圈子形成的重要意义所在。网络的普及打破了交往时间、空间的限制，提高了交往的频度和私密性，人们可以随时使用网络交换人情，而不必担心被其他人看到，这个时候关系的意义就超越了圈子。互联网营造出各类基于用户关系的交往平台，网络化的资源交换速度快、承载的信息量大，可以为关系维护提供廉价（免费）的平台和快捷的便利。人们借助网络的人情往来较为自由、即时，可以通过文字、语音、电子礼物、红包等多种形式满足人情往来的内在需求。网络交往不仅给人们的社交生活提供了新奇方便的交往手段，更在人情的维系和情感的体验等诸多方面带来许多深刻影响，并由此促成新型生活方式的产生。

与此同时，网络交往的出现还极大地扩大了人际交往的延展性。在传统社会中，人们对自己的社会关系有着清晰的界定，圈子之间的界限泾渭分明，一个人很难走入他人的圈子。圈子具有一定的封闭性，圈子里的成员受圈子中各种可见的和不可见的规则、习俗、文化等影响，较难向外拓展。与此对应，圈子外的成员也难以突破既有的边界进入别人的圈子。智媒时代的关系则富有强烈的延展性，仅仅通过分享群聊、链接就能实现多样化互动。智媒时代，人们的交往具有了丰富多样的联结方式，曾经影响不同圈子成员交往的边界已不复存在，"破圈"和"跨界"成为一种常见的人际交往行

---

[1] 翟学伟：《关系与中国社会》，中国社会科学出版社2012年版，第78页。

为,这为人际交往和联结提供了极大的可能性。

随着人际交往行为的多样化和人情往来的高频度,人们的社交圈子持续向外拓展,在扩大了交往空间的同时,也导致隐私的边界愈发模糊。人情包含着互相帮助、维系感情的意思,但是在某些情景中,人情也暗含了一点束缚的意思,甚至意味着缩小私人空间的范围。中国人的交往讲究礼尚往来,当关系中的一方希望深度交流而披露更多隐私时,其他人往往会感受到压力而调整自己的隐私边界。人情在中国社会网络的发展中居于重要位置,关系深刻影响着圈子的发展。互联网为人们提供了一个可以表达自我、与他人互动的空间。现实的物理空间环境中,对他人的行为难以控制,而在网络空间中,人们可以根据需要选择交往对象并确定交往的频次和程度。媒介技术扩展了私人空间,在此空间中的社会互动可以促进资源交换和情感交流,人们的社会交往范围得到了极大的扩展。但是,网络空间是一个复杂的空间,在这个虚拟的空间中,公共领域实际上已经极大程度上覆盖了私人领域,这就意味着在传统媒体时代圈子间清晰的边界,在智媒时代则由关系圈定的模糊不清的边界所取代。在这种边界渗透交融的背景下,公民隐私面临无"私"可"隐"的困境。具体而言,随着大数据技术的发展,被数字化方式传播的人们的情感交流内容,可以非常方便地被大数据挖掘、整合,形成"整合型隐私",而这种整合型隐私极易被他人控制和泄露。这也就意味着,圈子成员试图将自己的隐私信息控制在既定范围内往往是理想化的。

二、资源流动中的隐私失控

圈子的拓展和资源的流动是始终相伴随的。血缘和地缘虽然会在圈子的形成和拓展过程中发挥举足轻重的关键作用,但并不总是一种恒固不变的凝聚因子。费孝通在阐述血缘和地缘时提出,乡土社会中不断发生着"细胞分裂","一个人口在繁殖中的血缘社群,繁殖到一定程度,他们不能在一定地域上集居了,那是因为这个社群所需的土地面积,因人口繁殖,也得不断地扩大。扩大到一个程度,住的地和工作的地距离太远,阻碍着效率时,这个社群就不能不在区位上分裂"。[1]家族是以血缘为纽带构成的人群单元,血缘意味着身份与归属。村落是因地缘关系形成的群体,因人口的集中分布而形成。乡土文化决定了圈子意义重大,因为无论是圈子内的资源,还是通过其他圈子交换获得的资源,都必须以个体所在的圈子为基础。不形成对圈子的认同,就很难获得资源。中国社会有一个特点,人们在交往中总是希望兼顾情与理,其中情是人情,理是秩序。熟识的双方在信息、资源的交换中崇尚礼尚往来,拒绝"来而不往"。不认识的双方进行人情往来前一般需要找一个中间人,建立起新的关系后再交换资源。这样的样貌一方面决定了圈子的相对封闭性,同时也意味着圈子中的个体因为存在普遍的熟人关系而较少存在戒心。

进入智媒时代,人际联结方式的变化令血缘和地缘对资源获取的影响日渐减弱。由于各种智媒平台在人际联结中的作用日渐凸显,圈子借此不断拓展,资源的获取也呈现出时代性的特点。智媒平台因关系将人与人联结,人们会因为对资源的需求而寻求与他人发生交换关系,但是关系的发展总是需要依靠人情往来。围绕资源流动形成的关系因为数字化社会公私边界事实上的消融,私人化的

---

[1] 费孝通:《乡土中国》,北京大学出版社2012年版,第117页。

信息扩散成为可能。海量信息汇集在网络中,这令公民隐私面临威胁。现有的法律和行业规则不足以平衡飞速发展的技术可能导致的信息泄露和非法使用等问题,导致隐私侵害情况持续扩大。具体来说,为扩展关系而付出的人情中包含了大量的隐私信息。在圈子社会中,圈内成员的隐私相对而言敏感性不强。朝夕相处的圈子令成员彼此之间相对熟悉,所以隐私保护意义不大。在关系网络中,成员彼此间知根知底的情况较为少见,成员间基于共同的网络活动和资源需求而建立关系,任何人情信息的付出都成为隐私披露行为。同时,人情付出的目的是获取资源,这就导致握有资源的一方在关系中极为强势,而寻求资源的一方则往往因为"有所求"而相对弱势,一旦触及隐私则无法有效自保。同时,如前所述,在网络世界中,公共领域实际上已经扩张到了私人领域,因此,隐私主体在寻求隐私保护的过程中面临技术的障碍与隐私悖论的双重难题。

智媒时代的到来给人们的人际交往方式提供了更多的机会和可能,令相对封闭沉闷的圈子焕发出数字时代的全新活力,但与此同时,公民面临的隐私风险也在快速增加。"网站、论坛、社交媒体和通信软件不仅极大地提升了我们的自我存在感,还帮助我们与外部世界建立了某种联系,增强了我们的互动意识。网上社区摆脱了地理与政治上的边界,培养起一大批忠实用户。这些社交网络使不同背景的人得以互相联系、交流思想、分享经历、探讨知识。""然而,这也伴随着个人隐私的持续暴露。"[1] 从圈子到关系,公共空间和私人空间的边界不断渗透且渐趋消融。社会成员在这个过程中,基于社会化的需求和个体发展的目标,必须围绕人情与资源与他人发

---

[1] 〔美〕阿奇科·布希:《无隐私时代》,郑澜译,北京燕山出版社2021年版,第22—23页。

生关系，而各种关涉隐私的信息持续披露，不可避免地令隐私主体陷于"隐私不保"的窘境。但任何一个生活在这个社会中的现代人在拓展圈子建立人情关系、获取资源的同时，也必须拥有良好的隐私意识，唯其如此，我们才能在这个丰富复杂的社会中，获得良好的体验与发展。

第五章　监控与挖掘：智能技术的成熟对公民隐私的侵扰

随着大数据技术的不断成熟和人工智能时代的到来，公民的隐私信息不可避免地进入公共领域，随时可能被他人"知晓"，因而成为一个"透明人"。这种"透明人"的出现，与无处不在的监控存在着密不可分的关系。在数字化社会中，除了人们熟知的视频监控外，主要的监控手段是数字监控，即通过形式多样的数据收集和分析来实施监控。视频监控的实施主要是由前端的摄像头、中端的传输线路（包括无线传输）和后端的存储平台来实现。随着数字技术的快速发展，主要通过网络实施的在线行为进行监控的数字监控，成为一种更为普遍的监控。当传统的视频监控和数字化的数字监控结合在一起时，监控的效率会大幅度提升，监控的精度和广度，也会远远超出人们对传统监控的认知。现代监控不仅可以监控人们的实时行为，包括行为轨迹、交往对象、网络使用等显性信息，还可以通过比对分析来准确识别匿名主体、社交关系、接收兴趣等隐性信息。除此之外，还可以根据对收集到的信息进行整合分析，借助算法对人们的行为进行预测。"在互联网上，监控无所不在。我们所有人无时无刻不被监控，这些监控信息被永久保存。这就是信息时代监控状态的样子，它的效能远远超出了哲学家边沁的最初设想。"[①] 因此，显而易见，无处不在、无所不能的监控会对人们的隐私构成严重挑战。但是，在数字化社会，监控也已经成为社会治理的一种重要工具。从宏观层面分析，在数字化社会中，监控是有效实施社会治理和开展商业活动必不可少的手段。无法想像在今天这样的社会中，政府可以离开数据的收集分析来实现现代化的社会治理，也无法想像商业组织可以脱离数据的收集分析来推动数字经济的发展。所以，监控就本质而言，是数字化社会的一种工具，对这种工具的合理使用，可以有效地提高社会治理的现代化水平，也可以有力地推动数字经济快速发展。但是，我们必须注意到，随着这一工具的普遍使用，监控过程中的失范行为也开始出现，尤其是对公民隐私的侵扰令人关注。

第一节 被精准凝视的现代人

一、持续成熟的数据挖掘分析技术

信息传播技术的快速发展和人工智能时代的到来带给现代社会的影响是根本性和革命性的，这种影响不仅反映在表征的技术层面，也反映在深层的人的主体性层面。"人工智能是计算科学的一个分支，现在无论其研究方法还是其成果形态都离不开计算。"[②] 随着人工智能技术的不断发展，人工智能本身必须不断吸收和融入更多的学科知识，从而开辟更为广阔的天地。但是，不管人工智能如

---

① 〔美〕布鲁斯·施奈尔（Bruce Schneier）：《数据与监控：信息安全的隐形之战》，李先奇、黎秋玲译，金城出版社 2018 年版，第 38 页。
② 陈钟：《从人工智能本质看未来的发展》，《探索与争鸣》2017 年第 10 期。

何发展，数据一直是计算的基础，也是人工智能技术发展的基础。早期的数据主要由两部分组成:"一是海量的交易数据，并且随着企业将更多的数据和业务流程移向公共云和私有云，这一类数据更多、更加复杂;二是海量的交互数据，主要由脸书、推特、领英及其他来源的社交媒体数据构成。"[①] 而在今天，人们在社会生活中的一切活动几乎都可以被数据记录并分析。这些数据以新型的工业产物即数码物的形式，"既存在于屏幕上，我们可与之互动，也存在于电脑程序的后端或内部"，"遍布于我们这个无处不在的媒体时代的方方面面……"[②] 人工智能时代的到来正是基于广泛存在于全社会的数据而出现的，将这些数据依据科学方法进行分类，通过一定的方法可以建立起相互关联的数据集合。种类繁多的数据集合可以再根据不同的需要进行整理分析，从而可以得出某些可供行动参考的结论。

数字化社会是一个被数字监控技术建构的社会，技术成为人们一切生活方式的基础。无所不在的监控设备观察、记录、分析人们的行为，从而也对人的精神世界产生深刻影响。当然，监控是社会运行中一种常态性的社会秩序的维护方式。从宏观层面看，监控可以完善社会组织运行的规则，提升社会治理的效率，增加社会治安安全度。从微观层面看，医生对病人血压、心率等的监控，居民对居家老人、孩子的监控，等等，作为技术服务人类的一种方式，都是常态的监控实践。但随着数字技术的快速发展，"使海量的信息可以稳定、有效、有意义地被整理和访问以及有效地实现大规模数据

[①] 杨宁:《大数据时代媒体人的新媒介素养》,《中国广播电视学刊》2015 年第 2 期。

[②] 许煜:《论数码物的存在》,李婉南译,上海人民出版社 2019 年版,第 2 页。

融合或数据块分拆,并传输至需要的站点。"这种新的方式不再短暂、易损,或被人类的记忆与弱点所影响,也不会受到纸质文档的局限而难以检索或传播成本过高。"[1]这就意味着监控技术带来的数据会对人的主体性作用产生消解,同时也会对公民的隐私带来持续、深度的影响。

在数字化社会中,公民日常行为的数字化编码与电子操作使人们习惯的人际交往与连接的限制失效了,数字化复制可以精确无误地重新建构这种连接,并且可以创造新的连接方式。公民自己没有发现的某些连接或者惯习,可以被"重新发现",获得新的生长空间和机会。公民的活动信息被记录的事实在智能技术成熟之前就已经发生,但由于受到当时技术条件的限制,这些彼此孤立的数据价值有限。随着数据存储技术和数据挖掘技术的成熟,智能机器对这些数据的整合分析被多维度进行,数据间彼此印证和相互解释的价值也得以充分体现。当碎片化的信息彼此处于离散状态时,即使被他人知晓也不会构成对公民隐私的侵害,但如果这些信息被聚焦组合成一个信息整体时,则会因为各个部分之间的逻辑联系或全部信息的内在关联而形成可能对个人隐私造成威胁的新信息。[2]

二、被监控全方位关注着的个人隐私

数字技术的产生是人类科技史上的革命性进展。这种技术给

---

[1] 〔美〕海伦·尼森鲍姆:《场景中的隐私——技术、政治和社会生活中的和谐》,王苑等译,法律出版社 2022 年版,第 32—33 页。

[2] 参见吕耀怀、罗雅婷:《大数据时代个人信息收集处理的隐私问题及其伦理维度》,《哲学动态》2017 年第 2 期。

第五章　监控与挖掘:智能技术的成熟对公民隐私的侵扰

人们的生产活动、生活方式等带来了全方位的深刻影响。基于数字技术日趋进步而功能日渐强大的监控,更给人们的私人生活带来了严重的困扰,也对公民隐私构成了严重挑战。在当今社会,手机已经成为每个现代人的生活必需品,没有手机,现代社会成员几乎寸步难行,但许多人没有意识到的是,手机恰恰是每个人随身携带的功能强大的监控设备。"电话元数据就能显示许多关于我们自己的信息。我们谈话的时间点、时长和频率,暴露了我们和其他人的关系:我们的密友、商业伙伴和人际关系。不管有多么隐私,电话元数据还暴露了我们感兴趣的内容和对象,及对我们而言非常重要的内容。"[1]从开始使用手机的那一刻开始,我们实际上已经和某个电信公司达成协议:我同意这家公司随时知道我所处的位置并时刻保持信息连接。内置于手机的传感芯片以直接或间接的方式收集手机持有者的位置数据并连接到电信公司后台。位置信息对政府、商业组织或者你家人而言都非常重要。例如,商业组织可以通过位置信息推销住宿、餐饮、休闲娱乐广告,从而获取商业利益。但是,位置信息其实是十分重要的隐私信息,其关联的诸多服务内容,对每个人而言都是要保护的重要信息。"一般来讲,基于位置服务中的隐私内容包括两个方面。第一,位置信息,即隐藏查询用户的确切位置,如,近邻搜索中的用户需要提交他们的当前位置,导航服务中的用户需要提交他们的当前位置和目的地位置。大量研究表明,暴露用户的确切位置将导致用户行为模式、兴趣爱好、健康状况和政治倾向等个人隐私信息的泄露。第二,敏感信息,即隐藏与用户个人隐私相关的敏感信息,如推断用户曾经访问的地点或提出某敏感

---

[1] 〔美〕布鲁斯·施奈尔(Bruce Schneier):《数据与监控:信息安全的隐形之战》,李先奇、黎秋玲译,金城出版社2018年版,第26页。

服务。"① 所以这些关于位置信息等敏感信息的传播、收集和使用，人们基于一般经验是难以感知的，即无法通过自然人的身体感官实时感知，但事实上，这种私人信息被他人以多种方式处置已成为一种常态。

在手机出现之前，获取个人的位置信息非常困难，通常需要通过复杂艰难的人力跟踪完成。而在今天这样一个智能时代，通过手机定位，获取个人位置信息只要轻点鼠标即可在瞬间完成。更令人困惑的是，电信公司从理论上讲并不是对你的行踪感兴趣，而是需要通过了解你的位置信息，以便及时把电话呼叫信号发送到你的手机上。换言之，电信公司对位置的即时定位是手机主人的一种主动邀约，也即从开始使用手机的那一刻开始，每一个隐私主体就同意电信公司可以时刻通过手机知晓其位置信息，而事实上，这些信息已经不仅仅是电信公司知晓了。

通过数据收集和分析来完成实际意义上的监控，对每个现代化的国家而言几乎是不可避免的。鉴于这种现实，不同国家的许多学者对此都表示担忧。英国学者约翰·帕克在分析英国社会的监控时指出："技术的蓬勃发展把我们带进了信息时代，同时也让监控变成一张几乎无人可以逃脱的天罗地网。"如，"大规模地监视与拦截全球通信网络、国家电话和移动电话系统、计算机网络和互联网，并设置大量监控设备与窃听装置——如各种监听装置、闭路摄像头、车辆跟踪系统和其他对公众进行监控的设备"。② 这样的状况确实令人震惊

---

① 潘晓、霍峥、孟小峰编著：《位置大数据隐私管理》，机械工业出版社2017年版，第7页。

② 〔美〕约翰·帕克（John Parker）：《全民监控》，关立深译，金城出版社2015年版，第2页。

第五章 监控与挖掘：智能技术的成熟对公民隐私的侵扰 171

不已，并让人忧心忡忡。美国学者布鲁斯在探讨了美国社会的监控状况后指出："政府和企业会收集、存储和分析我们这些小老百姓日常的数字化生活所产生的海量数据。这些行为通常不被我们知晓，也没有经过我们的允许。通过这些数据，他们能得出结论，我们可能不同意或者反对那些会深刻影响我们生活的事情。虽然我们不愿承认，但我们确实生活在大规模监控之下。"① 他认为所有的位置跟踪技术都是基于蜂窝系统，但监控的渠道并不仅局限于"在你与计算机不断交互的过程中会产生和你个人密切相关的数据，包括你读的、看的、听的所有信息，也包括你和谁交流了什么。最终，它涵盖了所有你正在思考的内容；至少在某种程度上，你思考的内容引导你在互联网上进行搜索。所以，我们正生活在一个监控的黄金时代"。② 这让人缺乏安全感，也无自由可言，但每个人都无法回避这个现实。

我们当然应该对这种状况保持警惕，但同时也必须对这种监控的合理性或不可避免性有更多的理性思考。正如中国学者巴曙松在给《数据资本时代》一书所作的推荐序言中所说的那样，人们对数字技术发展带来的各种冲击有"深深担忧"，"陷入了对数据和机器的恐惧之中，但从工业革命以来技术的发展历史看，技术进步在一定程度上消灭了一些特定的就业岗位的同时，也创造了更好的新岗位"。通过数据技术的合理使用，"有条件让人类把稀缺的时间和资源投入更有创造性和价值的事情上"。③ 对应到监控本身也是如

---

① 〔美〕布鲁斯·施奈尔（Bruce Schneier）：《数据与监控：信息安全的隐形之战》，李先奇、黎秋玲译，金城出版社2018年版，第25页。
② 同上书，第3—4页。
③ 〔澳〕维克托·迈尔-舍恩伯格、〔德〕托马斯·拉姆什：《数据资本时代》，李晓霞、周涛译，中信出版集团2018年版，"推荐序"，第2页。

此。"技术具有自主性,但技术的所有权与使用权掌握在不同主体的手中。当技术被不同利益主体植入不同的意识形态,驯化为不同功能的工具时,则会产生不同的应用动机与场景。作为一项视觉技术,公共监控的动机源于社会的正义、权力的主宰与资本的控制等,工作场所的监控技术则用于劳动控制,而家庭场所的监控更多出于亲情伦理的协商,其并非为了控制客体,而是为了关怀、照顾客体,以及满足对方的亲情需求。"[1]

随着以手机为代表的智能移动设备使用的普及,公民的隐私安全面临更为严峻的挑战。"移动设备逐渐增强的功能为许多新的、令人兴奋的应用(如移动商务和移动支付)铺平了道路。然而,正由于移动设备的普及性和它们可以存储、访问的数据量,这些设备越来越多地吸引了网络犯罪分子的注意力。"[2]而隐私安全问题,无疑是最为普遍的威胁。当然,如果仔细梳理分析公民隐私数据泄露的渠道就会发现,除了少量因公民自己主动泄露或被非法窃取外,绝大部分隐私数据是公民在使用网络的过程中被泄露的。网络应用的日常化导致数据监控的日常化——随时随地方便的网络应用,为无处不在的数字监控提供了前提和机会。数字技术的成熟和人工智能的普遍应用,确实会导致公民隐私面临严峻挑战。我们能做的,并不是徒劳地高呼"隐私已死"或固执地拒绝新技术的运用,而是应该从技术和社会的层面,在拥抱数据和新技术的同时,尽最大可能寻找隐私保护的合理有效路径。

---

[1] 刘战伟、包家兴、刘蒙之:《摄像头下的亲人:亲密监视中的"媒介化"与"去媒介化"亲情研究》,《新闻界》2023年第12期。

[2] 〔美〕亨利·达尔齐尔、约书亚·施罗德等:《悄无声息的战场》,陈子越、李巍、沈卢斌译,清华大学出版社2019年版,第36页。

第二节　社会治理中对公民隐私数据的采集

作为科技进步史上的革命性进展，人工智能技术的应用时间迄今为止还非常短暂，但其在推动社会进步方面的巨大价值已经充分显现。"人工智能的迅速发展将深刻改变人类社会生活，改变世界。"基于这种认识，2017年，国务院印发了《新一代人工智能发展规划》，明确我国新一代人工智能发展分三步走的战略目标。其中提到，2020年，人工智能总体技术和应用与世界先进水平同步；2025年，人工智能基础理论实现重大突破，部分技术与应用达到世界领先水平；2030年，人工智能理念、技术与应用总体达到世界领先水平，成为世界主要人工智能创新中心。这标志着从这一年开始，我国正式将人工智能上升为国家战略，同时也意味着在国家实施社会治理的过程中，人工智能将成为关键的技术应用。与传统的社会治理相比较，现代社会治理特别强调公民积极性和主动性的发挥，强调不断激发公民参与社会生活的热情和彼此密切的合作，从而推动社会的文明和进步。而社会治理的有效推进特别强调信息的收集与应用，以顺利地推进社会治理过程的现代化。在这个信息的收集过程中，涉及公民隐私信息的收集是不可避免的。"对我们人类来说，连接不仅仅是一件好事，它往往是必不可少的。这就是为什么脸书以希望让世界'更加开放和连接'为口号，这在表面上看是一个很好的口号。更重要的是，人类社会的需求往往需要侵犯其成员的隐私，无论是为了预防犯罪、经济活动，还为了其他许多理由。"[①] 信息传播技

[①] 〔美〕尼尔·理查兹：《隐私为什么很重要》，朱悦、嵇天枢译，上海人民出版社2023年版，第260页。

术的发展和多样化为社会治理者通过利用收集到的信息(包括公民的隐私信息)来推动社会发展提供了极大的便利。可以这样说:信息的收集和应用是大数据和人工智能提供给社会治理者的最大红利,而利用日渐完善的智能监控技术进行信息收集,则是常见和普遍的一种信息收集方式。

一、数字化监控中的现代公民

随着数字化社会的到来,人们的社会联结方式与前数字化社会相比发生了巨大变化。这种变化不仅表现为社会空间借由网络得到了无限扩展,更表现在人们在现实世界和虚拟世界中的活动都会对社会产生深刻影响,例如,存在于虚拟世界中的线上人群聚集和信息交流行为不仅仅成为一种网络世界的行为,也可以直接引发现实世界的线下群体行为,这就给传统的社会治理方式提出了新的要求。法国思想家米歇尔·福柯曾经借用英国功利主义思想家边沁推崇的"全景敞视主义"来表述社会治理中的一般模式:"四周是一个环形建筑,中心是一座瞭望塔。瞭望塔有一圈大窗户,对着环形建筑。……在里面,每个演员都是茕茕孑立,各具特色并历历在目。"[1] "每个演员都是茕茕孑立,各具特色并历历在目"这句话,比较形象地反映出身处公共空间中的公民们在监控状态下的一种生存状态。

进入网络时代后,一些学者在此基础上进一步提出了超级全景敞视理论。提出"信息方式"理论的美国学者马克·波斯特在

---

[1] 〔法〕米歇尔·福柯:《规训与惩罚》,刘北成、杨远婴译,生活·读书·新知三联书店 2003 年版,第 224 页。

分析了福柯的"全景敞视"理论后指出:"……数据库给每一个人都构建了身份,而且在构建时甚至全然不顾该个体是否意识到这种构建。电脑数据库'认识'这些个体,对数据库而言,他们有独特的'人格',并且电脑会根据具体情况按程序化的方式'对待'他们。……数据库中的这些身份很难说是无害的,因为它们可能会严重影响一个人的生活,它可能成为某人被拒绝给予信用的根据,成为联帮调查局对某人的聘用或居住申请的根据。无论在何种情形中,针对该个体的行动依据都是数据库中构建的此人身份。"[1] 数字化社会中,超级全景敞视虽说是一种比喻性的描述,但也从一个侧面表达着某种社会真实。"数据挖掘无异于一种监控。那些拥有数据库资源、掌握数据挖掘技术并从事数据挖掘的个体、单位如同站在瞭望塔上的监视者,通过掌握的资源和数据挖掘技术,他们完全可以掌握分析对象的所有信息以及由这些信息拼接出的个体和生活全景。"[2] 数字化社会的客观现状是,人们生活的各种信息几乎全部被数字化记录,因此大家也就真正处在被数字化全面监控的状态。这种无处不在的监控状况必定会给人们的隐私保护带来深刻影响。

特别需要说明的是,数字化社会的监控与农耕社会甚至工业社会的监控相比存在着巨大的差异,即体现出"无感监控"的特点。所谓"无感监控"是指数字媒介设备通过收集各类数据实施的、被监控对象无法根据经验及时感知的监控。农耕社会的监控往往是一种人力监控,监控者和被监控者往往需要处在同一个物理空间

---

[1] 〔美〕马克·波斯特:《第二媒介时代》,范静哗译,南京大学出版社2000年版,第96页。
[2] 静恩英:《大数据时代:一个超级全景监狱》,《传播与版权》2013年第6期。

中,才能实施有效的监控。工业社会的监控则主要以代理人(如,工头)监控的方式实施监控,但同样需要监控者和被监控者处在同一物理空间中。即使后来发明了视频监控,但物理空间的同一关联性是不可或缺的条件。数字化社会的监控则以数字监控为主要特征,传统的物理空间已经不是必要条件。监控者无处不在、无时不在,而被监控者很难意识到这种监控的存在,所以称为无感监控。只要个体还在生产各种数据——事实上被数字化的个体不可能不生产这些数据,那么,数字监控就可以持续更新、永续存在。正是这种监控的独有特征,决定了数字化社会的监控泛化成为每个人必须面对的客观现实。

二、数字化社会治理中的监控

对任何一个现代国家而言,收集、分析和使用相应的社会数据是实施社会高效治理的基础和前提。社会治理过程中每一项决策的得出,需要对社会的静态资源、动态行为进行收集了解,也要对民意进行分析研判,唯其如此,决策才能呈现出应有的时代特征和现实针对性。而所有这些过程,都离不开通过监控对相应的数据进行分析。例如,随着人们收入水平的提高,旅游成为人们一种日常的休闲方式。面对旅游需求的快速增长和旅游资源的有限性,相关地区政府部门需要对人们的旅游行为进行总体监控分析:一方面通过外显的旅游总人数、不同景点人数分布、游客的活动轨迹等进行监控分析,以确保游客在有序的旅游过程中获得良好的体验。另一方面则通过内隐的游客旅游兴趣(关注人文或自然)、消费能力、行为习惯(如,住宿爱好、不同旅游项目的停留时间)等进行监控分析,以提升对旅游业的调控能力,并在此基础上,完善和规划该地区旅游业的总体安排。社会监控的实施对于社会治理的效率提升、目标制定和效果分析等都有重要的意义，可以有效地提升数字治理的效率。

监控还有利于及早发现社会运行过程中潜存的某些隐患，从而可以尽早解决潜在的问题，防止一些破坏性行为的发生。1988年至2002年的14年间，甘肃省白银市有9名女性惨遭入室杀害，造成巨大的社会恐慌，公安机关投入巨大的警力进行侦破却始终未能取得实质性的进展。2016年3月，甘肃省重启侦查工作，借助指纹数据库的帮助，5个月后案件告破，犯罪嫌疑人被抓获。类似的案件还有2019年11月侦破的劳荣枝案。劳荣枝与其男友在20年前先后杀害7人，然后潜逃。案情发生后，警方全力以赴开展了艰难的侦查工作，但长期未取得有效进展。20年后，警方借助大数据和人工智能技术顺利侦破此案。这些个案比较典型地说明了社会公共数据库和人工智能的作用。因此，数字化的监控行为在社会治理中适当地运用，可以在一定程度上较好地提升社会安全感。

社会治理者治理社会以关系为纽带，将数据组成一个完整的网络，形成彼此支撑的治理网络，从而保障着社会的有序运行。在这个过程中，治理者对相关信息的了解掌握显得尤为重要，因为这是采取对应决策的前提条件。网络时代，信息具有了生产力的价值，治理者信息掌握得多少、快慢，将严重影响治理效果。"信息不对称""信息不全面""信息不准确"往往是导致社会治理过程出现重大问题（危机）的关键原因。而借助大数据方便快捷地收集相关信息，虽然不可避免地会涉及公民的隐私信息，但可以同时通过人工智能精准画像等，超前预测，因而成为治理者必须拥有的现代手段。总而言之，监控对任何一个现代国家而言是必不可少的，这在数字化时代尤为重要。

三、有形监控与无形监控

在数字化社会,社会治理过程中的有形监控和无形监控是保证社会有序运行的基本手段。有形监控和无形监控的协调使用,可以提高监控的效果,从而更好地实现社会治理的目标。治理者要良好地实现对社会的有效治理,必须借助数据收集方式并据此作出相应的决策。

在具体的监控行为实施中,有形监控主要表现为视频监控。数字技术的高速发展和制造技术的日渐精细,推动了视频监控的精巧、廉价和高效,监控设备的边际成本不断趋向于零。美国学者在论及视频监控的进展时这样描述:"通过互联网,许多监控设备正变得越来越小、越来越不明显。在一些城市,一天之内视频监控要捕获我们的图像成百上千次。有一些是非常明显的,但我们并没有看见闭路电视摄像头嵌入天花板灯上或者ATM机上,也没有看见隔一个街区就安装一个十亿像素的摄像头。无人机也变得越来越小、越来越难以看到,它们现在和昆虫差不多大小,很快就会变成尘埃大小。"[1] 在当下的中国社会中,较为重大的或有重大社会影响的刑事案件"逢案必破"几乎成为常态。这种"常态"的出现除了公安民警的智慧和辛劳外,其中一个重要因素应归功于"技防手段"——无处不在的监控探头。遍布于城乡道路、街角、商场的治安监控、交通监控、商业监控……已经形成了一个完整的有形监控网络。一旦有重要案情发生,通过事发地的监控探头便可以把事发前后的相关情况比较完整地加以回放"再现",这为案件的侦破提供了极大的

---

[1] 〔美〕布鲁斯·施奈尔:《数据与监控:信息安全的隐形之战》,李先奇、黎秋玲译,金城出版社2018年版,第34页。

便利。当然,这种"技防手段"只是社会有形监控的一个侧面,监控还包括各种法律监控、制度监控、人际监控等诸多方面。但总体而言,现代社会每个公民都生活在摄像头下,几乎每时每刻都需要默默面对摄像头的注视。换言之,每一个现代公民实际上也已经习惯了监控的存在。现实生活中,一旦发生争议、纠纷事件,人们首先想到的是"查监控"。随着数字化存储技术的成熟,视频监控已成为社会治理中的一种常态行为。没有视频监控的现代国家几乎是难以想象的。

无形监控是从公民个人实际的感受层面来说的,实际上是另一种"有形的监控"。如前所述,数字化社会,人们的日常行为,包括学习、工作、生活等几乎全部内容都已经被数字化,大数据可以比较方便地存储和了解人们在社会生活中的行为。"……数据库因其无形而具有高度隐蔽性。数据库不会侵扰任何人,人们甚至根本感觉不到它们存在。……消费者无需被关进任何建筑物,只需进行他们自认为是自由而丰富的日常生活即可。但是,无论一个人在何处做事,总会留下痕迹,任何痕迹都可能转化为可供利用的信息而进入数据库,并成为被监视和控制的依据。"[1]

无形监控主要是借助网络进行的。在今天的网络社会中,几乎每个社会成员都无法脱离网络生活,每个人实际上都成了挂在网络上的生物,这也意味着网络成为人们生活和工作的主要空间或平台。由此也在持续不断地产生数据,而这些数据就成为识别、分析个体言行的依据。"数据是有价值的,在一个地方收集的数据越多,就越能增加它的价值。例如,我们搜索网页,每次搜索内容的价值

---

[1] 张淑芳:《数据库:消费社会的"超级全景监狱"》,《华南农业大学学报(社会科学版)》2011年第2期。

似乎微乎其微，但当搜索的数量逐渐累积，它们就提供了深入了解被搜索者的重要窗口，包括他的思想、信仰、关切、健康、市场活动、音乐品位和性取向等面向。"[1] 因此，借助网络进行监控就成了一种自然而然的选择。人们浏览网站内容的时候，后台会监控浏览持续的时间、点击的频率。使用在线支付方式时，则会被监控消费的兴趣和能力等。

较之于有形监控，无形监控在现代社会是一种更为普遍的监控。由于数字生活成为人们的生活日常，因此，无论柴米油盐的居家生活，还是教学讲授的学习过程，或者是打工一族的工作状态，几乎所有的社会生活都借由数字钱包、智能教学或工作电脑进入数字化的流程之中。无形监控的过人之处在于：一是监控的触角可以无处不在，只要关联网络和数据，均可进入监控视野；二是监控收集的数据信息庞杂海量，几乎所有以数字呈现的数据都可以被收集储存；三是整合关联的能力无比强大，可以通过高速计算机对海量的数据进行关联分析，从而发现隐藏于数据背后的复杂关系。几乎每个人都会有这样的经历：当你和朋友讨论了某地美食后，就会收到本地相关的美食信息推送（例如，讨论四川美食后，就会收到本地川菜的广告），也可能会收到某地的旅游广告。类似的情况也会发生在工作、学习、生活的其他方面。这也从一个侧面佐证，我们的手机、电脑中某个程序应用，正在持续不断地监视着我们的言行，或者，某个后台正在通过收集、分析我们的网络使用痕迹监视着我们的网络日常活动。虽然这些监控行为对社会治理来说非常重要，但

---

[1]〔英〕杰米·萨斯坎德：《算法的力量：人类如何共同生存？》，李大白译，北京日报出版社2022年版，第37页。

我们不能忽视这些监控可能给公民带来隐私权利的伤害。

四、隐私数据被主动收集与公民的容忍度

社会治理中的有形监控和无形监控是一种主动收集隐私数据的行为。社会治理者通过监控方式对社会成员的数据进行挖掘，其主观意图不是为了收集公民的隐私，而是为了通过对相应数据的分析使用，更好地维护社会的有序运转。既有的社会现实也显示，社会治理过程中监控被普遍使用并未导致被监控者更多的排斥行为，这种情况产生的重要原因，是人们对安全感的追求。"我们必须认识到社会作为一个整体，它的安全比监控更重要"，"通过优先考虑安全性，我们将保护这个世界的信息流，也包括我们自己的信息流，免于被窃听以及遭受更具破坏性的攻击，如盗窃和销毁"。[1] 如，曾经长期困扰城市治理者的"摩抢"案件（骑着摩托车抢劫的案件），因视频监控的普遍设置而在中国的大城市近乎绝迹；监控的广泛使用也在一定程度上减少了盗窃等案件的发生。当盗窃行为因为监控的无所不在而使盗窃者无所遁形时，就很少有人再去铤而走险了。这些生活事实都是导致公民对监控收集隐私数据容忍度提升的重要原因。

社会监控除上述这样一些治安方面的积极意义外，它还在生活服务方面发挥着积极作用。随着交通基础设施的日渐完善和高铁、飞机等公共交通工具的日益普及，人口流动不断加快，人的活动半径也不断扩大，与此相对应，留守儿童、留守老人的人数也日渐增

---

[1] 〔美〕布鲁斯·施奈尔：《数据与监控：信息安全的隐形之战》，李先奇、黎秋玲译，金城出版社2018年版，第236页。

多。为了更好地实现亲情的维护及照料，数字监控技术便顺理成章地成为一种技术选择。"移动网络使得人们可以随时随地实现远程在场，'在场'与'身体'史无前例地分离了，虚拟的身体被制造出来，主体在场的方式也彻底更新了。随着远程视觉延伸系统的不断完善，监控摄像已经融入人类生活生产中，并在家庭亲情管理中扮演着举足轻重的角色。"[1]

社会治理者和被治理者在社会监控问题上看似一对矛盾的两极，但实际上是"命运共同体"——他们对社会安全的渴望并无差别。与监控行为相伴而生的，一定是大量公民的隐私数据被收集和存储，这就可能构成对公民隐私权潜在的伤害。如果社会治理者不能妥善地处置这些数据，就可能会导致隐私危机的发生，例如，存储不当导致隐私数据大规模泄露、任意扩大隐私数据的知晓范围等。另外，从隐私权自身的特点看，其本身也具有一定的调控空间。"隐私权是可克减的权利，隐私权的行使本身可加以限制"；"隐私权保护以价值判断为基础，通常涉及道德价值、政治价值的权衡。有些情况下，隐私保护的选择性含有道德价值取舍的成分：许多规范经常遭到破坏，而隐私允许社会忽视这些小过失"。[2] 这也意味着，基于社会治理的需要，公民可以接受一定程度的隐私"克减"。

从客观情况看，公民在日常的社会活动中，尽管有大量的隐私数据被社会治理者收集，但受到严重伤害的情况总体而言比较少

---

[1] 刘战伟、包家兴、刘蒙之：《摄像头下的亲人：亲密监视中的"媒介化"与"去媒介化"亲情研究》，《新闻界》2023年第12期。

[2] 陈堂发：《新媒体环境下隐私保护法律问题研究》，复旦大学出版社2018年版，第236—237页。

见。比如，前几年的疫情防控流调对于抑制疫情的蔓延，有效控制疫情产生了举足轻重的关键作用。通过比对、分析、关联等一系列手段查清病因病源，探寻解决方案，对于控制疫情局势必不可少。在流调过程中，一定会接触到大量被调查对象的个人信息，这些信息既是流调必不可少的关键信息，也是公民个人隐私的重要组成部分，如何正确处置这些信息，考验着流调者的专业素养和法律素养。总体而言，与整个流调过程中获取到的庞大的公民隐私数据相比，泄露行为的发生，极为偶然，也极其微小。一方面，社会治理者凭借资金与技术的优势，可以构筑起比较可靠的"防火墙"，防止因为技术问题而导致公民隐私数据外泄。另一方面，社会治理者总体具备良好的法律义务意识和责任意识，力求把保护公民隐私数据作为自己社会治理过程中的基本要求。除非在法律许可的范围内，否则不会对主动收集到的这些隐私数据进行失范的提取、分析和使用。

公民对社会治理者监控的容忍度，主要基于政府的公信力。在长期的社会治理中，政府建立起了自身良好的信用体系：决策前的社会调查和决策的后果承担；重大事件中的承诺与践诺；社会激励和惩治措施。当然，政府的公信力最核心的来源还是其执政理念及其实践。有政府的公信力为社会治理者背书，公民对其监控及使用相应数据的行为就拥有了较高的容忍度。但是，我们必须知道，这种容忍度也会因为某些时候其对数据的滥用或泄露而有所下降。这也意味着，社会治理者尽管可以借助长期的公信力的积累在监控过程中拥有较大的监控权限，也因此收集、储存了较多的公民隐私数据，但对这些数据负有严格的保护义务，切不可因为滥用和泄露而伤害自身的公信力。

第三节　商业活动对公民隐私数据的收集

数据是保证现代社会富有流动性和活力的"血液",现代商业活动离不开对数据的挖掘和使用。在数字经济社会中,数据是开展有效的商业活动的基础条件,只有充分有效地挖掘和使用数据,商业活动才能有效推进。在这个过程中,公民的个人数据会与其他公共数据一起,受到商业组织的广泛使用,个人的隐私也因此可能会被损害。德国韩裔学者韩炳哲用"透明社会"来表述我们今天所处的数字化社会。他认为数字化社会中任何一个人"随时随地、全方位地被任何一个人完全照明",但这个人却并不会主动意识到监控的存在。[①]这样的判断值得我们高度重视。美国学者杰夫·乔纳斯则直接将监控社会中的人称为"透明的人"。"随着越来越多不可抗拒的商品和服务融入到你的居所和个人物品中,其中大部分关于你的个人信息就会进入他人拥有并掌控的集中综合数据库中。未来,秘密的维持会变得越来越难,不仅仅是你的秘密,还包括别人的秘密。"[②]"透明社会"中"透明的人"是数字化社会的一个基本特征,也将成为现代人的一种生存常态。

一、商业活动中公民隐私数据的外泄

维克托·迈尔-舍恩伯格和肯尼斯·库耶尼早在大数据时代到来初期,就在广受关注的《大数据时代》一书中预言:"大数据时代

[①] 〔德〕韩炳哲:《透明社会》,吴琼译,中信出版集团2019年版,第78—79页。
[②] 〔美〕马克·罗滕伯格、茱莉亚·霍维兹、杰拉米·斯科特主编:《无处安放的互联网隐私》,苗淼译,中国人民大学出版社2017年版,第81页。

开启了一场寻宝游戏。"多年以后，维克托·迈尔-舍恩伯格和另一位学者托马斯·拉姆什在《数据资本时代》一书的"中文版序言"中进一步指出，"大数据时代是植根于事实以及对事实的分析的，它让我们远离迷信，摆脱盲目信仰，让我们不仅可以预见到，也切实可以创造出一个让子孙后代能够充分发挥其潜力的新世界"。[1] 他们的这些论述，对于我们今天理解数据之于商业活动的意义是十分有价值的。工业革命进展到数据革命阶段后，数据已经真正从简单的数字，转化为具有无限潜能的"数据能源"，成为推动数字文明进步的主要动力。而作为主体的现代人，也通过数字化的方式，全方位地融入到数字文明的进程中。

随着网络时代的到来和电子商务活动的普及，沿街实体店铺的不断关门歇业，快递外卖业的日渐红火，加上"双十一""双十二"等商家精心策划的营销活动，网络交易不断制造着一个又一个的销售神话。这种现象不断印证着这样一个事实："数字化生存"已成为日常生活最为基本的生活方式。即使地处僻远、目不识丁的年老群体，他们也有可能在收取子女网购邮寄的快递中被动加入网络交易行为，从而泄露部分个人的隐私数据。我们以一次最为常见的网购行为为例：进入相应的购物网站、选购商品、付款、填写收件人信息。在这几个必不可少的环节中，每一步都可能会导致隐私数据外泄：进入相应的购物网站——IP地址泄露；选购商品——个人爱好、身高体重（根据选购衣服的尺寸推断）、消费能力等众多隐私数据泄露；付款——银行账号、交易密码泄露；填写收件人信息——所填写的每一条信息都包含隐私。这个过程涉及的网店、快递等所有环

---

[1] 〔奥〕维克托·迈尔-舍恩伯格、〔德〕托马斯·拉姆什：《数据资本时代》，李晓霞、周涛译，中信出版集团2018年版，"中文版序言"，第2—3页。

节，都可能导致隐私泄露。"每个人以消费者的身份，自愿付费享受着现代技术带来的各种便利和效用，但每加入一个信息技术服务系统，就得无偿将自己的身份信息甚至隐私提供给这个系统，每一个消费者都主动参与了对自身监视系统的构建。自身的私人行为被转化为公共记录。"[1]

商业活动中隐私数据的首次外泄基本是由公民的主动行为造成的，这是因为在具体的商业活动中，电商企业会通过提供价格优惠和方便快捷的送货服务等激发和满足人们某种内心需求的方式，让公民主动提供这些信息。在网络交易行为中，对公民隐私数据的首次使用不可或缺，但这种使用只会完成一次商业活动，对商家而言，只有"二次使用"或者多次使用，即对"获得的个人数据进行加工、分析、处理之后得到的结果加以利用"[2]，才能持续获取商业利益。这个过程，既是对公民个人行为进行持续的隐形监控的过程，也是对这些监控所得数据信息进行商业利用的过程。

从个人的客观需求来看，人们要满足个人生存需要，必须参与一系列的商业活动。经济学家把人们日常的商业行为称为保障社会生存活力的"血液流动"，公民作为商业活动的主要参与者，以货币为媒介进行交换，获得产品或服务。人们日常的商业活动一般分为物质需求和精神享受两部分。物质需求主要为了保障公民基本的生存需要，这也是最具普遍性的商业需求。而当社会财富日渐增长，公民衣食无忧之后，精神层面的享受就变得越来越重要。例如，

---

[1] 赵建国：《社会生活的新参与者——无所不在的媒体陪伴》，《编辑之友》2015年第11期。

[2] 顾理平、杨苗：《个人隐私数据"二次使用"中的边界》，《新闻与传播研究》2016年第9期。

许多中国公民近年来已把旅游作为放松、休闲和开阔眼界、增长阅历的途径。而无论是国内旅游还是国际旅游,所有的消费记录和活动行踪都会与个人的消费能力、行动轨迹、兴趣爱好等大量隐私数据一并泄露到广泛的公共领域之中,成为商家启动下一次商业行为的重要依据。

需要关注的是,商业活动并不全是商业活动,它是意涵丰富的人的社会活动。作为社会性动物,人们在现实生活中需要建立"关系",而商业活动是建立"关系"最便捷、广泛的途径。在日常的商业活动中,人们频繁产生交换关系,而这种交换关系一定会涉及诸多公民的隐私信息。人们借此完成商业行为,获得生存所需的物质需求或精神享受。商家则借此完成商业行为,获取商业利益,同时也完成了意义更为广泛的信息收集行为。如果没有商业活动,人际交往就会大大减少,人的社会性就无法充分体现出来。而在这个过程中,一定会导致大量隐私数据被"交换"。如果说,人们的日常人际交往可以基于保护个人隐私的目的而减少的话,人们的商业交往却无法有显著的减少——个人生存需求的满足离不开商业活动。

二、隐私数据受到普遍的商业挖掘

以商家和购买者"共谋"形式完成的网络交易行为,实际上是商家的一场数据"盛宴"。人们通过这个过程获得某种物质或精神需求的满足,商家则完成了"数据寻宝"的利润追逐游戏。人们在商业活动中的行为也是相关大数据公司"大显身手"的地方。电商企业(包括网站和商家)通过人们登录的网站、挑选商品的过程、品种、价位等对其消费行为进行大数据分析,从而形成有价值的商业判断,为后续商业行为(如,推送相应商品信息)提供依据。人们在商业活动中的行为被数字化为各种类型的数据库。一位电商企业的从业人员在接受相关研究者访谈时谈到了数据的意义:"基础数据是关键,这些数据的建构方式形成了企业独特的商业价值,而算法技术就是为这些数据来服务的。在这个意义上,算法生产的秘密行为根源在于企业对用户数据的秘密获取和数据库建构的隐蔽性。"[1] 这些数据库经过数据公司借助算法的关联分析处理,首先可以形成企业后续商业计划的决策依据。具体而言,可以成为企业判断消费者消费兴趣、消费能力等的依据,企业决策过程特别强调"科学决策",而这些消费数据无疑很好地呈现出了"科学性"的特点。

智媒时代,商家投放广告不再执念于媒体的级别、影响力等外显的要素,而更关注精准度和针对性。在广告营销过程中,主要通过对消费者相关数据的挖掘、收集和处理,分析其消费需求,从而通过个性化的广告投放,实现理想的广告效果。《中国互联网定向广告用户信息保护行业框架标准》中,就这样界定商家在广告投放中的这种行为:"通过收集一段时间内特定计算机或移动设备在互联网上的相关行为信息,例如,浏览网页、使用在线服务或应用等,预测用户的偏好或兴趣,再基于这种预测,通过互联网对特定计算机或移动设备投放广告的行为。"借助数字技术对用户的数据进行分析,预测其需求,从而更为有针对性地实施更高效的广告营销成为一种流行趋势。从这个过程中我们可以清晰地知晓,电商企业(主要是广告公司)秘而不宣地致力于人们隐私数据的收集,其终极目的就是为了借助这些数据,持续获得商业利益。随着数据挖掘技术的提升和智能化水平的提高,不同行业的商家会以更加多样的方式

---

[1] 何晶、李瑛琦:《算法何以生成?——中国互联网平台企业算法生产实证研究》,《新闻与传播研究》2024 年第 2 期。

第五章　监控与挖掘：智能技术的成熟对公民隐私的侵扰

挖掘、处置人们在网络交易行为中的数据，从而也将会在更广泛的范围内对人们的隐私构成侵扰。

人们在商业活动中的行为经过大数据和智能化处理，完全可以借助复杂的编码和"神奇"的算法进行精准营销，从而影响甚至引导人们的消费行为。不管承认与否，实际上数据及数据处理可以很好地把人进行"分类"，而企业可以根据这种有效分类进行"个性化服务""精准营销"或者"需求培养"。"海量的个人和商业通信、私密的个人资料无时无刻不在计算机网络上流动着。就算是那些不上网的甚至是没有电脑的人，也会感到无比震惊——网上居然有那么多关于他们的个人信息在传播：诸如财务事项、信用卡账单、医疗记录、保险资料等信息，还要加上那些不明显的个人习惯和生活细节，它们都被储存于全球联网的数据库中。网上的个人信息全方位覆盖了你从摇篮到坟墓的全部私人生活，慢慢地累积所有数据，直至在计算机数据库中形成一个'人'。"① 时至今日，与自然人对应的数据中的数字人已经形成，其包含的信息的丰富性也在不断提升。正因为参与商业活动的频次不断增加，个体也变得越来越透明。

没有数据分析能力的电商企业可以通过转让相应的消费数据给数据分析公司进行处理，从而获得所追求的相应效果。数据分析公司通过大数据挖掘或购买等方式对相应的数据进行分析，分析结果自然存在诸多的商业机会，即便是公民日常生活中的非商业行为，在大数据公司看来也蕴含着广泛的商机。例如，公民在浏览网站以获取时政、体育、财经等信息时会留下痕迹，数据公司则会根据不同信息的点击量决定广告投放的价格或向浏览者推送相应的商

---

① 〔英〕约翰·帕克：《全民监控：大数据时代的安全与隐私困境》，关立深译，金城出版社2015年版，第14页。

业信息。"在四川成都,有一位年轻的大数据科学家,建立了基于大数据的'人才雷达',能够从九个不同的维度,把一个人的相关数据撷取过来,使之丰富化、形象化、个体化……现在有的电商已经掌握了每个顾客的一万多个'标签',就是一万多个特征标志。只要法律允许,画出一张你自己也不知道的'素描图',应该不是难事。"[①]也就是说,只要人们参与相应的社会活动,一切都会被记录,也随时可以被回放。这还是 2016 年智能技术的"画像"技能,随着个人数据不断扩散和智能技术不断成熟,时至今日,这种"画像"将会变得越来越精准。从本质上分析,这样的"素描图",实际上是一张借由个人隐私数据完成的高精度的"精准画像"。当个体可以被外在对象进行纤毫毕现地"精准画像"时,其内心主要的感受应该不是"惊喜",而是"惊吓"。

三、隐私主体的选择与行动

隐私主体在面对主动收集公民隐私数据的社会治理者时,虽然个体的作为是十分有限的,但也并非只能束手无策地被动听命。在这个过程中,隐私主体的作为主要体现在要求告知、要求合法使用、要求保密三个方面。第一,要求告知:强调隐私主体对自己隐私数据被收集的知情。社会治理者有权力基于社会治理与安全的需要通过有形与无形的监控,收集公民的隐私数据。隐私主体则有权利要求告知收集的路径、过程和处置方式。对于有形监控,要求以"已进入监控区域"等方式告知,以便公民进入相应公共空间后可以约束自己的行为(知情自决)。当然,基于当今社会监控泛化的客

---

① 王通讯:《大数据为何有识才慧眼》,《光明日报》2016 年 9 月 27 日。

观现实,这种显性的告知方式更适宜出现在类似于军事设施等相对比较敏感的区域,不可能所有的监控区域都会设立告知标识。作为被监控对象,公民应该主动意识到监控无处不在的客观事实,在进入公共区域时,主动约束自己的言行。无形监控虽然已经被普遍使用,但往往会导致法律侵权问题,所以,必要的无形监控也应有相应的适当告知或警示方式,以便让处于无形监控中的人们知晓自己的个人信息在被以何种方式收集和使用。第二,有权利要求合法使用。社会治理者通过监控收集相关隐私数据有合法的目的和指向,在收集到这些信息后,应当按这种合法性的目的和指向使用,不能使用于非公示的、非合法性的途径。对此,我国《个人信息保护法》等法律中已有相应比较明确的规定。第三,有权利要求保密。强调社会治理者对收集到的公民隐私数据应有效保管。如,政府在招聘公务员时会要求公民提供诸多包括隐私数据在内的各种信息,对于这些信息,政府应只用于招聘目的并加以有效保护,不得任意扩大知晓范围。这种保密意识不仅是公民隐私保护的客观要求,也体现了公职人员的一种职业道德和法律修养。

在数字化社会中,我们在使用任何一项网络应用时,或者在开展任何一项网络交易行为时,总是不断地在隐私条款的选择方框内点击"同意",但这种点击的后果一定是自己大量的个人数据被收集。当然,这样并不意味着我们当初的同意是不明智的,相反,我们通过这种点击获得了我们想要的服务。但我们必须同时意识到这种"同意"也包含着被隐性监控的事实,这是我们获得个性化服务的组成部分,我们别无选择。隐私主体面对因商业活动被收集隐私数据的电商企业时,个体的作为主要体现在两个方面:自我决策判断与参与规则制定。

1. 自我决策判断实际上就是通常所说的"知情同意"原则。有研究者考察了 49 家以信息搜索、社交沟通、电子商务等为代表的中国网民使用频次较高的网站，发现这 49 家网站均有隐私保护的相关政策，只是名称稍有不同。[①] 也就是说，公民在登录网站进行网络商业活动时，都可以获知网络对自己隐私数据使用和收集的情况，这就可以帮助其作出决策判断：使用或不使用。换句话说，也就是在面对网站的隐私规则时，自我决定愿不愿意放弃自己的部分隐私信息，从而换取相应的商业服务。当然，对知情同意原则效用的发挥情况，研究者们也开始持更多的保留态度，因为这项原则实际上只有"同意"这一单项选择，如果选择"不同意"，则无法获得相应的服务。值得肯定的是，工信部已经开始采取措施规范这种"霸王条款"。总体而言，在目前的商业环境中，公民个体的力量相较于庞大的商业力量确实显得势单力薄，缺少真正的话语机会。但公民的个体意见表达依然具有十分重要的价值。意见表达意味着商家的隐私规则需要不断完善——趋向于更多地、更好地保护公民的隐私。而不予表达似乎意味着默认隐私规则的完善，商家就会缺少改进的意愿和动力。

2. 隐私规则制定实际上是一个艰难的博弈过程。鉴于个体力量相较于电商企业时势单力薄的客观现实，公民可以借助消费者保护协会等这样一些社会组织，参与到意见表达中去，从而更好地保护自己的隐私。美国学者桑德拉·佩特罗尼奥（Sandra Petronio）在《隐私的边界》（*Boundaries of Privacy*）一书中提出了建构 CPM 理论（Communication Privacy Management）用以管理隐私信

---

① 参见申琦：《中国网民网络信息隐私认知与隐私保护行为研究》，复旦大学出版社 2015 年版，第 171、172 页。

息。其核心的一个观点是:"人们要么会学习预先存在的隐私规则（Preexisting rules），要么会和边界共同拥有者协商建立新的共同规则。"[1] 这对我们探讨隐私主体进行商业活动应采取什么样的行为有很好的借鉴意义。具体来说，公民可以通过认可相应的隐私规则向电商企业公开一部分隐私数据以换取相应的服务或优惠，但同时，作为商业活动中的主体之一，也应当可以参与电商企业隐私规则的制定。默认隐私规则只是参与商业活动的一个方面，更重要的是要作为隐私规则制定的一个主体，努力将公民隐私保护诉求规则化、科学化。电商企业的隐私规则在制订过程中基本上是单方面进行的，这样的规则不仅无法反映作为消费者身份出现的公民的意愿，在程序上也存在问题。所以，公民参与公共空间隐私规则制定不仅是保护隐私数据的需要，也是增强隐私规则科学性的需要。

---

[1] Sandra Petronio, *Boundaries of Privacy: Dialectics of disciosure*, New York: State University of New York Press, 2002, p. 71.

第六章　规训与操控：智能生物识别技术带给隐私主体的终极风险

随着人工智能技术的不断成熟，智能生物识别技术开始成为一种普遍的身份识别技术。智能生物识别技术通过对生命体人脸、指纹、声纹、虹膜等生物特征信息的分析比对，可以准确、快速地进行身份识别，并在社会治理和商业活动中发挥重要作用。作为社会性的生物，人们必须通过各种类型的社会活动，获取相应的物质财富以支撑生存之需，同时也完成精神层面的社会化过程。其中，社会交往是人们一种普遍的日常行为，但交往开始时彼此之间必须有某种身份认知——即使是团体中素不相识的人，也应该知道对方在团体中的地位和角色。如果是数字化时代网络中的匿名交往对象，个体对对方的身份也需要身份认知——一个倾听者或交流者。就微观的个体活动而言，加入或接纳他人并与之发生社会关系需要身份识别；从宏观的社会治理层面而言，社会有序运行必须对不同的社会个体进行不同方式的身份识别。可供识别不同个体的符号多种多样，而生物特征在所有符号中最具基础性、稳定性、根本性，由此也日渐受到社会的普遍青睐。公民的人脸、指纹、声纹、虹膜等生物特征是其个人的核心隐私，也是确认其身份的基础性依据。智媒时代，随着人的不断数字化，个人成了移动的数据库，身份也开始通过智能生物识别技术的方式来加以确认。个人身份认证和社会活动启动必须将这些生物识别技术作为通行证。人工智能的快速发展让智能生物识别技术的使用愈加便捷普遍,与此同时,个人生物特征隐私信息被泄露,身份被不当识别、假冒、复制等失范行为也时有发生。

第一节 生物识别:开启数字化生存之门

一、唯一性是生物特征的核心价值

身份识别的前提性诉求是"准确",即对被识别的生命体有准确的身份确认。这个诉求是天经地义的,因为身份识别后会关联生命体的一系列敏感行为,如关键场合的准入、相应费用的支付、特定关系的建立……所以必须确认识别对象是"唯一的指向性个体"。在传统的身份识别过程中,社会符号(如,身份证、工作证、单位证明等)是个人身份识别的最为实用和流行的符号。社会符号与特定的生命体相对应,个人身份就可以被有效识别。这些符号从理论上讲具有唯一性,例如,一个人只能有一个身份证号码,或者说一个身份证号码只能对应一个社会成员,但是,故意伪造或失误却会造成这种唯一性的丢失。在已有的社会符号身份识别实践中,这种情形已多有发生。在证伪技术相对落后的年代,甚至发生过借助伪造身份证件与他人恋爱结婚的荒唐事件。

生物符号则完全不同,生物符号是由生命体的生理特征(指纹、声纹、人脸、虹膜、热谱图、静脉、体味等)或行为特征(如,打字的速率、步态等)构成,很难丢失或伪造,具有典型的唯一性。不同生命体的生物特征是把彼此区分开来的标志。每一个生命体的生物特征相对有限,一旦提供可供智能生物识别技术识别的特征(信息),则意味着提供了身份识别的永久信息,这同时也就意味个人的身份会被永久识别。

生物特征的独特性保证了生命体自身独特性的存在,但这种独特性并不意味着个体会习惯于孤独,恰恰相反,人的社会性决定了生命体具有广泛的社会性特征,通过社会性的交往过程,个人的尊严价值得到他人与自我的认同。"有些科学家通过研究证实,人类相互之间形成的连接是保证物种生存的关键所在","人类生存的状态与人际互动关系的质量紧密相关,每个人只有在错综复杂的人际关系环境中生活,才能获得更多健康成长的机会,并且让自我的生命能量不断得到壮大"。[①] 当然,这并不意味人们在建立人际关系时会无所选择。事实恰恰相反,人们在与一个陌生人建立关系时,基于自身客观的内在需求的前提下,会关注对方的人品、学识、能力、社会身份等诸多要素,在此基础上决定是否与其交往,这意味着确认这个陌生人的准确身份是决定是否与其建立关系的前提条件。在此基础上,人们会在与他人交往中彼此认同,获得对他人和自身价值的真切体认。生命体获得尊严的状况,与生命体的能量壮大和生存交往关系紧密相关,所以,我们经常通过社会交往行为的推进,把"过有尊严的生活"作为一种理想的生活目标。从这个意义上说,每个生命体在提供智能生物识别技术识别的任何一次生物特征隐私信息时,都是一次高度信任的输出,并期待对方作出对等信任回应的同时,能严格守护保密的承诺。

---

① 唐娜·希克斯(Donna Hicks):《尊严》,叶继英译,中国人民大学出版社2016年版,第8页。

第六章 规训与操控：智能生物识别技术带给隐私主体的终极风险

生物特征的唯一性为智能生物识别技术的研发和推广创造了前提和基础。智能生物识别技术通过对采集到的生物特征数据进行整合、分析处理，来对不同生命体进行区分。以人脸识别技术为例，人脸识别技术是借助图像捕获工具与个人索引数据进行关联，从而进行身份验证和识别的智能生物技术。这种技术依靠个体自愿注册流程或其他原始捕获系统来构建图像数据库，然后将捕获的图像与数据库的图像进行比对验证，最终解决"无实体身份"的问题。"大多数情况下，人脸识别算法至少分为两个功能模块：定位人脸的人脸图像检测器和识别特定人的人脸识别器。这在图像像素被转换为表征矢量并通过模型识别器检索数据库找到最佳图像予以匹配时完成。"[1] 这种身份识别方式对技术要求较高，但可以有效防止身份被假冒等问题。通过这种严格有效的身份识别区分，可以在电子商务、电子银行、在线支付、访问控制乃至边防和犯罪调查等方面发挥重要作用。在新冠疫情期间，人脸识别等智能生物识别技术在疫情流调和防控中发挥了极为重要的作用即是一个例证。即便在日常生活中，通过刷脸实现无线支付，或乘车、乘机等也成了一种司空见惯的生活日常。而所有这些智能生物识别技术的大规模应用，借助的正是生命体生物特征的唯一性。这种唯一性的可靠程度，是社会性符号（信息）难以比拟的。如果生物特征不具备唯一性，这种新技术必定难以推广——即使强行推广，也将会带来诸多混乱和不适。随着人工智能技术的发展和使用范围的扩大，这项技术的应用成本不断下降，这又进一步推动了应用的普及。

---

[1] 〔英〕伊恩·伯尔勒：《人脸识别：看得见的隐私》，赵精武、唐林垚译，上海人民出版社2022年版，第14页。

二、永久性成为生命体的存世符号

就人的生物性而言,我之所以成为我而不是别人,是基于个体不变的生物特征。人的生物特征具有持久的稳定性。从一个人出生开始,如果不发生类似于"基因突变"性质的病变或人为干预,这种特征就会永久以既有的形式存在,成为一个生命体固有的、独特的符号。不同特征的生命体组成了人类社会,但是,"我们人类不只是社会的生物,我们也是私有的生物"。[①] 人类作为一种生命体的大型组合,必须通过各自特质彼此区别开来。尤其令智能生物技术开发和应用者兴奋的是,在这项技术应用的过程中,生物特征具有持久的稳定性,加上技术理性,身份识别过程中,外在社会因素的干扰几乎可以完全消除。

易容术在今天的社会生活中并不鲜见。"曾几何时,身体发肤皆为自然馈赠,不可随意更改,现在却已成为人类自主选择的一部分。关于身体的可塑性,迄今为止相关的文字材料可谓汗牛充栋,从原先的锻炼塑身、健康养生到后来的用技术手段进行改造(如髋关节置换、心脏移植、隐形眼镜、电子起搏器、牙齿矫正、整容手术等),科技的脚步如此迅猛,因此,一个可以随意选择自身性别和身体形态的时代已经来临。"[②] 在这样的医学科技进展面前,经验性的个人身份识别技术,正在经历严峻的挑战。换句话说,传统的身份识别可能会导致身份识别失误或者无法识别,但是,在智能生物识别技术面前,几乎所有的易容术都无法发挥隐藏身份的作用。人成

[①] 安德鲁·基恩:《数字眩晕》,郑友栋、李冬芳、潘朝辉译,安徽人民出版社2013年版,第19—20页。

[②] 约翰·阿米蒂奇、乔安妮·罗伯茨编:《与赛博空间共存》,曹顺娣译,江苏凤凰教育出版社2016年版,第30页。

了技术的组成部分，他（她）通过与技术的"默契"配合，成了技术的背景。

生物特征不可更改的永久性特征可以让人工智能对生命体身份的识别一劳永逸，这也可以解决智能生物识别技术在推广中巨大的人力、物力成本。与自然人可以根据自己的感觉器官相对粗放地区分相异生命体的差异不同，智能生物识别技术可以精准地区别和指认他们的细微差别。"一系列的统计和分析方法可标明使用者的物理身份"，且这种标明具有"安全、可靠、有效的特点"。[①] 生物识别特征之所以可以具备"安全、可靠、有效"的特征，其核心原因是生命体的生物特征具有永久性。人从离开母体开始，基本生物特征即已形成且不会变化，因而构成其自身特有的存世符号。人的外在容貌、生理年龄等都会随着岁月的流逝而发生变化。"青春长驻"只能是一种美好的生命期待，但生物特征符号不会改变却是一种基本规律。对这种特有符号的识别，可以有效地指认当事人的身份。

三、生物特征包含众多敏感信息

人类种群除了诸多共性特征外，会依据自身生物差异性而把彼此区分开来。例如，不同种族人的肤色有差异，五官轮廓有不同样貌，头发有不同颜色……这些特征是不同种群人类经过千万年的自身进化和对生存环境的适应而形成的。身处寒冷地区的人和炎热地区的人对寒冬酷暑的适应能力差异很大，而他们身上的不同生物特征会令他们真正体现出"适者生存"的优势。这些生物特征对任

[①] 邱建华、冯敬等：《生物识别特征：身份认证的革命》，清华大学出版社2016年版，第13页。

何一个种族来说都是敏感信息。医学研究和病例实践都表明，不同种族在生存过程中形成的对环境的适应能力，在另一个侧面也会成为某种"不适性"的重要原因，例如，相同的病毒在不同种族人类的身上可能会产生不同的发病概率。这些种族特有的基因构成就成了重要的敏感信息。小而言之，对每一个具体的生命体而言，在他们身上同样会有不同的生物特征体现，如肤色、体味等，这些特征对许多生命体而言是极为重要敏感的信息，令这种生物特征体现出强大的区分价值。大而言之，对一个具体的种族而言，种族生命传承中特有的生物特征是确保其世代相传，适应外在环境的生存法宝，一旦遭受攻击破坏，会产生灾难性的后果。

欧盟的《通用数据保护条例》中，对"个人数据"中的生物特征进行了比较明确的保护，强调"生物识别性数据"是"基于特别技术处理自然人的相关身体、生理或行为特征而得出的数据"，因此，在个人数据处理、处理的合法性及同意的条件中都进行了非常严格和明确的规定。之所以进行严格限制，就是因为包括"提示种族或民族起源、政治观点、宗教或哲学信仰、公民身份和有关健康或性生活的数据"等这些敏感数据在生物识别技术应用中"或多或少直接揭露关于个体的敏感信息"[1]，所以特别需要谨慎从事，切不可因疏忽或故意对其实施冒犯。

第二节　智能生物识别技术应用中的隐私侵害

智能生物识别技术出现的时间虽然并不长，但由于其功能强

---

[1] 〔意〕帕特里齐奥·肯佩斯编著：《生物特征的安全与隐私》，陈驰、翁大伟等译，科学出版社2017年版，第329页。

大、应用便捷，所以，在今天这样一个数字化社会得到了快速普及。但是新技术在给社会文明进步带来巨大推动作用的同时，也可能因为技术的不完善或适用过程中的失范、滥用，从而导致一些新问题的出现，进而造成对公民隐私安全的威胁。在公民的身份识别和识别信息使用的过程中，智能生物识别技术存在不当识别、过度识别和被复制的风险。尤其令人担心的是，公民的生物特征一旦被复制或假冒，其损害性后果会永久持续且难于获得技术上的弥补或法律上的救济。

一、在贴心服务中寻求对公民隐私的掌控

前数字化时代，"受众至上"理念不仅被媒体广为宣传和普遍实践，也被商家普遍推崇。数字化时代，"受众"变身"用户"，两者身份具有一致性，但我们已经鲜见"用户至上"的口号了。这样的转变，并不是数字化社会中网络平台（电商企业）不再重视用户的需求，实际上他们继续竭力探寻和预测用户的需求并尽力提供"个性化服务"，但是不再对用户需求满足的努力广而告之了。这样的变化是耐人寻味的。

进入智媒时代，万物互联，我们发现生活中那些令人感到烦琐的事情，依靠一部智能手机，处理起来变得越来越方便：某个时间节点点开打车软件，手机上自动跳出的目的地恰好是你要去的地方；四季变迁，要买件适季服装，打开购物平台软件，恰好有相应的应季服装推荐，并且是你喜欢的蓝色或红色；打开网站，被推送的恰好是你喜欢的体育新闻……从物质到精神，手机几乎可以快速地满足人们的一切需求，而这正是人工智能的重要功能之一——充分挖掘和预测用户的需求并提供可以满足这些需求的信息服务。亚马逊

较之于传统百货的优势之一是拥有顾客全面的信息:某用户近日买了一台数码相机和玩具,同一地址的另一用户买了婴儿洗浴液,于是,亚马逊会判断两个用户可能是一家人,他们可能对在线冲印照片有兴趣。与美国个人住宅信息网站关联,可以了解他们的住房价值以及他们的收入水平……[1]越来越多的大数据和越来越多的智能预测,让用户的需求不仅可以被超前了解,也可以有了超前满足的可能性。这对电商企业而言无疑是一次需求发现的革命性进步和业绩提升里程碑式的跨越。对用户而言,这种建立在信息收集"知情同意"隐私规则上的贴心服务会获得前所未有的"尊崇"满足和"畅享"体验。但是,潜存于"知情同意"和"贴心"之后的隐私风险,却往往被有意无意地忽略。一方面,用户太喜欢和习惯这样的智能服务了;另一方面,"一些应用已成为生活和工作的基本条件,数据主体没有真正的自主选择权,只能被动地同意格式化的隐私政策";"同意只是现有构架中形式性的选择自由,实质性的数据自决并没有被嵌入大数据模式"。[2]这就意味着看似行之有效的"知情同意原则,在真正的实践过程中意思表示长期处于不真实、无法到达的状态,告知与真实的知情之间存在着不小的鸿沟"。[3]

智能技术的贴心服务还表现在无人服务的推广上。社会是由各种繁杂多样的群体组成的,而个体是群体组成中的最小单位。身份识别就是从群体中,识别出具象的个体。无论是社会治理,还是商业推广,群体的存在状态当然是有价值的,但在智媒时代,更有

---

[1] 吴军:《智能时代——大数据与智能革命重新定义未来》,中信出版集团2019年版,第58页。

[2] 刘泽刚:《大数据隐私权的不确定性及其应对机制》,《浙江学刊》2020年第6期。

[3] 范海潮、顾理平:《探寻平衡之道:隐私保护中知情同意原则的实践困境与修正》,《新闻与传播研究》2021年第2期。

价值的是个体状态。只有准确识别个体的真实身份和具体需求，对应的以"无人服务"为主要形式的智能服务才能真正展开。从20世纪70年代开始，美国、德国、英国等国家的研究者开始将"无人驾驶"的概念付诸具体的实践。以无人驾驶为代表的无人服务开始成为社会持续关注的热点问题，而今，这种理论创想正在逐渐变成生活现实。与无人驾驶伴随的，则是一系列由智能机器人提供的无人服务形态：无人机、无人门禁、无人支付、无人商店、无人旅馆……也就是说，在不久的将来，无人服务将成为智媒时代的一种生活常态。

无人服务的前提是身份识别，即从某个群体复杂多样的个体中，识别出具体的服务对象以提供满足其需求的服务内容。如果不能提供身份识别，无法想像无人服务将陷于何种窘迫混乱的境地。同时，对现代公民而言，则必须主动去适应无人服务时代的到来，可以这样说，以智能生物识别设置为标志的智能设备的身份识别是开启无人服务的前提。"到了智能时代，机器的智能水平足以为我们提供各种个性化的服务，同时能够做到成本和过去的标准化服务相当。这使得我们在今后可以享受到个性化为我们带来生活的巨大改善，那是今天所谓富有的上层人士才能享受到的生活。"[1]与此相对应，一个现代公民要顺利融入智能时代的生活，也必须习惯智能设备对日常工作生活的全方位介入。无论是主动，还是被动，人们都会接受智能生物技术对自己身份的识别，而这种识别伴随着一系列的人性化服务，所以会令被识别者心存愉悦，而难以意识到其中潜藏的风险。

---

[1] 吴军：《智能时代——大数据与智能革命重新定义未来》，中信出版集团2019年版，第330页。

二、无感识别可能导致的隐私侵权

智能生物识别技术最初的应用是在公民有感状态下进行的。指纹识别和人脸识别是最早和最广泛应用的智能生物识别技术。指纹识别需要人们手指接触识别器才能产生识别效用,而人脸识别则需要人们面对镜头或通过某个规定的区域才能准确识别。这些识别的方式都会令个体比较直观地意识到外在物对自身辨别认证的过程。随着物联网技术的快速发展和各类传感器的广泛设置,人们暴露于服饰之外的身体部分则随时都有可能成为智能生物识别的对象。同样是人脸识别,进阶的人脸识别技术在高清摄像头的加持下,可以在当事人没有感知的情况下方便地拍摄主体的不同侧面影像,并结合传感器收集到的个人活动轨迹,对当事人的行为进行分析。无论是当事人的生物特征本身,还是结合传感器对收集到的数据进行分析后产生的行为轨迹等,都是一个人重要的隐私。而在这个过程中,个体往往对这个过程无法以传统的经验感知。研究表明,"尽管人脸识别在日常生活中被广泛使用,受访者却无法通过语言叙事来回忆,因此访谈者不断以追问提问等方式来激发其回忆使用经验,而被访者的'沉闷'则揭示出技术的'无言'状态。这是因为技术作为静态的物质没有言说自我的能力,使用者处于'日用而不知'的状态,无法自如地讲出使用经验。人脸识别之所以'无言',还因为它消融在媒介环境而不被察觉"。[①]

随着智能生物识别技术的快速发展,智能识别不仅可以应用于现实世界——通过与人直接接触进行生物识别,还可以应用于虚拟

[①] 宋素红、陈艳明:《人脸识别中的"媒介化身份"——基于信息主体对技术使用与风险感知的角度》,《当代传播》2023 年第 6 期。

世界,即,通过对人们留存于网络世界的活动影像和图片进行非接触性的生物识别。数字化社会的到来和智能手机的普及让人们切实感受到了网络带给人们的诸多便捷,数字化生存成为现代人生存方式的一种真实表达。人们寄身于网络世界,借助简单方便的行为完成网购、外卖等曾经复杂繁琐的生活日常,也通过阅读、分享、聊天完成着相应的社交生活。在这个过程中,留存在网络世界中的图片影像则成为智能生物识别的重要数据,而所有的这一切都是在人们无感的状态下进行的。

从智能生物识别技术的快速进展中,我们还可以作出这样的预期:人们留存于网络世界的数字化痕迹,在目前尚未真正进入到可以用来进行生物特征识别的应用阶段,但不久的将来,个人的打字速度、鼠标点击力度、观点表达习惯、浏览兴趣、关注重点等看似与生物特征无直接关联的数据,也会在无声无息之中,被纳入智能生物识别技术的数据库中,成为识别和确认个体的重要指标,并与诸多不同的数据进行分析比对,以得到更多的个人隐私。无感识别的最大风险是隐私主体"不知情"。早期的指纹、人脸识别是在有感状态下进行的,所以客观上会让隐私主体产生"知情"之感——至于是否同意则另当别论。这种"知情"可以让其有一定程度的"自决"选择,也可以同时采取适当的防备措施。无感识别则令隐私保护基本原则中的"知情"和"自决"的链条整体失效。

三、失范识别存在的故意侵权

智能生物识别技术作为一种高新技术,在现实生活中有着广泛的应用前景,但是,由于法律的规制无法跟上技术的发展速度,所以失范应用行为较为普遍。"从技术上看,自动感应设备设施的大规模应用、可穿戴设备、仪器的普遍使用,大量个人隐私信息的自动采集、生成,高效快捷传播和智能化、自动化处理,使个人隐私信息更容易被泄露,被不法人员非法使用或者进行非法的商业交易、传播。"[1] 智能技术失范应用在具体实施中会有不同的方式,也存在于应用的不同阶段。2019年8月30日,一款名为ZAO的人工智能换脸软件在微信、微博等社交媒体上迅速受到网民关注。该软件的主要特点是用户只需要一张正脸照片,就可以将视频中的人物替换成自己的脸。通过这种简单操作,网民可以方便地代入到某种场景中,完成自己角色替换的心愿。这样的操作手法极大地满足了用户的好奇心,于是"换脸"一时成为热点,好奇者纷纷以"换脸"的方式沉浸在想像的情节中间,享受着不同人物角色带给自己的丰富情感体验。但是,人们很快对这款智能软件中存在的问题产生怀疑:第一,原视频制作者的版权问题如何保护?第二,应用软件中隐私规则的相应规定是否存在背离"隐私自决"的基本原则的问题?这里暂且不讨论未经他人许可修改使用他人视频作品可能侵犯他人著作权的问题。稍加分析,就可以发现,这款软件的隐私规则存在着严重的缺陷,如软件的隐私规则规定"在您上传或发布用户内容之前,您同意或确保实际权利人同意授予'ZAO'及关联公司以及'ZAO'用户全球范围内完全免费、不可撤销、永久、可转授权和可再许可的权利,包括但不限于可以对用户内容进行全部或部分的修改与编辑……"这种"永久""可转授权""免费""全球范围内"的表述,充满着霸王条款的意味。尽管在网民的强烈抗议和相关部门的干预下该条款很快作了修正,但其前期隐私规则草率规定的本

---

[1] 董新平、叶彩鸿、蒋怡等:《物联网环境下个人隐私信息保护体系建设研究》,人民出版社2018年版,第6—7页。

身，就从一个侧面说明不少智能技术应用中相关组织和个人存在的对隐私权利的漠视。

令人关注的是，2023年7月，一款名为"妙鸭相机"的AI拍照小程序再次风行。它可以根据用户上传的照片，为用户生成专属的、类型丰富的AI照片，包括清新、时尚、复古等多场景和多风格照片，还可以对相似度等进行调整。这款小程序应用的前提是用户需上传21张照片。令人担心的是，该小程序最初的隐私规则竟然与"ZAO"软件曾经备受争议的隐私条款十分相似，尽管后来其在社会的广泛质疑后作了改正，但用户对自己上传的信息（照片）是否会另作其他用途（模型训练）并不清楚。

频频发生的类似事件不断提醒着人们两个基本的事实：第一，智能技术正在以前所未有的速度快速发展，但这些网络应用的设计者在潜心于技术安全的同时，却总是有意无意忽视了隐私规则的合规性和科学性问题。令人眼花缭乱的智能应用在满足人们好奇心的同时，存在着诸多的隐私泄露风险。第二，尽管随着人们主体意识的提升和法律意识的增强，隐私保护意识也在显著提高，但面对新奇复杂的智能技术应用和过于专业化的隐私规则，人们依然会常常陷于隐私的技术困境中。

如前所述，由于大量网民在隐私意识没有高度觉醒或人工智能技术还没有成熟之前，在网络中上传了大量个人的照片和影像，而网络上"不可删除"的特征又无法让这些图像数据真正不留痕迹地"被删除"，这为某些网络商家实施失范行为留下了巨大的可能性空间。例如Facebook可以在用户毫不知情的情况下对用户上传的个人人脸图片进行识别，通过与数据库进行比对从而进行个人身份的确认和其关系网络的展现。除此之外，公民个人信息也在被第三方组织共享而不需要通知到个人[①]。如果这种借助人工智能技术失范使用公民数据的行为任其泛滥,将对公民的隐私权利构成严重挑战。至于一些人通过智能生物识别技术恶意假冒、伪造公民的身份从事违法犯罪行为,由于是非界限比较清楚,这里就不再讨论。

四、不当应用导致隐私主体身份被复制

数字化社会中,为了顺利完成各种类型的社会活动,公民除了具有自然人格外,还必须拥有数字人格。"许多学者指出,数字媒体(尤其是互联网)颠覆了许多文化所珍视的观念,比如每个身体中都包含一个自我。数字媒体似乎把自我和身体截然分开,造就了一种仅仅存在于行动和语言中的无实体身份(disembodied identities)。新媒体的可供性为探索和呈现自我以及他人提供了新的可能性。"[②]这种自然人格和数字人格的分离在当今社会是不可避免且十分必要的:数字化生存的现实决定了人们不仅需要现实世界的"在场",也必须随时在虚拟世界"在场",唯其如此,个体才能完整地认知世界,也被世界接受。在许多时候,数字人格在社会交往中更具有现实意义。这样的现实决定了当今社会每个公民都具有自然身份和数字身份这两种身份。基于生命体生物身份的唯一性,自然身份是无法被复制的。但是,依托自然身份产生的数字身份,却存在被复制的风险。

数字身份的复制目前主要存在两种可能的风险:第一,直接复

[①] 马克·罗滕伯格、茱莉亚·霍维兹、杰拉米·斯科特等:《无处安放的互联网隐私》,苗淼译,中国人民大学出版社2017年版,第80页。

[②] 南希·K.拜顾姆:《交往在云端》,董晨宇、唐悦哲译,中国人民大学出版社2020年版,第119页。

制,即通过公民留存于网络空间的图片或影像资料进行人脸、指纹的直接复制。伴随手机摄像头拍照能力的提升,拍照变成了人们一种司空见惯的行为,"剪刀手"的姿势频频被使用。实际上,公民拍照时随意使用"剪刀手"姿势的行为是存在一定的风险的,因为借助高清镜头,照片中的"剪刀手"可能会导致指纹被他人数字化复制。至于借助3D人脸动态方式等制作"假脸"或者通过"换脸"嫁接方式进行刷脸来盗刷银行卡等,则已有多起真实案例发生。第二,"伪造"复制。目前,人工智能技术中的"深度伪造"(Deepfake)问题已开始受到研究者的关注。"深度伪造"是由计算机"深度学习"(Deeplearning)和"伪造"(fake)两个词组合而成的。它是"通过自动化的手段,特别是使用人工智能和算法技术,进行智能生产、操纵、修改数据,最终实现媒体传播行为的一种结果"。[①] 目前学者们往往从虚假新闻、真实性等视角来关注智媒时代的"深度伪造"问题,其实除此之外,从宏观角度看,"深度伪造"与国家安全有"深度关联"。从微观角度看,"深度伪造"与公民身份复制存在密切关系。借助"深度伪造"技术,某些别有用心的人可以实现对他人数字身份的复制,从而实现其非法目的。

个人身份的识别对于社会的有序发展意义重大。在智能生物识别技术产生之前,个人自然身份的识别主要借助于可见和可触摸的方式进行,由于自然身份的唯一性,除了极少数(如,双胞胎等)特例外,自然身份被假冒或替代的情况较少发生。数字身份的产生及其在现实社会中的广泛应用,则让身份识别存在巨大的隐患。一方面,网络应用的日常化和5G以及未来6G技术的成熟,为智能

[①] 陈昌凤、徐芳依,《智能时代的"深度伪造"信息及其治理方式》,《新闻与写作》2020年第4期。

生物识别技术的推广准备了良好的技术条件。另一方面，随着手机等智能移动终端的普及，智能生物识别技术应用场景不断被制造出来。数字身份成了人们打开社会活动之门的钥匙，人们的学习、工作和生活日渐由线下转到线上，形成线下线上广泛互动且不断趋向线上的状态，于是，数字身份的潜存风险开始呈现扩大化的趋势。"扩大生物特征的范围将使得远程和自动监控一个人的所有活动成为可能，在法律上没有限制生物特征的地方，人们总是肆意地扩大生物特征概念的范围，对网络的监控、公共场合闭路电视的使用、谷歌地球的使用、对声音模式和群体行为的监控不减反增，而且使得大众慢慢适应了这种普遍而不负责任的偷偷摸摸的监控，这种定量监控置个人与社会于不安的境地。"[①]

第三节　智能生物识别技术对主体的操控

一、对意图的窥探

人的身体由意识（意图）和物质（肉身）组成，从而自主地存在于这个世界。在生命体正常的活动期间，肉身总是通过接收意图的指令然后做出后续的行动。在相当长的时间里，人的主观意图很难通过外在的仪器设备来进行窥探。心理学科在这个方面曾经作过长期的努力，并产生了有一定主观意图预测能力的成果，测谎仪可算作是其中较为成功的成果之一。但是，测谎仪的主要功能在于在

[①] 〔意〕帕特里齐奥·肯佩斯编著：《生物特征的安全与隐私》，陈驰、翁大伟等译，科学出版社2017年版，第272页。

一定准确度的基础上,判断一个人主观意图表达的"对(真)"或"错(假)"。这种判断是对一个人现在或过去行为的判断,却无法主动预测当事人未来将会产生何种意图(即,将会如何行动)。智能技术却可以在主观意图的预测上有所作为。主观意图实际上是一种深层隐私,隐私主体对此总是守口如瓶并严加保密,但在智能技术面前,却无法做到秘而不宣。

密布于人们生活周边的智能传感设备,不仅可以记录和分析个体的客观数据,如心跳、血压等,还可以据此推断人的主观意图。比如,某汽车销售商店为增加销售收入,专门安装了智能人脸识别视频探头,该视频探头对应的传感器甚至可以直接判断进入店铺顾客的情绪是否"平静"。如果顾客在相同类型的销售商店进行比价后进入下一家商店,后续商店的销售人员可以比较清楚地通过该设备预知顾客的关切所在——尤其是对价格的敏感度,从而采取有针对性的销售策略。智能传感器特别是智能家居在我们生活中的大量出现,一方面给我们的生活带来了极大的便利,另一方面也为窥探我们的主观意图提供了极大的可能性。"如果说在早期的网络时代,'没人知道你是一只狗',那么今天的情况正好相反。互联网基于我们的网上行为所透露出来的内在偏好和选择模式,……精确找出有迫切需求的群体,并向他们兜售虚假承诺的广告。"[①] 说"兜售虚假承诺的广告"也许言过其实,因为绝大多数广告并不会虚假承诺,但确定消费者的"迫切需求"却正是智能机器的基本功能。这样的行为已经变得司空见惯。"技术的先进性使其对用户喜好、用户资料的抓取是全方位且相互关联的……在立法缺失的情形下,使

---

① 凯西·奥尼尔:《算法霸权:数学杀伤性武器的威胁》,马青玲译,中信出版集团2019年版,第73页。

应用的'可控'与'向善'难于保障。"[①]

在信息传播中，智能设备被广泛地应用于信息推送，即，借助算法进行信息到用户的选择与推送。算法最核心的功能就是借助用户过往的信息接收兴趣，预测其主观喜好并加以满足。有研究者认为，"比如谷歌、亚马逊和脸书这样的互联网巨头，它们为自己的业务量身定做的算法价值高达数十亿美元。数学杀伤性武器是个深不可测的黑盒"；"不透明、隐形成了这类模型的规则，清晰、透明的模型倒成了例外"。[②]也就是说，借助算法隐秘地进行用户意图窥探是互联网巨头开展业务的常规手段，而这种常规手段实际上会严重冒犯公民隐私，成为一种"数学杀伤性武器"。

二、借助行为暗示培养成瘾性

美国的互联网活动家伊莱·帕里泽曾经敏锐地注意到谷歌公司在 2009 年 12 月 4 日贴出的一篇文章，其标题是："每个人都有个性化的搜索"。经过长期的观察思考后，她得出的结论是"你得到的结果是谷歌针对你个人建议的最佳网页，而别人输入相同的关键词，得到的结果可能截然不同。换句话说，再没有放之四海而皆准的谷歌（搜索结果）了"。[③]从这一天开始，谷歌开始使用 57 种"信号"来猜测用户身份、用户喜好并提供相应服务。这样的努力让我们逐渐进入了"我们塑造工具，工具反过来塑造我们"（麦克卢汉

[①] 栾轶玫：《人机融合情境下媒介智能机器生产研究》，《上海师范大学学报》（哲学社会科学版）2021 年第 1 期。

[②] 凯西·奥尼尔：《算法霸权：数学杀伤性武器的威胁》，马青玲译，中信出版集团 2019 年版，第 8、19 页。

[③] 伊莱·帕里泽（Eli Pariser）：《过滤泡：互联网对我们的隐秘操纵》，方师师、杨媛译，中国人民大学出版社 2020 年版，第 3 页。

语)的复杂生活状态。更令人担心的是,人们对"工具反过来塑造我们"并没有持足够的戒心,甚至在许多时候是心甘情愿地接受这种塑造的。随着人工智能技术的快速发展,基于用户过往行为习惯而做出"预测"进而实施"引领",开始成为数字社会的一种普遍行为。"预测"主要基于已有数据的整合分析。在公司下班时间,用户习惯性地打开叫车软件,乘车地点被自动定位并不稀罕,目的终点被准确预测则令人在惊喜之余,更多的是惊吓。这样的"预测"已经真正窥视到了用户的主体意图,有着严重的隐私被冒犯的隐忧,然而,在现实生活中,几乎没有人会拒绝这种"预测"。"引领"则是人工智能的又一大功能,基于对个人收入水平、消费习惯、阅读习惯的分析,智能机器会适时"猜你喜欢",进而推荐相应的物质或精神产品,暗示用户:"这是适合你身份的消费行为",这成了操控公民身心最贴心的话术。建构主体理想的身份形象,然后引导主体采用各种方式型塑这种形象,已经成为智能生物技术的一大追求目标。

营造成瘾环境则是智能生物技术在发挥"引领"作用时的一项重要技能。只是这项技能在发挥作用的过程中"润物无声",令人难以觉察。"数以百万计的人对他们的智能手机上瘾,就像任何一种毒品一样,这种智能手机产生了无限的刺激欲望。智能手机的运行方式与自动投币售货机非常相似,它以警报、新闻、推特和文本的形式提供间歇的奖励,所有这些都会让人们不间断地查看下一次的社交网络活动。给予我们 iPhone 和 iPad 的史蒂夫·乔布斯拒绝将这些设备送给他自己的孩子,因为他清楚这些设备具有让人上瘾的特性。"[1] 从"戒瘾"到"培养成瘾性",贯穿其间的关键是商业逻辑。

---

[1] 〔美〕艾略特·阿伦森、乔舒亚·阿伦森:《社会性动物》,邢占军、黄立清译,华东师范大学出版社 2020 年版,第 127 页。

成瘾性在相当长的时间里一直被作为生理问题或心理问题对待，如，烟瘾、网瘾、毒瘾等都被视作生命体的异常生理和心理表现。医疗机构也将"戒瘾"作为一种重要的治疗手断。进入智媒时代，"成瘾"却成了某些电商企业借助智能技术刻意追求的目标。从标题党吸引眼球的常规手段，到短视频耸人听闻的声音镜头，电商企业从用户接收兴趣（内容）、接收习惯（时长、编排）等诸多方面进行深入研究，以求在技术上培养用户长期停留在电脑（手机）界面上的习惯：海量有趣的信息链接、无限的滚动设计以及个性化需求的满足等，都令人欲罢不能。通过对网络成瘾环境的营造，电商企业尽最大可能把用户留在网络上。从本质上讲，电商企业营利的主要手段，是剥削用户的时间，通过用户在网络上持续的点击浏览，来提升流量、获得广告商的青睐，从而获取利益。

智能生物识别技术在培养用户"成瘾性"的过程中有着不可或缺的特殊作用。智能生物识别技术借助密布于生命体周边的传感器，收集特定用户的接收习惯，借助对个体神经系统和生理系统在不同信息刺激下的对应变化，分析其动机、兴奋点和失焦期，预测其后续行为，从而向其推送相应的应对方案。成瘾性的养成是人工智能技术应用进展的标志性成果之一。从隐私保护的视角分析，我们最关心的是这种技术进展的动因及后续影响。商业逻辑当然是关键动因，但问题是，在数字化社会，身体数据收集的风险还不会仅仅停留在最初的商业逻辑上。当单个生命体的有限数据聚合在某个或若干个电商巨头手中，形成一个庞大的"数据王国"时，成瘾性则可能成为电商企业牟取额外利润的重要手段，而个体隐私失控的不安可能会上升为整个社会的担忧。"网红经济""粉丝经济"的流行则更让人们隐隐担忧自己被操控后未来可能存在的风险。当然，在现实生活中,也有用户采用对新技术"反向规训"的方式来对抗这种"成瘾性":"受众对算法逻辑的参与最深的层次是故意将自己的偏好、兴趣投喂给算法以实现对算法的反控制和反规训,这种反噬意味着受众努力将主观意图凌驾于机器意图之上。常见的反向诱导方式是给予不喜欢的内容以较高的'观看完成度'。观看完成度是指受众脱离算法给定的参与版块(例如,'不感兴趣''取消关注''收藏'等),通过自身有意识的行为和个人主动性产生新的微权力。"[1] 这种反向规训的做法不仅可以对抗"成瘾性",也可以在一定程度上模糊技术对个人兴趣需求的精准掌握,遗憾的是,有这种主体意识和技术能力的用户在现实生活中还是少数。

三、信息诱惑

信息诱惑是智能生物识别技术对身体常见的操控手段。智能时代,借助越来越成熟的大数据技术,对用户隐私进行深度挖掘和整合,形成有价值的整合型隐私,并在此基础上展开商业行为,这已经成了一种商业常态。作为一种新类型的隐私,整合型隐私对探究隐私主体的内心需求,开始商业推广进而获取商业利益具有重要价值。

"个性化服务"是许多电商企业重要的营销口号,一些用户也在周到的"个性化服务"中体会到了贵宾般的尊荣。事实上,这样的"尊贵"体验极有可能是以付出巨大的隐私代价作为前提的。物联网的出现使个人隐私数据的采集、生成、传播和处理分析不一定

---

[1] 张萌:《从规训到控制:算法社会的技术幽灵与底层战术》,《国际新闻界》2022年第1期。

需要人工的有意、技术性操作,而是自动采集、自动生成和高效快捷传播及智能化、自动化处理,这种信息流的颠覆性变革,使信息作为一种可开发资源具有更大的经济和社会价值,人们不再需要事先策划"算计",也不再需要高技术性加工处理就能获得高质量的"原始性"的个人隐私信息,并用之来进行资源开发,获得巨大的经济回报。[①]在万物互联的时代,这种场景正在成为一种常态。"个性化服务"的前提是对用户进行"精准画像","借助物联网、大数据等技术,人工智能的整合和分析能力得到极大的增强,能够轻易地描绘出用户的完整画像"。[②]也即是通过对智能技术挖掘到的用户数据进行深度整合,分析其个人喜好、行为习惯、消费能力等,从而制订个性化服务方案,而上述用户数据主要以用户的整合型隐私为主。只有这些具有明确个体指向的信息,才真正具有商业价值,才能与"个性化服务"对应,实施"精准广告"的推送。在现实生活中我们会发现,一个习惯于购买二百元左右价位服装的用户,收到二千元价位服装广告的概率极低;一个快时尚服装品牌的用户,也不太可能收到民族风服装的广告,其背后的原因,就是因为所有的网络用户都已经被智能技术"精准画像"。换句话说,每个用户在智能技术面前都已经成为"透明人"。在不经意间,他们已经被日常的网络行为型塑成某种类型的用户并通过"贴标签"的方式被不断强化。

"精准广告"以预判用户需求为导向,然后根据其消费能力,提

[①] 参见董新平、叶彩鸿、蒋怡等:《物联网环境下个人隐私信息保护体系建设研究》,人民出版社 2018 年版,第 5 页。

[②] 郑志峰:《人工智能时代的隐私保护》,《法律科学》(西北政法大学学报)2019 年第 2 期。

供基本符合或略有超越用户设定标准的"生活场景"供其选择。与之对应出现的精美广告可以较好地将个人注意力定格在个人需求的满足上:通过虚拟的场景与身份的描绘,如,出行方式、购物环境、聚餐场所等,来进行现实身份和虚拟身份的互换,激发人们的需求欲望。从人的基本心理需求看,渴望"进阶",从而拥有、享受更加美好的生活是一种正常的心理状态。只是这种渴望能否成为现实,在多大可能性上会成为现实,则会变成一个问题,"精准广告"则在一定程度上会成为让这种渴望得到满足的驱动力。

四、需求创造

需求创造是智能技术对身体操控的一种创新手段。如果说信息诱惑是致力于对生命体追求美好生活渴望的激发的话,需求创造则是智能技术致力于建构生命体的生存担忧,借此寻求用户黏性的提升和更高商业利益的获取。

对疾病的担忧显而易见是生命体最为普遍的生存担忧,于是针对隐疾监控和预测的智能传感设备开始大行其道。从智能手环到智能怀表,再到集大成的智能穿戴设备,个体的一举一动时时处在智能设备的全面监控之中。而一些辅助的监测设备,如智能马桶等,则在另一个层面对个体进行身体监测或者说窥视。这些智能传感设备不仅用极具"科学性"的图表、数字赢得了用户的信任,还会附加科学标准以备用户随时比对从而及早发现问题。他们还会随时提醒着被监测对象身体可能存在的问题并会适时提供"全面解决方案"。于是,人们的饮食起居和生活习惯开始导入由智能设备设置好的"科学生活"之中,自由的生命活动开始被智能机器绑架,"一旦我们放弃对自己意识的和神经系统的掌握,它们就会受到那些唯利是图的人的摆布,到时候我们就真的什么权利也没有了"。①这样的话,与其说是预警,不如说是对现实生活的一种客观预测。

  身体缺陷的修正和对完美容貌的追求则是智能设备对生命体的另一种引领。对美的追求是人的一种本能。达尔文曾经送给南美火地人(亦译为"佛伊哥人")一块红布,却发现他们没有将其缝制成衣服,而是将其撕成布条装饰在四肢上,可见原始民族保存着纯朴的对美的天然性追求。这种追求基于两种效用:引人羡慕或使人畏惧,即,引人与拒人(恐吓他人以使自己免遭侵害)。当"战争的利器日精"而无须用饰物"拒人"时,呈现美的饰品的主要功能就是"引人"了。②可见,对美好的外在形象的追求是人的一种天性,智能生物技术在推广中正是利用人们对美好追求的天性,以有效实现其商业价值。

  当今社会,减肥风潮狂飙突进,这种风潮的兴起一方面当然有社会生活富足导致肥胖人数增多的原因,但是也有部分原因是大量的生物算法和移动应用不断地在告诉你"超重了",必须"坚决""果断"进行减肥。一些并没有真正医学基础的智能算法和应用不断地向个体暗示其身体的肥胖正导致健康和形象问题,而解决的办法是用"科学手段""让自己体态轻盈起来"。与这种风潮相对应的是各类美颜产品尤其是美颜相机的流行。美颜相机拍摄的照片影像可以让生命体陷于貌美如花、帅气逼人的虚幻满足中。而走出虚幻的世界,在真实的镜像面前审视自己时,让自身形象变得美丽的愿望就变得异常迫切起来,于是,对自己身体的不满变得愈加

---

① 〔美〕尼古拉斯·卡尔:《数字乌托邦:一部数字时代的尖锐反思史》,姜忠伟译,中信出版社2018年版,第123页。

② 林惠祥:《文化人类学》,商务印书馆2011年版,第384—392页。

严重。广告商"所灌输的心理动机就是要治愈对于自我的怀疑"。[1] 对身体日常性的怀疑和对美好身体持续性的追求导致个体不断陷于焦虑和对焦虑的化解中。智能传感设备的功能由此也得到了更多开疆拓土的机会。

第四节 拥抱还是拒绝：智能生物识别技术的适用之惑

一、社会进步中的智能生物识别技术

纵贯科学发展的历史，我们会发现，每一项具有里程碑意义的技术进步，都会带来人类的生存困惑，这在技术进步的初期尤为如此。当年蒸汽机的发明曾经引发社会性恐慌，英国的预言家和批评家曾经非常悲观地解读"机器问题"，并将其上升到"人性泯灭"和"国民品格"的高度，但技术的进步及其相关配套的完善最终使蒸汽机技术达致"科技向善"的目标。媒体技术的发展也经历了类似的过程："广播、电视、电脑、短信、谷歌和PowerPoint——都被指责让我们变得懒惰、不那么聪明、缩短了注意力广度、破坏了我们的社会生活。然而，我们的认知能力在电视、漫画书和其他技术迅速发展的几十年里得到了蓬勃发展，青少年的犯罪率却在下降。技术将继续迅猛发展，并改变我们的生活方式，最好的反应不是哀叹这一事实，而是学会明智和适度地利用我们的技术设备。"[2] 明智对待和适

---

[1] 〔加〕尼约翰·奥尼尔：《身体五态》，李康译，北京大学出版社2010年版，第83页。

[2] 〔美〕艾略特·阿伦森、乔舒亚·阿伦森：《社会性动物》，邢占军、黄立清译，华东师范大学出版社2020年版，第129页。

当利用，这应该是现代公民对新技术到来持有的基本态度。

智能生物识别技术的推进给人类社会的生存发展带来了巨大的福音。随着数字化时代的到来，数字化生存成了现代人一种基本的生存方式。现代人作为行走的数据库，不仅享受着数字化生存方式带给自己的诸多便利，自己也成为数据生产的源头，并被借此关联着整个网络世界。正如相关学者总结的那样，我们在使用谷歌等网络服务表现出来的兴趣和浏览痕迹，实际上反过来成了其向我们推送信息的依据。"新互联网的基本核心程序实则非常简单。新一代的网络过滤器通过观察你可能喜欢的事物——你实际做过什么或者和你相似的人喜欢什么——试图推断你的好恶。它们是预测引擎，不断创造和完善着一整套关于你们的理论：你是谁，下一步会做什么，你想要什么。这些引擎一起为我们每个人打造了一个独特的信息世界——我称为'过滤泡'（filter bubble）——这从根本上改变了我们接触观念和信息的方式。"[1] 这样一种互为因果的关系，则让人深陷于过滤泡之中难以逃逸。依据大数据技术发展的智能生物识别技术，则继续着这样的循环。其进步性表现在智能生物技术可以识别具有唯一性的个人生物信息，所以"服务"会变得更为"精准"和细致入微。这种个性化的"精准服务"确实给现代社会的文明进步提供了巨大的助力，也给个体生命带来了极大的便利和舒适体验。人工智能"毫无疑问，这是一场革命，一种完全的变革，它将在今后几年甚至几十年内极大地影响我们，并且将从根本上改变所有的生活领域"，"成为我们解决所有全球任务的巨大帮手"。[2] 新冠疫情的

---

[1] 〔美〕伊莱·帕里泽（Eli Pariser）：《过滤泡：互联网对我们的隐秘操纵》，方师师、杨媛译，中国人民大学出版社2020年版，第8页。

[2] 〔德〕乌尔里希·艾伯尔：《智能机器时代》，赵蕾莲译，新星出版社2020年版，第398、404页。

防控以及与个人生物信息密切相关的健康码的推行,是智能生物识别技术在我国社会治理中的一次标志性的实践,这可以成为我们体认人工智能技术价值的重要节点。

我们的困惑是,当陷于个人数据提供和技术精准服务的过滤泡里后,我们是否还可以真正拥有人的尊严?换句话说,我们的个人隐私被智能生物识别技术精准挖掘、全面整合以及有效和泛化使用后,我们是否还能坦然接受这种服务?当我们的生物信息通过样式繁多的智能生物识别技术识别,最终成为公共数据库中一个个冷冰冰的数据时,作为生物性的自然人的生命意义何在?尤为重要的是,个体作为独立的主体,其主体性的价值如何体现?

二、从显性到隐性的隐私风险

智能生物识别技术的社会意义和经济价值不言而喻,但这并不意味着这种技术应用完全可以放心大胆地应用。事实上,该项技术在推广应用过程中可能存在的隐私风险值得我们高度关注。

智能生物识别技术的显性风险已经开始深刻地困扰着现代人。"在这个充满了可摄取物、可移植物和因人而异的营养品时代,人类比以往任何时候都更重要。在已经收集的初期大数据的背景下,保持匿名,去除识别信息并避免被重新识别明显变得尤其困难。"[1]尤为令人担心的是,个人的生物特征隐私具有唯一性和终身性特征,一旦受到侵害,就不可能得到真正意义上的法律"救济"。个人的受骗经历、私密日记等隐私信息一旦受到侵害当然会导致隐私主体

---

[1] 〔美〕马克·罗滕伯格、茱莉亚·霍维兹、杰拉米·斯科特主编:《无处安放的互联网隐私》,苗森译,中国人民大学出版社2017年版,第65页。

权利受损，但这种伤害性后果可以通过要求道歉、赔偿精神损失费等法律救济手段得以补偿，属于非永久性的伤害。而个人的虹膜、指纹、声纹、脸部特征等具有唯一性和永久性，一旦受到侵害，伤害是永久性的，无论如何都难以得到真正意义上的法律"救济"。"原因是生物特征提供了一种唯一的连接关系，这种关系在理论上与相关的人是持久不可改变的。这是在滥用情况下高发的问题，例如身份盗用或者是将生物特征数据重用于在数据采集时未设想的方面。因为这种唯一的连接关系，生物特征数据也可以用做一个通用的标识来从一类或多种信息源中连接相同数据主体的信息。此外，生物特征数据也可以去识别一个人。最后也是很重要的一点，生物特征数据也可能泄露敏感信息。"[1]以目前较为流行的刷脸支付、刷脸开门为例，人脸上特有的生物特征信息构成了传统意义上的密码，一旦失密（即，生物特征信息受到假冒、复制等形式的侵害），就无法通过"修改密码"的方式得到救济。也就是说，这些生物特征的拥有者可能会因此被迫永久失去使用自己这些生物信息的权利。并且，这种"失密"还可能因为滥用者盗刷银行卡等行为导致隐私主体经济利益的严重损失。这种在传统的隐私侵权中发生概率极小的事件，在智能生物识别技术导致的侵权案件中，会产生难以预测的损害性后果。

智能生物识别技术的隐性侵害需要有更加长远的观察时间。著名科学家霍金和美国太空探索技术公司掌门人马斯克对人工智能技术的开发和进步长期持消极的态度：人工智能可能会毁灭人类文明。客观地说，在极致状态下，例如，没有提前研发相应的制衡技

---

[1] 〔意〕帕特里齐奥·肯佩斯编著：《生物特征的安全与隐私》，陈驰、翁大伟等译，科学出版社2017年版，第289页。

术，如果出现能够自主思考的超级智能机器人，且这种机器人掌握在非理智的组织或个人手中，"毁灭人类文明"这种情况是有可能会发生的。但我们相信，从技术进步的历史演进来看，对人类构成挑战的先进技术和制衡挑战的先进技术在理性社会和群体中总是呈现齐头并进的发展态势，且"科技向善"的道德原则一直作为主要技术原则被强调，法律法规的适时推出也以底线思维的方式，规制着人工智能的发展秩序，这些制衡的力量会占据主导地位。因此"毁灭人类文明"的极端状态发生的概率较小，但是，这并不能成为我们漠视人工智能技术尤其是智能生物识别技术可能伤害人类的理由。

智能技术宏观的乐观面向并不能成为我们放弃微观担忧的理由，因为微观的隐性的伤害在公民隐私领域已经大量出现，这是伴随着整合型隐私的出现而产生的持续的无感伤害。整合型隐私作为一种数字隐私，是对应人们的生物特征隐私而言的。在生物特征隐私侵权行为中，隐私主体会因为生理特征被曝光，私人生活被传播而及时感知伤害行为的存在并采取救济手段的，而整合型隐私的侵权往往是在无感中发生的，会产生无感伤害。"由于生物识别技术是一种实时技术，从语言到文字的转换几乎同步完成，主体很难经验到技术的存在"[1]，这也就意味着主体对隐私可能的伤害是无感的。无感伤害意味着伤害不能被及时感知，隐私主体无法及时采取救济手段，因此这种伤害会因为网络传播的特征而快速扩大。这样的风险必须被高度重视。

2018年8月，Facebook被曝出泄露数据丑闻：美国一家名为"剑

---

[1] 闫如坤、刘丹:《技术介入主体及其伦理规约探析——以生物识别技术为例》，《东北大学学报》(社会科学版) 2017年第1期。

桥分析"的心理咨询公司在美国总统大选期间，违规获取了8700万Facebook用户的信息，通过数据挖掘描绘用户画像，并预测和引导其行为。作为这一丑闻"吹哨人"，"剑桥分析"联合创始人兼数据科学家克里斯托弗·怀特在目睹文化、信息和算法如何被军队、政府和公司武器化，以破坏各地团结后，决定离开该公司，并开始和《卫报》《纽约时报》合作揭露丑闻，告知并警示大众："人们的身份和行为已经成为数据交易中的商品。控制信息的那些当今世界强大的企业，正在以过去无法想像的方式操控大众的思想。"他直接将揭露"剑桥分析"公司丑闻的书命名为《对不起，我操控了你的大脑》。他在书中这样写道："在剑桥分析任职期间，我近距离地感受到了贪婪、权力、种族主义和殖民主义。我看到亿万富翁试图把世界塑造成他们想要的样子。我窥见了我们这个社会最离奇、最阴暗的角落。身为吹哨人，我目睹大企业为了保住利润所做的肮脏之事。"[①]他这种刻骨铭心的体认和警示，确实值得全人类社会加以高度关注。

三、主体在技术风险面前的无力感

面对智能生物识别技术可能带来的隐私风险，作为主体的个人也会存有担忧，因而需要采取一定的手段进行自我保护。例如，在选择是否借助智能生物识别技术用于日常生活时，有人会采取相对谨慎的态度，如，我国"人脸识别第一案"中的原告郭兵，就是基于杭州野生动物世界收集使用其人脸信息的担心而提起诉讼的。在

[①]〔加〕克里斯托弗·怀利（Christopher Wylie）：《对不起，我操控了你的大脑》，吴晓真译，民主与建设出版社2021年版，第314页。

人脸、指纹等生物识别信息的日常应用时,人们也更多地愿意相信运作规范的大公司。"人们从媒介中感知技术风险,进而在使用场景中判断、评估使用风险,从而决定是否使用,人脸识别技术风险感知、评估和管理成为一个连贯的过程。"[1] 这种做法可以视作人们在智能生物识别技术可能带来的隐私风险面前的一种被动适应。

但是,就整体情况而言,作为个体的社会成员在面对智能生物识别技术的强大技术系统时是无可奈何的,有一种强烈的无力感。这是因为,一方面,智能生物识别技术已经成为一种社会的基础设施,个体要保护与社会的连接,参与到社会生活中去,必须借助智能生物识别技术这一通道。在某种意义上,这项技术已经成为社会的通行证,这种"通行证"的作用不仅作用于网络空间,也作用于现实空间。另一方面,智能生物识别技术确实也给人们的日常生活和工作带来了极大的便利。它不仅提高了社会治理者治理社会的效率,减低了商业资本运作的成本,提升了信息处置的速度,促进了人们工作效率的提高,也极大便利了人们的生活。总而言之,欢喜也罢,无奈也罢了,现代人已经无法摆脱智能生物识别技术对自己生活的深度介入。

---

[1] 宋素红、陈艳明:《人脸识别中的"媒介化身份"——基于信息主体对技术使用与风险感知的角度》,《当代传播》2023 年第 6 期。

第七章　身份何以确认：
数字身份的情景化识别

在隐私侵权案件的法定要件中，身份识别是一个重要的构成要件。如果隐私主体的身份不能被明确指认，隐私侵权就无从谈起。传统媒体时代的隐私侵权中，哪些要素可以构成身份识别（可指认）已经有了比较明确的共识。随着智媒时代的到来，对隐私主体身份的识别有了更多的手段，其中情景化识别已经成为一种常见的手段而在侵权行为中频频发挥作用。智媒时代，技术对人的识别日渐成为一种人机交互行为发生的前置条件，但由于技术方在识别能力上占据主动地位，权利主体逐渐失去了互动中的平等资格和参与能力。个人对黑箱识别行为的辨析和举证困难，导致了隐私权利的无力感，并催促着赋权行为从人机交互的现实处境中寻求解释。识别关系是复合多样的，单独以个人识别的身份视角为依据，难以回应智媒时代的隐私保护诉求，尤其是群体识别情景中对行为特征的区分及利用，已显示出挑战现有保护模式的可能性。"情景化识别"以"情景认定"和"识别检验"为核心，建立了从"身份对应"到"收集行为与伤害性结果"的侵权认定方式。

随着数字化时代的到来，公民的隐私信息开始从完整可寻，变得零碎难辨。当碎片化的数据可以经由技术整合形成用户画像，并描绘个人的心理图谱时,隐私侵权就进入新一轮的失控状态。论及失控的原因,既是因为碎片的信息是在用户许可或不知情的场景中被无感地收集,又是因为这些碎片数据无法凭借个人的理性和经验完成侵权指证,于是隐私信息侵权问题就不得不面对碎片信息的识别困境。随着《网络安全法》《民法典》和《个人信息保护法》的相继实施,对识别的理解有了更清晰的方向。依照《民法典》第1034条的定义,"个人信息是以电子或者其他方式记录的能够单独或者与其他信息结合识别特定自然人的各种信息,包括自然人的姓名、出生日期、身份证件号码、生物识别信息、住址、电话号码、电子邮箱、健康信息、行踪信息等"。其中,能够单独或结合"识别"特定自然人成为"个人信息"的核心特征。联系我国的《网络安全法》第76条第5款和《个人信息保护法》第4条,并参照欧盟《通用数据保护条例》第4条、美国《加利福尼亚州消费者隐私法案》相关条款可以判断,虽然对"识别"的理解略有不同,但能否实现信息和个人的对应(即,识别或关联),是世界范围内确认个体身份的共同标准。此时,信息化社会逐渐融合消弭了虚拟和现实之间的边界,流动在虚拟世界中的零散数据经由"识别"程序,与现实空间中的主体紧密相连,形成了肉身个体和数字化个体在"个人信息"层面的统一。个体的具体身份,也因此由隐身的数据,转而成为清晰可识别的明确主体。

将《民法典》第1034条与1038条结合起来看可以发现[①],"识别"行为在法律意义上存在"单独识别""结合识别""无法识别"

---

① 《民法典》第1038条提出了个人信息识别标准的豁免条款,"未经自然人同意,不得向他人非法提供其个人信息,但是经过加工无法识别特定个人且不能复原的除外"。

三种区分标准。其中,《民法典》将"单独识别"和"结合识别"的信息类型纳入到个人信息保护的范围内,而对"经加工无法识别"的信息设立豁免原则。基于这些分析,能否被识别既构成了"个人信息"成立的条件,也成为判断隐私信息侵权的条件。

第一节 传统媒体时代的身份识别

一、身份被识别构成隐私侵权的必要要件

从人类发展的历史进程看,农耕社会是典型的熟人社会,人们在这样的社会形态中,并不太多关注身份识别问题。而限于个人的活动能力、生存方式以及交通工具的缺乏,人们只能在有限的空间内活动。空间内的成员彼此朝夕相处,身份识别不会成为一个问题。随着工业社会的到来和人们活动范围的扩大,人际交往行为频繁发生,交往范围也不断拓展,身份识别变得十分重要。但由于交往行为的频繁发生和社会人口流动的活跃,身份识别并不容易。因此,不确定隐私主体身份的隐私泄露很难确认隐私侵权伤害性后果的存在。这也从一个侧面可以理解,为什么隐私权会直到1890年才被美国的两位法学者沃伦与布兰迪斯在其共同署名发表的《论隐私权》一文中正式提出。

在现代社会,隐私成了每个公民的人格符号和个性特征,主体因为隐私的存在而有了不同的生命体验。每个公民都有只属于自己的隐私,这种隐私可能是各不相同的生理特征,也有可能是大致类似的情感波折,或者是独具特色的人生经历。基于这个现实,在关于隐私侵权的判定时,只有被泄露的隐私使隐私主体的身份可以

被指认时，才算真正构成隐私权的侵害。如果隐私主体的身份不能被指认，尽管有隐私被披露，但仍不构成对隐私权的侵害。隐私主体的身份可以被指认之所以重要，是因为只有确定受害人的具体身份，隐私侵权中"精神痛苦"的伤害体验才可能真实产生。在人们的日常生活中，基于社会交往的需要会进行聊天寒暄，因此也会谈及类似受骗、失恋等情感经历或胎记、疤痕等生理特征，只要这些话题未触及具体的对象，即使谈话内容被他人听到，也不会构成隐私侵权。但是，一旦这些谈话内容与具体的对象相对应，只要未经当事人许可，公开这些信息就会导致侵权行为产生。实际上，隐私受保护的状态是当事人的隐私未被他人知晓和扩散的状态，亦即一种"宁居"的状态。

当事人的身份不被他人知晓识别，这是传播他人隐私但无须担责的前提。在中国社会关于隐私话题的讨论中，曾经有过几次由媒体引发的"隐私热"，但相关媒体和新闻记者并未成为隐私侵权主体，其关键原因就是报道对象（隐私主体）的身份不能被识别指认。20世纪90年代，《北京青年报》女记者安顿在《北京青年报》的《人在旅途》"口述实录"专栏刊发大量关于公民个人隐私的报道，后又结集成《绝对隐私》一书出版，引发了中国社会的第一次"隐私热"，但是，报道了公民隐私的《北京青年报》和安顿并未构成对公民隐私权的侵害，其核心原因就在于作者隐去了隐私主体真实的姓名、工作单位、地址等可以被指认身份的新闻要素。当时社会上也有一些人对安顿采写的这些人物经历有过质疑，认为其有"杜撰之嫌"，但安顿明确表示自己的采访有大量录音带为证，只是应当事人的要求"不可公开"。我们相信隐私主体"同意披露"自己这些隐私的前提条件也是"以不能被指认的方式"披露，也就是说，"隐私主体同意披露"也是有条件的。中国社会的第二次"隐私热"则是由一些电视台的"明星真人秀"节目和"草根真人秀"节目而引发的。电视台推出的这些节目,以"真人秀"的方式,呈现文体明星和普通百姓的生活日常。由于这种深入明星日常生活"贴身跟拍"的方式不可避免地会触及当事人的隐私(当然也有一些是编导专门设置的桥段),引发了全社会关于隐私的讨论。在这个过程中,隐私主体的身份是可以明确识别的,但媒体之所以未被认定为侵犯隐私权,是因为隐私主体主动放弃了对自己隐私权的保护,即同意媒体报道。放弃对自己隐私的保护,也是隐私主体行使隐私权的一种方式。因此,知情同意,在这里具有特别重要的意义。

二、隐私侵权构成要件的法律确认

法学研究者们在论及侵害隐私权的构成要件时,大都是适用民事侵权的一般构成要件。王利明教授认为,侵害隐私权的民事责任,必须具备侵权民事责任的一般构成要件,即侵害行为、加害人的过错、侵害行为与损害后果之间的因果关系、损害后果。同时确认相关行为"是否取得受害人同意"也很关键。[1] 张新宝先生认为,"国内外学者一般认为,侵害隐私权的侵权责任,是一种基于过错责任原则认定的一般侵权行为责任。因此,构成侵害他人隐私权的侵权行为,需要具有四个要件,即:侵权行为人侵害他人隐私权的具体加害行为;受害人受到的损害,其后果主要是精神损害;在侵权行为人的侵害行为与受害人的损害后果之间存在因果关系;侵权行为人在主观上存在过错"。[2] 他自己也基本赞成上述

---

[1] 参见王利明:《人格权重大疑难问题研究》,法律出版社2019年版,第654页。
[2] 张新宝:《隐私权的法律保护(第二版)》,群众出版社2004年版,第355页。

观点。与此相对应,一些新闻传播研究者在论及新闻侵害隐私权的构成要件时,虽然语言表述各有差异,但也基本适用了民事侵权的一般构成要件。曹瑞林先生认为,新闻侵害隐私权的构成要件包括:在新闻作品中披露了他人的隐私内容;报道的是与社会公共利益无关的个人私生活;行为人具有过错[①]。董炳和先生认为,"根据民法学的一般原理,新闻侵权作为侵权行为的一种,其民事责任的承担通常需要具备以下几个条件:①发生了损害事实;②损害事实与侵权行为之间存在着因果关系;③行为的违法性;④有过错;⑤无法定的免责事由"。[②] 综上所述,我们可以发现在侵害公民的隐私权的构成要件中,受害人可以被识别(指认)是其中不可或缺的要件。

参照民法学关于侵权责任构成的四个要件,我们认为讨论新闻信息传播过程中侵犯隐私权成立的条件时,也主要应该确认四个要件:第一,侵害隐私权行为的存在。侵权行为不是一种臆想的行为,应该是一种客观存在。在新闻信息传播的过程中,存在传播他人的隐私信息,则应被认为符合这一构成要件。第二,受害人身份可以被识别。只有受害人的具体身份是明确的,可以被识别指认的,受害行为才被认为是指向了具体的个体。第三,新闻信息传播过程中侵犯隐私行为导致了损害性后果的出现。这种损害性后果主要表现为隐私主体因为自己的隐私被泄露而产生精神痛苦,也可能同时带来财产损失。第四,行为人主观上的过错。在新闻信息传播的过程中,个别传播者可能会出于某种不同的原因而故意传播他人的隐私信息,但更多的则是因为过失(如未经核实、过于轻信等)传播他

---

① 曹瑞林:《新闻法制学初论》,解放军出版社1998年版,第338—345页。
② 董炳和:《新闻侵权与赔偿》,青岛海洋大学出版社1998年版,第173页。

人的隐私信息，但不管是故意还是过失，都应该承担相应的法律责任。这四个构成要件成为构成新闻信息传播过程中隐私侵权成立的四个彼此关联、缺一不可的核心要件。

三、新闻信息传播过程中受害人身份的识别

与日常生活中普通的人际交往中隐私权受到侵害不同，新闻信息传播过程中侵害隐私权的认定具有自身的特征。这种认定可以参照普通民事侵权的构成要件，但不宜生搬硬套。在这些要件中，受害人身份可以被识别显然是一个不可或缺的侵权要件。在新闻信息传播过程中，表明新闻当事人的身份是新闻传播的客观要求，也是一种常规的做法。当然，在涉及公民隐私等事实信息时，也会通过化名等方式隐藏当事人的真实身份，但只要当事人身份可以被识别，都会构成侵权。

在以下这个案例中，较好地说明了"受害人可以被识别"对于构成新闻信息传播过程中侵害隐私权行为的重要性。该案中的两位原告陈某与汪某系夫妻关系，家庭和睦、幸福，夫妻两人的工作单位也都不错，但一直未能生育儿女。结婚三年后，遇到住宅房拆迁需要自己找房过渡，两人便在城乡结合部借了他人的私房住下。期间经人介绍，领养了一位刚满月的女孩作为自己的养女。时间过得很快，转眼间其女儿已上三年级了，夫妻双方的老人均以为女孩是他们亲生的。此后不久，陈某自己感觉已有身孕，经医院检查得到了证实。在此情况下，两位原告商议后决定，为使养女今后能继续幸福快乐地学习和生活，不要因为有亲生骨肉而另眼待她，一致同意做人工流产。这年9月，陈某单位知道了这一感人事例后，撰写了宣传女性美德的演讲材料，并在陈某单位召开的妇代会上作了演

讲。在这份材料中隐去了陈某的名字,因此,听众并不知道该事迹主人公就是陈某。同年10月下旬,作为该案第二被告的徐某作为某报社的特约通讯员,在某单位上级部门开会时了解到这一情况后,根据采集的素材,又加了些他自己想像的情节,撰写了《失亲骨肉,视养女为宝》的文章,刊登在10月27日的某报(作为该案第一被告)上,引起了社会的强烈反响。由于报刊的公开报道,原告夫妻的姓名见之于报端。不少好心人出于关心,主动去询问他们的情况;平时有些隔阂的人,在背后指指点点;周围的邻居也议论纷纷。这个时候孩子已懂事,明白了自己的身世,哭着要找亲生父母。对此,两原告的压力非常大,陈某由于思想压力过重,曾想寻短见。事后,两原告向被告提出交涉但未果,遂向人民法院起诉,要求第一被告和第二被告消除影响,恢复名誉,赔偿精神和经济损失7万元,并给原告调换工作单位等。后经调解不成,人民法院作出如下判决:(1)两被告立即停止对两原告的名誉侵害;(2)两被告在判决生效后10日内,在作为第一被告的报纸上刊登向原告赔礼道歉的启事,内容事先需经法院审定;(3)两被告赔偿两原告精神和经济损失4万元人民币。

当然,由于本案发生时,隐私权还没有从名誉权中独立出来,所以该侵权案是以名誉权侵权案进行法律判决的,但并不影响我们对该问题的分析。本案中,如果某报不刊发原告的真实姓名,而使其不能被识别,就不会构成新闻侵害隐私权的行为。顺便说一下,在新闻信息传播过程中,经常可以看到隐去了一些新闻要素的所谓"新闻",这种隐去了真实的姓名、工作单位、地址等而写作"新闻"的做法虽然可以避免侵害隐私权或侵害名誉权之类的新闻侵权现象的出现,但另一方面,也容易给一些新闻写作者提供制造虚假新闻的可乘之机。我们耳闻过许多在社会上产生了巨大消极影响的那些假新闻，就是借用诸如张三、李四、王五、赵六，或A省、B县、C乡的形式出现的。可见，如何在避免侵害公民的隐私权和维护新闻的真实性中寻找平衡之道，确实是一个值得新闻从业者认真关注的大问题。

新闻信息中披露相关隐私时，只要当事人可以被识别，不管这种披露是出于什么目的，都构成侵害隐私权的行为。对此，我国法律界是经历过一个漫长的认知过程的。例如，苏州某报曾在一篇不足三百字的新闻作品中，报道了一起恶性强奸案件，该文提及受害人的相关情况时，未能隐去可以辨认其身份的真实信息。该报道发表后，有许多人专程到受害人家门口围观，影响了其正常生活。被害人因此将该报诉至法院，称其侵犯了自己的权利。被告则辩称：报道纯属客观的案情报道，无任何毁损被害人及其家属的词句。经审理，法院驳回了原告的诉讼请求。这是发生在1990年的案件，经过数十年的岁月沉淀，我们再来回看当初的这个案件，确实存在着明显的问题：法院是以原告名誉权未受伤害而判其败诉的，但实际上，原告在法理上主张的是隐私权，因为受害人的受害经历属于个人秘密，报纸进行披露显然侵害了受害人及其家属的隐私权。法院之所以如此判决，与我国长期以来将名誉权和隐私权混为一谈的法律现实是直接相关的。在这个案件中，刑事案件的受害人及其家属的真实身份可以被指认是构成侵犯隐私权的关键所在。一些法学专家认为有两种情况可能使被害人的隐私受到影响：其一，刑事被告人侵害了被害人的隐私权；其二，为了查清刑事被告人的犯罪事实而需要涉及被害人的隐私（如，对性侵犯案件中女性受害人的隐私的侵害，这是一种十分普遍的现象）。在这两种情况下，被害人的隐私权有可能受到侵害。"除了刑事司法程序本身可能造成的侵害之外,被害人的隐私权所面临的最大威胁来自新闻媒体。一般来说,新闻媒体报道某项犯罪事实,应当被认为是合法的行为,因为公众对这一新闻信息有兴趣,这一事件本身具有新闻价值。但是,新闻媒体对犯罪事件的报道往往会忽略对被害人的保护,使被害人的身份、住址、肖像、雇佣单位等暴露于公众。这将极大地影响被害人的隐私权,破坏其本人及其家庭成员的生活安宁。"[1] 进入新媒体时代,虽然随着全体社会成员法律意识的普遍提升,专业新闻记者在采写类似新闻时,已经较少在新闻作品中披露公民隐私,但在更多非专业新闻采写者进入新闻传播领域后,类似上述案件的失范新闻传播行为却时有发生,这是值得高度关注的。

第二节 数字化社会的身份识别

从隐私侵权行为的纵向演变来看,早期的侵权案件中,双方即使叫不出对方的姓名,也能确定侵权者和受害者是谁,形成默认的指认状态。这是因为,在现实世界中,人们的人际交往范围相对有限,所处的物理位置相对确定,因而识别也比较容易。网络世界中的人际交往呈现出明显的中介化交流特征,当数字人脱离个体的身体开始在交往中占有一席之地时,受害者需要从离散的符号中辨别出侵权者,从而形成了全新的辨认状态。这是传媒业发展带来的必然结果:新闻报道需要指名道姓地传播信息,这些媒体中的个体与现实个体存在明确的对应关系。进入信息化社会,多元的符号不满

---

[1] 张新宝:《隐私权的法律保护》,群众出版社1997年版,第220页。

足于这样的附加形式,而是关注"我们是谁"的组成部分[1],于是,识别行为不需要从信息洪流中找出完整的"我",任何零碎和流动的数据都与"我们是谁"有关,一种模糊的间接识别方式成为主流。这种识别方式变得隐蔽、复杂且难以感知,但并不影响"识别身份"既有的作用。

一、默认识别:民法侵权要件之违法行为

对侵权违法行为的救济思想最早可以追溯到"矫正主义",从矫正思想中可以理解早期民事侵权中隐含的识别逻辑,这也深刻影响了后期隐私侵权中身份的认定。在亚里士多德的伦理学中,"矫正"一词内在地含有某种不公正的行为,以及对不公正行为的恢复。没有"不公正","矫正"就没有明确的对象。当人与人之间存在某种破坏算术比例的不公正行为时,一种追求公平的思想就会在侵权者和受害者中寻求算数上的平衡[2]。在此,亚里士多德并没有在侵权者和受害者的辨认上诉诸笔墨,而是关注特定的关系行为。科尔曼(Jules L. Coleman)意识到了这一点,他对行为矫正观念的解读发掘出了"矫正主义"之中的"关联性",即矫正主义的两端联结的是特定指向的个人,且仅适用于双方之间的关系[3]。因而就可以说,矫正虽然针对的是不公正的行为,但行为指向的侵权者和受害者应当是清晰可见的。

---

[1] 参见:Koopman, C., *How We Become Our Data: A Genealogy of the Informational Person*, Chicago: The University of Chicago Press, 2019, pp. 8。

[2] 参见〔古希腊〕亚里士多德:《尼各马可伦理学》,廖申白译,商务印书馆2019年版,第150页。

[3] 参见〔美〕戴维·G.欧文:《侵权法的哲学基础》,张金海等译,北京大学出版社2016年版,第68页。

我国的民法理论在侵权要件的构成上采用"四要件说",即"违法行为""损害事实""因果关系"和"主观过错",其中"违法行为"意指"行为人实施的加害于受害人民事权益的不法行为"。与"矫正主义"的理念具有连贯性的是,加害行为所侵害的对象虽然是"民事权益",但"民事权益"背后的受害人同样是可以清晰指认的。[1] 由是可以说,在侵权法的理念中,确定且具体的侵权人与受害人是一种默认的条件。正如伯克斯(Peter Birks)所言,民事不法行为的概念并不内在地要求有受害人,但"原告必定以某种方式不利地遭受了影响,法律认为该方式足以使其被确认为义务的违反的受害人,并赋予他以为了自己的利益起诉的资格"。[2]

如前所述,这里的默认识别意味着在隐私侵权行为中,侵权责任人和侵权受害人作为权利和义务关系中的双方当事人,彼此的权利和义务相对明确:侵权受害人作为权利主体,有权主张对自己被侵害权利的救济;侵权责任人作为义务主体,有义务承担因侵害他人权利而导致的法律责任。在这种关系中,双方的身份识别对于最终权利的维护和义务的履行是一个前提性的条件。

二、直接识别:新闻侵权要件之可指认

隐私侵权案件中,遭受侵害的轻重程度,与隐私被知晓范围的大小是成正比的。知晓的范围越大,意味着受害者受到的伤害就越大。传媒业的兴起带来了一种隐私经由报纸扩散(后扩展到以广播、电视为代表的电子媒体),影响范围更广泛和伤害程度更

---

[1] 参见张新宝:《侵权责任法》,中国人民大学出版社2016年版,第26页。
[2] 〔美〕戴维·G.欧文:《侵权法的哲学基础》,张金海等译,北京大学出版社2016年版,第42页。

严重的侵犯方式。当沃伦家族的私生活细节径直地出现在《星期六晚报》(The Saturday Evening Gazette)上,并成为大众消费的对象时,为此恼怒的沃伦联手布兰迪斯发起了对新闻媒体侵犯隐私权的声讨[①],由此写就了隐私权的开山之作《论隐私权》(The Right to Privacy)一文。与普通民事侵权行为所不同的是,沃伦确认自己作为受害人的依据不再是侵权行为所直接指向的肉身"我",而是姓名、地址、身份等信息要素的集合,这些信息成为"我"的意义和指代。这实际上是一种自然而然的事实结果。新闻媒体需要通过新闻作品报道新闻,作为"镜像"中的个体理所当然会以符号的方式呈现并与"镜外人"相对应。报道的内容一旦存在失范问题,就可能会导致侵权行为产生。当然,如果报道的对象其真实身份无法被识别,受害人无法被确认,侵权行为也就不会产生。新闻侵权因此而获得了一种豁免的可能——公开的信息不可指认相关受害者就不构成侵权。如前所述,《北京青年报》的记者安顿曾在"口述实录"专栏中公开了大量涉及情感隐私的个案调查,但由于可指认的信息被隐去,她记录私人情感隐私的行为获得了豁免。

鉴于新闻侵权具有这样的特殊性,早期的新闻传播法学的学者们对新闻报道中的指认问题投以了较多关注。在我国出版较早的两本关于新闻传播法学的书籍(《新闻法学》和《新闻传播法教程》)中可以寻见,"受害人"是否可以被"指认"或"辨别"在新闻侵权中占有独特的位置。在同样由本书作者撰写的《新闻法学》中,作者认为与一般的民事侵权相比较,新闻侵害隐私权具有自身

---

① 参见:Glancy, D. J., The Invention of the Right to Privacy, *Arizona law review*, 21(1), 1979, pp. 6。

的特征，不宜简单照搬民事侵权的构成要件，因而提出只有发表的新闻作品中提及隐私并使其当事人可以被指认时，才算真正构成了新闻侵害隐私权。在《新闻传播法教程》中，魏永征在侵害隐私权的排除类型中，将"使不可辨认"作为一种可行的抗辩事由①。这样的认定也符合法律关于民事侵权的一般认定原则。

传统媒体时代，在以新闻出版物为代表的传播行为中，个人的身份信息也会散落于媒介的内容之中。虽然零碎的信息要素增加了识别的难度，但借助完整的信息呈现，我们仍然可以将姓名、身份、地址等信息要素对应到特定的个人。此时的侵权行为虽然遇上了传播形式变化带来的挑战，但通过能否被直接指认受害者身份，缓解了基于识别的隐私信息侵权困境。至于侵权者身份的识别就更为方便，因为作为侵权作品的载体（报刊、电台、电视台等）和作品的作者都在"明处"，几乎无须通过识别过程就可以确认其身份。

三、结合识别：隐私信息侵权中模糊的识别条件

进入数字化社会，信息传播技术以更快的速度推动着社会生活的大变革，置身其中的个人身份也呈现出更加丰富和复杂的面向。一方面，信息传播技术将个人身份进一步打碎，"我是谁"在不同的情境中不断变化着，"自我的一贯性和连续性也因此变得要根据背景灵活地构建了，自我的稳定性不再与实质性的身份定义有关系"。②另一方面，信息传播技术在主体之外培育着另一

---

① 魏永征：《新闻传播法教程》，中国人民大学出版社2002年版，第179、180页。
② 〔德〕哈尔特穆特·罗萨：《加速：现代社会中时间结构的改变》，董璐译，北京大学出版社2015年版，第278页。

个可操控的主体形式,即数字人。这种由数字痕迹绘制、凝结成的新主体隐含了更多深层的个人特质,"它既可以让我们依附于无形的数字网络,失去内在的灵魂,也可以让我们在离散的剩余数据中发现异质性的我,一个流溢的我"。[1]这就意味着,一个拥有数字化身份的"我"正在形成。如此,个人隐私信息的可识别要素变得超出理性人的认知范畴,由此而来的不确定性也极大地增强。

对此问题的回应形成了两种实践路径。美国偏重商业发展的取向在早期形成了以个人信息等同于"可(直接)识别个人身份的信息"为核心的"个人可识别信息"(personally identifiable information)标准,简称"PII",而欧盟则在注重人格保护的取向下吸纳了个人信息"可间接识别"的内涵,二者的区别可以理解为欧盟在PII标准之上,保护利用碎片信息识别公民身份的行为。针对这一分歧,施瓦茨和沙勒夫在美国学术界提出了个人可识别信息的第二代版本,简称"PII2.0"模式。依据风险程度,将直接识别信息、结合识别信息和不可识别信息视为连续的体系[2],对于可结合识别的信息提出透明度、数据安全和数据质量(准确、相关)等要求,这也成为国内学者们的解释论基础[3]。

---

[1] 蓝江:《外主体的诞生——数字时代下主体形态的流变》,《求索》2021年第3期。

[2] 参见: Schwartz, P. M., and Solove, D. J., The PII Problem: Privacy and a New Concept of Personally Identifiable Information, *New York University Law Review*, 86(6), 2011, pp. 1877.

[3] 参见宋亚辉:《个人信息的私法保护模式研究——〈民法总则〉第111条的解释论》,《比较法研究》2019年第2期;丁晓东:《用户画像、个性化推荐与个人信息保护》,《环球法律评论》2019年第5期。

正因如此，我国关于隐私信息保护的法律规定逐渐认同了"PII2.0"模式的连续体系，形成了《民法典》中的"单独识别""结合识别""无法识别"的思路。然而，由于"结合识别"和"无法识别"的概念的边界十分模糊，造成了规制层面的一系列难题。其一，面对技术黑箱，个人如何举证"结合识别"的过程和结果具有针对性？其二，当技术行为不透明时，个人如何辨析平台方"无法识别"的抗辩话语？这两重关于识别的认识难题指向了进一步探讨的必要性：一方面，在持续且流动的数据面前"无法识别"（匿名）是否存在或可能？如果智媒时代的"无法识别"无法找到解释，"结合识别"就失去了边界。另一方面，由于"无法识别"为侵权纠纷行为提供了豁免，那么需要追问，技术平台不采取识别行为但却对特定个人造成实际伤害的情形，权利人是否可以诉诸隐私信息侵权，因而要求其承担相应的侵权责任？这些问题对于我们探讨隐私侵权问题具有时代性的意义。一方面，可以寻找化解数字化社会中公民隐私频遭侵害的技术手段。另一方面，需要为法律持续完善公民隐私保护条款提供学术建议。

第三节 识别的情景：智媒平台中身份识别的类型

在智媒生活的场景里，形式繁多的信息处理方式虽然都可以用于身份识别，但仍需详细讨论具体的行为模式。情景化识别的思路承认识别行为的内部具有差异性，于是依据用户如何使用平台提供的技术、平台技术又如何分析用户，进而在人与技术方的互动中来区分这些身份识别行为是否具有侵犯性。

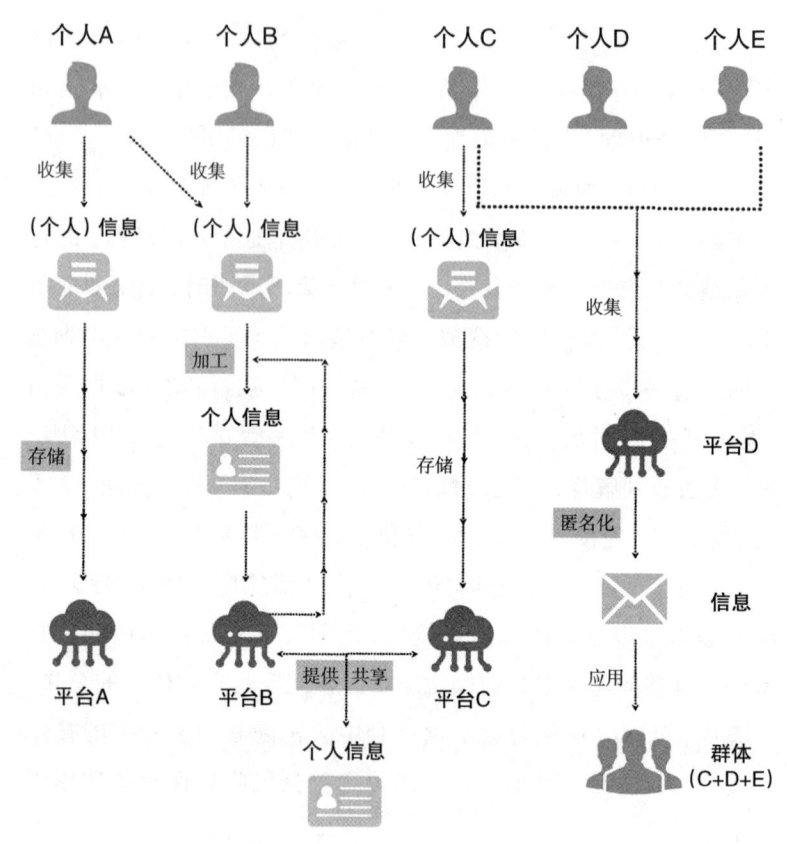

智媒平台识别情景中的技术形式图

一、基于"收集—存储"的直接识别情景

在用户知情且授权的条件下,通过将及时提取到的个人敏感信息与事前采集的身份信息进行比对是最常规的识别方式。这种识别行为简便易行,且在现实生活中已得到广泛推广。从机场、银行等公共场所,到门锁、手机等私人物件,"收集—存储"模式都能让用户体验到识别带来的便捷、高效的生活方式。然而,"收集—存

第七章　身份何以确认：数字身份的情景化识别　243

储"背后的行为逻辑包含了对身份特征的提取和对提取信息的建模存储，由此带来了两类和现实相关且具有法律风险的识别情景，这两种情景也正成为技术发展和应用的趋势。

第一种为泛在识别情景。泛在识别依托无处不在的智能装置，并以非侵入的方式消解用户对数据收集行为的感知和排斥。在通常情境中，人们已经比较清楚手机对个人信息的收集。随着智能传感器应用的普及，智能手环、音响等也开始广泛用于信息收集和身份识别中。在卡彭特（Timothy Carpenter）诉美国政府侵犯隐私案中，运营商为政府提供了卡彭特127天内的共12898个位置信息，每当卡彭特的手机连接到蜂窝站点时，它都会生成一个带有时间戳的记录，称为蜂窝站点位置信息（CSLI）。结合万物互联的时代背景会发现，曾经习以为常的物品摇身一变成为配备智能装置的技术产物，并源源不断地将个人数据向外传递。如斯坦福大学的智能马桶、亚马逊的智能音箱、特斯拉的自动驾驶汽车、伦敦威斯敏斯特行政区的智能路灯等，诸如此类的智能设备连同贴身的手机、可穿戴设备已经形成了跨越时空的数据采集系统，其中不乏进行身份验证的直接识别系统。当形式繁多、功能强大的智能识别产品以精巧的技术外形和人性化的技术功能，悄无声息地进入我们的生活，为我们的生命体验提供无微不至的技术关怀时，个体的私密性正在持续流失。

作为隐私核心诉求的私密性的流失，不仅会以具体的个体为对象物，还会深度介入人们身心的休憩地——私宅之中。美国白宫前首席信息官特蕾莎·M.佩顿曾告诫我们，"家庭越来越多地集成了智能系统和智能电网"，"当你由各种应用程序控制的互联网家居改善了你的生活，它也向营销公司、不法分子甚至政府的密探广播关于你的数据"①。对有尊严的美好生活的追求让我们尽力拒绝他人窥视的目光,期待在身心无扰的外部世界中获得内心世界的愉悦体验。但是,当我们似乎自由地生活于门窗紧闭的住宅内,或者行走于无人关注的环境中时,智能传感器却时时刻刻地对个人行为予以全方位的贴心关注。

第二种为生物识别情景。智能生物识别技术日渐变成一种普遍的身份识别技术,成为开启数字化生存之门的钥匙,但从隐私保护的视角来看,生物特征亦是公民的核心隐私。由此展开的应用带来了更多福祸相依的可能性,仅针对"强生物特征"②而言,其独特的识别性一旦采集且存储成功就会有近乎永久的效果③,使隐私信息侵权面临难以补救的境地。然而,如此重要的生物特征又容易在无感的情景中被采集,即生物信息主体并不能有效感知这种采集行为的存在。美国伊利诺伊州就发生了一起餐饮场景中私自采集用户声纹信息的侵权案件。被告麦当劳公司在餐厅运营时,使用人工智能语音助手与原告互动并采集声纹信息,原告卡彭特(Shannon Carpenter)在事后觉察不妥,便以麦当劳公司的行为违反州生物信息隐私法向法院提起诉讼④。在我国涉及生物特征的案件也开始逐

---

① 〔美〕特蕾莎·M.佩顿、西奥多·克莱普尔:《大数据时代的隐私》,郑淑红译,上海科学技术出版社2017年版,第98、99、189—191页。

② 广义的生物特征分为强生物特征、弱生物特征和软生物特征,覆盖了个人可感知和不可感知的生理数据与行为数据。强生物特征主要指指纹、DNA、面部ID等可直接识别且长期有效的个人信息。详细参见:Mordini, E, and Tzovaras, D. (Ed.), *Second Generation Biometrics: The Ethical, Legal and Social Context*. Berlin: Springer, 2012.

③ 参见:Mordini, E, and Tzovaras, D. (Ed.), *Second Generation Biometrics: The Ethical, Legal and Social Context*, Berlin: Springer, 2012, pp. 8, 9。

④ 参见:"*Shannon Carpenter v. McDonald's Corporation*, Case No. 2021CH02014", available at https://www.classaction.org/media/carpenter-v-mcdonalds-corporation.pdf。

渐增多,如"郭某诉杭州野生动物园"和湖南"林某某诉中欣物业管理"两个案子都指向了"人脸识别"行为对生物特征信息的不当应用。

对生物信息的识别和存储只是手段,其行为的危害性主要发生在应用阶段。除了上述个案中呈现的对存储的公民信息违规收集使用外,更大规模的违规违法使用行为也开始出现,最典型的表现是生物信息的交易乱象。新华网的调查文章《0.5元一份!谁在出卖我们的人脸信息?》揭示了个人信息批量倒卖的黑幕,人脸数据经过"照片活化"将会关系到个人的生命财产安全[①]。在ITIF（Information Technology & Innovation Foundation）关于AR、VR和隐私的一份报告中,一种通过AR/VR设备大量收集生物特征数据,进而识别个体并推断其他信息的技术形式正在形成[②]。可以说,现实生活中的泛在识别与生物识别正在趋于一致,二者共同作用于对个体的直接识别。这种生物识别的方式将置公民隐私于更危险的境地。

二、基于"处理—加工"的整合识别情景

通过数字技术给用户精准画像,这在数字化社会已经成为一种普遍的现象,情景化身份识别也不例外。整合识别情景常见于通过技术的处理、加工能力将收集到的零散用户的数据绘制成可以识别

[①] 参见新华网:《0.5元一份!谁在出卖我们的人脸信息?》,新华网（2020-7-13）(http://www.xinhuanet.com/politics/2020-07/13/c_1126232239.htm)。

[②] 参见: Dick, E., Balancing User Privacy and Innovation in Augmented and Virtual Reality, *Information Technology & Innovation Foundation*, March 2021, available at https://itif.org/publications/2021/03/04/balancing-user-privacy-and-innovation-augmented-and-virtual-reality。

的数字画像,这种画像与用户形成一一对应关系,并且以数字传记的形式持续更新。大数据技术的快速发展不仅给社会进步产生持续的推动作用,也给人们的生活带来了极大的便利,但是,这种"推动作用"和"极大作用"并不总是正向层面的,也并不总是有益于个体尊严的维护的。当这种技术能力被加以利用时,基于各不相同的目的,不同组织和个人对这种技术能力的滥用行为就可能会发生。在《数字人》(The Digital Person)中,沙勒夫指出了网络空间的"整合效应","个人数据被整合在一起,创造了一个关于我们的数字传记"。[1]这种基于"处理—加工"的识别模式可以从细微、零散的数据中提升辨别个人的能力,如在"庞某某诉东航和北京趣拿信息技术有限公司隐私权纠纷案"中,庞某某通过他人在"去哪儿网"订购机票,在未预留自己手机号码的情况下收到手机诈骗短信,庞某某以隐私权被侵害为由将北京趣拿信息技术有限公司和东航诉至法院。对此,法院认定,"即使单纯的庞理鹏的姓名和手机号不构成隐私信息,但当姓名、手机号和庞理鹏的行程信息(隐私信息)结合在一起时,结合之后的整体信息也因包含了隐私信息而整体上成为隐私信息"。[2]如今,整合识别的作用在数据时代扶摇直上,"整合型隐私作为一种新类型隐私,伴随大数据时代的到来而产生,并将长期存在下去",给公民的个人生活也将带来重大影响。

另一类整合识别的情景借助对关联信息的分析推测用户身份,当个体的个人数据被海量收集,这种推测的准确度将持续得

---

[1] Solove, D. J., *The Digital Person: Technology and Privacy in the Information Age*, New York: New York University Press, 2004, pp. 44.

[2] 详见"庞理鹏与北京趣拿信息技术有限公司等隐私权纠纷二审民事判决书",(2017)京01民终509号。本章中的案件材料信息均来自"裁判文书网"。

到提高。如"凌某某诉抖音"案中,针对原告未授权给被告的通讯录信息却被推荐通讯好友的行为,被告辩称是因为其他抖音用户授权访问的通讯录中有原告的姓名和号码[1]。类似的情况也发生在 Facebook 的好友推荐中,于是,一种新型的针对社交关系的处理方式正在弥漫开来,让用户逐渐失去了对隐私信息的控制。

整合识别情景中受害人所面临的最大挑战是如何确认自己被识别,以及被谁识别。一方面,算法黑箱的不透明性使得识别的过程和结果模糊不清。大数据技术的进步导致对数据整合的方式不断多样化,对身份的识别能力也随之提升。但隐私主体并不能及时有效地了解这种技术进步对自己隐私信息是如何产生影响的。另一方面,当以一种开放的视角看待增长的数据和发展的算法时,技术具有了朝向未来的识别可能。这就意味着,隐私主体可能会有更大的隐私泄露的可能性。这里还有一个问题必须被关注到,即个体即使已经确认自己在某个特定的场景中被识别,但对自己的身份信息被识别后是如何被利用的也并不是很清楚,这也意味着即使侵害隐私的行为已经发生,当事人也可能不能及时知晓。

三、基于"提供—公开"的扩散识别情景

在扩散识别情景中,平台对用户的识别能力已经从单一场景放大至整个信息系统。此时公民的数据虽然以合目的、合场景的方式被收集,但由于整个系统处于联通状态,当中介平台或多个行为主体尝试共谋时,公民的数据形态就会如同拼贴中的马赛克网络,逐

---

[1] 详见"凌某某与北京微播视界科技有限公司隐私权、个人信息权益网络侵权责任纠纷一案民事判决书",(2019)京 0491 民初 6694 号。

步细化为可识别的图像。这里特别需要关注的是,当隐私主体在使用某个网络应用,或置身于某个场景中,基于知情同意的原则作出"同意"个人的信息被以某种方式收集时,其"同意"是有某种前提条件的——同意该网络应用或场景以专有的方式收集使用。但在庞大的信息系统中,这种前提条件不会(事实上也很难)得到真实的遵守。甚至,不仅是隐私主体,在许多时候信息收集者也难以预料这些被收集的信息在未来会被何人、在何时何地、以何种方式使用。目前,基于"提供—公开"的扩散识别情景主要也有以下两种情形。

第一种扩散识别情景常见于具有纵向合作关系的平台之间,由主导方向依附方提供用户信息。如 Brightest Flashlight Free 将收集到的信息提供给第三方广告投放的商家,以此寻求利益的行为。在研究关联平台之间的信息流动状况时我们发现,大型平台普遍会在隐私规则中声明与关联方(The affiliated party)平台进行信息共享,另有部分平台会与外部第三方共享[1]。如此,使得用户可识别的信息场景发生迁移,从而扩大了被识别的范围。

第二种扩散识别情景形成于较平等的、多方合作下的信息共享。扎拉奇发现,平台间正合力追踪和解读我们的个人信息,"在提取用户数据的阶段,互联网企业之间精诚合作,致力于用户数据追踪、数据库的打造与行为定向广告投放"[2]。多方在合作中能够拥有多个用户浏览习惯的观看视角,并且可以通过通力合作将各自领域

---

[1] 顾理平、俞立根:《关联方信息共享与公民的隐私保护——基于手机 App 的研究》,《现代传播》2019 年第 9 期。
[2] 〔英〕阿里尔·扎拉奇、〔美〕莫里斯·E. 斯图克:《算法的陷阱:超级平台、算法垄断与场景欺骗》,余潇译,中信出版社 2018 年版,第 209、229 页。

的信息汇集到更大的数据库中，从而完美地绕开"合目的收集使用"的信息规制原则。

四、基于"重组—分类"的群体识别情景

纯粹的技术具有中性的特征，其进步有利于为所有社会成员谋取福利，但在技术应用的过程中，不同应用者基于其个人的价值观，可能会消解技术的这种纯粹性。智能技术的进步也不例外。作为一种技术，识别技术的积极意义不言而喻，但通过识别技术的应用，实施"行为歧视"的情况在现实生活中并不鲜见。生成式人工智能ChatGPT在早期应用过程中存在的性别歧视、种族歧视等情况典型地说明了这一点。在对用户"行为歧视"的路上，无论是数据掮客，还是平台算法，正在尝试将有"共同之处"的用户分为一组，并借助分组后的模型来类推其他可能具有此特征的用户[1]，如此演绎了基于"重组—分类"的群体识别情景。在信息技术初出茅庐的时候，甘迪就提出，社会正在兴起一种"全景分类"（Panoptic Sort）的监视方式，大量从官方问卷、市场调查收集来的个人信息正被分入社会阶级、市场经历、消费习惯等分组中，这些经过分类的信息正用于评估公民的消费行为和态度，最终形成一种反民主的控制体系[2]。这也意味着群体识别情景中，行为歧视会拓展至意识形态歧视或价值观歧视等更广泛的层面。

随着数据技术日渐炉火纯青，"群体不再基于某些观察者的感

---

[1] 参见〔英〕阿里尔·扎拉奇、〔美〕莫里斯·E.斯图克：《算法的陷阱：超级平台、算法垄断与场景欺骗》，余潇译，中信出版社2018年版，第138、164页。

[2] 参见：Gandy, O. H., "The Panoptic Sort: A Political Economy of Personal Information", Review by: Gilmore, S., *Contemporary Sociology*, (1), 1995, pp. 122。

知进行分类,而是通过不透明的算法过程进行分类",它往往会以模糊分类的方式,根据人们的行为倾向来"观察"他们,而不是把他们作为个体。[1] 具体的行为逻辑是,跳出识别个人的思维惯性,在现有数据基础上直指"活跃"群体,依据设定的参数或新的分析方法"发现新群体",最后针对"新群体"确定分类并应用。依照群体分类的方式,匿名成为了次要问题,个人身份在该情景中并未暴露,但针对该个体的行为已经产生。此外,群体识别方式并不只停留在分类阶段,如若想要识别个体,可以通过不断地添加组的属性来完成,每当新的属性被添加,组的分类范围就会变小,直至最后可以确定个人[2]。当然,在通过数据实施的"行为歧视"中,对具体个人身份的确认不再显得重要,重要的是具体个人身份符合何种群体特征。

群体分类识别的方式对于商业组织而言具有重要的商业价值。就商业利益而言,个体特征的价值远低于群体特征。当某个群体的生活需求通过群体识别的方式被挖掘出来,就意味着巨大的商业富矿被发现。例如,群体饮食习惯的变化、着衣风格的切换、旅行趣味的改变等,都意味着巨大的商业利益。不久前,字节跳动旗下的数据分析公司发布了一份《十大新消费人群》的报告,如其所言"后续完整版报告将通过捕捉新消费人群的消费趋势以及潜在的增长机遇,进行深入分析。面对这些不断崛起的新消费态度与消费行为,对企业来说,其实细分领域机会多多……"[3] 令人触目惊心的是,这

---

[1] 参见: Taylor, L., et al. (Ed.), *Group Privacy : New Challenges of Data Technologies*, Berlin: Springer, 2017, pp. 43、31。

[2] 参见同上书,第47页。

[3] 巨量引擎:"巨量算数首发年终盘点报告,解锁10个新消费族群的新力量",搜狐网,2020年12月17日。

仅仅是分类分析的开始。

群体识别的价值不仅限于商业价值,还可以体现在宏观层面的意义上。多年来,阶层的讨论一直是学术界的热点问题,进而也在整个社会产生重要影响。在对不同阶层的讨论中,中产阶层总是被重点提及,这是因为中产阶层一直被视作人数最多,也是最为稳定的阶层。但在关于中产阶层具体标准的讨论中,其具备的特征,如家族资产、学历层次、职业状况等却一直难有共识。借助群体分类识别方式,阶层讨论似乎已经不再重要,因为是否为中产阶层并不是商业组织甚至并不是社会治理者关心的重点,他们更关心的是其行为特点。例如,商业组织更关心的是某个群体的消费偏爱和消费能力;社会治理者更关心的是不同群体在网络使用中或通过数字监控呈现出来的社会态度和意识形态,进而分析其可能的后续行为。这种识别导致的后续行为会严重影响个体包括隐私在内的诸多方面。

第四节　法律意义的识别困境:基于情景的辨析

身份识别的法律意义主要体现在身份主体作出的行为以及对该行为后果的承担。如果不能明确主体身份,行为的损害性后果是否真实发生无法确认,将会对社会的有序运行带来严重的消极后果。在数字化社会,由于人的隐身性特点会借助数字人不断呈现,所以借助技术手段识别身份就尤为重要。通过对识别情景的分析可以发现,"识别"在具体实施的形式上具有不同的取向。一种针对个体身份的确认,能够将以标识符号为主的零散数据对应到特定的个人,如个体识别情景、整合识别情景、扩散识别情景;另一种为绕开对个体身份的认证,转而以相似的群体行为设立组属性,实现对用户的区分，如群体识别情景。这两种识别方式虽然取向殊异，但都可能使特定个体的具体身份凸显出来而受到伤害。当然，这种识别的后果一定会产生法律上的问题。

一、身份视角：特定个体的对应与认证

在隐私侵权的讨论中，身份的确认具有重要价值，因为身份视角的认定方式建立在"确定"作为核心特征的基础上[①]，作为"识别"的前身，"确定"意在强调个人和身份的直接对应。如果被曝光的隐私信息不能和具体的个体对应，隐私侵权行为就无法成立。如今，大多数国家均以身份视角建立了保护个人信息的法律，如欧盟《通用数据保护条例》第 4 条规定，个人数据是指一个已识别或可识别的自然人（数据主体）的信息。该可识别的自然人能够被直接或间接地识别，尤其是通过参照诸如姓名、身份证号码、定位数据、在线身份识别这类标识，或者通过参照关于该自然人一个或多个如物理、生理、遗传、心理、经济、文化或社会身份的要素。日本《个人信息保护法》第 2 条及《德国联邦数据保护法》（2015 修订版）第 3 条也有类似规定。我国《民法典》第 1034 条规定，个人信息是以电子或者其他方式记录的能够单独或者与其他信息结合识别特定自然人的各种信息、住址、电话号码、电子邮件、健康信息、行踪信息等。正是因为各国对"识别"的理解指向了身份的确认，使得"匿名"成为了法律结构中的豁免条款，也形成了新的法律困境。

我国现行的个人信息保护框架中，虽然都以"识别"作为构成

[①] OECD 委员会在 1980 年就在《关于管理隐私保护和个人数据跨疆界流动的指导原则》将"个人数据"定义为"与确定的和可以确定的个人相关的任何信息"。

个人信息的标准,但在判定时引入了"关联"概念。参照国家标准GB/T35273-2020《信息安全技术 个人信息安全规范》,某项信息是否属于个人信息的路径不仅是对应的识别,还可以依据"如已知特定自然人,由该特定自然人在其活动中产生的信息(如,个人位置信息、个人通话记录、个人浏览记录等)即为个人信息"。[①] 如在"黄某诉腾讯隐私权、个人信息权益网络侵权责任纠纷案"中,法院引用 2017 年颁布的《信息安全技术个人信息安全规范》,从"识别"和"关联"两个路径对微信好友关系、读书信息是否属于个人信息和隐私进行认定[②]。我国于 2021 年颁布的《个人信息保护法》第 4 条对个人信息作出了明确规定:"个人信息是以电子或者其他方式记录的与已识别或者可识别的自然人有关的各种信息,不包括匿名化处理后的信息。"在该法第 28 条还对个人信息中敏感的个人信息包含的内容进行了明确:"包括生物识别、宗教信仰、特定身份、医疗健康、金融账户、行踪轨迹等信息,以及不满十四周岁未成年人的个人信息。"与个人信息保护制度中的"识别"略有不同,"关联"之所以可以成立于个人身份识别中,关键在于是由已确定的个人身份推及的相关信息,与之相关的信息均在明确的个人之下。因此,无论是由信息推至个人,还是由个人遮盖下的信息,都是建立在对特定个体的对应和认定的基础上的,最终目的都是要有一个清晰的个体身份出现。

身份视角下的个体识别方式清晰易行。从逻辑上看,直接识

---

① 史宇航:"车辆会成为'数据黑洞'吗?关于行使数据的归属、隐私等法律问题剖析",界面新闻,2021 年 4 月 26 日。
② 参见"腾讯科技(深圳)有限公司等网络侵权责任纠纷一审民事判决书",(2019)京 0491 民初 16142 号。

别、间接识别到匿名的连续体系具备完整性,然而这种连贯仅仅满足形式上的合理。当"信息"在流动的数据社会中无法实现绝对"匿名"时,识别的连续体系就只能在特定的静态场景中实现,所以可以看见"情景脉络完整性"或称"场景原则"在学术论文中成为寻求解决方案中的热点[①]。于是,身份视角下的识别正在变得无所适从,一方面因为经由碎片信息识别个人身份的过程不易阐明,所以形成了关于"可识别"与"匿名"的争议;另一方面,从群体识别情景中可以发现,身份视角下的识别不再是必经之路,平台可以绕过识别来直接应用,形成对匿名条款的降维打击。

二、行为视角:对象特征的区分与应用

平台方为何要通过行为识别用户?这是一个耐人寻味的问题。按照身份视角的逻辑,平台方因为需要了解用户而采取识别行为,通常来看,一旦可以实现用户和信息的对应就可以将用户的其他信息和行为尽收眼底。如此,对应式的识别仅是实现管理和认知的惯用方式,其逻辑和原型可以从福柯所指的利用社会编号进行的规训及调节生命的技术中找到,这是前数据社会中最高效的应用方式。与身份视角不同的逻辑出现在对行为的识别中,由于持续进行数据监测成为可能,平台通过对特征的连续把握就可以直接了解用户而不需要知道具体是谁,曾经作为中介的个体身份就渐渐淡出了整个流程。如今,在智媒平台的商业化应用中,通过身份识别建立的关

[①] "情景脉络完整性理论"由尼森鲍姆(Helen Nissenbaum)提出,其理论框架需要以动态的思维方式来考察三个要素:信息流动过程中的行为主体(actor)都是谁;所涉及的信息类型(information type)是怎样的;以及该流动情境里的传播原则(transmission principle)是怎样的。

系是不经济的,除了技术成本、运营成本外,日渐收紧的隐私保护法律也增加了平台的违规成本。于是依托于数据基础和算法技术的优势,平台仅通过对重要特征和特征群体的创建,就能取得规模性经济效益。然而,从用户的角度来看,这种群体识别的应用方式,不仅会运用到带有私密性质的个人敏感特征信息,以"推论隐私"(inferential privacy)[1]的方式实现预测,还会得到不透明又不接受质疑的结果,从而给消费者带来不公正和种种危害。

行为视角下,平台方与用户之间是一种互相生成的动态关系,以用户的行为偏好、特征、趋势等源源不断的个人数据为中介,平台方和用户形成了稳固的合作关系。此时,由于数据是持续流入的,用户的身份是否被识别就不再是了解的最优方式。2018年颁布的加州《消费者隐私法案》(CCPA)注意到了消费者信息的这一特征,其中提出了"整合消费者信息"(Aggregate consumer information)一词,用于指代与消费者群体或类别相关的信息[2]。参照CCPA的相关定义可以获知,由于"整合消费者信息"中的个人身份已被删除,所以被排除在"个人信息"之外,然而"整合消费者信息"又并非是无法识别的单一或多个个体消费者的记录,因此,"整合消费者信息"和"匿名信息"在"个人信息"定义中处于并列位置。

那么,从行为特征建立的群体分类方式为何可以视为识别?一方面,如群体识别情景中所示,当个人信息汇聚成仅保留单一或少

---

[1] 参见:Loi, M., and Christen, M., "Two Concepts of Group Privacy", *Philosophy & Technology*, 33(1), 2020, pp. 218。

[2] 参见:California Consumer Privacy Act of 2018, available at https://leginfo.legislature.ca.gov/faces/codes_displayText.xhtml?division=3.&part=4.&lawCode=CIV&title=1.81.5。

数特征的群组时,虽然个体被淹没于群体之中,但实际的受力者是特定的个人,形成了"个体—(无数)对象—个体"的应用模式。另一方面,即使收集到的个人信息经过了去身份的流程,即在(无数)对象阶段的个体确实处于不可识别的状态,然而行为视角的动态关系特征决定了,当新的数据流入时,可以实现对特定对象的再识别。

三、情景化识别的法律困惑

情景化识别对于商业活动和社会治理都具有十分重要的意义。对于商业组织尤其是电商企业来说,无论是个体身份的识别还是群体特征的识别,对于其后续的商业活动的展开都是一个前提性的依据。个体的身份识别可以提供更加有针对性的"个性化服务",绑定用户需求,持久获取商业利益。群体身份识别则可以在有效规避相应法律风险的基础上,提高获取商业利益的效率。

对于社会治理者而言,对个体和群体的身份识别,对于了解民意、化解社会风险或者实施更有针对性的社会监控都是不可或缺的。数据生态社会才刚刚开始,对于刚触及数字技术的人们来说,搭建起适合数字社会的保护体系并非是一蹴而就的。若是将《民法典》和《个人信息保护法》视作一个发展过程来看,其中对匿名的理解就发生了变化。《民法典》第1038条中的匿名为无法识别且不能复原的信息结果。《个人信息保护法》则有不同,该法在第23条中明确规定:"个人信息处理者向其他个人信息处理者提供其处理的个人信息的,应当向个人告知接收方的名称或者姓名、联系方式、处理目的、筛选方式和个人信息的种类,并取得个人的单独同意。接收方应当在上述处理目的、处理方式和个人信息的种类等范围内处理个人信息。接收方变更处理目的、处理方式的,应当依照本法规定重新取得个人同意。"立法者显然注意到了匿名化信息可以被重新识别的可能,以及现实社会中存在的实际情况。因此,对识别的认定应当在"直接识别—间接识别—无法识别"的连贯形式中保有实际的开放性。换句话说,立法者应当根据识别技术和方法的迭代进展,制定更有针对性的明确的法律,以填补既有法律的缺陷。

第五节 隐私侵权纠纷中情景化识别的认定

身份识别是隐私侵权纠纷中一个不可或缺的构成要件,在既有的法律实践中也已经形成了相对成熟的认定方式。随着智媒时代的到来,对隐私主体身份的认定方式有了新的变化,情境化识别已成为一种常见的认定方式。在这样的技术进展背景下,讨论隐私侵权纠纷中必须及时关注这种变化,并及时将情景化识别作为现有身份识别方式的重要补充。唯其如此,才能通过技术和人交互的方式,获得认定隐私侵权法律责任的新手段。

一、情景化识别中的直接识别认定

情景化身份识别作为一种依据实际侵权纠纷行为归属的情景类型来认定的方式,首先重点通过关注侵权纠纷民事法律关系中的个人对个人、个人对公权力机构、个人对私权力平台的关系,来对隐私主体的身份进行认定。这种情景化识别的认定方式形式多样、灵活性高,既可以直接产生明确的身份认定结果,也可以通过分析整合来产生身份认定结果。无论从技术手段,还是法律层面的判断来分析,这种认定都是相对比较简单的认定方式。

直接识别用户身份的行为,如识别个人基本信息(姓名、电话、住址),虚拟信息(账号、IP地址、唯一设备识别码),以及由已知自然人生成的各类关联信息(浏览记录、行踪记录、社交关系)。这些信息在用户的网络使用中通常需要明确提供,或用户清晰感知网络使用中会留存这些信息。属于此情景中的信息处理行为能够较为简单、清晰地还原到用户的个人,且无太大争议。对此,被告方多以"知情同意"作为抗辩事由。在具体的法律实践中,由于这种直接识别认定方式的事实比较清楚,收集和固定证据也相对比较简单,所以在法律上认定起来相对比较容易。

二、情景化识别中的间接识别认定

情景化识别认定,最主要的价值在于对隐私主体身份的间接识别认定。这是因为,直接识别认定在大多数情况下无须借助情景化识别加以认定。对于商业组织来说,只有间接识别,才可能拥有更为丰富的商业机会。对于社会治理者而言,直接识别当然也具有社会治理的价值,但这种价值因为"显而易见"而会弱化,只有由智媒技术支撑的间接识别,才会因为其"鲜见"而显得弥足珍贵。

在情景化识别的间接识别中,第一种方式表现为整合识别。整合识别情景中的用户信息趋于碎片化,识别成立与否的关键在于碎片信息结合的结果是否具有个人的指向性。此时,被告方多以"匿名化"为抗辩事由,因而对"匿名"的判定成为关键,提倡以"技术评估"作为核心方式。首先,操作层面。是否匿名可以通过技术调查官进行技术上的确定。参考《最高人民检察院关于指派、聘请有专门知识的人参与办案若干问题的规定（试行）》第三条规定，涉及专业性较强的案件，人民检察院可以指派、聘请"有专门知识的人"参与办案[①]。在"凌某某诉抖音隐私权、个人信息权益侵权纠纷案"中，北京互联网法院就曾指派技术调查官参与诉讼，技术调查官对案件中的Cookies记录、同源策略、IP地址的精确度等技术问题发表了意见[②]。其次，原则层面。技术鉴定会以"就本案所涉及的技术问题"给出意见，其中案件具体的情节所分析的是该平台的识别行为。一者，不同平台有不同的技术识别能力；二者，匿名化是一个过程，没有绝对的匿名，只有相对场景的匿名，因此会产生平台匿名能力和社会匿名标准之间的差异。鉴于信息系统时刻处于联通状态，各平台也有共享行为，有必要从原则层面树立社会整体标准为主、平台具体能力为辅的识别认定原则。

情景化识别中的第二种识别方式表现为扩散识别。具体到扩散识别情景时，由于会涉及多方的信息识别行为，需要厘清多方间的关系和侵权纠纷行为中的信息扩散路径，所以将"关系与目的核查"视为目标。以"黄某诉腾讯案"为例，案件涉及"微信读书"通过"微信"获取用户信息的行为。原告腾讯公司以关联方内部共享信息为抗辩事由，意在凸显所共享的信息属于腾讯公司已经取得控制权的信息，但一审法院认定微信读书与微信在应用软件市场上为独立的两款应用软件。其次，对于被告提出共享OPEN-ID等信息无法知道对应的用户身份的理由，一审法院以"均由腾讯计算机

[①] 参见最高人民检察院："最高人民检察院关于指派、聘请有专门知识的人参与办案若干问题的规定（试行）"，2018-04-04，https://www.spp.gov.cn/spp/zdgz/201804/t20180404_373479.shtml。

[②] 参见"凌某某与北京微播视界科技有限公司隐私权、个人信息权益网络侵权责任纠纷一案民事判决书"，(2019)京0491民初6694号。

公司运营","获取 OPEN-ID 即可以识别用户身份"对此予以了否定[①]。厘清多方关系的同时，针对利用知情同意的抗辩行为，或对于难以认定的识别行为，可以考虑回避追究是否匿名，转而对扩散行为的合法性、正当性和必要性进行考量，以此判断扩散行为的目的和基础是否合法。

总体而言，情景化识别中的间接认定相对比较复杂，这种复杂主要基于识别技术手段的复杂。基于这种技术的复杂性，专业人士的介入和判定手段的技术应用就显示得尤为重要。随着智能技术的持续推进和全社会成员法律意识的持续增强，身份间接认定的方式将日渐普及。

三、情景化识别中的群体识别认定

最困难的情景当属群体识别，群体识别情景中最大的挑战在于对"匿名"的悬置，因此，需要结合"收集行为与伤害性结果"来共同判定。由于从"个体—（无数）对象—个体"的过程中确实可以做到难以识别或无法举证是否可以识别，于是对此情景可以从行为方式和结果上加以判定。首先，确定该平台针对受害人有切实的信息收集行为，即用户有过知情使用；其次，通过与使用有因果关系的伤害性结果来检验是否具有违法行为。若有信息收集，又有违法的伤害性结果，如大数据"杀熟"造成的财产和精神损失，即可绕过识别认定直接诉诸信息侵权。采用如此方式需要回答一个问题，对"识别"的悬置是否可以诉诸个人信息侵权？依照《个人信息保

[①] 参见"腾讯科技（深圳）有限公司等网络侵权责任纠纷—审民事判决书"，（2019）京 0491 民初 16142 号。

护法》的立法初衷(参见总则第1、2条),保护个人信息权益不受侵犯是其重要原则之一。如果当平台收集了个人信息,经过匿名化处理,最终作用于群体,却导致信息被收集的个人受到了实际的伤害。这就可以认为,该信息处理方式不符合《个人信息保护法》的原则,以欺诈、误导等方式处理了个人信息(参见第5条),且侵害了个人的权益。

在智能化的社会中,识别可以视作人与技术交互的根本方式。正如人和人之间的交流,技术对人的识别与人对技术的理解日渐成为智能时代的生存方式——人与机器的共存共生。对隐私信息侵权的强调并非是对技术识别人的行为和指令的反对,而是以更好的共生方式为出发点,对违背个人意志且伤害人格尊严的识别行为进行抵制,意在化解人与技术、人与技术背后的人之间的紧张关系,维护社会正义和良性发展。智能时代,暗流与明流涌动的数据仿佛给公民的隐私信息加入了时间的向度——无限记录的过去和无限开放的未来。若以一种动态的视角在数据流中寻找,任何特定的个体都会有迹可循,进而显露出自己可识别的数字身份,这同样是技术带来的生存方式。

对情景的分类不仅仅是让识别的行为类型能够显现出来,更是将高维的识别方式拆解到平面中,这样可以尽量区分识别与匿名。但需要注意的是"识别"和"匿名"是相辅相成的,因为没有一个完全清晰标准可以成为区分识别的边界。这就决定了"无法识别"不能被否定,对于"无法识别"的理解不应当是绝对的,因为失去了"无法识别"的参照,识别就在实践中失去了方向。如此,划分识别的情景并用一种情景化的思路去理解就显得格外重要。情景化识别可以视作从媒介调节方式入手的一种认定思路,将法律与代码的逻辑思路进行类比，如果出现某种技术与人的识别方式，然后可归属于某种识别情景，最后依此作出判定。应该承认的是，随着技术和人之间关系的发展，还会有新的情景涌现出来，可以预见的趋势是，技术对个人身份的辨别正在让位于对动态特征的把握，如此识别只是一种可能但不必要的技术形式，识别的过程隐而不见（不识别）也可以有侵害。对此，情景化识别尝试建立的是以尊严感而非识别结果为根基的保护形式。

第八章　知情同意：隐私保护原则中的实践困境与平衡之道

个人意志的自我决定和自由表达，是现代人呈现自身独立性的标志。在隐私保护领域，这种独立性表现为知情同意。知情同意原则作为公民隐私保护领域核心的原则之一，有着科学的内涵和丰富的实践。受文艺复兴和思想启蒙运动的影响，现代思想家们普遍认为"个人自决"对于拥有自由意志和理性思维的现代人而言有着至关重要的意义。"个人自决"意味着人们可以根据自身的理性判断分析，决定作出某种行为并为此承担责任，任何其他外在因素不可对这种决定施加干涉。这种决定同时会关注两个外在条件：第一，个人自主决定的是关于自己利益的事项；第二，个人作出的自主决定不得对他人的合法利益造成影响。所以，这种"个人自决"是法治社会中拥有明确自主意识的人作出的合乎规范的自我决定。

"知情同意"一词首次在司法判决中被采用，是在"萨尔戈诉斯坦福大学董事会和斯坦福大学医院"案中，其最初的内涵是"医生有义务告知患者一切有可能影响其权益的事实，即使极其细微的手术风险，亦有告知的义务"。这种将同意权和知情权结合的做法在1964年的《赫尔辛基宣言》中被强调。[1] 这也意味着，知情同意

---

[1] 参见〔英〕尼尔·曼森、奥诺拉·奥尼尔：《重新思考生命伦理中的知情同意》，胡位钧译，商务印书馆2023年版，第iv页。

从一开始就体现着对生命本质性的尊重。后来,该项原则被推广到更为广泛的领域。知情同意原则实际上是"个人自决"思想在公民隐私保护领域的一种有益实践,是这种思想在隐私问题上的自然拓展。因为,自决"是指理性的人认识到什么应当做的能力,还指做的自由,不受非法干预的做的自由"。[①] 主体的自由判断和决定具有哲学意义上独立、自主的意涵。将这种独立、自主付诸对自己隐私的处置,对于保护个人隐私自然意义重大。正因为如此,知情同意原则成为许多现代国家推行的隐私保护的基本原则。但是,随着数字技术的快速发展,原本行之有效的知情同意原则,在现实的隐私保护过程中却不断陷入"看上去很美",但"实践中却很难"的困境之中。具体问题主要表现在"知情"环节的鸿沟、"同意"环节的失真和"执行"环节的未知这样三个方面。因此,必须对知情同意原则进行认真的探究思考,寻找相关各方之间科学的平衡方案,以求在实施过程中更好地保护公民的隐私。

第一节 知情同意原则的内涵

一、作为隐私保护基本原则的知情同意

隐私是人类尊严的关键要素之一,因此自产生之日起便受到人们的重视。从最初的物理手段,到今天的法律工具,伴随着社会的文明进程,人们力图从多样化的保护方式中,获得对个人尊严足

[①] 〔美〕阿丽塔·L.艾伦、理查德·C.托克音顿:《美国隐私法:学说、判例与立法》,冯建妹、石宏等编译,中国民主法制出版社 2019 年版,第 368 页。

第八章　知情同意：隐私保护原则中的实践困境与平衡之道

够的敬重。如果我们将过去数十年间各国和各地区针对个人隐私保护的法律和条例进行梳理，就会发现，尽管各个国家和地区在经济、文化、政治等方面存在差异，但在个人隐私保护法（条例）的安排上却大体呈现出相对一致的趋势，甚至在某些具体规定上还具备思想的同一性，在这其中就以知情同意原则（或称告知同意、通知选择等）最具有代表性。简单来说，知情同意原则是指信息业者在收集个人信息之时，应当对信息主体就有关个人信息被收集、处理和利用的情况进行充分告知，并征得信息主体明确同意的原则。[1] 经过多年的实际运作，知情同意原则已经成为国际通行的隐私保护原则。

在数字化社会中，信息的收集和处置成为一种普遍的社会行为。信息主体和社会组织随时面临对个人信息处置的问题，而在具体的网络实践中，隐私规则（隐私条款）则成为贯彻这一原则的具体表现方式。隐私规则以文字条款的方式列出网络运营者所收集、储存、使用、共享的用户信息，来保障用户的知情权，同时征得用户的同意与接受，以保障公民对自身信息的决定权（或称自决权）。由于今天的个人隐私信息（数据）既承载信息主体的人格利益，又兼具公共价值与商业利益，因而确保信息主体能自治自决个人隐私信息而不被他决，这对维护公民人格尊严与自由有着重要的现实意义。然而随着智媒时代的来临，各种智能传感器和数字监控设施全方位渗入公民的日常生活甚至身体之中，导致技术平台对个人隐私信息的获取与分析呈现出自动化、隐蔽化、黑箱化的趋势，这极大地消解了公共空间和私人空间的界限，严重威胁着公民的隐私权，其

---

[1]　参见齐爱民：《信息法原论》，武汉大学出版社2010年版，第76页。

人格尊严与自由因此岌岌可危。在此情形下，个人隐私保护模式中曾经行之有效、奉为圭臬的知情同意原则，正面临着"失衡"的适用性难题。

知情同意原则在公民隐私保护中存在的争议主要来自这样两个方面：一方面，知情同意原则正在面临被"架空"的风险。这是因为随着数字技术发展的快速推进和信息获取的不对称性，隐私主体的知情需求更多地淹没在复杂冗长的隐私规则中，隐私主体难以获得真正的知情。另一方面，知情同意原则面临诸多的利益挑战，与数据治理的新理念相背离。随着数据在数字化社会中价值不断凸显，促进数据流通和分享是时代发展的内在要求，强调个人数据的保护对相关者利益、社会利益和国家利益产生影响。①随着智能技术的不断进步和智能传感器等设备的广泛设置，数据收集的手段日渐隐蔽化和无感化，这对知情同意原则的推行提出了新要求。因此，重新审视个人隐私保护中知情同意原则的实践，探索其在技术迭代升级中的内生性矛盾与失衡现象，并有针对性地提出该原则完善的制度设计构想及平衡方略，对于在智媒时代有效保护公民的隐私具有十分重要的现实意义。

二、知情同意原则在隐私保护中的实践历史

知情同意原则早期是作为一种在个人意愿下进行"自决"行为的自由出现的。20世纪20年代，美国联邦最高法院裁定，公民在选择子女的教育方式时，有免受国家干预的自由，如可以将子女送

---

① 参见陈佳举：《法律行为理论下个人信息保护的知情同意研究》，《中国政法大学学报》2023年第2期。

往私立学校或让子女学习外国语。① 随后,这种自由又被赋予了更为广泛的含义:"个人私生活的自我决定权,包含生育、家庭和个人切身事务三方面之自主权。具体言之,生育自主性包括避孕、中止怀孕、怀孕和生育、强制绝育、代理孕母等议题;家庭自主性包括子女教养、结婚与离婚、家庭关系等方面的议题;个人自主性包括性行为,猥亵行为或物品,药物使用,个人形象,个人姓名,自杀和安乐死等方面的讨论。"② 这三方面的自主权中,"自决"的核心内容正是隐私的主要内容,于是公民对隐私拥有自决权逐渐成为一种处置公民隐私的通行原则。

作为知情同意原则强调在作出相应的行为决定时,不受外部意志力和权力的干预,主体处于自由的状态中。如果有外部因素影响主体的决定,所谓自主性就无从谈起。因此,这种自主性体现了法定权利的基本属性,即主体可以自由地决定做或者不做某事。法学家阿丽塔·L.艾伦和理查德·C.托克音顿认为"'自决'用于个人是指:"(1)管理自己的能力,当然这也是一个度的问题;或者(2)自我管理的实际条件和优点;或(3)性格上的完善(理想);或(4)管理自己的主权,这绝对是在某个人的道德界限内。"③ 所以他们认为"自决"实际上是决定自己生活方式的权利。正因为"自决"具有这么重要的意义,且"自决"的内容主要关涉私人生活和私人事务,所以在讨论到隐私保护问题时,其被作为知

---

① 参见〔美〕爱伦·艾德曼、卡洛琳·肯尼迪:《隐私的权利》,吴懿婷译,当代世界出版社2003年版,第57页。
② 马特:《隐私权研究——以体系构建为中心》,中国人民大学出版社2014年版,第210页。
③ 〔美〕阿丽塔·L.艾伦、理查德·C.托克音顿:《美国隐私法:学说、判例与立法》,冯建妹、石宏等译,中国民主法制出版社2019年版,第367页。

情同意原则的主要借鉴依据。

20 世纪 70 年代,知情同意原则开始作为隐私保护的基本原则并付诸实践。1970 年欧洲的第一部个人信息保护立法《德国黑森州信息法》便将知情同意原则作为个人信息收集原则予以确定。[①]1973 年美国政府成立的"关于个人数据自动系统的建议小组"发布《公平信息实践准则》(FIPPs: Fair Information Practice Principles),并将之作为美国个人隐私保护立法中的基础性准则,《公平信息实践准则》创设的五项基本原则[②]内容,重点提及了个人应该被告知自己的信息是如何被使用以及应尽的同意与授权机制义务。美国最早一部关于个人隐私保护的法律《儿童网络隐私保护法》中就沿用了《公平信息实践准则》提出的知情同意原则。事实上,知情同意原则在各国的立法中已经被普遍采纳,如《俄罗斯联邦个人信息法》第六条就规定:"个人信息处理可以由操作者在得到个人信息主体同意的前提下进行。"[③]新西兰《隐私法案》也规定:"电信机构直接从相关个人那里收集电信信息时,应该确保相关个人了解。"[④]我国在《消费者权益保护法》《网络安全法》《民法典》《个人信息保护

[①] 参见张新宝:《个人信息收集:告知同意原则适用的限制》,《比较法研究》2019 年第 6 期。

[②] 《公平信息实践准则》五项基本原则为:1. 任何个人资料记录系统的存在都必须保密;2. 必须有一种方法,让一个人知道记录中有关于他的哪些信息,以及这些信息是如何使用的;3. 必须有一种方法,防止为某一目的而获得的信息在未经其同意的情况下或因其他目的而使用;4. 必须有一种方法,让个人更正或修改有关他的可识别资料记录;5. 任何创建、保存、使用或分发可识别个人资料记录的机构,均须确保该资料的可靠性,以供预期用途,并须采取预防措施,防止滥用该资料。

[③] 中央网络安全和信息化领导小组办公室、国家互联网信息办公室政策法规局编:《外国网络法选编(第一辑)》,中国法制出版社 2015 年版,第 368 页。

[④] 中央网络安全和信息化领导小组办公室、国家互联网信息办公室政策法规局编:《外国网络法选编(第二辑)》,中国法制出版社 2016 年版,第 437 页。

第八章　知情同意：隐私保护原则中的实践困境与平衡之道　269

法》等多部法律中都对公民个人信息处理的原则与条件进行规定，要求网络运营者（经营者）收集、使用用户（消费者）个人信息，应当遵循合法、正当、必要的原则，明示收集、使用信息的目的、方式和范围，并经用户（消费者）的同意。

由于知情同意原则的普适性特点，因此在国际和地区合作中它也成为各组织机构在制定成员方公民个人隐私保护通用准则时，共同遵守的一个重要的核心原则。如1980年经济合作发展组织（OECD）在其《隐私保护和个人数据跨境流通指南》中确立的八项基本原则之一"收集限制原则"中就规定："个人数据的收集应受限制，获得数据的手段必须合法和公平，情形允许时应经数据主体知晓或同意。"[1]1998年美国联邦贸易委员会（FTC）提出了信息传播中五项核心的原则实践："通知/注意、选择/同意、接近/参与、完整/安全、执行/赔偿。"[2]其中"通知/注意"一项认为用户有权知晓有关自身的哪些信息将会被收集及运用，"选择/同意"一项认为用户可以选择有关自身信息的具体用途，以及是否同意与第三方共享等。亚太经合组织于2004年制定的《亚太经合组织隐私框架》九项基本原则中明确规定"通知原则"和"收集限制原则"。美洲注册公共会计师协会（AICPA）和加拿大特许会计师协会（CICA）联合推出的适用于多领域的《普遍接受的隐私原则》（GAPP）中也将"告知原则"及"选择和同意原则"纳入其中。2011年国际标准化组织（ISO）和国际电子技术委员会（IEC）联合设立的《信息技术—安全技术—隐私框架》（ISO/IEC 29100-2011）中的第一项便是"同意和

---

[1] 高富平：《个人数据保护和利用国际规则：源流与趋势》，法律出版社2016年版，第6页。

[2] Federal Trade Commission, Privacy Online: A Report to Congress, 1998.

选择"原则。①2018年欧盟颁布的《通用数据保护条例》（GDPR）将"用户同意"作为首要的合法性基础，确立并细化了同意的适用条件，包括规定了数据主体享有撤回同意的权利、同意应是基于自由作出的，等等。我国《个人信息保护法》第13条将知情同意原则列为首位的合法性基础：个人信息处理者只有"取得个人的同意"，才能处理个人信息。第14条进一步明确："基于个人同意处理个人信息的，该同意应当由个人在充分知情的前提下自愿、明确作出，法律、行政法规规定处理个人信息应当取得个人单独同意或者书面同意的，从其规定。个人信息的处理目的、处理方式和处理的个人信息种类发生变更的，应当重新取得个人同意。"这是对知情同意原则最为明确的法律规定。综上所述，各国（地区）的个人信息保护法（条例）中，主要是以公民的知情同意为核心来建构保护机制或模式的。赋予公民对自身信息（数据）自治的权利，在大数据时代中已成共识，并成为个人信息保护的必然选择。

三、知情同意原则的内在价值

知情同意就其基本内涵而言，意味着理性的个体可以有效判断自己可以做什么以及这样做后会产生的后果，简而言之，即知晓行为及后果。自由独立决断是确保知情同意符合理性精神的前提条件。与此同时，知情同意还意味着理性个体的行为决定是基于内心的真实意愿而排除了外在因素的干扰，这种决定是自由自主的。知情同意原则作为个人隐私保护中的重要原则，有着天然的独特性和

---

① 参见高富平：《个人数据保护和利用国际规则：源流与趋势》，法律出版社2016年版，第302页。

第八章　知情同意：隐私保护原则中的实践困境与平衡之道　271

不可替代性，原因在于其理论建构基础有效地回应了数字化社会公民权利保护的基本要求。

首先，知情同意原则是信息社会中契约精神的具体实践。契约精神在信息保护立法进程中极为重要，它强调信息主体之间对权利的高度尊重和对义务的自觉履行，核心内涵是守约与践诺。知情同意原则正是契约精神在信息社会的延续，从其基本构成来看，网络运营者发布并告知用户隐私规则以获得用户的同意授权，隐私规则成为具备法律约束力的协议。网络运营者应当按照隐私规则的约定履行自己的义务，使个人隐私信息的收集、流动与使用在符合既定条约的要求中运行，且信息的开放与共享必须是合规的。这说明知情同意原则具有"限权与自我义务设定"之效果。[①]遵守规则与履行义务是知情同意原则成立的基础，这与契约精神的内核高度统一。

其次，知情同意原则中的事前防范理念充分尊重了个人享受权利的主动性。信息社会中的个体常处于一种充满不确定性的风险环境之中，个人隐私信息处理与利用的过程不断脱离个体，数字化处理代替了面对面交流，个人作为信息活动的风险承担者，一般难以掌控全部流程，从而导致个体的自主性被极大地贬抑。知情同意原则的重要作用就在于为个人信息主体及时识别风险，并决定是冒险还是避险提供判断依据，是具有高度匹配性的风险预防机制[②]，用户知情并自主作出同意或不同意的有效决定，这为个体

[①] Peter McCormick, "Social Contract: Interpretation and Misinterpretation", *Canadian Journal of Political Science*, Vol. 9, No. 1, 1976, p. 63.
[②] 宁园:《个人信息保护中知情同意规则的坚守与修正》，《江西财经大学学报》2020年第2期。

识别信息风险提供了一扇自主的阀门。正如黑格尔所述"人作为意志的存在，有权将其意志体现在任何事物中，但人们只有在作出决定后，才是现实的意志、特定化了的个人意志"。[①] 知情同意原则赋予公民事前知晓与同意的权利，是个人自主意志被重视和尊重的体现。

第三，是有效平衡了数字经济发展与公民隐私保护间的冲突。大数据公司对个人隐私信息的收集与使用是"全景式"的，它们有效强化技术在私有空间的占有与控制，往往以侵犯公民隐私信息来获取经济收益。可以说数据经济对公民隐私信息的挖掘、整合与使用已经到了无以复加的地步。在知情同意原则的框架下，网络（数据）运营者需通过符合法律规定的条款，告知用户详细的信息收集与使用规则，提升信息收集、处置行为的透明度，以条款、规则来驱动网络运营者自我约束，尽力避免对公民隐私信息无序的开发与使用。这对于协调个人信息保护和推动全社会数字化的有序进展具有重要价值。

四、知情与同意的规范构造

"知情同意在法律性质上属于合同，其合同结构可以理解为：负有说明义务的个人信息处理者就个人信息处理的内容向信息主体进行'要约'（知情），信息主体在此基础上进行'承诺'（同意）。"[②] 知情同意原则能够为公民提供隐私保护的关键在于其理想

[①] 〔德〕黑格尔：《法哲学原理》，范扬、张企泰译，商务印书馆2013年版，第24页。

[②] 陈佳举：《法律行为理论下个人信息保护的知情同意研究》，《中国政法大学学报》2023年第2期。

状态下的规范构造:网络运营商对个人隐私信息收集与使用的合法性来源于用户(权利人)的有效同意,而权利人的有效同意建基于对网络运营商告知内容的充分了解。因此,用户的知情是同意的内在规范要求和前提性要求。知情同意的规范构造可从以下三个维度进一步阐释。

维度一,是知情。民事法律行为中,网络运营商的告知行为实际上是在作出意思表示,隐私规则、服务条款是意思表示的内容,用户的知情则是意思表示到达的结果。网络运营商(表意人)所作出的外部意思(隐私规则具体条款)应与其内心真实意思(对用户数据实际的收集与使用)一致。而用户确定意思表示的内容,即用户真正的知情,则常需要通过解释意思表示来达成。根据《民法典》第一百四十二条第一款的规定:有相对人的意思表示的解释,应当按照所使用的词句,结合相关条款、行为的性质和目的、习惯以及诚信原则,确定意思表示的含义。这既要求表意人(网络运营商)应考虑表意符号的客观、真实之意义,即收集与使用个人隐私信息的目的、方式、期限等表述在行为实践中的客观真实性。还要求侧重于对相对人(用户)的信赖保护,规范约束表意人遵守意思表示的具体内容,并考虑到相对人(用户)在意思表示解释到达时的理解能力。简而言之,网络运营商通过隐私规则、服务条款表达的意思,应令用户获得准确的知晓和理解,亦即真正知晓自己的个人信息是如何被收集、整合和使用的。

维度二,是同意。网络运营商通过隐私规则等方式作出相应的意思表示后,用户作出同意的意思表示。与网络运营商的意思表示必须真实相对应的是,用户同意的意思表示也必须真实才符合知情同意原则的规范性要求。有研究者将同意的构成要件细分为四个方面,即同意的主体条件、同意的客观条件、同意的主观条件和同意中的告知。[1] 就同意本身而言,这样的细分方法当然是有价值的,但在实际适用中,用户同意的能力是最值得被关注的。在法律底层讨论公民的行为能力时,年龄通常是主要被关注的法律要素,但在具体面对隐私规则时,年龄和相应的认知能力并不必然成为合理的对应关系,例如,受到社会普遍关注的"数字鸿沟",就很好地说明了这种非对应性的存在。"为了作出一个有约束的见诺,一个人必须是完全有意识的,处在一种理性的心灵状态中,知道起作用的语词的意义及其在见诺中的用法,等等。"[2] 同意作为个体的一种自愿自主的决定,其核心的要素是对同意的内容有准确的知情,是"处在一种理性的心灵状态中作出的自己意思的真实表示"。

维度三,是同意对意思表示实践的监督作用。国内外的现行法(条例)中,均不同程度地要求信息的收集与使用是基于用户"明确的同意"(如《民法典》第1033条、GDPR第4条第11款等),"明确的同意"限缩了作为强者的数据运营商的权利范围,任何意思表示外的收集与使用行为(目的外数据处置行为)需获得用户进一步"明确的"同意与授权。"这一点对于保护公民隐私十分重要,可以有效地防止'功能潜变',也即获取信息的原来目的被悄悄地、不知不觉地扩大到包括未获得参与者知情和自愿的同意。"[3] 质言之,同意与授权行为一方面效用于维护公民对自身隐私信息控制的权利;另一方面,就是通过对表意人(用户)作出意思表示后实践行为的

---

[1] 参见张莉:《论隐私权的法律保护》,中国法制出版社2007年版,第105—117页。

[2] 〔美〕约翰·罗尔斯:《正义论》,何怀宏等译,中国社会科学出版社1998年版,第345页。

[3] 陆青:《个人信息保护中"同意"规则的规范构造》,《武汉大学学报(哲学社会科学版)》2019年第5期。

监督，降低双方因信息不对称所导致的公民隐私权益侵损的风险。这其实创设了一种平衡机制，将隐私主体、客体置放于相对平等的位置上，要求个体的知情权、同意权可以对等制衡隐私客体（如网络运营者等）的行为，这有效平衡了隐私权益可能遭受的威胁与失衡，也充分体现了对个人自主性及私人生活的尊重。

知情同意作为一种尊重理性人表达个人独立意志的原则，在经过了相当长时间的实践后，其内涵和外延得以不断丰富和拓展。在公民隐私实践层面，这项原则也基于对个人主体意志的尊重，持续发挥着积极的作用。从其科学合理的内在要求而言，知情同意原则中的"知情"和"同意"作为有机关联、彼此支撑的两个部分，共同保障人们在隐私保护问题上的真实意思表示。

第二节　知情同意原则实践中真实意思表示的困境

知情同意作为公民隐私保护的核心原则，在世界范围内得到了广泛的尊重和推广，也产生了良好的效果。但是，这条原则在实施过程中毕竟受到诸多外在要素的影响，在推行过程中也面临知情模糊、同意失真等具体难题。"这就表明，可以自由地作出选择，并不能确保就可以自由地基于这些选择行事，也无法保障自由地实现我们意想中的目标。要有能力自由地行事，我们需要的可不仅仅是某种自由意志的观念。"[1] 知情同意原则为个人隐私的自我管理提供了稳定的因应模式，长久以来被视作个人隐私保护的核心原则。对具体原则的履行者而言，国内外网络运营者也已普遍采用告知隐私规

---

[1] 〔英〕齐格蒙特·鲍曼、蒂姆·梅：《社会学之思（第3版）》，李康译，上海文艺出版社2020年版，第30页。

则的方式作为保护用户隐私的重要措施。然而近年来,知情同意原则在具体实践中却不断落入失衡的困境,这一方面是其规范构造在实践中的矛盾所致,另一方面则是技术的发展打破了原本的平衡状态,使得该原则整体功能上出现力有未逮之困。所以,探讨知情同意原则在实践中的缺陷,应回归规范构造创设的平衡机制,因为对等真实的意思表示过程是知情同意原则的根基。从此思路进入,知情同意的过程不止于"知情"与"同意"两个步骤,实际上诸多隐私信息泄露、隐私不保现象的出现,都是在主体作出同意后政策的具体实践中所产生的,因此我们将从"知情""同意""执行"三个层面,按意思表示过程的前、中、后三个环节对知情同意原则的实践困境进行探讨。

一、知情的鸿沟:告知义务与知情权利的失衡

知情是同意行为的前提,它实际上由两个部分组成:一是网络运营者履行告知用户收集、使用信息的义务。一般情况下,履行告知义务主要是向用户提供同意的材料,此为意思表示或对意思表示解释的过程,通常有隐私规则、服务条款(为方便阐述,后文中一律使用隐私规则)等书面文件形式。二是用户行使对其个人信息收集情况知情的权利。这要求用户能够完整阅读、有效理解隐私规则或服务条款的具体内容,以维护自身知情的权利。这是意思表示到达的过程。然而,这种看似理想的知情模式却在实践中显现出诸多漏洞和相悖之处,意思表示长期处于不真实、无法到达的状态,告知与真正的知情之间存在鸿沟。

1. 格式化意思表示难以达到真正的告知目的。网络运营商进行意思表示(或意思表示解释)的最终目标本应是用户能够理解表意内容,并作出理性的同意或不同意的判断。但在具体实践中,使用格式化合同强调告知行为"已发生"却成为网络运营者的最终目标。这个过程存在两点悖论。

第一,格式化文件违背立法本意。几乎所有的网络运营商都采用格式化文件,同时包括多项免责声明,以一种近乎强制性要求接受的方式推送给用户。尽管法律要求网络运营者制定越来越完善的隐私规则,履行越来越复杂的通知义务,但这种沿袭传统消费者合同"强制披露"的管制思维,却从来都是面临着"失效"的风险。[1]当一方拥有全部的信息权力时,极易产生具有胁迫性、不合情理的格式合同,这将过分偏重告知义务在形式上的履行和强调意思表示的发生,从而忽视意思表示应达到的效果。如果认可这样一种"走过场"的告知可以产生完全的抗辩效力,就无疑是赋予了信息业者完全规避法律监管的特权,[2]这明显违背了立法的本意。告知就内涵而言具有双向性,即网络运营商以协商的姿态,告知其用户如何收集、使用其信息,以获得其同意。如果这种告知方式存在强制性,则违反了法律上的平等原则。

第二,形式上的告知并不必然指向用户知情。知情同意原则所涉的知情权与同意权是一种消极性的权利,"知情权与同意权的真正实现都以数据控制者履行告知义务,提升数据活动的透明度,提供充分的权利行使路径为前提"。[3]这样一种权利性质本身即附着

---

[1] 参见京东法律研究院:《欧盟数据宪章——〈一般数据保护条例〉(GDPR)评述及实务指引》,法律出版社2018年版,第51页。
[2] 参见张新宝:《个人信息收集:告知同意原则适用的限制》,《比较法研究》2019年第6期。
[3] 宁园:《个人信息保护中知情同意规则的坚守与修正》,《江西财经大学学报》2020年第2期。

对告知义务的依赖，因此在知情环节的制度设计上，应尽量避免告知义务履行与用户知情权的满足之间的再次失衡。因此，网络运营者告知义务的履行在实践中并不必然指向用户已经知情的结果，即使告知义务已经完全履行，网络运营者也不能抱持着"买者自负"的心态，进入免责的"避风港"。如果知情环节主要以是否完成意思表示为核心设计，那么判定用户是否知情的标准将不再由用户掌握，这与知情同意原则所倡导的尊重个人自主性的初衷相矛盾，也背离了知情同意原则的主旨诉求。在这个过程中便容易使得原本由个人意志不受外在因素影响的完全的"自决"受到干扰，导致影响"自决"的纯粹性。

值得注意的是，隐私条款格式化的应用还在某种程度上容易成为电商平台规避法律责任的挡箭牌。对我国涉及"隐私权、个人信息保护"的诉讼案件的研究表明，条款效力较高的大型平台在上述案因的诉讼中更容易胜诉，主要原因有大型平台拥有强大的法务团队，制定的条款更为周详；与此同时，这也可能与这些平台更多关注公共利益有关。"北京市高级人民法院曾裁决认为，隐私权的权利范围应当受到公共利益的限制。学者陈堂发指出：'隐私保护并非完全倚重隐私主体的人格尊严与羞耻感，而是在集体主义的框架中寻求相对保护人格利益的正当性，个体人格各利益的权重在显著涉及他人利益时将被降低'。"[1]

2. 低效率与高成本的阅读所带来的知情困境。这是意思表示到达效果的失衡问题，与隐私规则的可读性相关联。可读性涵盖了隐私规则的外在形态和表达特征，包括用词、篇幅、呈现形式等，对

---

[1] 卢家银：《互联网平台私法责任承担的影响因素研究——2010—2022年隐私与个人信息纠纷裁判文书分析》，《新闻与传播研究》2024年第1期。

用户的隐私规则阅读意愿具有重要影响。当隐私规则的长度、术语或组织结构影响到用户对规则内容的理解时，用户就不能作出合理的知情同意行为。在格式化、机械化的惰性思维中，网络运营者意思表示的条款和事项更多地是出于对法规的遵守而非对用户真实知情的道德义务，因此在提高内容的可读性上并不友好。大部分平台隐私规则的可读性较差，导致知情的效率低下。

首先，故意设置多层页面包裹隐私规则。相关研究发现，用户平均要点击1.7次才能找到隐私规则的页面，有些平台甚至需要点击3次才可进入隐私规则页面。[1] 用户无法便捷地找到隐私规则，这为进一步阅读、了解相关条款内容增加了难度。"公司的隐私政策不介意没人阅读，这有力地误导了消费者。据说公司可能利用他们搜集的信息，但它遗漏了这些信息可能会被出售给第三方的可能。虽然用户必须在这份可能他们都没有读过的许可协议上点'接受'按钮，甚至在人们还没点击'接受'按钮前，应用程序就已经开始搜集和发送用户位置信息了。"[2] 更多的个案会让我们发现这样一个事实：许多公司并不是"不介意没人阅读"，而是有意无意追求"没人阅读"的结果；"遗漏"可能将这些信息出售给第三方的行为，也并非真正是无意"遗漏"。许多公司（企业）不能提供关于隐私规则"知情"的快速路径的目的，是追求让用户更快地表达"同意"的意思。所以，在许多时候，我们并不能更准确地判断用户表达对隐私规则"同意"的意思时，他们是不是明智的，因为他们实际上缺少

---

[1] 参见申琦：《我国网站隐私保护政策研究：基于49家网站的内容分析》，《新闻大学》2015年第4期。

[2] 〔美〕布鲁斯·施奈尔（Bruce Schneier）：《数据与监控：信息安全的隐形之战》，李先奇、黎秋玲译，金城出版社2018年版，第66页。

基于"知情"后的冷静判断。因此，用户因为享受了相应的服务，所以他们在无形中被迫接受信息被收集与处置的后果。

其次，平台惯常使用大量技术和法律专业词汇。用户对规则的认知能力存在欠缺，隐私规则的复杂、深奥的内涵与用户的认知之间存在脱节现象。许多用户并不具备完整的法律和计算机知识，难以理解在隐私规则中出现的专业性的词汇，"在实际操作的过程中，纵使有部分的用户会花时间阅读隐私政策，也通常无法完全理解其真正的内涵，因为人们往往缺乏足够的专业知识来充分评估同意某些现有用途或披露其数据的后果"[1]。例如许多隐私规则中都提及会收集与使用Cookies和Web beacon，网络运营者一般只会采取正向的告知方式，如果用户不具备计算机编码的技能，自然无法对使用Cookies和Web beacon可能产生隐私的负面影响有专业化的评估。知情是同意的前提，也是知情同意原则的规范要求。换句话说，用户同意的真实意思表示应当基于对隐私规则所列诸条款的真正理解。如果不能做到这一点，用户作出的同意行为不能被认为是一种真实的个人内心意愿。法治社会的基本原则是实现有效的社会平等，即真正将"法律面前人人平等"的法律原则施行于社会生活的各个层面。这种平等不仅是理论意义或法律条文中的平等，更是事实上的平等。随着数字化社会的快速发展，个人在海量的数据面前和复杂的算法中的无力感日渐增大，个体基于认知能力差异导致的强弱分化日渐明显，信息不对称更导致隐私主体"弱"和"盲"的趋势不断加剧。在这种背景下，被诸多专业术语包裹着的隐私规则很难令众多隐私主体真正有效"知情"，其作出的"同意"的真实性也

---

[1] Daniel J. Solove. "Privacy Self-Management and the Consent Dilemma", *Harv. L. Rev*, vol. 126, no. 7, 2013, pp. 1880-1903.

会大打折扣。

再次,不断扩容的隐私规则篇幅也导致阅读率低下。在一项针对我国社交媒体用户对隐私规则阅读意愿的实证研究中显示,"字符为5500字左右的阅读率为57%—66%,而字符为9500字左右的阅读率仅为5%"。①而在笔者统计《2019年中国互联网企业100强发展报告》②几家排名靠前的企业的代表性产品的隐私权规则时发现,有数家大平台的隐私权规则内容篇幅(字数)均为10000字以上,这意味着我国有不少的互联网产品用户对隐私规则阅读率可能低于5%,而这仅仅是阅读率,如果进一步计算知情率,则将会更低。与低阅读率相伴的是,冗长阅读所花费的高昂成本。有美国学者研究用户阅读隐私规则所需花费的时间和经济成本,其研究表明,如果所有美国互联网用户每年在访问一个新网站时逐字逐句地阅读在线隐私政策,全国将花费约540亿小时来阅读隐私规则。每人每年需要花费244小时来阅读隐私规则,平均每天40分钟。换算成经济成本大概是7810亿。③而这是作为消费者的用户为了履行一项相关的责任,所必须投入的时间成本。《纽约时报》的一项研究也说明了同样的问题,"我们阅读了150份隐私政策。它们是一场难以理解的灾难……就像大多数隐私政策一样言辞冗长,充满法律术语,并且以不透明的方式确立公司收集和出售你的数据的理由。数

---

① 朱侯、张明鑫、路永和:《社交媒体用户隐私政策阅读意愿实证研究》,《情报学报》2018年第4期。
② 中国互联网协会、工业和信息化部网络安全产业发展中心:《〈2019年中国互联网企业100强发展报告〉发布》,人民网—中国经济周刊,2019年8月15日。
③ 参见:Leecia M. McDonald & Lorie Faith Cranor, "The Cost of Reading Privacy Policies", *A Journal of Law and Policy for the Information Society*, vol. 4, no. 3, 2008, pp. 540-541.

据市场已经成为互联网的引擎,而这些我们同意但并不完全理解的隐私政策有助于推动这个引擎"。①

基于上述知情的困境,不同于对医学领域关乎生命的知情同意书,大部分用户对隐私规则往往采取漠视的态度。有实证研究表明,用户在加入虚拟社交网络服务(SNS)时,有74%的人跳过了阅读隐私规则,选择了"快速加入"选项。用户忽视隐私规则使得其有效性成为了互联网最大的谎言。②因为用户在使用某网络服务时带有强烈的目的性,即快速通过各项繁冗的注册程序以使用平台功能,隐私规则则会成为使用中的"下顺位",并且"产品看上去越吸引人,消费者就越不关心其隐私条款"。③这些阅读的障碍及高昂成本无异于在"告知"与"同意"之间设置了天然的屏障,最终造成无效的"告知"和无奈的"同意"。

3. 告知条款不合规也难以保障知情环节的平衡。隐私规则的合规是营造良好数据经济发展环境的重要组成部分。符合规范标准的隐私规则不仅可以发挥知情同意原则事先保护的作用,更能体现出企业自觉主动承担用户信息保护责任的良好形象。然而,多位学者在对国内网络运营者的隐私规则进行合规性审查时,发现隐私规则仍存在不少问题,总结起来主要有两类问题:一是低标准的法定义务并不能完全落实。如,存在信息收集条款模糊宽泛、数据储

---

① 〔美〕尼尔·理查兹:《隐私为什么很重要》,朱悦、嵇天枢译,上海人民出版社2023年版,第67页。

② 参见:Obar, Jonathan A.&Anne Oeldorf-Hirsch. "The biggest lie on the internet: Ignoring the privacy policies and terms of service policies of social networking services", *Information, Communication & Society*, vol. 23, no. 1, 2020, pp. 128-147.

③ 〔美〕马克·罗滕伯格等:《无处安放的互联网隐私》,苗淼译,中国人民大学出版社2017年版,第78页。

存期限无具体说明等现象。二是几乎很少自设较高标准的告知条款。如，缺乏对数据携带、转移、跨境流通等措施的说明。国内网络运营者在隐私规则合规性上不尽如人意的现状，体现出网络运营者实际上仍将隐私规则视作束之高阁的宣示性文件，告知义务的履行也仅仅作为一种形式大于实质的存在。

二、不同意即退出：同意的裹挟与决定权的失效

隐私规则在实践中的同意行为主要通过两种方式实现：点击同意和浏览同意。点击同意方式通常要求用户在初次使用或使用更新版本的网络平台时阅读隐私规则，点击"我同意"/"阅读并同意"以表示接受该隐私规则；浏览同意通常将隐私规则置于页面显著的位置呈现，用户无须点击同意，其浏览、使用行为即可视为接受该隐私规则。同意行为的初衷旨在尊重用户选择和决定的权利，缩小公民与网络运营者在信息保护方面的能力势差，但在同意机制的设计上和具体的实施过程中，其单向的传播机制和假定的选择权利反而加剧了两者间的能力势差。

1. 知情的局限导致有效同意的效果不佳。宾夕法尼亚州立大学法学院克拉克·D. 阿赛（Clark D. Asay）教授总结出用户同意与隐私规则之间隔阂的维度：（1）阅读通知；（2）理解通知；（3）有时间做（1）或（2）；（4）作出符合其隐私偏好的选择；（5）有能力影响隐私结果；（6）一般关心隐私通知或隐私。[1] 由此可见，有效同意行为的前提是用户真实地阅读和理解隐私规则，其关键在于用户对个

---

[1] 参见：Clark D. Asay, "Consumer Information Privacy and the Problem(s) of Third-Party Disclosures", *Nw. J. Tech. & Intell*, Prop, no. 11, 2013, p. 321.

人隐私信息收集使用中的利益与风险进行自我平衡。知情环节的局限往往使得自我平衡机制难以奏效。上文述及，用户真正的知情需付出高昂的时间和金钱成本，晦涩难懂的规则条文也使得用户产生强烈的心理挫败感，这都将直接导致用户阅读与理解隐私规则的驱动力不足，进而降低作出认真同意决策的意愿感，用户作出同意选项"符合隐私偏好"选择的可能性不大。一份针对 475 名问卷调查者和 17 名在线健康社区用户参加的问卷调查研究表明，"商业平台也许早已认清理性决策模式的局限，通过改变默认选项、界面布局、措辞和信息框架实现对用户健康隐私决定的偏转，操纵用户作出最有利于信息收集的'形式自愿'的信息表露决定"。[1]

2. 不同意即退出架构使得选择权失灵。"知情同意"的另一个争议焦点即来自于对"同意"工具正确设置的质疑。"不同意即退出"将同意机制形塑成用户被动角色的防御工具，"这种模式很可能是一种诡计，用来扩大用户有信息自决权的错误信念"。[2] 同意行为的内核是用户自主选择和决定，但在庞大的网络运营者面前，用户个人几乎没有任何协商的空间，逼迫式、裹挟式同意阻碍着用户行使自主选择权。实际操作中，侵犯用户选择权等问题屡见不鲜。综观现有的同意方式设计，点击同意方式尽管在页面上有显示"同意"或"不同意"的选择项，但是一旦用户点击"不同意"，那么基本上意味着退出使用该平台或相当程度上无法使用核心服务，二元对立的同意选择项导致用户只能选择留下或离开。"'告知和选择'中

---

[1] 耿书培：《流动的隐私边界何在：在线健康信息的表露机制研究》，《新闻与写作》2024 年第 2 期。

[2] 参见：Leecia M. McDonald & Lorie Faith Cranor, "The Cost of Reading Privacy Policies", *A Journal of Law and Policy for the Information Society*, vol. 4, no. 3, 2008, pp. 540-541.

的'选择'也是一种危险的虚构,特别是当我们所面临的'选择'基本上是'选择'是否参与数字世界时。"在这种不同意即退出的架构中,用户即使"同意",也只是一种无奈之举,很难完全符合用户的真实意思表示。

浏览同意的方式则更为开放和随意,用户进入页面即意味着默认同意其隐私规则,虽然浏览同意的设计要求网络运营者将隐私规则清晰、显著地呈现,但实践中隐私规则超链接常被网络运营者置于网站的最底部,或置于多层页面中,因此在司法实践中仍存在较多争议。如,对清晰、显著呈现的程度并没有统一的规定,各平台有自我庇护的操作空间。实际上,所谓浏览即同意的方法并没有赋予用户选择同意的权利,而是将其与选择浏览的权利捆绑合并,这种"不同意不浏览"背后仍是"不同意即退出"的思想在主导。如果拒绝不自由,那么同意就无价值。用户可以行使同意的权利和用户是否真正享有该权利是两回事,"对于个人信息的控制能力,我们不能简单地理解为数据主体在事实层面的实际控制力"。[①]基于此,"不同意即退出"不仅无法维持同意权行使的活力,还进一步加剧了用户与网络运营者之间的信息能力势差。

知情同意原则在设计理念上自然以选择权作为前提。这种理念包含两个层面:第一,在知情的基础上,用户可以选择同意进入或不同意(退出)。第二,在整体同意的基础上,对某些不同意的条款可以选择不同意,或寻求协调。在具体的网络实践中,用户实际上并不具备选择的权利,即只能作出"非此即彼"的单一决定:全部同意隐私规则以获得使用的权利,或者是不同意而失去使用的权利。

---

① 陆青:《个人信息保护中"同意"规则的规范构造》,《武汉大学学报(哲学社会科学版)》2019年第5期。

网络运营者在设计隐私规则时,应以尊重用户的权利,赋予其科学、完整的选择权为基本理念,而不是以强制性的格式条款,令用户的选择权受到伤害和缺失。

三、执行中的未知:模糊地带与无限授权的争议

当用户点击或默认同意隐私规则,表示网络运营者真正开始执行隐私规则相关条款,个人隐私信息的保护也开始进入漫长的执行环节。虽然同意隐私规则即表示公民认可网络运营者对个人隐私信息收集、处理与使用的方式,但在具体的实践中,侵害用户权益、违反既定隐私规则的现象层出不穷。根据中国信息通信研究院联合人民网所做的《移动互联网应用个人信息安全报告(2019年)》[①],仅2019年11月、12月,12321网络不良与垃圾信息举报受理中心就共收到用户APP投诉4900余条,其中,私自共享给第三方的比例为21%,超范围收集个人信息的比例为11%,私自收集个人信息的比例为7%,过度索取权限的比例为7%,频繁申请权限的比例为1%。这些问题的出现,一方面是由于网络运营者在执行层面的自律意识和契约精神仍不足、盲目追求经济利益所造成的;另一方面,不可否认的是,知情同意原则对执行环节中出现的问题可以说是毫无招架之力。

执行环节的困境,与知情同意原则设计与应用的时代变迁密切相关。知情同意原则肇始于传统的小数据时代,彼时的个人信息(数据)较为单一和独立,传播技术还不足以实现充分挖掘与利用蕴

---

① 人民网、中国信息通信研究院、中国互联网协会:《移动互联网应用个人信息安全报告(2019年)》,人民网,2020年1月12日。

第八章　知情同意：隐私保护原则中的实践困境与平衡之道　287

藏在数据里的经济价值,知情同意书能在后续的信息实践中发挥稳定的、持续的效用。而大数据时代中,信息已经变成维系社会持续发展的血液,个人信息以液态形式在网络中流动,信息的分享与联结既满足了人类的社交需求,也创造了巨大的商业价值。此时,传统语境中的知情同意原则的理论推演和制度设计不可避免地陷入一种进退维谷的境地。总结起来,知情同意原则在执行环节所面临的风险和挑战主要集中在以下两个方面。

一是执行环节易产生政策的模糊地带。随着信息技术的变革,人们置身于"液态监视"的社会之中,技术对个人的监控无须固定的容器,监视本身也变得更加灵活,以一种去中心化的形式不断渗透、浸润进许多曾经其只有微弱影响力的生活领域中。与此同时,自然产生了许多知情同意原则下难以明确的隐私信息。无论是否愿意承认,当我们同意平台隐私规则之时,隐私规则无法达及控制的信息模糊地带已然产生。

对我国几家大型互联网企业隐私规则进行分析时发现,仍然存在整合型隐私信息、合法授权保护外的隐私信息等保护的模糊地带。[1]模糊地带之所以存在,与知情同意规则无力应对信息环境风险有着直接的因果联系。利用技术化手段,网络中有关公民个人隐私信息的自动连接与无限合成已成常态,所合成的结果可能是在公共领域中可传播的一般性信息,更多的则是具备私密性和商业价值的整合型隐私信息,这类信息在何时何地被何人以何种方式整合产生,或者会不会产生,具有极大的偶然性,并且往往受社会治理者的需要或商业价值大小的影响。无论是作为信息主体的用户,还是网

---

[1] 顾理平、俞立根:《手机应用模糊地带的公民隐私信息保护——基于五大互联网企业手机端的隐私政策分析》,《当代传播》2019年第2期。

络运营者，很多模糊地带的信息几乎不受控制也无法预测，正因为不可预测，制定隐私规则之初自然无法将未知的风险纳入条款的考量，因此，本来作为抵御信息风险的知情同意原则，在规制、认定模糊地带信息的性质时常处于"缺席"状态，最终造成用户隐私信息的伤害。

二是"二次—N次"使用中的授权争议。模糊地带信息的产生，只是执行环节所存问题的表象。这些整合型隐私信息在被收集后，其使用与共享是否获得授权成为执行环节问题的焦点。在现行的知情同意原则逻辑中，基本遵循对用户初次使用当下的告知、获得用户当下的授权同意，但此同意的授权效用将会贯穿其使用平台运营的整个阶段。"个人信息的收集、处理、利用的任一个阶段，随时都可能发生当初个人信息主体在同意决定的当下，所未预期的处理、利用方式，或所未预期的第三者使用个人信息的情形的出现"[1]，即个人信息的"二次使用"，"二次使用"大多数未获得隐私主体的知情或许可，[2] 用户也甚难知晓存在个人信息被"二次使用"的风险。随着信息技术的发展，用户将长期处于"二次使用"的黑箱之中，甚至当网络运营者将已收集的信息进一步加工、分析与处理，并与其他网络平台进行撞库后，"二次使用"将升级为"N次使用"，"N次使用"中的个人信息虽与隐私规则所保障的"一次使用"信息有很大变化，但其原型仍来自于"一次使用"的信息。

"二次—N次"使用的本质属于隐私规则范畴之外的使用，并未

---

[1] 张陈弘：《新兴科技下的资讯隐私保护："告知后同意原则"的局限性与修正方法之提出》，《台大法学论丛》2018年第3期。

[2] 顾理平，杨苗：《个人隐私数据"二次使用"中的边界》，《新闻与传播研究》2016年第9期。

受到用户的即时授权与同意，甚至没有任何机构或个人授权使用，被加工的个人隐私信息以一种悬浮的状态在网络中随意飘散，这明显不符合公民的合理隐私期待。这种因权利人未预期而实质上未获授权的个人信息使用方式，基本上架空了知情同意原则的设计初衷。知情同意原则的授权并不是无限授权，授权本应具备信赖与信任之意，如果"二次—N次"使用不能及时通知信息主体并得到其授权同意，则打破了知情同意原则所建立的授信双方的信任基础，信息主体在知情同意当下所作出的同意授权甚或可认为是一种因知情条件不充分而导致的无效授权。

第三节 知情同意原则科学化适用的设计构想

知情同意作为隐私保护的一项通行原则，"应当聚焦于人们在征询、给予或是拒绝给予同意时所开展的沟通交互活动。对于成功开展知情同意的沟通交互活动来说，沟通交互活动的每一个环节都必须符合适当标准：沟通中的可理解性和相关性规范至关重要，如果忽略这些规范，则相应的沟通交互活动无从真正地实现知情同意"。[①] 作为发端于医学领域的知情同意原则，其在实践过程中，由于各相关要素要求的复杂性，始终难以达成理想目标，所以，为被征询同意者设定切实可行的科学标准一直被重点关注。这对于我们思考隐私保护中的知情同意原则有重要的参考价值。

从对"知情""同意""执行"三个环节的分析中可以得出，知情同意原则在实践中的困境已经给公民的隐私保护带来了严重的

[①]〔英〕尼尔·曼森、奥诺拉·奥尼尔：《重新思考生命伦理中的知情同意》，胡位钧译，商务印书馆2023年版，第260页。

挑战。信息的控制者可以基于自身技术的优势地位，轻而易举地侵害用户的隐私信息保护权益，使得知情同意原则框架下的保护作用大打折扣。甚至有学者认为，基于大数据而形成的媒介受众市场，根本就不存在所谓的知情同意，因为数据的贡献者太多，不可能联系到所有人。[①] 知情同意原则正逐步走向既无效用也无效率的尴尬地步。在某种程度上，这一原则正在成为网络运营者侵权后寻求免责的"护身符"，这种局面对公民隐私造成的潜在伤害不言而喻。面对这样一些问题，我们并不是认为知情同意原则在公民隐私保护过程存在基础性或正当性的本质缺陷，而是需要清醒地意识到这项理想化的原则在网络实践中存在普遍性的缺陷。"'知情同意'原则的贯彻很大程度上需要数据控制者有强烈的契约精神，能够在以不当使用用户隐私数据造成的灰色经济利益面前，仍能保持严格的法律意识。"[②] 我们需要通过更为科学、精细的设计，协调和平衡好网络平台和用户之间在公民隐私保护过程中的权利义务关系，从而实现知情同意原则在数字化社会从科学化设计到理想实践的过程。在我国仍然以知情同意原则作为隐私保护第一道防线的当下，如何冲破"失衡"困境，寻求隐私主客体在权利与义务、信息权力等层面的平衡，这理应是现代社会中个人隐私保护的重要任务之一。

一、真正的知情意涵

知情在人们的认知过程中蕴含着丰富的意涵。真正的知情建

[①] 参见徐敬宏、张为杰、李玲：《西方新闻传播学关于社交网络中隐私侵权问题的研究现状》，《国际新闻界》2014年第10期。

[②] 范海潮：《社交媒体平台隐私自我管理研究》，江苏人民出版社2020年版，第80页。

基于两点：一是网络运营者合乎规范地履行告知义务，二是用户有能力阅读、理解、判断、质疑告知义务材料。针对第一点，建议网络运营者采取分层级的告知模式。我国的《民法典》第1034条中已经对公民个人信息类别及处理级别进行了再定义："个人信息是以电子或者其他方式记录的能够单独或者与其他信息结合识别特定自然人的各种信息，包括自然人的姓名、出生日期、身份证件号码、生物识别信息、住址、电话号码、电子邮箱、健康信息、行踪信息等。个人信息中的私密信息，适用有关隐私权的规定；没有规定的，适用有关个人信息保护的规定。"这表明个人信息至少可以为"私密信息"和"非私密信息（一般信息）"两类，因此网络运营者也应分而治之地告知不同层级的信息收集与使用情况，而不是笼统地将所有收集的信息定义为个人信息。如，张新宝教授就将个人信息根据私密程度的不同分为四个不同的级别：一般个人信息、需用户作出一般考量的个人信息、需用户特别考量的个人信息、默认禁止收集的个人信息。[①] 将个人信息进行分级处理的意义在于：明示区别出个人信息中更为私密的部分，将告知义务的履行置放于清晰的层级框架中，既做到对个人一般信息的利用告知，也强化对个人隐私信息保护的告知。从源头上对下游的执行环节给予事前的风险规避与疏导。鉴于网络运营者与用户在信息处置过程中地位与力量上的悬殊差异，规范履行告知义务的意义重大。

针对第二点，应从知情环节的传受双方分别考量。隐私规则的传播隔阂一方面是由于政策文本冗长繁复的叙述所致，另一方面，用户隐私素养欠缺也是重要原因之一。隐私规则文本是知情同意

---

① 参见张新宝：《个人信息收集：告知同意原则适用的限制》，《比较法研究》2019年第6期。

原则的基础性文件,其读者对象不仅局限于用户,执法者、第三方评估机构、辩护律师等也都是潜在的读者群,因此,隐私规则文本的内容理应全面、规范、明确。将用户的全面知情纳入考量范围,则应在个人信息分级的基础上,优化隐私规则的内容叙述,可采取全文版与精简版双版本的隐私规则,精简版应着力将全文版的重点以简明、易懂的方式呈现给用户,让受众可以在最短的时间内明了自己的信息被收集、使用的情况,这种分层呈现的方式已被全球范围内大部分主流网络运营者所采用。

创新传播方式同样可以提升用户对告知内容的感知、理解能力。正如麦克卢汉所言:"由于电视等电子媒介的四下蔓延,印刷文化正在'走上绝路';相应地,由印刷文本孕育的思考、感知与社会组织方式也呈现出日渐倾颓的趋势。"[1] 在图片、视频占据用户大部分注意力的新媒体时代,吸引用户的注意力是落实真正知情的第一步。具体而言,如,可以运用类似安全警示标识的方式提高用户的"本能注意",或可以效仿航空器等交通工具的安全须知视频,将告知内容制作成通俗易懂的警示视频在用户使用时呈现;在隐私规则中添加隐私泄露可能造成的严重后果的表述,也许可以帮助用户深刻地理解隐私规则,以便作出明智的选择。[2] 这些告知方式通过尝试让人们更直接、更感性地体验到平台隐私规则的告知,以达到告知方法效用复苏的目的。

从用户本身来说,真正的知情还依赖于更高的隐私素养。隐私

---

[1] 〔美〕卡茨等编:《媒介研究经典文本解读》,常江译,北京大学出版社2011年版,第197页。

[2] 参见:Calo, Ryan. Against notice skepticism in privacy (and elsewhere), *Notre Dame L. Rev*, vol. 87, 2011, 1027。

素养主要指人们对自身隐私信息如何被收集、使用或私人生活如何被追踪的理解程度。这基本是知情同意原则所设立的目的所在。然而令人遗憾的是,许多公民的隐私素养显然没有跟上信息时代的步伐,不能理解个人隐私信息保护的重要性。许多人认为"我是一个普通人,我的隐私不会有人关注,也没有那么重要",因此漠视自己的隐私,是令人担忧的。所以,应积极提升公民的隐私素养,对理解和自主控制个人隐私信息应知应会的法律知识、技术操作等技能进行广泛普及,以便让用户在使用网络平台时能够高效准确地作出符合自身隐私合理期待的决定。

二、建立可协商式同意机制

(一)完善"选择进入"和"选择退出"机制

根据我国《民法典》的相关规定,当隐私主体在根据隐私规则履行隐私协议的过程中存在欺诈、胁迫或者重大误解、显失公平的情形时,可以选择撤销"同意"。也就是说,当用户发现自己在理解隐私规则时存在不真实的意思表示或重大误解时,可以选择退出网络应用。目前,知情同意原则主要的实践机制有两种:"选择进入"和"选择退出"。"选择进入"意指网络平台系统并不自动包含用户的信息,用户若希望被纳入到系统之中需要以各种方法作出明示的意思表示,如,在页面上选择或回复邮件、电话等。[①] 网络运营者的每一次收集、使用用户信息都需征求用户同意。"选择退出"则指用户对网络运营者授权即被视为自动纳入系统,用户可以根据双方的

---

① 参见万方:《隐私政策中的告知同意原则及其异化》,《法律科学(西北政法大学学报)》2019年第2期。

协定退出系统，在使用平台期间，用户如未作出原初授权相反的意思表示，即视为授权持续有效。相较于"选择进入"模式更为严谨复杂的保护，当前大部分网络运营者采取"一揽子"计划式的"选择退出"模式，以减轻个人隐私信息维护的成本，增加商业活动的顺畅度。然而，个人隐私信息保护并不是一次性的买卖，知情同意原则不能降级为大包大揽的"一揽子计划"，缺少协商机制的知情同意原则难以保证权利与义务的平衡。个人信息收集与使用的授权只有在充分尊重传播语境和技术发展的基础上才能持续发挥效用。因此，转换"选择退出"模式，构建"选择退出"+"选择进入"的可协商式同意模式显得尤为重要。

（二）完善区分授权机制

"选择退出"+"选择进入"模式的核心就是区分授权机制，它改变传统的合同一揽子授权的模式样态，将合同条款分层次、分步骤进行协商与缔约，旨在扭转用户在"不同意即退出"机制中的不平等状态，维护用户同意权的实际价值。区分授权是上游知情环节中分层级治理思维的一个部分，知情环节中用户已知晓不同层级个人信息的收集与使用情况后，在同意环节应赋予用户对不同层级个人信息区分授权的权利，具体而言，以张新宝教授对个人信息的分级为例，在其分级基础上，区分授权应有如下安排：（1）对于用户的一般信息采取"选择退出"模式；（2）对于用户需作出一般考量的个人信息采取"选择退出"或"选择进入"的任意选择模式；（3）需用户特别考量的个人信息采取"选择退出"或"选择进入"的任意选择模式；（4）默认禁止收集的个人信息采取"选择进入"模式。当然，这只是区分授权机制的一种精进样态，在实际操作中会囿于企业技术、成本的不同难以全面实施，但我国各网络运营者至少应根据《民法典》中对"私密信息"和"非私密信息（一般信息）"的区分来对同意环节区分授权处理，即"秘密信息"采取"选择进入"模式，"非秘密信息"采取"选择退出"模式。

如此设计同意环节的意义在于：一是回归同意权的初衷，设立具体同意的标准。同意权成立的关键在于拒绝同意的能力，此前"不同意即退出"的捆绑概念将同意选项形同虚设，缺乏认定具体同意的标准，易导致隐私侵权行为的发生。而"选择退出"+"选择进入"模式设立了同意标准，进一步明确界定了不同层级信息要素应获得同意授权的难易程度，将选择权真正归还给信息主体。二是可协商式同意授权理念平衡了信息主体及网络运营者的权利与义务。知情同意原则的存在与实践，归根到底是为了解决信息主体与网络运营者间的信息不对称。但现今的隐私规则和同意规则的制定均缺少与用户的协商过程，最终只能任由网络运营者随意解释、变动与修改，造成了用户隐私不保的局面。用户一般信息不具备私密性，且业已成为信息社会正常运行的必要组成部分，网络企业对信息主体一般信息的使用在社会中基本达成了一致的共识。因此，对收集使用个人信息的可协商主要立足于敏感信息的可协商，"选择退出"+"选择进入"模式中的"选择进入"部分将用户协商机制与敏感信息对应，"选择退出"则对应一般信息，将该重点协商的部分公开透明地协商，使得用户的权利与义务保持了基本平衡。三是将执行环节中的风险管控前置至同意授权环节。既然个人信息的违规收集与滥用一般发生在执行环节中，那么在知情同意原则的实践中，事前堵漏变得尤为关键。经由信息私密分级基础上的"选择退出"+"选择进入"模式，在个人信息前端就开始思考一般信息和个人隐私信息的同意授权问题，而不是在信息违规动作发生之后才开始事后弥补,同时,这一模式也很好地降低了"一刀切"思想下的"全有或全无"形式的成本,从平衡双方的角度来提高个人信息保护的效率。

特别需要说明的是,在智媒时代,人们的个人信息如何被使用的不可知性正在持续增加。这种不可知性一方面来自用户,即在今天这样一个"算法社会",个人信息是如何被算法技术挖掘使用的,用户并不清楚,且"算法黑箱"会不断强化这种不可知性。另一方面,这种不可知性还来自网络平台。在某种网络应用推出之初,网络平台推出的隐私规则在当时的技术条件下可能是完全合规合法的,但随着技术的进步,尤其是大数据挖掘技术的进步会导致曾经合规合法的隐私规则出现"超规"失范状态。也就是说,这种不可知性源于网络平台运营者对技术发展可能带来的侵权行为存在不可知性。

(三)强化平等协商功能

可协商式的同意机制必然应建立在协商双方信息权力对等的基础上。随着电子商务的发展,"对消费者的数据加以分析从而获得更多的商业价值已经变成各个商家的重要竞争手段。个人隐私数据已不仅是数据本身,通过'二次使用'隐私数据能转换为增值服务或者某种商品"。[1]个人隐私数据未授权的"二次使用"几乎遍布着用户平台使用的全过程,"害怕的事情并不是失去隐私本身,而是单向地失去隐私——也就是说,我们无法监视那些监视我们的人"。[2]换句

---

[1] 顾理平、杨苗:《个人隐私数据"二次使用"中的边界》,《新闻与传播研究》2016年第9期。

[2] 〔美〕约书亚·梅罗维茨:《消失的地域:电子媒介对社会行为的影响》,肖志军译,清华大学出版社2002年版,第313页。

话说,比失去隐私更难解的症结是信息权力的不对等、信息权力优势方的优势滥用。

知情同意原则作为隐私保护的工具,用于平衡和处理存在信息权力势差的关系及权益争议,但是囿于用户与网络运营者之间在技术能力、法务水平、经济实力等方面的悬殊,用户没有协商谈判的筹码。为缩小两者间的能力势差,消费者协会应作为全体用户代表与网络运营商进行博弈,充分发挥自身的监督与协商效能。一方面,消协应定期联合第三方审查机构、立法等部门对市场中的代表性网站、应用平台的个人信息保护情况进行审查与公示,对存在问题的网络运营者要求其限期整改;另一方面,针对用户的投诉、反馈,要积极地与相关运营商进行磋商与协调,对可能普遍存在的二次使用、违规关联等现象进行约谈与监督。如,中消协就曾发布100款APP个人信息收集与隐私规则测评情况,建议各大应用商对测评中隐私保护力度较低和没有隐私规则的APP采取警告和下架措施。江苏省消协也曾对具有一定行业代表性的27家手机APP开发企业进行调查,并集中向27家手机APP开发企业发送了约谈函,要求按照消协的建议进行限期整改。

三、完善执行环节中的问责与评估体系

问责及评估体系的不健全也一直被用户所诟病。知情同意的对象理应是公民个人(用户),告知义务的履行是知情权的基础,告知义务后续的责任应贯穿于信息收集与使用的全部环节。而在实际操作中,网络运营者在履行完告知义务、用户行使授权同意之后,便开始进入"免责"程序。此"免责"并不特指隐私条款中的免责条款,而是部分网络运营者无视自我声明的隐私规则条款及其应尽

责任,一旦在用户隐私信息安全受到威胁时,便将相关责任转嫁给用户或第三方,正是如此的惯性思维,使得知情同意原则在实践中面临着极大挑战。

　　针对网络运营者的问责议题,我国现已出台的《民法典》《消费者权益保护法》《网络安全法》《个人信息保护法》等都规定了网络运营者对公民个人信息保护及隐私安全的应尽义务,在众多侵犯个人信息、个人隐私的案件中,也都以此作为法律上问责追责的依据。不仅如此,国家网信办还会同多部门对常用 APP 收集使用个人信息权限情况进行定期通报并问责,关停清理多款违规 APP,未来应乐见一个强有力的专门执法机构,全面、严格地保护个人隐私信息,问责违规企业。

　　除了问责体系的健全,第三方独立的评估机构也是规范市场、监督企业隐私规则执行的一剂良方。跳脱知情同意原则运行过程中用户和网络运营者的二维关系,在此基础上,可采用第三方专业的隐私规则评估和认证机制,来保障用户知情同意后的实际权益,评估认证平台信息收集、处理的合规程度。网络隐私规则第三方认证,是完全由私人行业实体制定的致力于实现网络隐私保护的自律形式。在这一领域,已经有诸多专业的隐私数据管理公司开始为互联网平台及用户提供更加精准的隐私规则服务需求。"网络隐私认证要求那些被许可在其网站上张贴其隐私认证标志的网站必须遵守在线个人信息收集的行为规则,并且服从多种形式的监督管理。"[①] 目前在此认证机制运行中较为主流的公司有 TrustArc 和 BBBOnLine。以 TrustArc 为例,TrustArc 是在网络上核发隐私安全

[①] 黄晓林、李妍:《美国儿童网络隐私保护实践及对我国启示》,《信息安全与通信保密》2017 年第 4 期。

第八章　知情同意：隐私保护原则中的实践困境与平衡之道　299

标签进行认证的组织，其提供互联网公司的隐私合规和数据保护的认证，解决所有阶段隐私的认证。

随着技术的不断发展以及网络监管环境的快速变化，网络运营者需要应对挑战及遵守全球隐私法规的专业方案，对于各个国家或地区的新兴关涉隐私的法案能够快速获取专业性的评估报告和合规控制措施，并适时性、适法性地调整自身的隐私规则和隐私设置。目前，包括Facebook、Instagram、微信等全球主流社交媒体都进行了隐私认证。TrustArc的另外一项重要的功能则是认证监督功能，即在通过严选程序决定不同网站的隐私保护层级、核发不同保护强度的认证标签之后，对于机制内核发的网站进行复杂的监督管控，实时通报某网站对用户隐私信息保护的实践是否有适法性和政策性的作弊行为，以强力的监督增强认证组织以及其机制内的认证网站的公信力。一方面，这种行业自律机制为平台划定了配合用户行使知情同意原则的行业标准，另一方面，其也为帮助用户实时监督用户与平台的隐私协议，确保网络平台在合乎隐私规范的阈值内运行。

知情同意原则本质上是一种合同履约原则，在隐私保护的实践中也不例外。"隐私权不能是一项旨在阻止他人获悉某人某事的完全普遍的权利。实际上，人们可以多种不同的方式接触（reached）或是'获取'（acquired）信息。无论何种权利都必须有与之存在关联的义务相对应……"[1] 基于这种认知，我们在强调知情同意原则在隐私问题上对其"保护"意义的同时，也应对等地强调必要的"让渡"。对网络平台而言，其履行的义务是借助技术手段给用户提供

---

[1] 〔英〕尼尔·曼森、奥诺拉·奥尼尔：《重新思考生命伦理中的知情同意》，胡位钧译，商务印书馆2023年版，第157页。

丰富的内容产品和技术服务，其享受的权利则包括获得会员费、注册费或产品购买费等直接费用和通过对用户的信息采集、处理、使用获得的间接收益。对用户来说，其履行的义务是支付相应的直接费用和在一定限度内让渡相应的个人信息，其享受的权利则是享受网络服务或获取相应产品。但是，当这种理想化的权利义务关系因为某种原因的影响导致失衡行为出现时，必然对履约行为产生影响。面对知情同意原则在现实生活中频频因为网络平台的权利滥用而出现失衡困局时，个人和社会组织有必要携手努力，寻求方法来保证权利和义务的再平衡。

第九章 "数字遗产":网络空间中逝者隐私的保护

  在数字化生存成为人们的一种基本生存方式后,作为生命体的人的存在方式正在呈现丰富、复杂的样貌。人的数字化状态是以海量数据的堆垒、整合而形成的,并在网络世界以无形却快捷的方式流动,成为了一种前所未有的生命存续形态。伴随数字化社会的到来,曾经以独立的、个性化存世的自然人,拥有了一个与之对应的数字人。自然人的生命是有限的,数字人却可以永生。现代社会是数字化生存的社会,全景记录、自动捕捉、即时分享、永久储存的数字生活技术,让人类在不到二十年的时间里,便完成了自我的信息化、虚拟化和符号化,从而构建出大量与身份密切相关的数字集合,他们以网络浏览痕迹、游戏账号、网盘内容、在线笔记、支付记录、社交互动信息等方式存在,体现了网络用户在过去的时光里数字化的生活历程。这些海量的数字化痕迹,可以"追溯"和"回放"并构成人们现代生活的重要方面,成为留存于网络进入公共空间的隐私信息,通过数字化挖掘与整合,隐私信息集合映射出某种程度上超个人化的"信息身体"(informational body)。但是,肉身的生命是有限的,人去身隔,灵肉殊途终究是一种必然现象。当用户肉身消失后,电子留痕成为人类永恒的物质性存在,并转身以"信息身体"

的方式存在[1]。"社交媒体账号不仅是个体情感的共振，还是一种沟通世界的信号，在时间与空间中与自我及他人保持联结，并反过来型塑自我。对于微博、豆瓣等基于弱关系联结的社交应用而言，平台几乎是用户之间建立联系的唯一方式。"[2] 如果用户去世后其使用的社交媒体被封号甚至删除，则会令人有"故园荒芜"的沮丧失落，甚至有"岁月不可追"的痛苦。目前拥有超过二十亿用户的社交平台Facebook，在本世纪末的死亡用户数量将可能到达14亿至19亿之间[3]，这是一个十分庞大的数据，更是一个复杂的存在。数字技术虽不能决定生命周期的长短，但却拓展了生者与死者互动的可能性，人们在Facebook已故用户的主页中留下思念，甚至与逝者"对话"，缅怀与悼念无须特定的物理空间与悲伤氛围，借由数字设备，生者就可从一个更近同时又更远的位置上与已故亲友产生持续性联系。肉身离世，数据永生，逝者就存在于技术之中。[4] 人类已然进入"不朽时代"[5]，曾经，古人相信安如磐石，用墓碑和墓志铭令生命的意义流芳百世；而今，"永久"的记忆被数字"接管"，廉价的数字储存和无界的云端服务造就着生命新的不朽。但是，当曾经的鲜活生命以"信息身份"的方式得以存续时，与自然人生存时相对

---

[1] 参见：Floridi, L., *The ethics of information*. Oxford: Oxford University Press, 2013, pp. 246-249。

[2] 方惠、吴尚蔚：《"故园荒芜"："数字死亡"的记忆与遗忘》，《国际新闻界》2023年第10期。

[3] 参见：Elliot, A., "Comment, death & social media implications for the young & will-less", *Jurimetrics*, vol. 55, 2014, pp. 381-405。

[4] 参见〔英〕伊莱恩·卡斯凯特：《网上遗产：被数字时代重新定义的死亡、记忆与爱》，张淼译，海峡文艺出版社2020年版，第26页。

[5] 参见：Kasket Elaine, "Social Media and Digital Afterlife", in *Digital Afterlife: Death Matters in a Digital Age*, Eds. Maggi Savin-Baden, Victoria Mason-Robbie, Boca Raton: CRC Press, 2020, p. 30。

应的问题也会延续，其中，与自然人紧密相连的隐私问题，就是其中的一个核心问题。

在传统媒体时代的隐私问题研究中，逝者通常不再具有享受权利的能力，我国《民法典》第十三条规定："自然人从出生时起到死亡时止，具有民事权利能力，依法享有民事权利，承担民事义务。"网络用户一旦肉身死亡，从法理的层面也意味着享受民事权利的能力消失。但是，其包含隐私在内的人格利益还是受到保护的。若死者的人格利益遭到侵害的，其配偶、子女、父母有权依法请求行为人承担民事责任；死者若无配偶、子女且父母已经死亡的，其他近亲属有权依法请求行为人承担民事责任。在数字化社会其财产权的特征也日渐显现，当肉身消失后，这种"信息身体"的权利是否或如何得到有效的保护，这是数字社会必须面对的一个时代性问题。

第一节 逝者隐私的概念及已有的法律保护

一、逝者隐私的概念

在关于隐私的既有讨论中，鲜活的生命体的存在是一个默认的前提。虽然也有民法学者关注过逝者隐私，但讨论到权益伤害时，对应的法律关系主体也是"鲜活的生命体"，亦即逝者存世的亲友等关系人。基于生命体成长的普遍规律，自然人出生后在经历了生命的出生、成长和衰老后，最终会走向消亡。在数字化生存的当今社会，随着生命的消亡，留存于真实世界的个体会消逝，但留存于虚拟世界的个体却不会随之消失。在当代社会，先人们通过各种图像、符号建立一种肉身消失后"身体缺席"的在场。具体而言，他们通过巫师主导的祭坛、火烟和飞鸟走兽参与其中的仪式,宣告并悼念人的逝去。随后,石碑和塑像等作为一种媒介,具象或抽象地记录人的这种存在。而在数字化的当今社会,肉身消失后人的数字化存在成为一种司空见惯的现象。"媒介提供了一种'失去特质的真实'和'去身体化的交流',通过为虚无的灵魂提供'技术肉身'使精神与特质世界重新勾联在一起。"[①] 也有学者提出了"数字生命"的概念,讨论数字生命与人交流的能力,在这种讨论中,记忆的作用被重点强调。"实际上,对于个人而言,记忆可以说是生命不可或缺的构成要素,在很大程度上决定了'我从哪里来'以及'要到哪里去'。因此,若没有记忆,数字生命就不是完整的生命,甚至不是生命。试想,人利用技术创造出逝去亲人的数字化身,但是化身没有记忆,在这种情况下,即便化身的长相与亲人一样,且具备智力,后人也难以将其视为'复活的'亲人……"[②] 而"记忆"一旦被重点关注,与之相对应的"遗忘"和隐私便应该得到高度重视。

自然人死亡后遗存在网络中的"信息身体"不仅包含已故用户的一般信息,还关涉逝者隐私利益在内的"身后人格"。公民在生前可经由法律及服务条款对自身敏感信息行使权利,但当自然人死亡后,民事主体资格随之消逝,但其遗留在网络中的敏感信息依然被记忆与凝视,这些隐私信息应该如何处置,这几乎是法律与实践的真空地带。逝者的隐私保护议题成为数字化时代死亡发生后社会必须面对的极为复杂的现实问题。一方面,如果不承认存在"逝者隐私",那么人逝

[①] 宋美杰、陈元朔:《逝者犹可追:基于数字痕迹的生死沟通与情感联结》,《国际新闻界》2023 年第 12 期。

[②] 郑一卉、胡康:《"活"在云端:基于云的数智记忆实践及其意义研究》,《现代传播》2024 年第 1 期。

世后，其生前努力控制的隐私边界即刻消解，这有违隐私的核心价值观念——人对尊严、自主的追求和与其相关联的财产性权利的保护，从而遁入人类最终无隐私的境地；另一方面，如果承认"逝者隐私"应被保护，现有可用于逝者的法律框架如民法、继承法、合同法、知识产权法等都难以很好地解决逝者隐私独特的语境化难题。

在数字化媒介产生之前，逝者的隐私主要载于私人信件、日记和照片等实物中，这一类物件已被继承法或知识产权法较好地保护，因而对逝者的隐私保护自然也被附着于其中。[1] 随着数字化社会的到来，逝者留下的数字遗物与日俱增，部分高度私人化的数字信息被保存、访问、分享可能并不符合逝者生前的合理隐私期待。因此在这里我们所讨论的逝者隐私，主要是指自然人逝世后留存于网络空间的具有敏感性和私密性的个人信息。这些个人信息具有"数字遗产"的价值。在这个概念中，有两个要点值得关注：第一，这些具有敏感性和私密性的个人信息是与自然人对应存在的，也就是说，是具体的、可指认的自然人在逝世后留下的个人信息。如果不能指认信息主体的身份，就不能界定为逝者信息。第二，这些个人信息具有敏感性和私密性。自然人在逝世后会在网络世界留下大量个人信息，这些个人信息有的无敏感性和私密性可言，如个人发布的公开的网络文章、公开论坛的讨论内容等，但也有一些个人信息是不宜公开的，如个人留存于云端的日记，与他人私下的互动内容，如微信私聊内容和私人影像资料等。作为生存于数字化社会的现代人，网络化、数字化生存是其主要的生存方式。人们借助网

---

[1] 参见：Edwards, L., & Harbinja, E., "Protecting post-mortem privacy: Reconsidering the privacy interests of the deceased in a digital world", *Cardozo Arts & Entertainment Law Journal*, vol. 32, no. 1, 2013. pp. 83-129。

络工作、学习、生活，并在网络中留下海量的数字生存痕迹，这些痕迹成为个体完整生命经历的重要组成部分。所以，对其中敏感性和私密性个人信息的处置，会在很大程度上影响后人对其的评价。

从更加宏观的视角看，逝者隐私实际上是个人数字遗产的一部分。联合国教科文组织在2003年颁布的《保护数字遗产宪章》中，将数字遗产定义为："是特有的人类知识及表达方式，包含文化、教育、科学、管理信息、技术、法律、医学以及其他以数字形式生成的信息，或从现有的类似的模式转换成数字形式的信息。"这是从人类整体性的角度来定义数字遗产，从个体的角度而言，上述关于"数字形式生成的信息"均可归入数字遗产之列。有人将数字遗产界定为："人类运用数字技术，以网络或网络硬盘为载体，以数字信息形式存储于上述载体中的自然人死亡后遗留的具有一定财产价值或精神价值的信息或资源。"[1] 也有人认为"数字遗产是基于网络环境下以数字形式存在的自然人死亡后未被继承的所有虚拟财产，包括账号、密码、文字、声音、图片、影像、虚拟货币、游戏装备等"。这些关于数字遗产的讨论对于我们理解逝者隐私有重要的参考价值。我们认为，数字遗产是指自然人死亡后，以数字形式留存于网络世界的所有物质财产和精神财产。物质财产主要包括虚拟货币、游戏装备等，精神财产主要包括个人的文字作品、影像资料等，有的时候，这些数字遗产会同时具备财产属性和精神属性。

围绕逝者隐私是否应予保护这个问题，学界主要有"肯定说"和"否定说"两种观点。前者认为逝者逝世后的隐私信息只是逝者长期享有的对其个人敏感隐私信息的延伸，法律秩序对自然人的人

---

[1] 刘智慧：《论大数据时代背景下我国网络数字遗产的可继承性》，《江淮论坛》2014年第8期。

格保护并不应限于在世之日而应将其扩展至逝世后,身体的死亡不代表法律人格的终止。[1] 尤其是近年来对逝者"身后人格权益保护"及"数字遗产"司法实践的不断突破佐证了逝者隐私存在的正当性。对逝者隐私有深入研究的英国学者伊莱恩·卡斯凯特认为:"逝者可能有隐私权的观点(即使是那些同伴和继承人早已去世的逝者)从未得到过特别认真的对待,但现在它比以往任何时候都更重要。尊重逝者可能是大多数社会普遍重视的一项道德原则,但传统认为,不需要把正式的隐私权置于首位,侵害逝者隐私充其量只是有些过分而已。然而,时代变化,以及这种变化发生的方式,似乎在促使人们进行重大反思。"[2] 持否定说者从法律关系的主客体出发,认为隐私权的设立目的之一便是维护自然人的人格尊严,使其免受因隐私受到侵害而产生的精神痛苦。[3] 已故隐私主体并不能感受到隐私被侵犯后的精神痛苦,[4] 因而并不存在所谓的"逝者隐私"。相关学术讨论中提出的这些观点,对于我们分析、理解逝者隐私提供了一些有意义的视角或维度。

二、不同国家和地区关于逝者隐私保护的规定

基于二元对立的客观实践,各国(地区)法律针对"逝者隐私"

---

[1] 参见:Richard Tur, "The 'Person' in Law", in *Persons and Personality: A Contemporary Inquiry*, Eds. A. Peacocke, G. Gilet, Hoboken: Basil Blackwel, 1987, p. 123;〔英〕伊莱恩·卡斯凯特:《网上遗产:被数字时代重新定义的死亡、记忆与爱》,张淼译,海峡文艺出版社 2020 年版,第 149 页。

[2] 〔英〕伊莱恩·卡斯凯特:《网上遗产:被数字时代重新定义的死亡、记忆与爱》,张淼译,海峡文艺出版社 2020 年版,第 146 页。

[3] 参见张新宝:《隐私权的法律保护》,群众出版社 2004 年版,第 18—19 页。

[4] 参见:Beverley-Smith, H., *The Commercial Appropriation of Personality*, Cambridge: Cambridge University Press, 2002, p. 124。

的保护态度也不尽相同。在传统的英美法系中，个人诉因随人而死。[1]一些国家的立法者甚至选择将公民过世所遗留的数据明确排除在隐私和个人数据保护范围之外。如英国《2018年数据保护法》的第1条就将个人数据定义为"与活着的个人有关的数据"，不对死者的个人数据予以保护的理由是死者缺乏同意处理数据的能力。[2]《美国侵权法重述（第二版）》也规定："除了一个人的名字或肖像"之外，没有任何构成侵犯死者隐私的诉讼可言。[3]大陆法系国家对于逝者隐私相对较为宽松。目前在欧盟许多成员国为逝者提供个人信息（数据）保护均制定了相关法律，如，法国、丹麦、西班牙、意大利、匈牙利等。其中，法国在其《数据保护法》第40条规定，数据主体对其死后的个人数据的保存、清除和传递作出了一般性或特殊性指示的，权利可以保留；如果数据主体生前没有作出指示或不违反已有的指示的情况下，其继承人可以在数据主体去世后行使相应的数据权利。[4]一直以来，我国的法律体系趋向于保护逝者的人格利益，最高人民法院早在2001年颁布的《最高人民法院关于确定民事侵权精神损害赔偿责任若干问题的解释》的第3条中，就规定保护死者隐私。2021年正式实施的《民法典》第994条规定："死者的姓名、肖像、名誉、荣誉、隐私、遗体等受到侵害的，其配偶、子女、父母有权依法请求行为人承担民事责任。"且在我国现有的司法实践中，已出现如"王小英、王小亚诉芜湖市艺术剧院有限公司

---

[1] 参见：*Baker v. Bolton*, 1808, 1 Camp 493。

[2] 参见：UK House of Lords Select Committee on the European Communities, Report of the Protection of Personal Data, 1992。

[3] 参见：Restatement (Second) of Torts, § 652 I (1977)。

[4] 张晓丽:《死者个人信息保护问题》，安全内参，2021年9月28日，https://www.secrss.com/artides/35029。

及吴琼一般人格权纠纷案"①等维护逝者人格尊严、捍卫逝者隐私的经典案例。

值得注意的是,随着社会数字化进程的推进,一些原本持否定论者的国家也呈现出不同程度的态度转向。美国共有28州通过制定保护公开权的法规或以普通法代替(补充)的方式,保障个人逝世后的姓名、形象、肖像等人格权利不得用于商业用途。②其中对公开权的最高保护期限是印第安纳州的法律规定,其将死后公开权设置为100年。在英国的《身份证法》中也将"个人"确定为已出生的、无论目前是生是死的自然人。③另外,多个国家也不断出现与逝者隐私相关的司法判例。④司法实践愈发频繁,人类对"逝者隐私"的观念也自然愈加成熟。

我们由此可以得出两点基本结论:一是在行动层面上,无论是单独设立更细微的法律,还是扩展人格权、财产权的司法解释,抑或效仿著作权、知识产权在时间期限上作出规范,各国对逝者隐私的态度更趋于默认与保护。二是在内容层面上,各国在探索这一新兴权利时,所给出的解决方案是局部的、暂时的、零碎的,甚至与本国的其他法律规定相冲突的。这主要是丰富的行动

---

① 案例详情参见"王小英、王小亚一般人格权纠纷二审民事判决书",(2019)皖02民终1045号。

② 参见:John E. Ottaviani&Alison Reuter, Maybe you can take it with you: post-mortem rights of publicity in the United States, https://www.worldtrademarkreview.com/trademark-law/maybe-you-can-take-it-you-post-mortem-rights-publicity-united-states。

③ 参见:Paul Bernal, *Internet Privacy Rights: Rights to Protect Autonomy*, Cambridge: Cambridge University Press, 2014, p. 15。

④ 参见:In re Ellsworth, 2005; *Ajemian v. Yahoo!, Inc.*, 2017; In re Request for Order Requiring Facebook, Inc. to Produce Documents and Things, 2012; Kammergericht, Urteil vom. 31. Mai 2017。

方式派生出的问题。存在较为普遍的现象是，由于权利主体（逝者）并不能感受到隐私受损的精神痛苦，伤害发生于与逝者相关联的近亲属，对于死者隐私的保护，实质上是对生者名誉的保护，[1]因而各国在处理保护逝者隐私时，优先选择了有利于死者近亲属（或继承人）利益的保护模式，而为隐私主体自身在生前预先对其数字身份、记忆和死后隐私信息的控制与自治留下了较小的余地。

第二节　尊严与自主：保护逝者隐私的内在逻辑

一、从尊严和自主的角度关注逝者隐私

羞耻心的产生催生了隐私最初的萌芽，但并不是隐私的核心关切。从1890年隐私作为一种个人权利被提出开始，个体的尊严作为一种核心要素，便贯穿于隐私发展的始终。虽然在数字化社会中，隐私开始具备了财产性等时代性的特征，但就其主旨诉求而言，隐私主要关乎的依然是个人的人格尊严，是一种重要的人格要素。因此，逝者隐私保护议题需要我们回归隐私、隐私权的价值核心来进行讨论。隐私的发展史亦是人类追求尊严与自主的历史：在19世纪行将结束之际，照相术与新闻纸侵害私生活的现象风行，诸多名门望族饱受精神上的痛苦与困扰，于是人们开始寻求"独处的权利"，以期获得"内心的安宁"。正如沃伦和布兰代斯于1890年发表在《哈佛法律评论》上的《隐私权》一文所述，文明的前行使人们

---

[1] 参见张新宝：《隐私权的法律保护》，群众出版社2004年版，第15页。

的生活日渐紧张且复杂,适时地远离世事纷扰,极有必要。随着文化修养的提高,人们对公共场合更为敏感,独处与隐私之于人更是必不可少。[①]彼时,个人隐私超越其远古时期"知羞耻"的社会文化样貌,开始作为一种新的权利,与尊严、自主、自由等概念产生了紧密的联系。1948年联合国将对隐私与家庭、通信、声誉等的保护纳入《世界人权宣言》,确认控制个人隐私不受干涉与攻击,对每个人的幸福与独立自主的重要性,隐私成为一种普遍的社会文化被大众认可。1960年代,科技的发展将隐私权的宪法保护推至前台,绝大多数国家的宪法都直接或间接地规定保护个人隐私利益或隐私权。1984年以德国"小普查案"的判决为基础,隐私权又被诸多国家(地区)扩展至个人信息自决权这一范围更广的权利。纵观隐私及隐私权的每一个发展阶段,不难发现,其包含的"自主性"和"人性尊严"的特征是不断增强的,且二者间的内部逻辑为:自主权是手段,尊严是最终结果,因此,维护个人信息的自治(自主权)即是保护现代公民隐私(人的尊严)的重要手段。王泽鉴先生甚至认为,现在的隐私权法律体系已经变动为"以个人信息自主权为中心的法律体系"[②]。

据此而言,"自主"和"尊严"应当是我们进一步探讨"为什么逝者隐私应被保护"的基础。因而,我们有必要将逝者隐私问题再聚焦成两个分支概念,一是人格权保障逝者的隐私权利。这一分支的问题已基本得到解决,因为无论是采取直接还是间接的保护,大

[①] 参见塞缪尔·沃伦、路易斯·D. 布兰代斯:《隐私权》,宦盛奎译,北京大学出版社2014年版,第7页。
[②] 王泽鉴:《人格权的具体化及其保护范围·隐私权篇(中)》,《比较法研究》2009年第1期,第10页。

部分国家的法律制度都肯定了人格权上的精神利益在人死后继续受保护（如肖像权、隐私权、名誉权），或者说法律人格已经超越了死亡（尽管保护方法各异）[①]。二是逝者隐私的权利应以个人信息自决权为中心。这一议题则难有通说，逝者本身不具备自主的能力，且现有模式也都是以保护逝者亲属相关权益为补偿替代，逝者亲属实际控制了信息自主和自决的能力，这与"隐私尊重人的自主性"相违背，逝者隐私否定论者也大多以此为反驳依据。因此，"逝者隐私（权）是否应被保护"的探讨最终应落脚在信息自主性、自决权的问题上，质言之，即隐私主体是否享有对死后隐私信息的控制事先作出自主安排的权利。

二、"合理隐私期待"可否超越死亡

隐私主体在自己的隐私权受到伤害后，是否感受到精神痛苦，与其对隐私的合理期待息息相关，由于每个人对隐私被泄露的耐受力是各不相同的，所以侵权与否或侵权轻重都与此相关。"合理隐私期待"长久以来一直是隐私侵害案件中重要的主客观判断标准。无期待则无伤害，如果隐私主体根本不在乎自己的隐私被暴露在公众场合（或被他人窥视、窃取与滥用等），那么自然就不存在侵害隐私和试图自主控制隐私信息之说。每个隐私主体对隐私处置的方式是各不相同的，所以在"合理隐私期待"上会体现出鲜明的差异性。隐私很重要，但通常情况下当事人都是"不愿为他人知晓"，所以，大多数隐私主体会掩藏和保护自己的隐私，但

[①] 参见〔英〕伊莱恩·卡斯凯特：《网上遗产：被数字时代重新定义的死亡、记忆与爱》，张淼译，海峡文艺出版社2020年版，第150页。

是,也有一些隐私主体并不在意自己的隐私被他人知晓。"自曝隐私"的情况在传统媒体时代就已经比较常见。例如,曾经风靡一时的电视明星真人秀节目中,就有不少明星在节目中坦露自己生活中的某些独特癖好或人际关系的隐私(当然也有部分"演"的成分),随后,一些普通人也加入到草根真人秀节目中自曝隐私。进入新媒体时代,诸多社交媒体的出现,更令"自曝隐私"演变成一场"隐私盛宴"。对于这些自愿自曝隐私的人而言,他们对"合理隐私期待"原则体现着较大的耐受力和宽容度。换言之,他们通过自曝隐私满足着另外一种意义上的期待。在流量至上的新媒体时代,"自曝隐私"不仅容易获得隐私主体期待的流量增长,也可以据此获得相应的名声和利益。但是,这种情况并不能反证"合理隐私期待"不重要,而是只能说"合理隐私期待"有多种实现的方式。

"合理隐私期待"是个人隐私自治的动机与前提,该规则有两个重要的构成要件:第一,个人主观上表现出有隐私期待的利益;第二,客观上社会认可个人所期待的利益是符合情理的。[①] 否定论者认为隐私作为一种信息自决权,当自然人离开人世时,不存在所谓的"自我",因而不具有判断隐私及信息控制的能力。从这个角度来看,人逝世后即不存在"合理隐私期待"。但是,自然人在世时可否拥有或保留对其死后隐私信息的合理期待?或者说,自然人生前的合理隐私期待在其去世后是否还可以得到尊重?在一项针对以色列网民的调查研究中显示,有31%—36%的用户明确拒绝其他人对自身"数字遗体"的任何访问权,主要原因就是对其逝世后的隐

---

① 参见:*Katz v. United States*, 389 U. S. 347(1967)。

私充满焦虑。① 这从一个方面说明，个人对自己逝世后的隐私数据的期待真实存在（要件一）。参考尼森鲍姆的关于隐私信息的"情境脉络完整性"理论，隐私就是产生于社会流动过程中的概念，在不同的社会情境中，个人隐私应该有不同的配置和价值期待，其本质是"个人信息合乎时宜地进行传递"②。基于此，在个人生命消亡的社会情境中，其隐私信息也理应在符合该情境脉络的规范中传递（要件二）。在数字化社会中，如何维护和尊重逝者在逝世后的"情境脉络完整性"是不可或缺的。③

结合上述要件，有学者提出死者隐私权的概念，认为这是"一个人在死后保留和控制他或她的生育、尊严、正直、秘密或记忆的权利"④，对去世后的合理隐私期待实际上就是逝者生前长期享有的控制权的逻辑延伸，这种跨越生死、持续保留的对个人合理隐私期待的维护，进一步体现了人的自由意志的效能。所以隐私自治性确实应该在死亡后继续存在，有时甚至可以无限延续。

三、有关生死的预先自主权利与法律保护

关注个体的自主性是确定逝者隐私作为一种现象的第一个必

---

① 参见：Tal Morse and Michael Birnhack, "Digital Remains: The Users' Perspectives", in *Digital Afterlife: Death Matters in a Digital Age*, Eds. Maggi Savin-Baden, Victoria Mason-Robbie, Boca Raton: CRC Press, 2020, p. 118。

② 范海潮：《社交媒体平台隐私自我管理研究》，江苏人民出版社2019年版，第55页。

③ 参见：Park, Y. J., Sang, Y., Lee, H. and Jones-Jang, S. M., "The ontology of digital asset after death: policy complexities, suggestions and critique of digital platforms", *Digital Policy, Regulation and Governance*, Vol. 22, No. 1, 2018, pp. 1–14。

④ 参见：Edwards, L., & Harbinja, E., "Protecting post-mortem privacy: Reconsidering the privacy interests of the deceased in a digital world", *Cardozo Arts & Entertainment Law Journal*, vol. 32, no. 1, 2013, pp. 83–129。

要步骤。[1] 源自罗马法中的遗嘱制度，现已在各国的继承法律中有所体现，遗嘱自由是私权神圣的完整体现，是社会和平所必需，被视为"自我实现的手段"[2]，其核心在于尊重自然人的意思自治，周延且全面地对民事主体之意思自治予以保护，将自主的理念转化为遗嘱人的各项主观权利，为个人自由意志的行使和人格尊严的维护提供了行动载体，保护其在理性判断下预先作出的对死后财产分配的安排。[3] 因此，虽然自然人的死亡使他/她从权利和义务的法律体系中消失，但其死后的部分自主权利的确可以经由生前预先自主行使。从这一层面来看，个人也理应可以于生前预先对自己死后的隐私信息进行处置，并使其于逝世后产生持续性的法律效力。隐私的关键不在于私密物体或虚拟信息的现实存在，而是主体对所知信息的控制能力。正如人们可以要求私人信件、日记、纪念品等隐私实物在死后根据个人喜好被销毁或保存一样，我们在互联网中所构建的"信息身体"，充满了个人情感和关系意义的隐私信息，只要隐私主体基于理性判断，就应该保护其预先行使的自主权。只有将个人处置隐私信息的自由意志延伸至死亡，才可谓实现个人隐私的彻底保护，贯彻了隐私自治的真正精神。

由此我们不难意识到，无论是隐私主体的合理期待，还是遗嘱自治理论嫁接的可能，对逝者隐私的保护最终都倾向于"尊重隐私

---

[1] 参见：Edina Harbinja, "Post-mortem privacy 2.0: theory, law, and technology", *International Review of Law, Computers & Technology*, vol. 31, no. 1, 2017, pp. 26–42。

[2] Atherton, R., "Expectation Without Right: Testamentary Freedom and the Position of Women in Nineteenth Century New South Wales", *University of New South Wales Law Journal*, vol. 11, 1988, p. 134.

[3] 参见孙骥韬：《论遗嘱制度在〈民法典·继承编〉中的体系定位》，《学习与探索》2019年第9期。

主体的自主性",而不是单纯探讨"法律生命在死亡时即告终结"的问题。换句话说,人的隐私与生死无关,与自决有关。如果从纯粹的法律层面去讨论人的生死问题,我们当然可以比较容易确认人的死亡即意味着其法律权利的消失,但这里可以确认的实际上是一种权利能力。事实上,从更加宽泛的意义上去理解法律权利的时候,我们可以发现,权利的保护不仅仅是保护权利能力的行使,也自然包含权利内容的保护,即人死亡后权利内容的延伸保护。既然自然人死亡后留下的"数字遗产"具备物质财产或精神财产的价值,法律就有责任对其进行合理保护。这种处置方式体现了对隐私主体自决意志的尊重,也是数字化社会中讨论隐私保护的题中应有之义。

第三节 逝者隐私保护的现实困境

一、逝者隐私何以得到保护

由于逝者隐私保护问题涉及法律、道德、人际关系的诸多层面的博弈,所以如何对待逝者隐私一直存在诸多争议。关于此问题的探讨"埃尔斯沃思案"可以为我们提供一些借鉴。2004年,一位名叫贾斯汀·埃尔斯沃思的士兵在国外执行任务时死亡。其父亲希望可以得到儿子雅虎邮箱的密码以获取儿子留下的文字、图片和电子邮件等以便保存关于逝者的部分记忆,寄托哀思。但雅虎公司以尊重隐私规则为由予以拒绝。几经曲折,法院作出了一个平衡判决:雅虎公司可以不让埃尔斯沃思之父继承其账号,但需要将邮箱内的信息刻录成光盘后交给后者。该案被称作逝者隐私保护第一案。[1]此案的判决启发我们认真思考这样一个问题：在确认逝者隐私应作为"数字遗产"加以保护之后，逝者隐私保护现状如何？该议题主要关乎保护逝者隐私作为一种控制实践是否具备共识性的问题。事实上，达成保护逝者隐私共识的关键在于隐私攸关方的设计与合作。逝者隐私保护与生者隐私保护存在着巨大的差异性。无论基于何种原则，生者的隐私保护均可以根据其主观的意愿实现，即使生者愿意放弃自己的部分隐私，也是出自其内心意愿的真实意思表示。同时，已有的法律法规也已经构建成相对完善的保护网络。但逝者隐私却无法有效体现隐私主体的自主性，除非逝者在生前已有相应的预见性安排。

目前解决逝后隐私争议有两个主流的方案：一是隐私主体生前将账户委托他人管理。通常指用户自主指定亲属并交予其网络平台账号及密码清单，这与前文所述的将逝者隐私权转移为保护亲属名誉权不同，逝者生前的委托即视为行使自主权。由于亲属在情感、道德上的认同，所以在逝者生前的主观判断中，他们侮辱逝者名誉、公开逝者隐私的可能性极小，此时，亲密度决定了逝者亲属拥有逝者隐私控制权的强弱。二是隐私主体逝世后，其继承人出于追思与哀悼，要求相关平台提供逝者的账号信息及其内部文件，以继承人的实际需求为主轴，覆盖监管被继承人的隐私信息。这两个方案显然都是不完善的。它们只解决了逝者隐私保护的部分问题（尤其是方案一还存在较大争议），因为无论是自主委托还是借由继承人的权益替代补偿，实际上都与隐私攸关方存在冲突。

---

[1] 参见江秋寒：《数字遗产：互联网的身后事》，《读者》2018年第19期。

二、中介性平台的协议保护方案

在逝者隐私的保护方案中,各国基本延续网络数据(信息)法案中的相关规定,要求技术平台与用户签订用户协议,用以明晰用户及平台双方的权利义务。作为已故用户生前隐私信息生成、传播、存储的中介性载体,大部分数字技术平台(网络服务商)在一般情况下,都会在协议中规定用户账号的所有权与使用权是分离的,也就是说,用户只享有平台账号及服务的使用权,其账号的所有权归平台所有。《腾讯微信软件许可及服务协议》在7.1.2条规定:"微信账号的所有权归腾讯公司所有,用户完成申请注册手续后,仅获得微信账号的使用权,且该使用权仅属于初始申请注册人。……非初始申请注册人不得通过受赠、继承、承租、受让或者其他任何方式使用微信账号。"[①] 网易邮箱、QQ等平台的账号服务协议也都作出了相似的规定。平台不允许初始注册用户之外的任何第三方民事主体使用账户及账户内的信息。借助条款和技术的优势,平台最终成为已故用户隐私信息的实际控制者,只有平台才拥有对逝者隐私信息处置的自由裁量权。

尽管拒绝用户账号的流转有部分原因是平台要履行保护用户隐私及信息安全的义务,但其实质却显失公平,理由有二:第一,用户生前作为账号及私人信息的实际使用者,平台设置严格的账号管理方式符合用户对隐私及信息安全的合理期待,双方就个人信息保护上基本处于平衡的状态。但在用户逝世后不能将此情况也一概

---

① 《腾讯微信软件许可及服务协议》,https://weixin.qq.com/cgi-bin/readtemplate?lang=zh_CN&t=weixin_agreement&s=default,2020年12月24日。

而论，如果用户在自己逝世后希望将存留在平台上的私密信息或文件内容交予特定的人保存，那么现有对已故用户账号及其内容继承（或指定共享）的不当限制，则显然既违背了用户逝世后的合理隐私期待，也不符合逝者亲属的利益。第二，大部分账号服务协议在已故用户隐私信息保护方面处于空白状态。平台一般将已故用户账号视作不活跃的用户账号来处理，处理方式通常为注销或删除。即使专门设定逝者账号管理协议的平台，对待逝者的隐私及其权益，基本上也是采取粗线条的做法，如新浪微博平台曾发布的《关于保护"逝者账号"的公告》中，规定了将逝者账号设置为保护账号，账号不能登录、不能新发内容、不能删除内容、不能更改状态。同时逝者账号被保护前如若被盗，经平台核实后可还原保护设置。[1]但其却将可处理的个人信息范围限缩至头像和昵称，这不仅无益于真正维护已故用户的隐私信息，还极易因自身的漏洞对逝者人格造成不必要的负面影响。

一般而言，当平台方用格式条款限制（阻碍）另一方正当权利的行使，以达到自身"单边主义"控制的目的，那么就足以认定其实质显失公平。[2]相较于用户及其亲属，平台与已故用户并无实际情感联系，难以辨别用户哪些信息属于隐私信息，无法感知已故用户隐私泄露所带来的延伸伤害。因此，经验主义地立足于过去的面对在世用户行之有效的战略方术，是远远不够的。

---

[1]《关于保护"逝者账号"的公告》，https://m.weibo.cn/1934183965/4550080792898990，2020年12月24日。

[2] 参见：Korobkin, Russell, *Bounded rationality, standard form contracts, and unconscionability*, The University of Chicago Law Review, vol. 70, no. 4, 2003, pp. 1203-1295。

三、逝者继承人保护逝者隐私的方案

与平台相反，逝者继承人无论在情感维护还是法律维度上，都具备保护逝者隐私的多重优势。具体而言，一方面，逝者继承人是逝者生前关系密切的人，当逝者隐私受侵害时会直接或间接导致他们自己的名誉、隐私等人格尊严受损，因而更加珍视逝者隐私的保护及管理。另一方面，各国法律体系基本上也支持逝者继承人因逝者人格权益受损而遭受精神痛苦时，可以向法院起诉请求赔偿。在上述著名的"埃尔斯沃思案"中，作为平台的"雅虎邮箱"最终向逝者家属提供了逝者账户及资料副本，从而成为家属继承逝者数字遗产的成功的经典判例。从表面上看，该判例确实符合逝者隐私保护要素及逝者继承人利益，也有效弥补了继承人和数字平台间的能力势差。但实际上，正如隐私学者大卫·文森特所述："许多有关隐私问题的长期处理方式都犯了同样的错误，忽视了缺席的难度和普罗大众的情形。"①

这一看似合理的主流方案忽视了隐私主体和涉他隐私主体的缺席：首先，在继承理念的延伸影响下，囿于既定传统文化中的财产继承制度，社会大众会先验地认为，继承人管理、维护被继承人的隐私信息正当且合规，但如果我们在此作一假设，如果贾斯汀是艾滋病患者，且不愿意让包括家人在内的世人知晓，此时在未经逝者生前同意的情况下，将其所有邮件披露给家属是否符合逝者自身的合理隐私期待？我们有一个基本的判断：继承人的愿望并不完全符合逝者的隐私权益，有时甚至是背道而驰的。因为逝者是事实上的隐私信息的生产者，而逝者继承人并不一定参与其中，所以在未经逝

---

① 〔英〕大卫·文森特：《隐私简史》，梁余音译，中信出版社2020年版，第5页。

者生前明确授权同意的情况下，盲目采取继承模式来对逝者隐私进行保护，则极有可能对逝者隐私造成"二次伤害"，也可能会有损逝者继承人的人格尊严。其次，涉他性隐私信息应单独处理。数字化行为不仅仅是一种信息流动方式，还是一种人际互动和个人形象的塑造。每个人都作为传播中的关键节点，通过自己的方式，型塑着自己，也型塑着别人。我们在网络中的隐私信息既有个人性隐私，也有在社交中产生的与他人的共同隐私（涉他性隐私）。因而，要对涉他性隐私信息的处理方式格外谨慎，不能简单笼统地将其以继承方式来处理，需考虑是否会对他人的隐私权益造成伤害，再单独采取相应的处理手段。基于以上两点，逝者继承人是否可以在被继承人逝世后继承其隐私信息是有待商榷的。

四、个体逝世后的隐私悖论

布鲁塞尔自由大学的法学教授米雷尔·希尔德布兰特（Mireille Hildebrandt）认为，隐私既与自己有关，也与他人的社交网络有关，因此从根本上说它是关系性的。[1] 围绕隐私的关系性，隐私主体提供实施保护行为的内生性动力，第三方的他人、平台为营造良好的隐私保护环境提供外在推力。前两点我们关注了隐私外部攸关方所带来的困境，下述观点将着重于隐私内部的困境，即隐私主体对其逝世后隐私信息的意愿与其生前实际行动间的差距。

学界一般认为，用户的隐私风险感知意识与其针对隐私所采取的行动之间存在普遍矛盾，网络用户虽然感知到隐私风险的存在，

---

[1] 参见：Hildebrandt M., "Privacy and identity", in *Privacy and the criminal law*, Eds. Claes, E., Duff, A., Gutwirth, S., Antwerp-Oxford: Intersentia, 2006, pp. 43–57。

但却不会采取有效的隐私保护行动,此种现象被称为隐私悖论现象。[1] 隐私悖论是隐私在数字化时代所发生的一种异变状态,现已在包括消费、社交、医疗等多个场景中被证实存在,造成悖论的原因多由于成本过高、信任不足、素养缺失、技术诟病等。理解隐私悖论对于用户更好地实施隐私保护行为至关重要。

用户并未在数字平台中完全放弃自己的隐私,但自我披露与公开也确实为用户带来了切实的回报,这样一种矛盾状态在逝者隐私议题上也依然存在,并且情况似乎更加复杂:逝者隐私作为新兴的话题,很多用户并未意识到保护逝后隐私的重要性,加之在传统的社会观念中,死亡长久以来被视作一种生活中的禁忌,一方面人们感觉死亡如此遥远,另一方面内心却时刻恐惧与逃避,因此人们历来在处理自己的"身后事"上存在着天然的逻辑偏见。恰如恐怖管理理论所指出的那样,人们不会考虑他们可能在任何时刻或任何时间内死亡,因而他们避免做出科学决定以及在他们死亡后生效的行动。[2] 大部分用户即使知道有类似"逝后隐私(账号)"的管理工具,但并不选择使用或激活这些工具,在这里,与隐私悖论相关的价值偏见以一种重新调配的方式呈现,"死亡理解与意识"被置于"逝者隐私悖论"成因关系维度的顶端。当然,这种认知是与传统文化长期影响,人们对生命存活与消失理解的隐讳密切相关。

有研究者在分析逝者生前的隐私偏好和行为之间的匹配度时,

---

[1] 参见: Susan, B., "A. privacy paradox: Social networking in the Unites States", *First Monday Journal Article*, vol. 11, no. 9, 2006。

[2] 参见: Greenberg, J. &Arndt, J., "Terror management theory", in *Handbook of Theories of Social Psychology: Volume One*, Eds. Lange PAMV, Kruglanski AW and Higgins ET. CA: SAGE Publications Ltd., 2011, pp. 398-415。

发现"倒置的隐私悖论"的现象普遍存在[1]，这一类用户区分生前和身后的信息开放度，他们在生前表达了逝世后开放（或部分开放）自己的隐私信息，但在生前却不允许他人以任何形式来访问与进入，因而在使用平台时一般并不清晰表明对逝后隐私的处理，而是选择顺应相关平台服务协议中的隐私规则，这一行为导致第三方访问已故用户的账号及其内部信息时，平台服务的畅通度较低。因此，在"倒置的隐私悖论"中，访问已故用户的信息将比用户的愿望受到更多的限制。这实际上还会引发另一种担忧：更多的限制将使逝者隐私处于更加不透明的保护状态中。

第四节 作为"数字遗产"的逝者隐私保护

一、作为"数字遗产"的逝者隐私

"技术不仅影响了我们如何保存和回忆逝者，也影响了我们如何与逝者在数字世界中保持联系。当代人与人之间的交往处于'连接文化'的主宰之下，这种'连接文化'与数字媒介的结合，让数字痕迹始终处于再生产和共同生产的过程之中。逝者数字痕迹分布式地存储于数字媒介之中，在世之人在数字媒介上留下的每一条信息、每一次互动，都可能成为'逝者—访问者'关系的再一次绑定，成为某个时刻唤起回忆的触发点。"[2] 基于这种"连接""绑定"和回

---

[1] 参见：Morse, T., & Birnhack, M., "The posthumous privacy paradox: Privacy preferences and behavior regarding digital remains", *New Media & Society*, 2020。

[2] 宋美杰、陈元朔：《逝者犹可追：基于数字痕迹的生死沟通与情感联结》，《国际新闻界》2023年第12期。

忆的触发点导致的自然人与逝者的不断互动,对于讨论逝者隐私保护具有十分现实的意义。面对迫在眉睫的逝者隐私问题,"怎样的保护方略更为科学?"这是学界近年开始深入思考的议题,尤其是在诸多国家已经发生有关公民逝世后隐私保护的法律争议案件之后,构建更为科学、理性、符合隐私自治的保护框架,映射着人类在数字时代处理"数字身后事"的能力与智慧。我们认为,"数字遗产"的概念为我们解决这个问题提供了一种逝者隐私保护的路径设想。当然,我们首先需要进一步论证的是逝者隐私与"数字遗产"的关联性问题。

关于"数字遗产",联合国教科文组织在 2003 年发布的《保护数字遗产宪章》中,将其界定为"是特有的人类知识及表达方式,包括文化、教育、科学、管理信息、技术、法律、医学以及其他以数字形式生成的信息,或从现有的类似的模式转换成数字形式的信息。"鉴于这个宪章发布于数字技术尚不够先进的 2003 年,所以关于数字遗产的相关定义还存在明显的不足,但其对我们今天讨论这个问题无疑具有重要的参考作用。数字媒体技术不断赋予人类生活新的可能性,"遗产"也随着技术的发展成为了一个不断"加载的词"[1],无论从其形式或意义上来说,遗产都包含着无形的、情感的、数字层面的认知向度。有学者将"数字遗产"通称为民事主体死亡后遗留在互联网或终端设备中的数字信息。[2] 在数字化时代中,几乎每个人的言行都被数字化,人们都以数字化方

---

[1] 参见: Mannix, K., *With the End in Mind: How to Live and Die Well*, London: William Collins, 2019, p. 233.

[2] 详细阐述参见牛彬彬:《数字遗产之继承:概念、比较法及制度建构》,《华侨大学学报(哲学社会科学版)》2019 年第 5 期。

式生存,这些数字信息大多是高度个人化的隐私信息。数字遗产包含的内容是十分广泛的,具体包括账号密码、游戏装备、虚拟货币、文字影像等诸多方面。因此,以信息为基础,"数字遗产"既具备数字财产属性,也包含与公民隐私、名誉相关的数字人格属性。针对数字财产属性部分,现有的法律制度一般也遵循"附着论"的立场,依照数据性质类型附着于现有权利体系中的某一类权利(知识产权、债权、物权等)来获得保护和继承[1]。就人格型数字遗产而言,基于公民线上行为多为私人色彩更浓的个人活动这样的特点,其与公民隐私利益的关系往往要比线下世界中更为密切,因此,在提及数字遗产保护时,隐私保护应被置于优先的地位来进行考量。

二、"数字遗产"与逝者隐私的保护

当逝者隐私信息可以作为一种"数字遗产"之后,自然引出"法定继承"和"遗嘱处分"两个类别的保护方案,但这两个方案并非都尽然符合隐私"自主与尊严"的核心理念。具体而言,"法定继承"一般始于自然人逝世后,在没有具体遗嘱的情况下,以其配偶、子女、父母、兄弟姐妹等继承关系顺序来行使继承权,此举引发的一个问题就是,法定继承人的继承行为是否符合被继承人的合理隐私期待?对此,上文已经叙述过,这里就不再讨论了。而"遗嘱处分"基本上解决了"隐私不自治、不合期待"的问题。遗嘱本身即包含了尊重当事人的意思自由。将逝者生前对隐私信息的处置纳入遗嘱

---

[1] 参见王琦:《网络时代的数字遗产·通信秘密·人格权——以社交、通信网络账户的继承为焦点》,《财经法学》2018年第6期;牛彬彬:《数字遗产之继承:概念、比较法及制度建构》,《华侨大学学报(哲学社会科学版)》2019年第5期。

范围,既尊重了隐私主体的隐私自治,又避免了法定继承人与平台的法律纠纷,可以在最大限度的范围内保护逝者隐私。然而,如何调节遗嘱处分制度以便于其在人格型数字遗产(逝者隐私保护、名誉保护等)领域能有效运行,还需要针对不同形式的遗嘱进行必要的框架设计。我们认为,宏观上应采取"法律+技术"共促的制度理念,微观上应设立有层级的遗嘱效力体系,以法律条文兜底,合理发展出具有法律规范性的技术解决措施,共同维护隐私主体的逝后隐私权。

在法律维度上,应尊重逝者合理隐私期待,发挥电子遗嘱的效力,增设遗产联系人技术平台。在上述的论证中,我们始终强调尊重隐私主体合理隐私期待仍是解决好逝者隐私问题的关键所在。因此,在既有遗嘱处分的法律框架内进行合理的内涵扩张与延展,将对逝者隐私的保护具有重要意义。具体而言,主要应有以下两个方面的考量。

第一,进一步丰富遗嘱的形式,尽快建立电子遗嘱公证制度。根据《民法典》继承编之规定,我国遗嘱的有效形式有自书遗嘱、代书遗嘱、打印遗嘱、录音录像遗嘱、口头遗嘱、公证遗嘱。而在数字媒体技术广泛运用的当下,很少有用户会专门为了某一平台的隐私信息而在线下设立遗嘱,且这些线下遗嘱也很有可能与网络服务协议相冲突(如私下告知账号密码)。在用户人格型数字遗产的数量暴增的年代,立法机构及相关司法机构需要有预见性地丰富在线电子遗嘱的法律效力、认定标准及其法律解释,并在技术维度上规定电子遗嘱的公证方式。如,公证机构可与数字平台协商合力开发网络遗嘱功能,在用户使用某平台时,可采用专门功能签署具有遗嘱认证的数字签名,并指定个人或组织在其逝世后获得在该平台的所有数据副本。通过平台提供遗嘱数据加密等技术支持,结合公证手段使其规范化、合法化,从而充分发挥出电子遗嘱的效力。正如拉兹所强调的那样:"自主的人是他自己生活的作者,自主是美好生活的构成要素。"[1] 当我们最大程度保障遗嘱人的遗嘱自由时,就不仅要包含遗嘱处分方式的自由,也应然要包含对遗嘱形式的选择自由。

第二,应鼓励平台对遗嘱信托制度进行创新实践。《民法典》新规定的遗嘱信托制度最大限度地满足了自然人支配自己遗产的自由意志,"自然人的遗嘱自由因此得到了极大程度的扩张,遗嘱信托受益人的权益也得到了更有利的保护"。[2] 这一制度与隐私自治的核心理念高度融合,隐私主体经由遗嘱信托制度,既可享有和生前同样的隐私控制权,又有效规避了隐私主体逝后隐私信息归属不明确、保护不力等问题。基于此,应鼓励平台服务商依托遗嘱信托制度,自主开发有关本平台逝者用户数据的技术方案,以服务协议、合同条款的方式来为逝者用户隐私自治提供可能性。如 2013 年,谷歌推出了"非活跃账户管理器"(Inactive Account Manager),该程序允许用户从谷歌的每一项服务中,例如,Gmail、Google blogger、Google drive 等,指定最多十个受信任的联系人,共享、接受与下载该用户账户至停止使用前的所有账户数据。当然,用户亦可以自主选择让谷歌在自己逝世后删除所有数据。2015 年起,Facebook 也推出了"遗产联系人"(Legacy Contact)功能,允许用户指定联系人在其去世后负责他们的逝后资料,包括在已故用户个人主页上发布置顶帖(生平最后的消息或悼念信息)、更新已

---

[1] Raz, J., *The Morality of Freedom*, Oxford: Clarendon, 1986, p. 369.
[2] 和丽军:《民法典遗嘱信托制度的完善》,《福建师范大学学报(哲学社会科学版)》2020 年第 5 期。

故用户的头像和封面照片、申请删除已故用户的账户或下载已故用户在 Facebook 分享过的内容的副本。"遗产联系人"功能既符合维护用户生前对逝后隐私信息行使自主决策权的理念，又让逝者和他们指定的可信任的联系人都有机会表达，从而更好地帮助逝者完成其合理隐私期待。

三、"数字遗产"保护的模式

在"数字遗产"保护模式的设计上，应妥善调和隐私攸关方的权益，构建层级分明的逝者隐私共治机制。人格型数字遗产作为互联网所催生的新事物，它所带来的一系列法律困境也必须要交由技术来解决。逝者隐私信息问题之所以难解，是因为隐私攸关方较多，内部关系较复杂。无论是数字服务商、隐私主体、涉他隐私主体、其他第三方等都存在自己的合理诉求，因此在进行逝者隐私保护设计时，保持必要的中立，合理回应各方诉求，才能妥善解决隐私利益冲突。实际上，针对逝者数字遗产的处置，我国已有一些平台进行了初步探索，如，视频网站 bilibili 就专门发布关于逝者账户保护的公告，但这一类平台公告仍属于网络服务协议的扩充性内容，难以调和逝者隐私保护攸关方现有的所有冲突与矛盾。因此，构建一套有层级的、多方协同共治的保护机制尤为关键。

美国在司法实践中所形成的数字遗产保护机制或许可以有借鉴之处。2014 年 7 月，美国统一州法委员会通过了《统一受托人访问数字资产法》（UFADAA，该法于 2015 年修订），并将其作为示范法建议美国各州使用。该法案中包含了受托人在数字资产管理方面所拥有的权利范围，较好地缓和了受托人访问数字资产与逝者隐私利益之间的矛盾。同时，以技术工具为保障，该法案第 4 条还在平衡隐私主体（委托人）和隐私攸关方的基础上，为受托人访问数字资产的权限范围提供了"三层优先访问体系"（three-tier system of priority），在承认在线电子遗嘱的基础上，针对用户主体行为所确立的效力层次依次为：在线工具的披露指示（笔者按：线上遗嘱）＞遗嘱、信托、授权委托书或其他记录（笔者按：线下遗嘱）＞网络服务协议[①]。这一体系很大程度上调和了现有逝者隐私保护主客体的冲突，平衡了技术限制、用户隐私自治以及在线隐私授权之间的复杂关系，其架构中对被继承人本人的意愿的最优先级别的规定，体现出其对人类"尊严与自由"的充分尊重，这对我们进一步构建逝者隐私信息保护方略有很好的参考价值。

未来在进一步的制度设计中，应合理配置层级位序，形成"隐私自治优先＋肯定网络服务协议"的共治模式，细致框架思路可以有以下三个步骤：(1)根据人格型数字遗产是否涉他而采取不同处置方式。无涉他人隐私信息的，可独立处置，关涉他人隐私信息的，应征得他人同意后再处置，对于他人不同意的，按照网络服务协议相关条款来处置。(2)确定隐私主体在生前是否对隐私信息的处置有说明，而分效力层级来处置。应包括线上遗嘱（在线遗嘱信托、遗产联系人等）、线下遗嘱、网络服务协议三层级效力的处置方法，且效力排序也应为线上遗嘱（在线遗嘱信托、遗产联系人等）＞线下遗嘱＞网络服务协议，最大程度保护隐私主体的自主性。(3)对于逝者生前未立遗嘱但逝者继承人提出特别需求或异议等特殊情况，应按照一般遗产的处分方式，在人民法院的裁量

[①] 参见：Walker, J., "Return of the UFADAA, How texas and the other states' adoption of the RUFADAA can change the internet", *Estate planning Community property law Journal*, No. 8, 2016, pp. 377-598。

下予以有限度地向其继承人公开逝者隐私。概括来说，在用户对逝后隐私有明确指向的情况下，以最优先层级处理，反之，则原则上依照用户生前所签订的网络服务协议中的条款，按照一定比例在规定时间内对已故用户的信息进行处理，同时也关照对逝者继承人的合法权益的保障。

当然，对用户自身而言，也不能忽视"逝者隐私悖论"所带来的问题。隐私悖论在逝者隐私议题上所产生的新形态不仅不利于用户的隐私保护，还加深了隐私攸关方之间的权利"鸿沟"，这需要每一位用户主动提升数字素养。虽然大部分用户能意识到逝后隐私信息的侵害可能会对自己的名誉、亲属的人格利益带来严重的伤害，但我们对隐私信息在逝世后的流通状态、如何预先控制自己逝后信息，仍知之甚少。因此，在我们鼓励所有人全面参与数字化生活时，应提倡人们定期对自身的数字遗产进行管理与规划。如考虑减少敏感数据的共享与存储、定期按需处理"数字垃圾"、确定数字遗产的联系人或执行者、使用各平台提供的在线遗嘱功能等。数字时代的公民，应改变原有的事关"死亡"的思维方式，关注自己在数字化生存中留下的无形的、感性的、私密的数字化元素，让尊严、自由、"独处的权利"更加经得起时间的考验。唯其如此，人的价值才可能在数字化社会得到完整的体现。

肉身不存，但哀思可寄。当自然人的生命基于自然规律而消失在这个世界后，他们的社交媒体动态虽然不再更新，微信对话框里也不再有消息回复，但数字技术却会让逝者以另一种生命形态得以永生。与此相对应，他们生前竭力保护的个人隐私将如何处置，无疑是一个重要的生命课题。不管自然人的主观意愿如何，作为"数字遗产"的逝者隐私是每个人都必然要面对的一个问题，也是确保每个人的尊严完整性甚至私有财产完整性的重要问题。鉴于此,社会治理者、网络运营商和用户作为核心的主体,应该在协商博弈中寻求合理平衡的处置方案,安然面对数字遗产问题。当生命离去时,数字生命也应拥有其安宁合理的存续状态。

第十章　路径与构想：人工智能时代公民的隐私保护

人工智能技术作为一项革命性技术，一经推广应用，便展示出其前所未有的巨大可能性。在人工智能技术的加持下，智能媒介采用全新的传播方式，颠覆着既有的传播生态，也给所有的媒介用户以前所未有的愉悦体验。智能技术不仅通过营销系统、交通系统、健康系统等创造着快捷、高效、智能的生活及工作平台，更通过社交机器人、大语言模型、智能新闻生产平台等，持续变革着信息传播的模式。由数据和算法组成的数字化社会创造了一个令人赏心悦目的美丽新世界。总之，友好的智能媒介界面和无所不能的人性化服务令每一个现代人沉醉其间，欲罢不能。一个借由智能技术建构的全新世界，迅速展现出无限的可能性、愉悦性。

当人们津津乐道于人工智能带给整个社会的巨大红利时，也许并不会主动意识到，我们正在走进一个真正的"无隐私时代"："隐私日益透明"正在变成现实，"不被看见"变得异常困难，"曝光成为个体的主动行为"，"我们赖以生存的世界好像越来越让人捉摸不透"。[①] 在数字化生存的社会中，隐私不仅是一种人格权利，它和名

---

① 参见〔美〕阿科奇·布希：《无隐私时代》，郑澜译，北京燕山出版社2021年版，第18—29页。

誉等人格要素一起,成为人类尊严的符号;同时它也是一种财产权利,成为数字化社会推动经济前行的能源。经过漫长的探索和艰难的博弈,我们大致构建了传统媒体时代公民隐私保护的法规体系,也培养了人们初步的隐私保护意识。进入数字化社会后,风生水起的数字化生存方式令所有的现代人惊喜和兴奋。人们借助无处不在的传感设备和智能手机,心安理得地享受着智能技术带给自己的便捷快乐的生活。人们很少能清晰地意识到,被数字化了的个体言行,已经成为公共数据库中的一个有机组成部分。个人的隐私,也借助流动的数据持续被扩散、泄露。如果放任这种状况继续发展,人们的尊严将受到难以估量的损伤,而与个人数据相对应的个人财产权,也将受到严重伤害。"对隐私最好的理解是,隐私本身不是目的,而是可以让我们得到其他对美好生活和美好社会至关重要的事物的东西。"[1]因此,具有多种权利属性的隐私频遭冒犯时,我们所有人都应积极寻求有效的保护路径。

第一节 公民隐私保护的时代性理念

一、在流动性框架中理解隐私语境

自沃伦和布兰代斯于1890年将隐私作为一种公民权利提出以来,隐私权的内涵虽然从最早的"安宁居住"的权利,不断得到拓展,个人情感经历、个人身体秘密等不断被充实进隐私的基本内容

---

[1] 〔美〕尼尔·理查兹:《隐私为什么很重要》,朱悦、嵇天枢译,上海人民出版社2023年版,第144页。

中，但隐私存在的媒介环境在相当长的时间里一直没有发生重大的变化。从以报纸为代表的印刷媒体时代到以广播电视为代表的电子媒体时代，媒介技术虽然发生了重大进展，但传受关系并未发生明显变化。传播学者李普曼经过深入研究后认为，传播媒介通过自身作用构建了人们生存的"拟态环境"，但拟态环境并不是客观真实世界的真实环境，而是经由传播媒介建构的一种信息环境，是一种"象征性现实"或关于"外部世界的图像"。人们在这样一种社会中自由生活，媒介信息虽然也会对现实生活产生影响，但这种影响是外在的，非介入式的。媒介信息反映的拟态环境虽然与现实世界存在着偏离，但仍然是以现实世界为蓝本的。拟态环境作为一个相对封闭和静止的环境，无法真正影响人们的生存状况。其封闭性一旦形成，就很难发生改变。这种封闭性和静止性具体表现为现实生活中的人无法与拟态环境中的对象进行互动交流，这是拟态环境的一个典型特征。这样的传播生态意味着人们的隐私只会遭遇来自现实生活中他者的伤害，即使由媒体报道引发隐私伤害，也必然是现实世界中被报道者即隐私主体被伤害。

进入数字化社会，由数据建构的数字传播媒介生态比之于传统媒介生态发生了革命性的变化。由新媒体构建的虚拟世界不再封闭静止，而是充满变化。媒介信息对现实生活的影响不仅是外在的，而且是介入式的全方位的影响。作为社会关系中独立的主体，人可以借助数字化的身份与虚拟世界中的对象进行形式多样的互动。在这个过程中，人不仅仅以自然人的身份参与社会生活，还可以以数字人的身份自由切换于现实世界与虚拟世界，换言之，在拟态环境下无法互动的对象在虚拟世界具有了参与和互动的能力。这种因交互的能力而产生的影响是革命性的。

基于数据的特征,流动性成为智能社会一个显著的时代性特征。齐格蒙特·鲍曼将"流动的现代性"视作其学术研究晚期的理论建构的核心内容,认为"流动的现代性是对变化就是恒久,而不确定性就是确定性的更大确信"。[1]尤瓦尔·赫拉利则认为"'个人'正逐渐成为一个巨大系统里的微小芯片,而这个巨大系统却没人真正了解。每天我通过电子邮件、电话和文章吸收无数数据,处理这些数据,再通过更多电子邮件、电话和文章,传回新的数据。但我真的不知道,在整个宏观的架构中,我究竟身处何处?"[2]人类正在不断拥抱数字主义和智能技术,从而将自身"上载"到流动的虚拟世界,生命也因此以数据流动的形态存在。与过去的人类生活中日常面对的固态化、可触摸的物理世界相比,我们正在持续融入轻灵的、无感的、变化着的虚拟世界,而这个虚拟世界正是以数据为前提的流动性的世界。

抱持传统传播理念的媒介信息观已经无法理解,在今天的社会语境中,信息与社会、信息与个体复杂的互动关系。所以,基于现代社会流动性的基本特征,在讨论智媒时代的隐私保护问题时,必须有与这种流动性相匹配的理念,即在流动的框架下来理解和解释隐私内涵并寻找相应的保护路径。

二、在整体性构想中完善隐私保护方案

新媒体传播在时空维度上是一种真正意义上的整体性传播,这

---

[1] 〔英〕齐格蒙特·鲍曼、蒂姆·梅:《流动的现代性》,欧阳景根译,中国人民大学出版社2018年版,第5页。
[2] 〔以色列〕尤瓦尔·赫拉利:《未来简史》,林俊宏译,中信出版集团2017年版,第348—349页。

种整体性通过时间和空间两个维度得以呈现。

一方面，在时间维度上表现为全时段传播。传统媒体时代，作为信息的新闻是关于"新近发生的事实的报道"，所以信息的传播总是滞后于事实的发生。随着电子传播技术的出现，"直播"也可以成为对"正在发生的事实的报道"，但这种传播行为限于传播技术的复杂和传播成本的昂贵，只能选择少量的重大事件来进行直播，所以，直播无法成为一种普遍的传播行为。进入数字化社会，由于数字传播技术的进步、智能传播手段的普及和廉价，使得信息传播随时可以进行。信息传播不仅可以全时段进行，并且可以对所有发生的事实进行直播。作为主体的个人全天候被即时传播的信息包围，自身也成为信息的一个有机组成部分。尤其令人关注的是，随着人工智能技术深度介入传播过程，智能技术还可以"预测""猜想"人们可能发生的行为。例如，打开手机上的打车软件，软件会自己跳出人们可能想前往的目的地，这种基于概率的预测已经有了较高的准确性。尽管这种预测行为还没有真正开始介入传播过程，但潜在的可能性已经存在。无时不在的传播，随时可能触及我国《民法典》保护的公民隐私的核心领域，即"私密空间、私密活动、私密信息"。这种借助数字技术时时刻刻传播映射公民的行为，必然导致侵犯公民隐私的行为随时都可能发生。

另一方面，新媒体传播的整体性在空间维度上表现为全方位的传播。如果说，当早期传播学者提出"万物皆媒"的概念时，有人会质疑这种观点，也有人甚至会怀疑这是"痴人说梦"。而在今天这样一个万物互联的社会，"万物皆媒"已经不再是一个学术概念，而是一种传播日常。人机互联、人机交互、人机共生成为社会联结的基本形态。人们通过手机、电脑、智能传感器等进行联结和交流，每个人都成为传播网络中的关键节点，无处遁身。空间维度的全方位传播会重构人们的私生活空间,从而对公民的隐私带来潜在伤害。私密性是隐私的一大特点,而人们总是习惯于将私密性的隐私置于私人空间来进行保护。但当智能手机全方位介入人们的生活,智能家居、智能穿戴成为人们生活的一个基本组成部分后,私人生活就不再纯粹,真正的私人空间也不再存在。

当然,作为终日悬挂在由人类自我编织的智能之网上的主体,人始终是传播中的主导因素,主体需要在智能之网上获取资源,完成工作之需,体现生存价值。"万物皆媒"形成的连结,其终极目标是人与世界的有效的、全方位的联结。这种联结于人的社会性而言,是可以实现人们的角色期待,完成人们社会化的过程;就人的自然属性而言,是可以满足本能性需求,是人们生存及延续的需要。联结的客观现实是每个人始终被信息化地呈现,从隐私保护的角度看,这种全方位的联结和传播,最终的结果是人和人之间形成"观看"与"被观看"的彼此全方位的凝视状态,从而导致数字化社会现代人隐私不保的困境。

全时段和全方位传播的整体性传播,给现代公民隐私造成的侵扰也是全方位的。所以,隐私保护必须有整体性的构想。长期致力于隐私保护问题研究的美国学者海伦·尼森鲍姆提出了隐私保护中的场景一致性理论,这个理论的基本理念是:"隐私需要的是个人信息的合理流动,这种流动由社会规范所决定。这些社会规范,在本书中被称为场景信息规范(或隐私规范),它决定了在何种条件下,某类信息从一方流动到另一方。场景化的特征决定了他们在不同的场景、不同的领域有所不同。"[1] 场景一致性理论与我们提出的

---

[1] 〔美〕海伦·尼森鲍姆:《场景中的隐私——技术、政治和社会生活中的和谐》,王苑等译,法律出版社 2022 年版,"中文版序言",第 1 页。

隐私保护应有整体性构想的隐私问题解决方案有着同样的思维逻辑，即必须有宏观性、全局性把控人工智能时代隐私保护方案的理念。这里所谈到的整体性主要强调以下三个方面。

第一，从传播主体而言，对信息传播的整个环节进行规范。在生产过程中，把握好人人都是传播者这样一个公共传播时代到来的传播现实，通过普遍的社会教育和有针对性的专题法律法规知识普及，推动所有社会成员依法参与信息传播活动。普遍的社会教育主要依据大众传媒的传播力，在全社会范围内对所有社会成员普及关于隐私保护的政策法规知识，减少隐私侵权的可能性。专题法律法规的普及除了针对专业的传媒从业者外，重点关注网络大V、网红群体，力争杜绝影响广泛的隐私侵权事件的发生。这个过程中，传播媒介承担着特殊作用。一方面，需要实施社会教育行为的原因是传播媒介在传播过程中有大量失范行为存在，有实施社会教育行为的必要。另一方面，传播媒介是社会教育行为实施过程中的核心要素，即必须借助传播媒介完成社会教育过程。在这个过程中，关于隐私的内涵演进过程、隐私形式及现代性演进、隐私的法律规定应该成为社会教育的主要内容。

第二，从传播过程而言，防止网络平台对公民个人数据的失范利用。数字化社会，包括公民个人数据在内的信息数据是推动社会进步的核心资源，有学者称为"新石油"，"它将给市场带来超级能量"[1]。正因为数据如此重要，各大网络平台就会不遗余力地挖掘、整合和使用公民的各种个人数据：个人的网购、外卖数据可以呈现其消费喜好与经济能力，个人的位置数据可以勾勒其行为轨迹甚至社

---

[1] 〔奥〕维克托·迈尔-舍恩伯格：《数据资本时代》，李晓霞、周涛译，中信出版集团2018年版，"中文版序言"，第XVII页。

会关系；个人对网络信息的点击频率和浏览习惯可以反映其审美兴趣甚至价值观……所有这些，都会在一定程度上对公民的隐私构成侵扰。因此，在设计隐私保护的框架时，必须从生产过程、传播范围、信息收集和处置、算法技术使用等诸多环节，来进行科学设计。既要关注隐私风险事前"知情同意"的规范性和科学性，也要关注隐私风险发生后处置程序的合规性。在传播过程中，要重点关注信息内容的合规性，即内容生产过程中必须以法律的禁止性规范为内容底线，伦理的公序良俗为基本的道德权衡标准。还要关注信息传播的"合理效果"。这里的"合理效果"强调的是信息内容的价值与传播效果应存在对等性，防止为刻意追求"爆款"而用耸人听闻的标题恶意夸大事实，为不当追求传播流量而触及公民个人隐私。

第三，从数据的延展性和永久性特点入手，规划数字化时代的公民隐私保护方案。数据的一个重要特征是具有无限的延展性，即其功能会随着使用次数的增加而持续且无限地拓展。以公民的购物数据为例，一个公民单次的购物数据价值有限，但多次的购物数据则可以整合出其消费倾向及消费能力。对由个人组成的群体及由群体组成的阶层的相关购物数据进行整合分析，则可以呈现出相应的社会经济现象，但是，就具体的某个公民而言，其购物的具体行为，包含了个人众多的隐私信息。特别需要说明的是，网络平台当然可以通过各种智能传感设备和监控视频收集个人数据，但个人数据的主要部分是由公民自己主动分享、上传给收集者的。在许多"服务准入""会员优惠""个性化服务"甚至"数据分红"的平台服务手段的诱惑下，人们常常难以拒绝这些诱惑而主动分享个人数据。"个人数据已经成为一种经济物品的观念逐渐深入人心。一方面，潜在的商业价值使得个人数据成为了香饽饽，众多行业都在积极获取。这就使得其稀缺性不断增加。另一方面，个人数据的供给并非免费，收集者获得个人数据需要付出成本，或者是给用户提供免费服务，或者是提供优惠或者赠品。然而，较之于普通的经济物品，个人数据有一些特殊性。"[1]这种"特殊性"主要表现为个人数据的隐私特征。这也意味着，数据的延展性特点会持续增加公民隐私被侵犯的可能性。与此同时，在网络世界，数据一旦留存，便不会消失。网络社会到来以后，我们虽然基于数据永续存在可能侵犯公民隐私的担忧，从法律上规定了"删除权"，但事实上这种删除不可能真正做到绝对"删除"，无论转发、下载、收藏，都可能令曾经出现的数据无法真正被"删除"。因此，在设计隐私保护方案时，必须充分考虑数据的这些特殊功能，用更具前瞻性和整体性的理念，探讨公民隐私保护的周全之道。

三、在生态性视角中推进隐私治理

生态关注的是生物的生存状态，其潜在的意义是通过对这种生存状态的关注，构建生物健康、有序生长的良好环境。这种良好环境既包含生物与自然环境的关系，也包含生物之间的关系。19世纪60年代，德国生物学家在勒特"生态学"的基础上，将生态学解释为"研究动物与有机及无机环境相互关系的科学"。生态学秉持的生物与环境和谐互动的良性生存理念，在社会上产生了广泛影响，也对其他学科的发展产生着重要的影响作用。一百年以后，美国学者尼尔·波兹曼提出从生态学视角关注媒介研究。他强调把"媒介"放在"生态"之前，关注的是媒介与人互动的方式型塑的社会文

---

[1] 王忠：《隐私经济——个人数据的多维权衡》，海洋出版社2019年版，第26页。

化特征。同期，马歇尔·麦克卢汉明确了媒介生态学的学术概念。伴随其"地球村"概念的流行，从生态的视角关心媒介生存，探讨媒介治理成为一种有意义的探讨视角。同时，媒介生态学关注的是整体互动、共存共荣、平衡循环，这对我们探讨丰富复杂的新媒体环境中的公民隐私保护问题也无疑具有重要的借鉴作用。

整体互动强调隐私保护诸主体之间的互动关系。在数字化社会中，隐私保护所涉及的主体可能有多个，但主要主体为政府、企业和公民。政府作为隐私保护中的核心主体，一方面需要通过收集、整合和使用公民的隐私信息，实施有效的数字化社会治理。在现代社会的治理理念中，只有通过对相应数据的分析使用，才符合数字化社会治理要求和趋势，才能达成有序治理的社会目标。数字时代的社会治理中，"精准"是有效治理的基本要求，所以，不收集相应信息而实施社会治理是不可想像的。与此同时，政府还会通过制定法律法规，借助法律和行政手段，在底层逻辑（即法律托底保护）的层面，确保公民隐私得到保护。企业作为隐私保护中的中枢主体，既是信息的收集者，需要通过对包括公民隐私信息在内的大量信息的收集，完成基本的商业环节，即构建商业服务网络、完成产品储备及完善服务设施等，还要通过给公民提供必要的产品或服务获得商业利益。因此，企业一方面需要大量收集、分析、使用相关信息，另一方面又需要小心翼翼地处置、使用这些信息。然而，基于商业利益的原因，这个过程容易产生失范行为。公民作为隐私保护的关键主体，在数字化社会中身陷主客观的双重困境，从主观上看，保护个人隐私是主体主观的强烈的权利诉求，只有隐私得到有效保护的环境才可能让个人得到身心的安宁。但是基于现代社会个体表达、分享的意愿或隐私信息附加的财产特征和服务需求，主动的（隐私）

信息分享行为成为生活日常。主体时常陷于难以摆脱的隐私悖论中：分享可能会泄露自己的隐私，不分享则无法与社会保持有效的联结，也无法获得相应的服务。从客观上看，在数字化社会中，数据是"新能源"，而公民无奈地成为"行走的数据库"，对自身信息绝对的保护无法实现。这一定程度上也是由于当今社会数字经济发展的基础是数据，个人对数据的严格封闭必然会阻碍数字经济的顺利发展。

共存共荣强调构建隐私保护诸主体之间的和谐环境。政府的主体作用是相对衡定的，即在隐私治理中，既注重保护企业主体的主观能动性，发挥好其在经济发展中的驱动作用，也强调在经济活动过程中对公民隐私的保护，一切经济活动的开展均以守法作为前提条件。因此，公民隐私保护中的共存共荣，更强调的是企业和公民这两个主体的共存共荣。事实上，在数字化社会中，企业和公民在社会发展中的理想状态应该是一种共存共荣的关系，两个主体必须彼此支撑，相互依存，唯其如此，才能有效推动社会的健康有序发展。一方面，企业的发展壮大离不开公民。从前期对公民个人数据的收集和分析整合，到后期相关服务和产品的销售，都离不开公民这个终极主体。另一方面，公民在生存发展中的每一个环节，都离不开企业提供的商业服务。公民作为信息生产者和信息消费者，既需要强调隐私保护，也需要让渡适当的个人信息以获得相应的服务与产品。从更加宏观的角度分析，现代社会数字经济的发展必须是在政府主导下，企业和公民协同发挥主体性作用来推动数字经济的发展。因此讨论公民隐私保护，是不能脱离这样一种社会现实的。

生态视角的隐私保护必须强调平衡循环。平衡循环即隐私保护诸主体之间权利和义务的平衡对待和协调发展，隐私保护的底线逻辑是法律保护,法律保护的基础性前提是权利和义务的平衡。具体而言,政府、企业和公民在隐私保护问题上,应共同遵循权利和义务平衡的基本法律精神,绝对地对任何一个主体权利或义务的单方面强调,都会伤害基本的法律精神。我国的《民法典》和《个人信息保护法》等对公民隐私保护进行了明确、具体的法律规定。但是我们应该承认,政府和公民这两个主体相比较而言,在隐私伤害中公民主体往往是以单个个体出现的,在权利和义务的博弈中显得相对弱势,所以其相应权利需要得到更多的关注。就整体而言,只有隐私保护中三个主体的权利和义务得到平衡协调,社会发展才可能有序久远,平衡循环的理念才会得到有效的实践。

第二节 公民隐私保护的基本路径

一、全社会规则意识的建立

规则是一个社会得以有序存续和持续发展的基础。在健康的社会中,每个社会成员都必须根据个体行为时的角色状态,以规则许可的方式,完成相应的社会行为。例如,一个交通警察工作时必须根据交警的职责维护交通秩序,而非工作时间出行时则必须遵守交通规则,这是规则使然。规则是基于身份(角色)而建立起来的一种行为指南,人们可以根据这个行为指南判定自己行为的是非对错。

当然,规则的建立是一个长期的过程,需要繁杂艰难的博弈。规则制定完成后需要不断完善,有的时候还需要艰难进行取舍。以中国传统社会为例,农耕社会时期也有相对明确的个体行为规则,影响最为深远的当数依据儒家思想建立起来的行为规则。基于儒家思想确立规则的前提是认为社会上"人有智愚贤不肖之分,社会应该有分工,应该有贵贱上下的分野",而在家庭中则有"亲疏、尊卑、长幼的分野";"两种差异同为维持社会秩序所不可缺"。① 所以规则的制定应基于这种现实,由此形成了"儒家化"的规则范式。

社会学家费孝通认为"儒家最考究的是人伦,伦是什么呢? 我的解释就是从自己推出去的和自己发生社会关系的那一群人里所发生的一轮轮波纹的差序"。② 这种被儒家化的规则对中国传统社会产生了持久、深远的影响。一方面,基于农耕社会的经济、政治、文化发展的实际和人们的思想认知水平及习惯,这些规则对推动中国社会的有序发展产生了巨大的作用,在中国古代文明中具有重要的地位。另一方面,由于对个体尊卑贵贱的主观区分,这些规则存在着前提性的缺陷,所以在后续的实践中不可避免地会出现严重的问题。进入工业社会后,平等意识开始在社会上逐渐占据主流地位,这种被儒家化的规则在制定和实施过程中存在的"先天不足"不断呈现出来,于是,以平等原则为基础的现代社会规则逐渐确立。

主体平等是现代社会规则确立的基础和前提,只有将所有的社会成员确立为平等的主体,个人的权利保护才存在可能。规则确立的前提条件,首先是对农耕社会形成的、有违法律平等原则的相关规则的舍弃和否定。"法律面前人人平等"是现代社会通行的基本原则,对这条原则的遵守,是对法律的敬重,更是对人类自身的敬重。在中国式现代化的建设进程中,依法治国是治理国家的基本方略,这为社会平等创造了法治条件,也为规则意识的确立营造了良

---

① 瞿同祖:《中国法律与中国社会》,商务印书馆 2010 年版,第 309—312 页。
② 费孝通:《乡土中国》,上海人民出版社 2006 年版,第 23 页。

好的社会环境。

　　社会规则意识的确立在强调主体平等这个前提的基础上，还必须关注群体对规则的遵守。作为社会性的动物，人们总是倾向于在学习、模仿他人的行为中获得认可，所以，个体的行为或意见的改变，是受到另一个人或一群人的真实或想象的压力导致的结果，因而人们的从众行为是一种常态。[1]人们从生命初期的婴儿阶段即开始模仿，在成长阶段更是通过复杂的社会学习来习得他人的表达方式。如果个体发现其他群体成员注重对自己和他人隐私的保护，或者他人会对自己隐私受到伤害的行为奋力保护时，这种行为会起到示范作用。如果不这样做，则会体验到不适[2]。另外，法国社会心理学家古斯塔夫·勒庞也认为，"只要有一些生物聚集在一起，不管是动物还是人，都会本能地让自己处在一个头领的统治之下"，人们的言行会受"头领"的影响支配。同时，"即使仅从数量上考虑，形成群体的个人也会感觉到一种势不可挡的力量，这使他敢于发泄出自本能的欲望，而在独自一人时，他是必须对这些欲望加以限制的"。[3]这也说明了群体中的个体言行会受到他人的感染和影响。从这个意义上理解群体与个体的行为，对于我们讨论隐私保护问题有重要价值。

　　就具体的公民隐私保护而言，必须确认隐私是每个公民的一种基本权利，对其实施的"普遍保护""全面保护"应该成为全社会的一种基本共识。在数字化社会，各类政府组织和商业机构不可避免

---

[1]　参见〔美〕艾略特·阿伦森、乔舒亚·阿伦森：《社会性动物》，邢占军、黄立清译，华东师范大学出版社2020年版，第93页。

[2]　同上。

[3]　〔法〕古斯塔夫·勒庞：《乌合之众》，冯克利译，中央编译出版社2005年版，第16页。

地要对公民的各类信息进行收集处置,但必须"取之有道","用之合规",亦即在对个人信息的收集、整合、使用的过程中,应制定科学合理的隐私规则,并严加执行。总而言之,"我们关于隐私的斗争实际上是关于规则的斗争——管理收集和使用人类信息的规则,这些信息在我们的信息社会中赋予了权力。"[①] 只有在严密科学的规则意识下,公民的隐私才有可能得到全面的保护。

二、法律的底线保护

(一)法律保护是一种明确的预期

在任何一个现代国家,法律始终是保障这个国家的社会生活有序运行的最可靠的保证,也是确保每个社会成员的权利不受侵害的核心手段。技术的进步和发展会给法律带来挑战,同时也会推动法律不断修订和完善。"虽然这些法律必然落后于社会和技术发展,但它们总是可以改变,以反映我们的价值观";"地球上有些人为创建保护自己尊严的法律而战,即使是在使用最先进技术的同时"。[②] 对公民权利最有效的保护手段就是法律保护,因为这种保护是一种底线保护,一旦突破底线,必将引发国家力量的介入。对应上述规则而言,法律也是一种规则,并且它是一种最刚性的规则,以国家力量为依托,具备强制性特征,所以,隐私保护的底线一定是法律确立的红线。

法律之所以被作为公民隐私保护的底线来强调,是因为法律

[①] 〔美〕尼尔·理查兹:《隐私为什么很重要》,朱悦、嵇天枢译,上海人民出版社2023年版,第61页。

[②] 〔美〕特蕾莎·M.佩顿、西奥多·克莱普尔:《大数据时代的隐私》,郑淑红译,上海科学技术出版社2017年版,第242页。

是"一种大致确定的预期",这种预期可以帮助人们决定自己的行动,就像人们在商业活动中可以根据商业制度确定的预期开始交易一样。"大致确定的预期之所以重要,是因为只有在比较确定的预期下,我们才能进行一切社会交往和社会活动。我们之所以存款,是因为我们知道银行明天不会倒闭,知道我下次用存折取款时是可以取出来的,知道到这些钱不会作废、不会过快地贬值,等等。可以说,我们的任何社会活动都建立在一大串我们认为比较确定的预期之上。"[1] 其实,这种预期在法律产生之前或者非法律关系的建立过程中就在发挥作用。在法律产生之前的物物交易中,人们会基于彼此的信任预期开始交易,这时候各自的声誉就成了一种相对明确和可信的预期。在非法律关系的建立过程中,人们会根据对方的声誉、品性来确定彼此间的远近亲疏。"法律性被看作和确定为一种独立于普通社会生活的领域,与普通生活既没有连续性,也相互有别,然而却是威严的和可预见的。"[2] 这里的"可预见"就是一种"确定的预期",人们通常会因为这种"可预见"的客观性存在而将法律理解成一种严肃的、神圣的存在,相信法律可以借助一种正义和公正的程序以保障其日常行为的自由。法律是一种系统的客观的存在,在成文法的国家中更表现为一个完整的法律法规体系,其正义和公正是借助其客观性来实现的。在开始各种社会行动之前,人们会将自己从自利和个人的私人世界中抽剥出来,进入由法律建构的公共空间,以确保自身活动的合规合法。在法律执行的过程中,人的主观意志也会对法律的客观性产生影响,但这种影响不会是本质

---

[1] 苏力:《法治及其本土资源》,中国政法大学出版社1996年版,第7页。
[2] 〔美〕帕特里夏·尤伊克、苏珊·S.西尔贝:《法律的公共空间——日常生活中的故事》,陆益龙译,商务印书馆2005年版,第70页。

性的。因此，法律之于人们在智媒时代的信息活动和隐私保护，必然具备了"底线"的意义。

（二）人们为什么曾经漠视隐私

由于中国社会长期以来对隐私的认知存在着欠缺，所以对隐私的法律保护在相当长的时间里也比较滞后。很长一段时间里中国社会对隐私的一种基本态度是漠视隐私。当然，关涉身体的隐私除外。中国社会漠视隐私主要基于以下这些原因。

第一，中国古代社会行政权力和宗族观念的强势，导致个人的主观独立性相对偏弱。林语堂在论述传统社会中国政府时认为："中国人只知道政府是人民的父母，谓之'父母政府'，或者是'贤能政府'。他们将照顾人民之权利，一如父母之照料其子女，是以吾们人民把'便宜行事'的权利交托于政府，便予以无限的信任。"[1] 在民风未及开化的社会中，唯上和盲从是每个普通个体的下意识选择。同时，在传统的中国社会中，几乎每个人都是在熟人社会里长大的，基于儒家文化形成的规矩和基于主观判断形成的信任，令界限、法律等刚性的规则意识难以产生。对此费孝通先生有一段形象的描述："'我们大家是熟人，打个招呼就是了，还用得着多说么？'——这类的话已经成了我们现代社会的阻碍。现代社会是个陌生人组成的社会，各人不知道各人的底细，所以得讲个明白；还要怕口说无凭，画个押，签个字。这样才发生法律。在乡土社会中法律是无从发生的。'这不是见外了么？'乡土社会里从熟悉得到信任。这信任并非没有根据的，其实最可靠也没有了，因为这是规矩。"[2] 所以，在这样的社会背景中，隐私的正当性不可能获得尊重，隐私的有效保护也就无从谈起。

---

[1] 林语堂：《吾国与吾民》，陕西师范大学出版社 2006 年版，第 195 页。
[2] 费孝通：《乡土中国》，上海人民出版社 2006 年版，第 8 页。

第二，在熟人社会里长大的中国人较难获得个人真正意义上的私人空间，个人隐私持续处在被过问和被打扰的状态。许多人都曾经有过类似的体验：来拜访你的朋友刚离开，就会有邻居来探问"那个人是谁""在哪里工作"等一系列问题；刚过二十五岁，还没有恋爱对象，亲戚朋友就会持续追问"为什么不恋爱结婚"或热心地张罗相亲对象……由于没有私人空间和公共空间的区隔，身边的熟人随时随地可以以各种方式进入他人的私人空间，并追问其隐私话题。英国学者大卫·文森特认为"门"是区隔公私边界的清晰标记，"从大门关上的地方开始，不受窥视的权利即告生效"[1]。"门"是公私边界的区隔，但在农耕文化和熟人社会成长起来的中国人却难以有"门即区隔"的概念。对许多中国人来说，端着饭碗，推门而入，聊家常，是"自然而然的事"，根本无须履行拜访前的预约和推门时的"礼仪"。熟人社会的文化将彼此是否"亲密无间"或是否需要"设防"作为判断彼此关系亲疏的一种标志。当然，从某个方面来说，我们可以将这种状况视作融洽的人际关系，也是社会温度的一种呈现。但是，过于"亲密无间"的关系必将限缩个人的私人空间，从而令个人隐私处于尴尬境地。

第三，隐私主体地位和力量的相对弱势。隐私是一种有着强烈主观体验色彩的个人权利，主体的态度对其能否得到有效保护非常重要。如果过于关注社会成员共性的培养而轻视差异性，一定会削弱主体的独立性。与之相对应，当主体对隐私的主观诉求不强烈，其权利的正当性需求就不可能被敬重。在中国的传统文化里，对个体性格是顺从还是独立有着截然不同的社会评价。在

---

[1] 〔英〕大卫·文森特：《隐私简史》，梁余音译，中信出版集团2020年版，第61页。

家庭中，几乎所有的家长都希望孩子能顺从长辈的意愿，当一个"乖孩子"，一旦表现出独立性，则会异常失望甚至打压。于是长期偷看孩子日记，随意打开孩子手机，在不少中国人的心里就成了天经地义的事。在这样的文化背景下，以个性化、私密性为特质的隐私保护就会遭遇困难。在社会上，由于隐私主体地位和力量上的相对弱势，这种漠视个人隐私的情况也时有发生。例如，一些企业以"职场破冰游戏"为名，要求参与游戏的职员打破一切羞耻心，完全暴露自己的隐私和私生活以"融入群体"，从而做出业绩，谋求企业利益的最大化。之所以在现代企业中会有这种赤裸裸的隐私侵权行为，且企业职工还不敢公开抗拒，除了与所处企业的力量势差及失业的压力外，与某些传统文化的消极熏陶和主体自主性的缺失也密不可分。

（三）隐私需要寻求法律保护的诉求

作为一种生存理想，有尊严地生活是人们一以贯之的追求，而其最核心的内涵，是每个公民的隐私都得到有效的保护。一旦这种追求受到侵扰时，人们会采取各种方式进行抗争，直到将其以法定权利的形式予以确认。当沃伦和布兰代斯最早提出需要像保护财产权一样，保护这种"不被打扰的权利"之时，[1] 隐私权首先是以"宁居权"的形式受到重视的，而这种"宁居"恰恰也是个人尊严得以保护的重要标志。随后，随着人们对个人权利要求的不断提高，隐私权的内涵不断得到丰富，并成为人格权的核心内容。"对他人个人自由的尊重不仅要求我们保护他人的住宅免受侵扰，而且还要求我们防止对他人私人生活进行不合理的公开，……每一种侵权

---

[1] 参见〔美〕路易斯·D.布兰代斯等：《隐私权》，宦盛奎译，北京大学出版社2014年版，第3页。

都构成对他人人性的侵犯,对他人尊严的贬损。"[1] 随着数字化社会的到来,隐私开始显现出财产权的属性。人的数字化存在是现代人的一种基本生存方式。自然人以数字人的方式自由切换于现实世界和虚拟世界,以合格的社会角色完成社会生活。而这种社会生活中留存于虚拟世界的网购、外卖数据等,成为商业组织判断个人消费习惯和消费能力的依据;浏览痕迹、阅读习惯等,成为流量来源和个人需求的外显表现;活动轨迹、交往对象等,成为广告推送的客观依据……简言之,个人的数字化活动痕迹(数据)成了当今社会作为推动数字经济向前发展的"能源"(即数据)的重要组成部分。

隐私还是人们在数字化社会建立社会关系的重要介质。学者们在讨论隐私价值的时候,强调这样两点:"首先,它们促进了人性的理念,包括理性的、自决的、在道德上自主的个体的理念。其次,他们还促进了人际关系的理念。"[2] 其中,"人性"无疑是人类尊严的核心。而"人际关系"的描述则呈现了隐私的关系性。隐私是关系性的,只有在与他人的交往中,隐私才具有价值。在农耕社会,人们以圈子为中心与他人发生联系。为了维护个体尊严,必须适度地控制自己的隐私。进入智媒时代,以地理位置为中心的圈子已经逐渐被网络中的关系所替代。人们借助网络不断拓展关系,时空不再成为障碍。而在关系的联结中,人们会通过控制隐私等手段型塑自己的网络形象,以维护个人尊严。理性的人们不断修正自己的行为,正是为了持续呈现更美好的有尊严的自我。所有的这些都构成了隐私需要寻求法律保护的核心诉求。

---

[1] 张民安主编:《隐私权的性质和功能》,中山大学出版社 2018 年版,第 58 页。
[2] 〔美〕阿丽塔·L.艾伦、理查德·C.托克音顿:《美国隐私法:学说、判例与立法》,冯建妹、石宏等编译,中国民主法制出版社 2019 年版,第 11 页。

(四)中国社会隐私法律保护的进展

鉴于隐私之于个人和社会的重要意义,寻求从法律层面对隐私进行有效保护,一直是世界各国的共识。但是由于诸多因素的影响,我国法律对隐私保护曾经一度相对滞后。传统媒体时代,新闻媒体传递的各类信息会从不同的层面影响人们的工作与生活,但这种影响往往是外在的,因此并不会影响公私边界的清晰区隔。传统媒体时代人们会和经过媒体选择、加工后形成的拟态环境发生关系,这种环境不是简单的镜子式地对现实环境的再现,而是经过新闻媒体选择后的"供给式"的再现。区别于新媒体时代的虚拟环境,在拟态环境中,人们无法与新闻报道中的个人直接互动。在这种场景中,人们只要把个人隐私置于私人空间就不大会遭遇侵扰,例如,隐私主体将日记本锁入私宅的柜子中,或接受新闻记者采访时不告诉新闻记者自己私密的个人信息。如果新闻记者强行侵入私人空间,则无可争议地构成违法。基于公私边界的明确区隔,传统媒体时代的新闻媒体对隐私的侵犯现象并不严重,国家也可以比较方便地通过制定法律法规来有效保护个人隐私。

在我国,早在1988年最高人民法院颁布的《关于贯彻执行〈中华人民共和国民法通则〉若干问题的意见》第140条中,即明确规定"以书面、口头等形式宣扬他人的隐私……应当认定为侵害公民名誉权的行为"。当然,限于当时人们对隐私的认知,这项司法解释只是将隐私权视作名誉权来保护。但在这个时候就能从法律层面上对隐私予以保护,对我国公民隐私保护的法律进程而言,显然具有十分重要的意义。2009年颁布的《侵权责任法》,则首次在第990条中将隐私权与生命权、名誉权等并列作为一项独立的人格权利予以明确。在我国隐私法律保护的进程中,具有里程碑意义的是我国于

2020年颁布的《民法典》。《民法典》第1032条,不仅明确了隐私的定义,还明确规定"自然人享有隐私权。任何组织或者个人不得以刺探、侵扰、泄露、公开等方式侵害他人的隐私权"。在《民法典》第1033条中,则进一步明确了隐私侵权的主要禁止方式:"(一)以电话、短信、即时通讯工具、电子邮件、传单等方式侵扰他人的私人生活安宁;(二)进入、拍摄、窥视他人的住宅、宾馆房间等私密空间;(三)拍摄、窥视、窃听、公开他人的私密活动;(四)拍摄、窥视他人身体的私密部位;(五)处理他人的私密信息;(六)以其他方式侵害他人的隐私权。"2021年,我国又颁布了《个人信息保护法》,该法明确规定了"收集个人信息,应当限于实现处理目的的最小范围(第6条)","处理个人信息应当遵循公开、透明原则,公开个人信息处理规则,明示处理目的、方式和范围(第7条)"等重要原则,这对新媒体时代公民隐私保护具有极其重要的意义。

三、良好隐私自控意识的确立

在追求隐私保护的理想目标时,人们时常会身处某种过程中的困境里,这通常表现为一种短暂需求的满足与长期追求的目标相悖的困境。在智媒时代,无论是观看,还是被观看,都能短暂满足个体当下的需求。由于窥私欲是一种本能,观看行为可以满足人们与生俱来的好奇心,因此,窥私欲的满足可以带给人们一种心理上的快感。新媒体营运者宣称自己追求的目标是"满足用户的需要",这和传统媒体时代"迎合受众需求"并无本质区别。在这里,新旧媒体利用的都是受众的好奇心理。更值得关注的是,在数字化社会中,人们对"被观看"现象的态度。一方面,人们对自己在数字化社会中处于无处不在、防不胜防地被凝视、被观看的局面苦不堪言。

另一方面，自己却时有不断主动泄露隐私的行为。从快乐放弃隐私信息交换某种利益，到因隐私泄露而感到痛苦，但却无法收回权利，这个或漫长或短暂的过程往往源于隐私主体在网络使用中的一个个看似漫不经心的行为，这正是大数据时代的隐私侵权令人担忧的地方——无所不在却又无从感知，最后变成不堪其痛。面对因"隐私不保"而"尊严受损"的困境，公民应有强烈的隐私自控意识。对隐私的有效保护，就是对尊严的最好维护。

第一，对隐私的准确认知。在智媒时代，随着智能移动终端的普及，公民智能手机使用的频率持续提高，从浏览痕迹到信息传播，留存于网络的公民个人的隐私信息除了少部分被他人上传（这会导致相应的法律后果），绝大部分都是自己在使用网络、分享信息的过程中留存的。尽管我们在前面的讨论中已经清楚数字化社会公私边界已经消融，公民的私密信息已经实际上完全处于由数字化构成的公共空间中，但这些信息是公民主动上传还是被他人上传或被大数据公司挖掘获得，在对隐私保护的实际效果和法律后果方面还是会产生本质性差异的。基于隐私权"可以主动放弃"（即可以主动分享隐私信息）的特点，一旦公民在网络上主动上传隐私信息，即使事后觉得受到冒犯侵害，也无法获得合法救济。反之，如果是被他人上传或未经本人许可而被大数据公司超范围收集和非法传播使用的，则完全可以理直气壮地寻求法律保护。基于这种现实，有必要通过学校教育、社会教育等多种方式，提升公民的隐私意识，防止自己更多的个人隐私信息被无意上传网络。首先，公民应对隐私的内涵、价值有准确认知，知晓隐私之于个人尊严的意义，在此前提下，认真判断何种信息可以借助媒体与他人分享。其次，应了解新媒体的传播方式和特征。绝大多数公民对传统媒体的运行方式有所了解，但基于网络传播技术的复杂性和变化性，对新媒体的了解程度相对有限，因此，应努力提升他们的媒介素养，帮助他们了解智能媒体挖掘整合网络数据的大致过程，对个人发布的信息可能被使用的状况有一个初步的预期。最后，公民应主动自控隐私信息的发布。无论在网络使用中，还是在日常生活中，对个人隐私信息每个人都应有自保、自控的良好意识，积极保护个人的隐私权不受到侵害。

第二，对隐私侵权行为的主动救济。由于网络使用行为已经融入到公民的学习、生活、工作等几乎个人生存过程中的所有阶段，因此，即使是一个有良好隐私意识的现代公民，也无法完全避免隐私遭遇侵害。在这种情况下，对隐私权的主动救济行为就显得异乎寻常的重要。一方面，公民可以针对侵犯自身的隐私的行为，寻求法律法规的救济。近年来，隐私侵权诉讼案例高发，这从反面证明了这种主动救济行为正在普及，这对于震慑和减少隐私侵权行为也会产生积极影响。另一方面，对于一些带有普遍性的隐私侵权行为，如，隐私规则中的格式条款、普遍存在的大数据杀熟、基于个人行为跟踪的"精准广告"推送等，可以通过中国消费者协会等组织，与相关网络巨头进行权利义务博弈，以寻求在隐私规则制定等问题上的相对平衡的权利和义务。在现实生活中，人们的隐私实践会基于隐私内容重要性的不同而采取不同的处置策略，即对自认为重要的隐私，人们一般会采用更严格的保护方式；对自认为相对次要的隐私，则采用比较宽松的保护方式，这种个体自己具有组织和执行达到特定效果的能力，即，自我效能感，对个人隐私保护会产生重要的影响。与此同时，"当人们感觉自己可以很好地控制信息时，便会努力寻找相应的保护策略，但反过来也会因为具备及时挽救损失的能力,而选择继续在线披露自我数据。与这种盲目乐观相对应,消极放任也是一股不容忽视的现实力量。通过多次隐私保护尝试,却无法抗衡算法的渗透,随之产生的习得性无助在一定程度上可能导致用户漠视隐私的一再泄露。"[1] 面对这种情况,特别需要强调的是,隐私之于任何一个人都是重要的个人权利,对其进行有效保护,应该成为每个个体的自觉追求。与此同时,何种类型的隐私重要,何种类型的隐私次要,这是一种相对的判断,置于人类隐私的宏观视野来看,每一种隐私都很重要,这不仅关涉个人尊严,也关涉社会文明。

四、严格科学的隐私自决与知情同意

科学的隐私自决和知情同意原则的严格贯彻,应该是实现公民隐私有效保护的核心路径选择。对隐私问题有深入研究的美国学者海伦·尼森鲍姆认为:在数字化社会,隐私仍然可以被视作一种主要的人权或价值,值得通过法律及其他方式保护,但它更是一种确保个人信息以合理的方式流动的权利。[2] 所以,隐私是一种自主决定的权利,即人们可以根据自己的意志决定其如何"合理流动"。如前所述,这里的自主通常包含两方面的含义:第一,个人自主的行为完全出自自己真实的主观意愿,不受外在力的影响或控制。这也意味着,自主是每个人都拥有的权利,主体可以根据主观判断决定如何行使这种权利,其他人不得以任何方式干预这种权利的行使。第

---

[1] 王长潇、刘娜:《人工智能时代的隐私危机与信任重建》,《编辑之友》2021年第8期。

[2] 参见〔美〕海伦·尼森鲍姆:《场景中的隐私——技术、政治和社会生活中的和谐》,王苑等译,法律出版社2022年版,第117页。

二,自主是一种能力,主体可以基于自身的行为能力和理性力量行使相应的权利。自决是主体具有独立性的一种标志,也是理性的人认识到自己应当如何选择的能力。当然,这种独立性和不受外在力量影响,并不是外力完全不能作用于主体,或者说主体完全不受外力的影响,事实上,在一个人的成长过程中,外在的社会背景和文化因素一定会对主体的自决产生影响。所以,这里的自决是指主体基于自身自由的意志作出的决定。"隐私是保持和发展'自决'所必需的,当然'自决'并不仅仅包括'隐私',它还必须包括某人自主决定自己行为的过程、自己的生活方式等内容。"[1] 美国隐私法专家阿丽塔·L.艾伦和理查德·C.托克音顿认为:"'自决'用于个人是指:(1)管理自己的能力,当然这也是一个度的问题;或者(2)自我管理的实际条件和优点;或(3)性格上的完善(理想);或(4)管理自己的主权,这绝对是在某个人的道德界限内。"[2] 1967年,艾伦·韦斯汀将隐私权定义为人们"拥有决定在何时、何地、以何种方式、在何程度上将自己的信息传达给他人的权利"[3]。在这个表述中,隐私与自决的关系得到了明确的呈现。随后,美国社会将这种隐私自决的关注面扩大到更为广泛的领域。

知情同意是隐私自决原则在现代社会中一种普遍的、有价值的实践。进入数字化社会,公民隐私无论其内涵还是功能,都有了巨大的拓展,展现出了强烈的现代性特征,因此,基于隐私自决理念的知情同意原则,便开始呈现出其不可或缺的时代价值。知情同意

---

[1] 〔美〕阿丽塔·L.艾伦、理查德·C.托克音顿:《美国隐私法:学说、判例与立法》,冯建妹、石宏等译,中国民主法制出版社2019年版,第370页。

[2] 同上书,第367页。

[3] 刘迪:《现代西方新闻法制概述》,中国法制出版社1998年版,第119页。

原则强调的是公民在对相应的隐私规则所规定的内容充分知情的前提下作出同意的意思表示。在信息处理的过程中,"知情"环节强调隐私主体对自己的信息被如何收集、整合、使用拥有真正的知情。从法理的层面分析,公民在与相应的网络用户创设契约关系(权利和义务关系)并受其约束的前提,是清楚地知道这种契约关系中权利和义务的内容的。如果相应的内容未作明确的表述甚至未予表达,则不受这种契约关系的约束,但在具体的信息实践中,知情同意原则却面临诸多问题,对此,我们在前面章节已经有较为详细的分析。美国学者丹尼尔将这些问题归纳为以下四个方面:"(1)不阅读隐私政策;(2)阅读但不理解隐私政策;(3)阅读并理解隐私政策但缺乏足够的知识作出明智的选择;(4)阅读、理解并能够作出明智选择,但这种选择可能会因各种因素而被扭曲。"[1] 在这四个问题中,前三者都是"知情"层面存在的问题,即隐私主体并不能对自己的信息如何被收集、整合和使用有准确的认知。另一位美国学者尼尔·理查兹则指出了关于"同意"中存在的三个方面的问题:"第一,是不知情的同意,这使'知情和自愿'失去了'知情'的意义。第二,有强迫的同意,它将'自愿'从'知情和自愿'中剥离出来。第三,是无行为能力的同意,在这种情况下,自愿在法律上是不存在的。"[2] 有中国学者则从另一个层面对此进行了分析:"私人自治只有在各有关交易主体之间在经济、社会等诸多方面力量均衡的条件下才能得以实现。在当前的技术背景下,诸多因素共同决定了,用

---

[1] 参见:Daniel J. Solove, "Introduction: Privacy Self-Management and the Consent Dilemma", *Harvard Law Review*, Vol. 126, No. 7 (May, 2013), p. 1886。

[2] 〔美〕尼尔·理查兹:《隐私为什么很重要》,朱悦、嵇天枢译,上海人民出版社2023年版,第68页。

户在与企业就行为信息的采集的潜在角力过程中,几乎必然落于下风。因而,用户很难真正地在知情和理解的基础上自由地行使对于自身行为信息采集和后续处理过程的自决权利。"[1]

如果想要达致数字化社会信息自由流动和公民隐私得到有效保护的理想状态,那么知情同意原则在实施过程中的"告知"环节必须致力于这样两个方面:第一,简洁清晰、明确具体告知信息采集、整合和使用的方式。即隐私规则必须使用通俗易懂且不存在异议的文字,在显著位置以明确具体的条文进行相对简洁的条文表述。在此基础上,可以对可能存在的不明确的内涵或专业性较强的条文、名词等通过"延伸阅读"等方式加以解释。第二,告知采集信息的目的和方法,明确使用范围,提示潜在风险。数字化社会信息流动不仅是一种趋势,也是一种必然,对公民信息的采集和使用不可避免,但鉴于公民对信息及其处理方式在专业理解层面上存在的技术障碍,在隐私规则的告知层面应对这些内容有通俗易懂的说明,并对潜在风险进行必要的提示。"与其试图基于信息内容而设定包括尊重隐私、保护私密、遵循问责和诚信等信息义务在内的义务,不如将信息义务建构为言说和其他认知行为——信息因此而得以获取、使用和传递——所应当遵循的义务。信息义务是沟通交互活动所应当遵循的义务,而当其被视为仅仅或主要是与信息内容相关的义务时,信息义务便遭到了扭曲。"[2] 为了防止信息义务遭遇扭曲,对告知层面科学规范的强调显得至关重要。

---

[1] 郑佳宁:《知情同意原则在信息采集中的适用与规则构建》,《东方法学》2020年第2期,第200页。

[2] 〔英〕尼尔·曼森、奥诺拉·奥尼尔:《重新思考生命伦理中的知情同意》,胡位钧译,商务印书馆2023年版,第266页。

"同意"环节必须强调的是公民个人意愿的真实表达。同意就本质意义而言是与他人呈现同样的意向或心理上的认同。这种意向和认同不受外在因素的干扰,也不因受到欺骗、隐瞒而产生误读。我国《个人信息保护法》第11条第一款明确规定:"基于个人同意处理个人信息的,该同意应当由个人在充分知情的前提下自愿、明确作出。"可见,在充分知情的前提下,"自愿、明确"作出真实意思表示是核心内涵,如前所述,在现实生活中,公民个人在对隐私规则规定的内容要"充分知情"存在较多现实困境,因此,必须在"知情"环节进行制度设计上的科学性完善,在此基础上,才能寻求"自愿、明确"的"同意"。从法律层面分析,同意必须是隐私主体的一种真实的意思表示,这种意思表示成为"侵权损害之免责事由和个人信息处理之合法依据"[1]。为了保证"同意"的法律内涵得到尊重,同意必须采取明示的方式,即通过书面、框选等方式直接表示允诺。同时,为了保证"同意"的严肃性,不宜将某种特定情景下的沉默或不作为视作同意,即拟判同意。在具体实践中,相关组织尤其是电商企业在收集用户信息时除了为用户提供服务或提升用户个性化服务的良好体验外,还会对用户进行画像以用于后续的商业活动。对这种通过信息采集进行画像的方式,相关组织尤其需要进行明确的告知以防止对公民隐私构成侵权。

在我国《网络安全法》《民法典》和《个人信息保护法》等与公民隐私直接相关的法律中,都将公民的知情同意作为处理个人信息的基本原则,相对应的组织和个人也通过隐私规则在信息收集的过程中践行着这条原则。但由于知情同意原则内涵的丰富性和科技

---

[1] 俊霖:《论个人信息保护中知情同意的边界——以规则与原则的区分为切入点》,《东方法学》2022年第3期。

进步的日新月异，这条原则在适用时不断遭遇新的挑战，因而需要在公民的隐私保护实践中不断完善其内涵和外延。

五、科技向善理念的践行

在万物数字化、一切可计算的数字化社会，数据成为一种时代的核心能源发挥着基础性的作用，而算法作为问题的求解逻辑，广泛而又深入地影响着社会的运行模式和人们的生活方式。以数据为基础和以算法为核心的数字技术成为当今社会影响最为广泛的技术。作为具有革命性意义的数字技术一旦进入到社会的大规模应用，会和其他新技术的最初应用一样，出现社会适应中的新问题。比如，在技术推广中对公民隐私保护带来的问题。因此，在充分发挥其在推动社会文明进步中重要作用的同时，减少和预防可能出现的问题，成为一种十分迫切的现实关照。技术导致的问题首先必须积极从技术上寻求解决方案，因而倡导科技向善理念的践行，无疑显得尤为必要。

科技向善是指在科技发展和创新过程中，合理权衡和兼顾效率与安全、利益与风险的价值冲突，从而确保所有的社会成员平等享受科技红利。在推动技术进步的过程中坚守科技向善的理念必须关注三个不同层面的核心目标追求：低维度的效用目标，即科技进步需要为人类的文明进步产生增益效用，持续地为人类带来福祉和利益；中维度的合法目标，即科技进步必须以合法性作为最基本的要求，任何理由都不应该成为技术侵害公民合法权利的理由；高维度向善的目标，即将科技进步作为推动人类道德完善的手段，通过科技进步不断推动每个社会成员成为"脱离低级趣味"的、高尚的人。在数字化社会中，科技向善特别强调算法公平，需要坚守以人为本的原则,守望公平正义的理想,坚持公平透明的手段,真正做到技术服务于人、服务于社会,实现科技进步和社会善治。但是,我们应该看到,随着数字技术的迭代发展,人的主体性和独立性正在逐渐消解,个体的选择权和控制权不断被技术取代。作为数字技术中核心技术的算法,更因算法歧视、算法黑箱等问题广受批评质疑,因此,强调科技向善理念的持续、深入推进和实践是十分必要且迫切的。

(一)向机器让渡权利过程中应确保主体独立性

数字技术在持续进阶的过程,是从体力上和智力上不断为人类劳动提供帮助,并开始逐渐替代人类劳动。智能机器作为人类器官的延伸和功能的强化,给人类发展提供了日益广泛的支持。在这个过程中,作为主体的人类开始持续让渡自己的权利以获得更加轻松自由的生活,但是,人的主体性也开始在这个过程中逐渐消解。

主体的独立性是人区别于其他生物和机器的本质所在,作为主体的人类向智能机器让渡权利的过程中,不能以牺牲自己的主体性作为条件。"人类主体性能够为他人的生活提供意义,正是有他者的注视,才赋予人生以意义,正是在他人的肯定、欣赏与共鸣中个体获得生命的自我确证,正是有了主体性,人与人之间才会有真实的友谊、爱情等关系,人工智能可能会提供'完美伴侣',但是从根本上不能像人类伴侣一样提供人生的意义与价值。"[①] 人工智能在替代人类去探索世界、推动社会进步中具有举足轻重的作用,在代替人类劳动方面也体现了其无所不能的巨大潜力,但是,它毕竟没有主体性,缺少主观独立的思考能力,也无法替代真正的自然人进行

---

① 鄢一龙:《以道驭器:数智时代科技如何向善》,《中国科技论坛》2023年第6期。

移情体验(至少在现阶段是如此),所以,在借助其开展智能劳动的过程中,人工智能无法主观体验人类情感的喜怒哀乐并共情。隐私作为人的一种主观体验,是人格体验的具体要素,也是维持人类尊严、让人拥有"尊严"生活的基础。如何在借助智能机器服务于人的过程中,保护个人隐私,尊重主体的独立性,是值得持续关注的时代命题。

人的主体性,可以让人类主观地去判断行为的是非对错。作为主体性构成部分的隐私,会令隐私主体或悲伤,或喜悦,或无法抑制地兴奋,或刻骨铭心地痛苦。换句话说,可以让各个差异化的主体拥有独特的经历与记忆。"隐私的哲学本质在于人的主体意识觉醒,从而捍卫个人边界,感知外部世界对自身的消解而萌生的改造意识。个人隐私位于人的尊严和价值的核心部分,即使技术发展,也要时刻以隐私为内在保护对象,以体现技术对'人性'的合理关照。"[1] 隐私的消失或异化令这个世界无隐私可言,自然人也就异化为机器人,个体的独特个性不再存在,世界也就不再丰富多彩。"因此,必须在信息交流的世界中重建'我'的隐私,'我'必须在这个世界中创造出与某个'存在'有关的链接、规则和界限。"[2] 唯其如此,人们的存在才更有价值。

(二)将技术向善作为技术进步的价值导向

在技术进步的初期,不可避免地会给人类社会的现实生活带来问题和挑战,善和恶的问题混杂在一起,令技术发明者和应用者共

---

[1] 张媛媛:《论数字社会的个人隐私数据保护》,《中国特色社会主义研究》2022年第1期。

[2] 〔法〕米歇尔·布艾希:《科技智人:从今天到未来的哲学》,刘成富、陈茗钰、张书轩译,中国社会科学出版社2019年版,第210页。

同陷于困惑之中。19世纪蒸汽机的发明和随后火车的应用，极大地改变了人类出行的方式。这种快捷廉价的交通运输方式对整个人类文明的进步带来了巨大的推进作用，但在某些相对微观的层面，却直接导致大量以人力作为交通运输动力的劳动者失业。此外这种影响还波及了更广泛的层面，例如，由于欧洲大陆铁路的便捷和海运蒸汽船的改进，大量进口的廉价谷物导致许多英国农民破产。但是，从科技发展史的纵向视角分析，人类总是倾向于赞美蒸汽机给社会进步带来的"大善"和"便利"，因为蒸汽机的巨大能力是人体机能所无法拥有的。世界因为技术的进步而拥有更多的发展可能，智能技术的进步也不例外。人类的主观作用，应该致力于如何在享用科技进步红利的同时，尽力减少科技进步中可能带来的问题。

智能技术带给社会的最大的"善"，是全面提升了人类认识世界和改造世界的能力，从而可以让人们拥有更加美好品质的生活和精神享受。"信息技术在助推个人智慧生活、解决社会问题、推动社会进步中发挥了巨大的作用……这些技术应用带来的'善'有目共睹，是信息时代的馈赠。"[①] 从物质层面看，智能技术的进步极大地拓展了社会资源的开发和分配，尤其是"数据能源"的出现，极大地提升了社会生产力。与之相对应的智能技术还极大地扩张了人的生存能力，丰富了人的生存方式，网购、外卖、网络游戏、在线学习和工作等"在线生活"变成了许多人的生活日常。从精神层面看，机会平等推动了全社会成员在信息获取、意见表达、社会参与等方面获至平等的机会，便捷的智能技术推广可以让不同文化程度和生活能力的人都可以享受数字化的生活。人们可以更自由地分配劳动

---

① 刘秀秀:《技术向善何以可能：机制、路径与探索》，《福建论坛·人文社会科学版》2020年第8期。

时间,从而可以更自由地分配享受美好精神生活的时光。"新一代智能科技的兴起,既为人类满足自身需要奠定了更加丰裕的物质条件,也为人们在经济、政治、文化、社会和环境等各个方面追求美好生活提供了便捷手段。在智能时代,人们通过对智能技术的研发和应用,使其能更好地服务于人们的物质需要和精神追求,这就是人工智能科技向'善'的价值和作用。"①

当然,我们也必须清醒地意识到,智能技术的进步也会对人类的精神生活带来挑战,而功能强大的数字技术对主体隐私无处不在、时时刻刻的潜在的和现实的侵害,便是其中一种严峻的挑战。因此,我们特别需要强调在关涉个人信息技术的开发和应用中,以科技向善作为价值导向,让主体在享受数字技术红利的同时,对个人隐私也有良好的保护手段,以使人类真正拥有美好的精神生活。

(三)建立技术预警体系保护公民隐私

科技向善作为一种价值导向,是一种理想路径,其落实的程度必须辅以相应的追踪机制。智能技术功能强大,影响广泛深远,建立预警机制以防止技术可能的"恶"是十分重要的。这种预警机制的关键点是确立底线思维。具体包括研发前的伦理审查和研究过程中的伦理评估两个阶段。在研发前的伦理审查阶段,应该对拟研发的相关项目从纵向的历史维度和横向的政治、经济、文化等维度权衡审查利弊得失,尤其对预测的、可能的风险予以足够的重视。历史维度的审查可以获得经验积累和教训警示,以便在技术应用过程中拥有更多可参考之处;政治、经济、文化等维度的审查可以收获现实关切与平衡方案。在拥有应对风险的有效方案前,决不贸然推

---

① 伏志强,孙伟平:《科技向"善":人工智能发展的价值遵循》,《甘肃社会科学》2021年第2期。

动技术研发。研发过程中的评估主要关注技术研发的安全性、稳定性及研发完成后应用中的风险防范。"科技伦理风险的预警体系体现的是'预防为主'的责任理念，并通过科技预警信号来实现。"[1] 审查和评估过程应吸纳广泛的利益相关者及不相关者参与，以保证程序公正和结果正义。智能技术不同于科技发展史上的任何一项技术，它是一种革命性的技术，它的任何一项进展都可能给人的主体性带来影响和挑战，因此审查和评估过程中更应吸纳诸多领域的专业人士参加，以确保结论的科学性。

技术预警机制的建立应该处理好短期和长期、局部和全局这两个关系。技术发展的突破性进展也许可以带给社会短期的激进式的变革，但如果这种激进式的变革可能会带来长期的社会问题甚至危害，则必须限制该项技术的推广，直到技术成熟、危害降至最低后。类似的教训并不少见，例如，某些化工技术的进展带来了产能的快速提升和经济效益的大幅增加，但随之也带来了长期的环境污染问题。局部和全局的关系与此类似，技术进步不能以局部地区、部分行业的进步发展而牺牲或影响全局的利益。因此，可以说，"预见性着眼于长期发展，以寻求与未来目标相关性更密切的整体性解决方案。预见的目的不是预测未来，而是塑造未来，技术预见性意味着要了解技术创新如何影响人们的日常生活。技术社会维度代表技术塑造良好社会的影响因素，针对技术的社会意义进行'谈判'和讨论，以确保技术为公共利益和社会公益服务"。[2]

---

[1] 杨博文、孙永军:《理性赋能与向善赋权：科技伦理风险预警与敏捷治理体系的建构进路》，《科学技术哲学研究》2023年第4期。

[2] 王长征、徐龙超、王盟迪:《科技向善国外研究回顾与展望》，《科技进步与对策》2023年第9期。

"技术的每一次进步都会带来相应的抑制和反作用力","建设人工环境(照明、天气保护、免疫接种中),大规模操纵动物界,推广新型农业,直接修改基因……"[①],所有的这些技术进步莫不如此。但是,以科技向善理念支撑的科技进步在人类文明进程中一直是核心动力。智能技术给当今世界各国的社会发展带来了巨大的推动作用,也深刻地变革着人类的生存方式,但是,这种技术进步过程中也带来了诸多问题,其中隐私保护问题不容忽视。数字技术消解了传统媒体时代界限清晰的公私边界,它通过数字化手段将人们的所有言行变成流动的数据,成为公共数据的一部分,导致既有的隐私保护手段无法完全有效地予以保护。而数字化的隐私也因为无感收集、流动分享和类型更新而令人们的经验认知难以识别,导致出现隐私"无感伤害"的后果。基于这样的前提,强调科技向善,从预防性的思维面对智能技术的进步就显得必要且迫切。

第三节 隐私保护中的技术可能

一、区块链提供的可能的技术解决方案

区块链技术作为一种新型的分布式账本技术,是近年来新兴的数字技术之一,其原理是通过分散的节点,来记录和验证所有的交易信息,具有防伪造、防篡改和去中心化等特征。这项技术使用密码学算法以确保数据安全和保密性。就其目前已经呈现的本质性

[①] 〔美〕约翰·杜海姆·彼得斯:《奇云:媒介即存有》,邓建国译,复旦大学出版社2021年版,第179页。

特点而言，确实可以给我们思考隐私保护问题提供许多技术想象。

（一）对隐私保护进行信任重建

区块链技术强调的是一种多方参与的加密分布式账本，最早是作为一种金融交易的解决方案来设计的，所以，其基因中的核心成分是"信任"。当然，如果信任只是作为一种类道德的要求来规范金融交易者，作为设计者和交易参与者所追求的信任、诚信目标显然会存在风险，所以，它是以去中心化的多方参与来推进的。这就意味着，在区块链中，所有的参与者成为彼此监督的对象，这对于建立有效信任无疑是至关重要的。"为了保障各节点的分类账本记录内容一致，各节点之间需要验证账本和更新账本，以此保证数据不可伪造或篡改，这构成了区块链的共防协议。如此，区块链分布式分类账本技术通过去信任而达成信任，实现了'不信之信'。"[1] 在"孤岛生存"的状态中，讨论现代意义上的任何隐私都是没有意义的。从隐私的角度看，只有隐私主体与他人发生社会交往时，隐私的价值才会体现出来，从这个意义上说，"所有参与者"的"彼此监督"对信任的建立和隐私的保护就极具价值。

现实生活中，隐私经常是人们展开交往的一种介质，这种需要在一定范围内进行保护的介质在交往中之所以告知他人，其前提是信任，即相信对方会予以保密。遗憾的是，数字化社会中，随着大数据挖掘技术的快速发展和整合型隐私的产生，隐私主体和被告知隐私信息的对象已经无法对相应的隐私信息进行有效保护，也就是说，对于隐私信息保护的信任在数字化生存环境中难以真正建立起来。区块链通过所有参与者的彼此监督进行信任重建，这对隐私保

---

[1] 陈吉栋：《播撒信任的技术幽灵——区块链法律研究述评》，《探索与争鸣》2019年第12期。

护无疑是一种革命性的进步。

(二)隐私信息自主可控

数字化环境中,隐私面临的最大困境是隐私主体对自己隐私信息的失控,这主要因为人们在生活中的一切言行均被数字化,均可以被可知的和不可知的第二方(如电商企业)、第三方(如数据公司)甚至更多方挖掘,所以隐私保护遭遇严峻挑战。"区块链技术以其分布式的特征,可以作为密码学中可信第三方的实现方案。区块链技术的防篡改特性能够为密码协议提供可信赖的激励机制,提高敌手在博弈中的作恶难度,降低作恶动机。"[1] 区块链基于密码学的高加密技术而构建,具体来讲,区块链的关键技术组成主要运用密码学中的哈希算法和非对称加密算法,与传统的密码相比较,这两种算法被解密的难度可以说是得到了几何级的提升,这就意味着公民需要保护的隐私信息更难被破解、挖掘,从而可以得到更有效的保护。

区块链就其技术架构而言,一般分为公有区块链、私有区块链和联盟链三种,这三种链分别具备不同的功能。我们可以这样概括:公有区块链是开放式的链,其开放读写和去中心化的模式构成了共享共生的技术场景。这个链相当于传统媒体时代的公共空间,人们可以在这个空间里自由地分享自己认为可以与他人共享的信息,也可以收集他人分享的信息。私有区块链则是闭合式的链,其信息的输入和输出受相应权限的制约。区块链中私钥的设置可以比较好地控制信息的流向,私钥比较容易推导出公钥从而获得需要的信息,而公钥要反向推导出私钥几乎是不可能的。这就意味着私

---

[1] 刘明达等:《区块链在数据安全领域的研究进展》,《计算机学报》2020年第1期。

有链相当于传统媒体时代的私人空间，人们在这个空间分享的信息可以比较有效地控制在隐私主体认可的范围内。联盟链则是一个半开放的链，这个链相当于是公共空间和私人空间的交叉地带，或者说是社会学家戈夫曼所称的联接"前台"和"后台"的"局外区域（中区）",[①]在这里，隐私主体需要适度管控自己的隐私信息，也就是说，隐私主体在联盟链内可以适度公开其认为可以公开的隐私信息，这种公开在联盟链的范围内的信息尚不会导致其隐私权受到伤害。同时，基于区块链功能的特殊性，在这个范围内公布的隐私不会如网络世界那样被大规模扩散。这样的一种技术架构可以令隐私主体较好地控制自己的隐私信息分享的范围。

（三）隐私痕迹不可更改和可追溯

区块链的不可更改和可追溯功能实际上是对公民隐私的一种被动保护。区块链本质上是一个分散的数据库，而存储其中的数据就是一个个节点，这些借由网络被链接到分散于世界各地的计算机上。由于去中心化的特点，决定了这种数据的存储具有唯一性且是不可更改的，除非同时控制超过 51% 的节点，否则单个节点上的任何数据库的修改都是无效的。有人借用微信群的聊天记录作类比：区块链就像一个微信群的聊天记录，群里的所有人的手机里都有聊天内容，单个人对聊天记录内容的修改都是无效的，都可以被他人进行虚假指证。与此同时，区块链还具有与不可更改功能相对应的可追溯功能。"区块链技术正日臻完善，未来一个人的数据很可能并不保存在 Facebook、阿里巴巴、腾讯这些大型互联网公司，而是保存在一个公共的区块链上，这些企业使用我们的数据都必须经过我

[①] 参见〔美〕欧文·戈夫曼：《日常生活中的自我呈现》，北京大学出版社 2008 年版，第 113—114 页。

们的同意，被区块链记录。"[1] 由于分散的数据库不受中心化服务器控制，所以其数据的存储都在区块链中存有印记且不可修改，所以数据的发布都可以追溯到最初的发布者，这就可以有效控制（威慑）他人上传隐私信息。

区块链的不可更改功能和可追溯功能可以有效增加区块链尤其是联盟链参加者的自律意识。任何人在作为"中区"的联盟链中公布相关的隐私信息后，一旦被隐私主体以外的其他人使用，都可以被发现，同时也可以追溯到非法呈现的源头，这些都可以成为非法泄露隐私信息的证据，这也就为隐私侵权救济、惩治提供了技术上的可能性。

（四）辩证地看待区块链在隐私保护中的作用

隐私的内涵随着社会的文明进步以及个人自主意识的不断觉醒而得到了极大的丰富，与此同时，隐私本身也随着传播技术的快速发展而面临诸多挑战，呈现严重的"隐私悖论"的局面。但是，区块链的出现，给陷于困境和悖论中的公民隐私保护提供了一种技术想象。看似难以解决的由于技术进步导致的隐私保护问题，有可能因为区块链而出现转机。区块链采用节点之间中继转发的模式进行通信，接收方节点从网络中收到发送方的信息，亦即发送方和接收方无须发生直接的联系，因此，攻击者很难通过窃听发现网络中传播信息的真实来源与去向。区块链支持匿名信息传递，用地址代表用户的真实身份。由于区块链中的地址存在巨大的地址空间，所以识别十分困难。另外，区块链去中心化的架构也令用户无须在中心服务器存储账户、密码等敏感信息，可以避免因传统服务器受到

---

[1] 涂子沛：《数文明：大数据如何重塑人类文明、商业形态和个人世界》，中信出版集团 2018 年版，第 XXI 页。

攻击而泄露隐私信息。[1]

当然,区块链毕竟还没有真正形成成熟的应用场景,去中心化的节点连接的信息交换方式对各个节点都提出了高要求,一旦某个节点存在缺陷,就容易引发连锁问题。区块链交易者之间存在关联性,攻击者也较易通过获得更多交易者的信息进行关联分析,从而识别用户的真实身份。同时,区块链本身具备的不可更改、无法删除等功能特点,也许会产生新的隐私困境,但它的出现毕竟给隐私保护提供了一种新的技术可能性。

二、智能生物识别技术致力于公民隐私保护

(一)建立技术规则以平衡智能生物识别技术应用与公民隐私保护

"当一项成功的技术出现后,人们便假定技术是可以解决人类问题的工具。故一旦出现新问题,就会一再乞灵于技术而不是寻求于'人',因此一项技术的诞生意味着有更多的技术物来填补前项技术的不足。"[2]智能生物识别技术的使用过程也不例外。因此,借助技术的力量,重建社会权利和义务的平衡成为一种自然而然的选择。相比过往众多的技术进展,智能生物识别技术包含了技术创新,往往难以回避现实难题,这是一把双刃剑:当我们享受技术进步带给我们追求的美好生活时,也有可能面临新技术被恶意使用的窘境和新的道德困惑。因此,建立技术规则对于智能技术推广和公民

---

[1] 参见毛典辉:《大数据隐私保护技术与法理机制研究》,清华大学出版社2019年版,第110页。

[2] 宋素红、陈艳明:《人脸识别中的"媒介化身份"——基于信息主体对技术使用与风险感知的角度》,《当代传播》2023年第6期。

隐私保护的平衡,意义重大。数字社会的存在是以信息技术的成熟为依据的,数字社会之所以到来,关键因素还是计算机技术的进展和数字技术的成熟。智能生物识别技术的普遍应用同样也是基于这两个关键要素。当然,智能生物识别技术可能会带来"歧视""侵犯隐私"等风险,因此开发对于智能生物识别技术必不可少的机器学习模型时,必须充分考虑到"没有足够的透明和可解释性的"机器学习的危险性,并通过引入严格审计条款加以规避。[1] 在技术进步过程中,应尽量将可能的风险排除在技术的大规模应用之前。

在数字化社会,技术规则成为保护这个社会有序运行的游戏规则。我们经常讲代码是"网络空间的法律",所以技术规则实际上是数字化社会的法律原则,以什么原则"编码",形成什么样的"代码",关键是制定什么样的技术规则。智能生物识别技术的编码过程,必须贯彻人文精神,尊重用户的物质权利和精神权利,维护用户以隐私权、名誉权为核心的人格尊严。"配置人工智能的重要标准的示例之一,是欧盟委员会的欧洲科学与新技术伦理小组在《关于人工智能、机器人和'自主'系统的伦理声明》(Statement on Ethics of Artificial Intelligence, Robotics and 'Autonomous' Systems)中列出的创建的清单:(1)人的尊严;(2)自主性;(3)责任;(4)公正、公平和团结;(5)民主;(6)法治和问责制;(7)安全、保障和身心健康;(8)数据保护和隐私;(9)可持续。"[2] 欧盟的这份清单,既体现了科技向善、"数字善治"的追求,也是对技术规则创建美好智能社

---

[1] 参见〔英〕凯伦·扬、马丁·洛奇编:《驯服算法:数字歧视与算法规则》,上海人民出版社2020年版,第264—265页。

[2] 〔德〕托马斯·威施迈耶:《人工智能与法律的对话》,上海人民出版社2020年版,第6—7页。

会的合理想像,这对其他国家在智能技术规则的制定方面具有参考价值。

(二)在智能生物识别技术的应用过程中倡导科技向善的理念

包括智能生物识别技术在内的人工智能在未来的发展中存在着无限的可能性。美国计算机科学家阿米尔·侯赛因描述智能技术的终极阶段应该是:人类目前从事的大部分工作将由智能机器人承担,并且"机器智能将尝试掌握人类擅长的每个领域"。于是,拥有更长生命的人们只需"坐在可移动的轮椅上喝着超大杯的汽水",思考一个终极问题:"我们的人生目标是什么?"[1] 有研究者认为:"智能机器通过大量学习、分析和总结,不断归纳和构建自我的思维体系,有望具备认识和改造世界的能力。"[2] 这也意味着,人工智能进入高级阶段后,其能力有可能得到极大提升,"无所事事"的人类在未来存在受制于人工智能的极大可能。人们不仅可能面临隐私不保、社会失序的可怕局面,甚至可能面临智能失控导致的人类文明的毁灭。在这样的可能性面前,未雨绸缪,尽早倡导科技向善的理念,不仅有利于公民个人隐私的保护,从宏观的目标看,也有利于人类文明的延续。

智能生物识别技术对公民隐私的侵害是一种本质性的、终极的伤害,一旦伤害发生,现行的法律及其他社会救济行为将难以产生良好、周全的救济效果,所以,在智能生物识别技术的应用过程中,对科技向善理念的推广具有特殊重要的意义。这里的科技向善应

---

[1] 参见〔美〕阿米尔·侯赛因:《终极智能——感知机器与人工智能的未来》,赛迪研究院专家组译,中信出版集团2018年版,第40、41页。

[2] 林命彬:《哲学视角下智能机器在自我意识和行为意义上的突破》,《黑龙江社会科学》2016年第6期。

特别强调三个层面的目标内容:第一个层面是技术层面,即科技产品应以人为本。高科技产品需要用便捷的界面和友善的内容,传递科技向善的价值追求。由于智能技术本身的复杂性,人们在使用许多智能生物识别技术产品时是不知道这些产品的运行代码和机制的,所以,即使不得不使用这样一些产品,往往也会伴随较多的担忧和恐惧。因此,智能产品制造商和运营商应以友善的形式和内容,努力消除用户的担忧和恐惧。第二个层面是人文关怀层面,即以人文关怀的精神来创造产品。智能时代的智能生物识别产品都应强调以美为佳,以善为佳,为社会创造更多美好的事物。第三个层面是人类文明层面,即以推动人类文明进步为最终目标。科技的发展在推动人类文明进步的过程中一直在发挥着关键作用,但对技术发展不当使用的例子并不鲜见,所以,必须积极致力于发挥技术进步对完善人类文明方面的正向作用。

(三)公民隐私保护倚仗智能生物识别技术的完善

技术进步导致的问题,应该首先寻求技术解决问题的手段,这是理所当然的。"虽然在法律层面保护隐私是必需的,但是光靠法律是解决不了问题的。……法律的制定永远落后于案件的发生,尤其是在大陆法系的国家。因此,除了法律手段外,我们还必须有相应的技术手段维护个人的隐私。"[①] 智能生物识别技术导致的公民隐私困境,其现实的成因是由新技术的应用导致的,所以,探寻技术解决方案变得迫在眉睫。"在生物识别技术中,技术呈现出由中介地位向介入地位转向的趋势,生物识别技术存在的个人生物信息案例隐患问题,就必须明确各类技术主体的责任,在技术的设计阶段尽

---

① 吴军:《智能时代:大数据与智能革命重新定义未来》,中信出版集团2016年版,第267页。

可能预见技术可能会产生的后果,并在此基础上进行合理的行为选择,以实现人类共同利益的最大化。"[1]

1. 技术设计中动静结合识别设计思路。数字化社会需要通过完善规则的设置,以确保智能技术的有序推进。代码作为塑造网络空间的"法则"而存在,在特定意义上说,代码编程和算法设置规定了网络空间的基本秩序。因此,在智能生物识别技术的研发之初,从安全主旨出发,设置完善的技术程序显然是十分必要的。计算机工程师应该坚持科技向善的科技伦理原则,加强道德自律,重视技术安全,降低公民身份被复制的风险。在这个过程中,根据公民生物数据的自身固有的特征,采取动静结合识别的设计思路是保障智能生物识别技术安全、有效保护公民隐私的可行路径。公民生物特征的唯一性和永久性特征,导致这些作为识别特征的隐私一旦泄露,将会导致永久性的隐患(伤害),因此,在生物识别的设计思路上,应贯彻动静结合识别的原则。动,是指公民生物特征中静脉、声纹等需要公民出现在识别现场的生物特征;静,是指指纹等公民无须出现在识别现场的生物特征。动静结合识别的思路,可以确保识别的生物主体的真实身份,令其"知情",然后作出自己的行为选择,真实贯彻信息自决的隐私确认原则——"同意"与否的意思表示是隐私主体真实的意思表示。

2. 技术适用重要事项的二次确认。在智能生物识别技术适用之初,由于技术的复杂和应用成本的高昂,普及程度有限,应用场景相对不多,应用成本也较高,所以,公民隐私因之受到伤害的情况较少发生。但随着技术的进步,该技术的适用方式日趋简便,应用成

---

[1] 闫坤如、刘丹:《技术介入主体及其伦理规约探析——以生物识别技术为例》,《东北大学学报(社会科学版)》2017年第1期。

本快速下降,因而成为一种日常应用的技术。与此相对应,借助该技术侵害公民隐私的行为也频频发生。因此,提升技术适用的科学性和严谨性变得愈加迫切。基于这种现实,我们建议区别不同的应用场景,积极推行重要事项的二次确认。"多生物特征的使用能够拉回生物特征识别系统的安全性。实际上,增加识别时的信任凭证数目能够遏制欺骗攻击。"[1] 这里所指的重要事项,是指通过智能生物识别技术确认身份后,生物主体后续将会作出重要决策的事项。例如,公民通过人脸识别进入商场、车站等,一般不认为是重要事项,但如果需要进入重要的会议现场或机密场所,则被认为是重要事项。再如,通过指纹识别进行交易,可根据金额的大小判断事项的重要与否来确定是否需要增加第二次识别。换句话说,是否属于重要事项,可以进行事先预判:生物主体是否会进行个人的重要决策或者生物隐私失窃是否会导致严重的后果? 在此基础上,来确定是否需要通过二次确认,即两种不同方式的智能生物识别技术来对隐私主体的身份进行确认。

3. 技术处置中的"最小必要"原则。"为了能够得到便捷的服务,人们经常按照服务条款上的要求把个人信息让渡给服务商。在人与网络高度融合的条件下,人们事实上很难摆脱对智能机器的依赖。"[2] 事实上,在数字化社会,无论是社会治理,还是日常生活,所有的社会成员已经无法离开数据活动,而智能技术的及时介入,则令数据的功效发挥得愈发充分。在过往的重大公共卫生事件期

---

[1] 〔意〕帕特里齐奥·肯佩斯编著:《生物特征的安全与隐私》,陈驰、翁大伟等译,科学出版社 2017 年版,第 9 页。

[2] 王锋:《私密还是透明:智慧社会的隐私困境及其治理》,《行政论坛》2021 年第 1 期。

间，曾经发生过多起因处置不当而引发流调所涉公民生物隐私信息被泄露的事件，导致多位公民隐私权利受损，这种失范情况对我们具有警示意义。公民生物特征具有永久性特征，一旦被泄露，就不存在真正意义上的"救济"，即不可能恢复到"他人不知道"的原状，因此，在通过设备收集到相关公民的生物特征信息后，在技术分析、结果应用和信息储存等诸多处置环节，必须严格坚守"最小必要"原则。我国《网络安全法》规定网络运营者收集和使用个人信息"应当遵循合法、正当、必要的原则"。欧盟《一般数据保护条例》则强调目的受限（Purpose Limitation）和数据最小化（Date Minimisation）。不同国家和地区的相关规定，为"最小必要"原则提供了法规依据和适用准则的有效借鉴，这对智媒环境下公民隐私保护具有十分重要的意义。

除此以外，对通过智能生物识别技术采取"脱敏"的预处理方法也非常必要。通过这种预处理，令数据工程师可以顺利处理这些生物特征数据，但不能"认识"这些数据，即不能让隐私数据与隐私主体产生直接关联。"我们可以并且应该控制科技所产生的风险，但碰巧的是，要做到这一点的最佳方式是开发更多技术，尤其是更加值得信赖的技术。"[①] 智能生物识别技术完善的每一次努力，都会有助于公民隐私得到更有效的保护，也会令每个生命体拥有更多的尊严。

[①] 〔美〕阿米尔·侯赛因：《终极智能——感知机器与人工智能的未来》，赛迪研究院专家组译，中信出版集团 2018 年版，第 120—121 页。

结　　语

一、隐私关注的维度

隐私是一个严谨的学术概念，也是一种广受关注的社会现象。所以，有人断言"隐私的历史是噪声与沉默的结合体"。[①] 14世纪40年代，英国一位名叫伊莎贝尔的女士先后对四位邻居提起诉讼，尽管理由五花八门：或是这些邻居透过窗户看到她的花园，或是在瞭望塔上凝视她家里的私事，或是通过12个小孔监视她和仆人……总之，邻居们在窥探她的私人生活，所以必须寻求法律上的保护。这意味着从隐私主体开始将隐私作为一种值得重视的个人主观感受开始，私人生活、私密化便一直成为隐私的核心要素。在那时，隐私作为一种权利的意识也许还在萌芽状态，但它之于个体的生命意义的价值而言，却因为这种关注而显现出迷人的魅力。从现代隐私的视角看，我们当然无法认同伊莎贝尔女士近乎极端的私密化追求，因为这种无差别遮挡他人关注目光的做法，会在客观上将自己隔离在公共的社会生活之外。但是，这种对秘密化的追求，却体现了个体对个人自尊或尊严的自觉追求。自尊是大多数人高尚的、良好的、有能力的强烈需求，它是一件有益的事情，会使人处于最好的

[①]〔英〕大卫·文森特：《隐私简史》，梁余音译，中信出版集团2020年版，第Ⅰ页。

心理状态。①人们对社会文明和进步的最直观的体验,就是从感性到理性全面感受生活的美好。

19世纪80年代末,美国一位名叫沃伦的男士也感受着伊莎贝尔类似的苦恼:身处名门望族的他及家人几乎每天都处在各类小报记者目光的关注中(后来还有相机镜头)。当地报纸时有关于这个家族人员往来及家庭聚会的详尽报道。不堪其扰的沃伦联手布兰代斯倡导将"独处的权利"上升为隐私权。将隐私从主观的心理感受上升到权利的层面以寻求法律上的保护,这在隐私发展史上具有里程碑的意义。由此开始,隐私从纯粹的个人感受和私人事务,上升为一种社会事务。"防止隐私权受到侵犯符合社会利益,足以证明引入此种救济的正当性,这不容置疑。尽管如此,确认个人权利是保护社会的主要途径。"②正是从这个时候开始,隐私作为一种权利从萌芽状态破土而出,由此开枝散叶,蔚然成为公民权利浪潮中一股重要的力量,并在确保公民权利完善性及社会有序发展中发挥着重要作用。

20世纪90年代末,中国一位名叫安顿的记者致力于采写社会各界人士隐秘的私人情感经历和个人生活体验,并在报纸上持续刊发,引发了影响深远的"隐私热"。从对他人奇异经历和跌宕起伏生活的好奇,到映射自身生命历程后的担忧,这种社会现象从一个特殊的层面,激发了不同学者对隐私问题的关注热情,最终令隐私作为一种权利从名誉权中独立出来,成为中国人"权利花园"中一

---

① 参见〔美〕埃略特·阿伦森、蒂莫西·D.威尔逊、塞缪尔·R.萨默斯:《社会心理学》,侯玉波、曹毅等译,人民邮电出版社2023年版,第15页。

② 〔美〕路易斯·D.布兰代斯等:《隐私权》,宦盛奎译,北京大学出版社2014年版,第35—36页。

株具有独特风情的"花朵"。中国社会对隐私的认知经历了一个独特的发展阶段。主观上，传统礼仪、等级文化的影响，熟人社会的熏陶；客观上，新中国成立前频繁的社会动荡、新中国成立初期法治意识的淡薄、"文革"的十年内乱，中国社会经历了一个漫长的隐私认知阶段。十一届三中全会以后，中国的社会经济发展开始进入快速的发展轨道，现代社会法治体系也逐渐建立起来，隐私权终于逐步从名誉权中独立出来，作为一项重要的人格权利被重视起来。伴随着社会经济的高速发展和法治现代化建设的持续推进，进入数字化时代的中国社会在公民隐私保护问题的层面上，无论是政策法规体系的完善，还是全社会隐私意识的提升，都取得了令世界瞩目的巨大成就。这种成就不仅体现在隐私作为一种人格权利在以《民法典》为主的相关法律体系中被予以严格保护，还体现在以《个人信息保护法》为主的法律法规中，隐私保护开始从人格权利拓展到关于个人信息、个人数据的层面，并与财产权利紧密联系起来。这种与时俱进、具有时代性特征的前瞻性法治理念和法治实践，令人们对中国社会的隐私保护充满期待。

二、隐私之于生命的意义

隐私曾经是一种绝对密不示人的私人事务或场景，即使是邻居们自然而然存在的、用于透气和观望目的的窗户，也因为可能用于窥视而被禁止。隐私也曾是不受打扰、安宁独处的私人体验，奔波劳累之后，调整心绪，休养身心的"宁居"追求需要得到尊重。隐私更是一道茶余饭后的"甜点"，现实生活中离奇曲折的八卦人生，社交媒体中奇幻莫名的生命体验，令内卷焦虑的现代人可以获得短暂的喘息时光。但是，无论如何，隐私的本质属性是一种个人权利。

我们可以不认同以封闭的心态将私人事务包裹得严丝合缝,像乌龟一样,一辈子背着自己重重的外壳,即使邻居和路人毫无恶意的目光也必须被阻挡。我们也可以接受基于隐私主体的同意或在匿名的状态下传播、讨论他人的私人生活,从而成为调剂单调紧张生活的一款调味剂,但是,法治社会绝不允许对作为一种权利的隐私有任何冒犯。

在过往的旧时光里,一代代人的努力终于让作为权利的隐私拥有了它应有的法律地位,也令自主意识持续增强的现代人,因为隐私获得有效保护而拥有了作为人所独有的人格尊严。因为隐私得到足够的尊重,作为隐私主体的个人在与他人交往中,才可以拥有更多的自信,可以对自己交往的对象拥有更多的兴趣和更高的热情。就宏观而言,只有保有隐私,人的生活经历才更有价值和意义。如果一个人对交往的对象可以"一览无遗",生活一定会变得了无意趣。然而,数字化社会的到来和智能技术的推广,正在令作为权利的隐私面临困境,"透明人""无隐私时代"正在变成一种现实。被持续数字化的隐私数据,也不再仅仅是一种人格权利,它在财产属性等方面正在体现出更多的面向。所以,隐私保护正在成为一个迫在眉睫的重大时代命题。

基于隐私私密性的核心诉求,在关于隐私保护的讨论中,主体的封闭性和内向性选择一直被重点关注。在公私界限存在清晰区隔、隐私主体可以有效地自主处置私人事务的传统媒体时代,这是一种合理的面向。进入新媒体时代,尤其是进入智媒时代,共享成为这个社会的主题,几乎无所不能的网络成为人们实现全面信息共享的平台,海量的数据则是全面共享的内容。从生活信息的获取,到工作任务的完成,数字化生存已经成为一种基本的生活方式,或者说是人的一种存在形态,因此,关注隐私保护的维度需要得到拓展。"隐私不是隔离个人和社会的盾牌,而是一种社会结构的要素","维护隐私的努力不仅是内向的或防御的,也不只是将我们与他人分开"。①

从本质上看,隐私从其萌芽开始,就是与他人联结的产物。原始人之所以从赤身裸体的"自然"生存状态,进入穿衣(树叶、兽皮)蔽体的"社会"生存阶段,主要是因为"耻感"意识带来的社交压力。独立的主体无法脱离他者的存在而孑然独立,任何一个单独的个体都必须成为群体中的一个有机组成部分。进入数字化社会,隐私更成为个体连结世界的一种介质,人们通过主动或被动的信息分享,成为这个社会网络中一个不可或缺的重要节点。麻省理工学院社会学教授雪莉·特克尔就人与信息技术的关系问题重点观察研究了450位青少年,在关于隐私问题上,她发现尽管这些年轻人也会存在隐私泄露的焦虑,并且对此束手无策、别无他法,但"一些年轻人觉得他们的隐私问题实际上没有看起来那么糟糕",在某种意义上,网络上这些彼此的隐私的存在"会营造一个更宽容的社会",因为"隐私是一个全新的现象","没有隐私,亲密的界线便会变得模糊"②。

生存于数字化社会中的人们,在数字技术的挤压下,对隐私泄露"束手无策",彼此可以观看和被观看。在这种隐私难以得到真正保护的数字监控社会,人们是否可以营造一个"更宽容的社会"

---

① 〔美〕阿里·埃兹拉·沃尔德曼(Ari Ezra Waldman):《隐私即信任》,张璐译,法律出版社2022年版,第92页。
② 参见〔美〕雪莉·特克尔:《群体性孤独》,周逵、刘菁荆译,浙江人民出版社2014年版,第270—277页。

尚待观察，但可以因为分享包括隐私在内的个人信息而使彼此关系变得更为亲密，则已经成为一个既存的社会事实。

三、隐私保护中的意义边界与自主意愿

智媒时代的隐私保护，须致力于意义边界的确立。在数字化社会，传统意义上的边界已经消融，这种消融一方面表现为私人空间已经基本上被公共空间包含，作为隐私保护经验做法的边界区隔已经难以发挥作用，既有的通过将个人隐私放置于私人空间进行隐私保护的方式已几近失效。另一方面，随着与自然人相对应的数字人的形成，数字人可以脱离肉身主体而自由切换于现实世界与虚拟世界，而作为主体的自然人却无法明确感知这种切换。基于人的这种生存现实，隐私保护首先必须致力于意义边界的确立，即公民隐私数据合理使用边界的确立。意义边界的确立首先体现在对社会数字化现实和发展趋势的尊重。在智媒时代，随着大数据技术的不断完善和人工智能技术的持续进展，以封闭的心态严密保护个人隐私数据既无必要，也无可能，"匿名""删除""遗忘"对无所不能的数字技术而言，只是一个令人心安的神话。意义边界的确立也只是体现在对不同独立主体意志的尊重。独立性是现代人的重要标志，对待个人隐私数据的处置也是如此。不同个体对个人隐私公开的耐受力是不同的，这种不同既可能源于不同个体的心理状态，例如，有的人认为个人的这些隐私即使被他人知晓也无伤大雅，甚至会主动"自曝隐私"；也可能源于不同个体对隐私功能利用的不同目的，例如，有人会通过隐私披露来寻求商业目标的实现。因此，意义边界的确立应体现出对原有边界变化和个体主观意愿不同的尊重，在此基础上，再寻找到边界确立的基本共识。

智媒时代的隐私保护,也是对公民数据自主意愿的保护。在数字化社会中,隐私保护的核心是关于公民隐私数据收集和处置规则的确定。有学者将数字化社会的隐私定义为"人类信息既不被知道也不被使用的程度"[1]。在这个定义中,"程度"问题是最难以明确解释和定义的,因为它更具有主观色彩,与隐私保护中的"自主意愿"一脉相承。自主意愿一方面体现出隐私主体的心理状态,另一方面也关涉权力对隐私数据处置方式的影响。传统媒体时代,法律将隐私受伤害的后果要件表述为"精神痛苦",这在智媒时代依然适用。知情同意原则之所以被视作现代社会隐私保护的普适原则,体现的也正是对隐私主体主观心理状态,即是否会因披露相应隐私而感到"精神痛苦"的尊重。与此相对应,自主意愿也受外在权力干预的直接影响,不管是否出于合理的目的,现代社会中政府和商业组织的正常运行已经无法脱离对公共数据的挖掘和使用,而这些公共数据中自然而然地包含了大量的私人隐私数据。于是,在"知情"的前提下,隐私主体的自主意愿将作出何种形式与内容的"同意"的意思表示,是隐私保护的核心所在。对每个主体而言,个人隐私是一种重要权利。期待每一个社会成员能够通过对这种权利的有效享受,拥有有尊严的美好生活。

---

[1] 〔美〕尼尔·理查兹:《隐私为什么重要》,朱悦、嵇天枢译,上海人民出版社2023年版,第24页。

参考文献

一、专著类

(一)国内著作

1. 曹瑞林:《新闻法制学初论》,解放军出版社1998年版。
2. 陈堂发:《新媒体环境下隐私保护法律问题研究》,复旦大学出版社2018年版。
3. 董炳和:《新闻侵权与赔偿》,青岛海洋大学出版社1998年版。
4. 董新平、叶彩鸿、蒋怡等:《物联网环境下个人隐私信息保护体系建设研究》,人民出版社2018年版。
5. 范海潮:《社交媒体平台隐私自我管理研究》,江苏人民出版社2019年版。
6. 费孝通:《乡土中国》,北京大学出版社2012年版。
7. 高富平:《个人数据保护和利用国际规则、源流与趋势》,法律出版社2016年版。
8. 顾理平:《新闻法学》,中国广播电视出版社1999年版。
9. 顾理平:《新闻传播法学》,江苏教育出版社2012年版。
10. 黄仁宇:《万历十五年》,生活·读书·新知三联书店2006年版。
11. 京东法律研究院编:《欧盟数据宪章——〈一般数据保护条例〉(GDPR)评述及实务指引》,法律出版社2018年版。
12. 李德顺:《价值论:一种主体性的研究》,中国人民大学出版社2013年版。
13. 林惠祥:《文化人类学》,商务印书馆2011年版。
14. 林语堂:《吾国与吾民》,陕西师范大学出版社2006年版。
15. 刘迪:《现代西方新闻法制概述》,中国法制出版社1998年版。
16. 马特:《隐私权研究——以体系构建为中心》,中国人民大学出版社2014

年版。
17. 毛典辉:《大数据隐私保护技术与法理机制研究》,清华大学出版社 2019 年版。
18. 孟繁华:《众神狂欢——当代中国的文化冲突问题》,今日中国出版社 1997 年版。
19. 潘晓、霍峥、孟小峰:《位置大数据隐私管理》,机械工业出版社 2017 年版。
20. 齐爱民:《信息法原论》,武汉大学出版社 2010 年版。
21. 邱建华、冯敬等:《生物识别特征:身份认证的革命》,清华大学出版社 2016 年版。
22. 瞿同祖:《中国法律与中国社会》,商务印书馆 2010 年版。
23. 全燕:《隐形超权力:算法传播研究》,商务印书馆 2023 年版。
24. 瑞柏律师事务所编:《欧盟〈一般数据保护条例〉GDPR》,法律出版社 2018 年版。
25. 邵培仁:《媒介生态学新论》,浙江大学出版社 2022 年版。
26. 申琦:《中国网民网络信息隐私认知与隐私保护行为研究》,复旦大学出版社 2015 年版。
27. 苏力:《法治及其本土资源》,中国政法大学出版社 1996 年版。
28. 涂子沛:《数文明:大数据如何重塑人类文明、商业形态和个人世界》,中信出版集团 2018 年版。
29. 王利明:《民商法精论》,商务印书馆 2018 年版。
30. 王利明:《人格权重大疑难问题研究》,法律出版社 2019 年版。
31. 王飓濛:《智媒时代的隐私悖论》,中国广播电视出版社 2022 年版。
32. 王忠:《隐私经济——个人数据的多维权衡》,海洋出版社 2019 年版。
33. 魏永征:《新闻传播法教程》,中国人民大学出版社 2002 年版。
34. 吴军:《智能时代:大数据与智能革命重新定义未来》,中信出版集团 2016 年版。
35. 项立刚:《5G 时代:什么是 5G,它将如何改变世界》,中国人民大学出版社 2019 年版。
36. 许煜:《论数码物的存在》,李婉南译,上海人民出版社 2019 年版。
37. 俞立根:《手机媒介与公民隐私权保护》,中国广播影视出版社 2022 年版。
38. 翟学伟:《人情、面子与权力的再生产(第二版)》,北京大学出版社

2013 年版。
39. 翟学伟:《关系与中国社会》,中国社会科学出版社 2012 年版。
40. 张莉:《论隐私权的法律保护》,中国法制出版社 2007 年版。
41. 张民安:《场所隐私权研究——场所隐私权理论的产生、发展、确立和具体适用》,中山大学出版社 2016 年版。
42. 张民安:《隐私权的性质和功能》,中山大学出版社 2018 年版。
43. 张新宝:《侵权责任法》,中国人民大学出版社 2016 年版。
44. 张新宝:《隐私权的法律保护》,群众出版社 2004 年版。
45. 中央网络安全和信息化领导组办公室、国家互联网信息办公室政策法规局编:《外国网络法选编 第 2 辑 新西兰》,中国法制出版社 2016 年版。
46. 中央网络安全和信息化研究领导小组办公室、国家互联网信息办公室政策法规局编:《外国网络法选编 第 1 辑 美国 俄罗斯》,中国法制出版社 2015 年版。
47. 朱庆育:《民法总论(第二版)》,北京大学出版社 2013 年版。

(二)国外著作

(1)国外原版著作

1. Tal Morse and Michael Brinhack, *Digital Afterlife: Death Matters in a Digital Age, Eds.* Maggi Savin-Baden, Victoria Mason-Robbie, Boca Raton: CRC Press, 2020.
2. Floridi, L., *The ethics of information*, Oxford: Oxford University Press, 2013.
3. Koopman, C., *How We Become Our Data: A Genealogy of the Informational Person*, Chicago: The University of Chicago Press, 2019.
4. Mannix, K., *With the End in Mind: How to Live and Die Well*, London: William Collins, 2019.
5. Paul Bernal, *Internet Privacy Rights: Rights to Protect Autonomy*, Cambridge: Cambridge University Press, 2014.
6. Raz, J., *The Morality of Freedom*, Oxford: Clarendon, 1986.
7. Sandra Petronio, *Boundaries of privacy: Dialectics of disclosure*, Albany: State University of New York Press, 2002.
8. Solove, D. J., *The Digital Person: Technology and Privacy in the Information Age*, New York: New York University Press, 2004.

9. Mordini, E., and Tzovaras, D. (Ed.), *Second Generation Biometrics: The Ethical, Legal and Social Context*, Berlin: Springer, 2012.

10. Taylor, L., et al. (Ed.), *Group Privacy: New Challenges of Data Technologies*, Berlin: Springer, 2017.

（2）国外著作中文译本

1. 阿里·埃斯拉·瓦尔德曼:《隐私即信任——大数据时代的信息隐私》, 张璐译, 法律出版社 2022 年版。

2. 阿里尔·扎拉奇、莫里斯·E. 斯图克:《算法的陷阱: 超级平台、算法垄断与场景欺骗》, 余潇译, 中信出版社 2018 年版。

3. 阿丽塔·L. 艾伦、理查德·C. 托克音顿:《美国隐私法: 学说、判例与立法》, 冯建妹、石宏等译, 中国民主法制出版社 2019 年版。

4. 阿米尔·侯赛因:《终极智能——感知机器与人工智能的未来》, 赛迪研究院专家组译, 中信出版集团 2018 年版。

5. 阿奇科·布奇:《无隐私时代》, 郑澜译, 北京燕山出版社 2021 年版。

6. 埃略特·阿伦森、蒂莫西·D. 威尔逊、塞缪尔·R. 萨默斯:《社会心理学》（第 10 版）, 侯玉波、曹毅等译, 人民邮电出版社 2023 年版。

7. 埃略特·阿伦森、乔舒亚·阿伦森:《社会性动物（第 12 版）》, 邢占军、黄立清译, 华东师范大学出版社 2020 年版。

8. 爱伦·艾德曼、卡洛琳·肯尼迪:《隐私的权利》, 吴懿婷译, 当代世界出版社 2003 年版。

9. 安德雷斯·韦思岸:《大数据和我们——如何更好地从后隐私经济中获益？》, 胡小锐、李凯平译, 中信出版集团 2016 年版。

10. 安德鲁·基恩:《数字眩晕》, 郑友栋、李冬芳、潘朝辉译, 安徽人民出版社 2013 年版。

11. 安尼克·帕代赫-加拉布隆:《私密感的诞生: 近代早期巴黎的隐私与家庭生活》, 成沅一、周颜开译, 浙江大学出版社 2022 年版。

12. 拜伦·瑞希:《人工智能哲学》, 王斐译, 文汇出版社 2020 年版。

13. 保罗·多尔蒂、詹姆斯·威尔逊:《机器与人——埃森哲论新人工智能》, 赵亚男译, 中信出版集团 2018 年版。

14. 比尔·科瓦奇、汤姆·罗森斯蒂尔:《真相: 信息超载时代如何知道该相信什么》,陆佳怡、孙志刚译,中国人民大学出版社 2014 年版。
15. 布莱恩·阿瑟:《技术的本质:技术是什么,它是如何进化的(经典版)》,曹东溟、王健译,浙江人民出版社 2018 年版。
16. 布鲁斯·施奈尔:《数据与监控:信息安全的隐形之战》,李先奇译,金城出版社 2018 年版。
17. 大卫·文森特:《隐私简史》,梁余音译,中信出版社 2020 年版。
18. 戴维·G.欧文:《侵权法的哲学基础》,张金海等译,北京大学出版社 2016 年版。
19. 戴维·巴斯:《进化心里学》,张勇、蒋柯译,商务印书馆 2015 年版。
20. 戴维·迈尔斯:《社会心理学(第 11 版)》,侯玉波、乐国安、张智勇等译,人民邮电出版社 2016 年版。
21. 费朗西斯·福山:《身份政治:对尊严与认同的渴求》,刘芳译,中译出版社 2021 年版。
22. 古斯塔夫·勒庞:《乌合之众》,冯克利译,中央编译出版社 2005 年版。
23. 哈尔特穆特·罗萨:《加速:现代社会中时间结构的改变》,董璐译,北京大学出版社 2015 年版。
24. 海伦·尼森鲍姆:《场景中的隐私——技术、政治和社会生活中的和谐》,王苑等译,法律出版社 2022 年版。
25. 韩炳哲:《透明社会》,吴琼译,中信出版集团 2019 年版。
26. 黑格尔:《法哲学原理》,范扬、张企泰译,商务印书馆 2013 年版。
27. 亨利·达尔齐尔、约书亚·施罗德等:《悄无声息的战场》,清华大学出版社 2019 年版。
28. 杰米·萨斯坎德:《算法的力量:人类如何共同生存?》,李大白译,北京日报出版社 2022 年版。
29. 卡茨等:《媒介研究经典文本解读》,常江译,北京大学出版社 2011 年版。
30. 凯伦·扬、马丁·洛奇:《驯服算法:数字歧视与算法规则》,上海人民出版社 2020 年版。
31. 凯斯·桑斯坦:《标签:社交媒体时代的众声喧哗》,陈颀、孙竞超译,中国民主法制出版社 2021 年版。
32. 凯西·奥尼尔:《算法霸权:数学杀伤性武器的威胁》,中信出版集团

2019 年版。
33. 克里斯托弗·怀利:《对不起,我操控了你的大脑》,吴晓真译,民主与建设出版社 2021 年版。
34. 路易斯·D. 布兰代斯等:《隐私权》,宦盛奎译,北京大学出版社 2014 年版。
35. 马尔克·杜甘、克里斯托夫·拉贝:《赤裸裸的人:大数据、隐私和窥视》,杜燕译,上海科学技术出版社 2017 年版。
36. 马克·波斯特:《第二媒介时代》,南京大学出版社 2000 年版。
37. 马克·罗滕伯格、茱莉亚·霍维兹、杰拉米·斯科特:《无处安放的互联网隐私》,苗淼译,中国人民大学出版社 2017 年版。
38. 马特:《隐私权研究——以体系构建为中心》,中国人民大学出版社 2014 年版。
39. 迈克斯·泰格马克:《生命 3.0》,汪婕舒译,浙江教育出版社 2018 年版。
40. 米歇尔·布艾希:《科技智人:从今天到未来的哲学》,刘成富、陈茗钰、张书轩译,中国社会科学出版社 2019 年版。
41. 米歇尔·福柯:《规训与惩罚》,生活·读书·新知三联书店 2007 年版。
42. 南希·K. 拜顾姆:《交往在云端》,董晨宇译,中国人民大学出版社 2020 年版。
43. 尼尔·理查兹:《隐私为什么很重要》,朱锐、嵇天枢译,上海人民出版社 2023 年版。
44. 尼尔·曼森、奥诺拉·奥尼尔:《重新思考生命伦理中的知情同意》,胡位钧译,商务印书馆 2023 年版。
45. 尼古拉斯·卡尔:《数字乌托邦》,中信出版社 2018 年版。
46. 欧文·戈夫曼:《日常生活中的自我呈现》,北京大学出版社 2008 年版。
47. 帕特里齐奥·肯佩斯编著:《生物特征的安全与隐私》,陈驰、翁大伟等译,科学出版社 2017 年版。
48. 帕特里夏·尤伊克、苏珊·S. 西尔贝:《法律的公共空间——日常生活中的故事》,陆益龙译,商务印书馆 2005 年版。
49. 齐格蒙特·鲍曼、蒂姆·梅:《流动的现代性》,欧阳景根译,中国人民大学出版社 2018 年版。
50. 齐格蒙特·鲍曼、蒂姆·梅:《社会学之思(第 3 版)》,李康译,上海文艺出版社 2020 年版。
51. 乔治·戴森：《图灵的大教堂》，盛杨灿译，浙江人民出版社 2015 年版。
52. 斯蒂芬·李特约翰：《人类传播理论（第七版）》，史安斌译，清华大学出版社 2004 年版。
53. 唐·R.彭伯、克莱·卡尔弗特：《美国大众传媒法（第 19 版）》，张金玺译，中国人民大学出版社 2022 年版。
54. 唐娜·希克斯：《尊严》，叶继英译，中国人民大学出版社 2016 年版。
55. 特蕾莎·M.佩顿、西奥多·克莱普尔：《大数据时代的隐私》，郑淑红译，上海科学技术出版社 2017 年版。
56. 托马斯·威施迈耶：《人工智能与法律的对话》，上海人民出版社 2020 年版。
57. 维克托·迈尔-舍恩伯格、肯尼思·库克耶：《大数据时代》，浙江人民出版社 2013 年版。
58. 维克托·迈尔-舍恩伯格、托马斯·拉姆什：《数据资本时代》，李晓霞、周涛译，中信出版集团 2018 年版。
59. 乌尔里希·艾伯尔：《智能机器时代：人工智能如何改变我们的生活》，赵蕾莲译，新星出版社 2020 年版。
60. 亚里士多德：《尼各马可伦理学》，廖申白译，商务印书馆 2019 年版。
61. 伊恩·伯尔勒：《人脸识别：看得见的隐私》，赵精武、唐林垚译，上海人民出版社 2022 年版。
62. 伊莱·帕里泽：《过滤泡：互联网对我们的隐秘操纵》，中国人民大学出版社 2020 年版。
63. 伊莱恩·卡斯凯特：《网上遗产：被数字时代重新定义的死亡、记忆与爱》，张淼译，海峡文艺出版社 2020 年版。
64. 尤瑞恩·范登·霍文、约翰·维克特：《信息技术与道德哲学》，赵迎欢、宋吉鑫、张勤译，科学出版社 2019 年版。
65. 尤瓦尔·赫拉利：《未来简史》，林俊宏译，中信出版集团 2017 年版。
66. 约翰·阿米蒂奇、乔安妮·罗伯茨：《与赛博空间共存》，曹顺娣译，江苏凤凰教育出版社 2016 年版。
67. 约翰·奥尼尔：《身体五态》，北京大学出版社 2010 年版。
68. 约翰·杜海姆·彼得斯：《奇云：媒介即存有》，邓建国译，复旦大学出版社 2021 年版。
69. 约翰·罗尔斯:《正义论》,何怀宏等译,中国社会科学出版社 1998 年版。
70. 约翰·帕克:《全民监控》,关立深译,金城出版社 2015 年版。
71. 约书亚·梅罗维茨:《消失的地域:电子媒介对社会行为的影响》,肖志军译,清华大学出版社 2002 年版。

二、论文类

(一)国内论文

1. 陈昌凤、徐芳依:《智能时代的"深度伪造"信息及其治理方式》,《新闻与写作》2020 年第 4 期。
2. 陈昌凤、虞鑫:《智能时代的信息价值观研究:技术属性、媒介语境与价值范畴》,《编辑之友》2019 年第 6 期。
3. 陈吉栋:《播撒信任的技术幽灵——区块链法律研究述评》,《探索与争鸣》2019 年第 12 期。
4. 陈佳举:《法律行为理论下个人信息保护的知情同意研究》,《中国政法大学学报》2023 年第 2 期。
5. 陈钟:《从人工智能本质看未来的发展》,《探索与争鸣》2017 年第 10 期。
6. 戴昕:《看破不说破:一种基础隐私规范》,《学术月刊》2021 年第 4 期。
7. 丁晓东:《用户画像、个性化推荐与个人信息保护》,《环球法律评论》2019 年第 5 期。
8. 董晨宇、丁依然:《社交媒介中的"液态监视"与隐私让渡》,《新闻与写作》2019 年第 4 期。
9. 范海潮、顾理平:《探寻平衡之道:隐私保护中知情同意原则的实践困境与修正》,《新闻与传播研究》2021 年第 2 期。
10. 方惠、吴尚蔚:《"故园荒芜":"数字死亡"的记忆与遗忘》,《国际新闻界》2023 年第 10 期。
11. 高兆明、高昊:《第二肉身:数据时代的隐私与隐私危机》,《哲学动态》2019 年第 8 期。
12. 耿书培:《流动的隐私边界何在:在线健康信息的表露机制研究》,《新闻与写作》2024 年第 2 期。

13. 顾理平，杨苗：《个人隐私数据"二次使用"中的边界》，《新闻与传播研究》2016年第9期。
14. 顾理平、俞立根：《手机应用模糊地带的公民隐私信息保护——基于五大互联网企业手机端的隐私政策分析》，《当代传播》2019年第2期。
15. 顾理平、俞立根：《关联方信息共享与公民的隐私保护——基于手机App的研究》，《现代传播（中国传媒大学学报）》2019年第9期。
16. 顾理平：《契约精神视野中的虚假新闻》，《现代传播（中国传媒大学学报）》2008年第5期。
17. 顾理平：《网络传播中的关键节点》，《视听界》2019年第1期。
18. 顾理平：《无感伤害：大数据时代隐私侵权的新特点》，《新闻大学》2019年第2期。
19. 顾理平：《整合型隐私：大数据时代隐私的新类型》，《南京社会科学》2020年第4期。
20. 顾理平：《智能生物识别技术：从身份识别到身体操控——公民隐私保护的视角》，《上海师范大学学报（哲学社会科学版）》2021年第5期。
21. 何晶、李瑛琦：《算法何以生成？——中国互联网平台企业算法生产实证研究》，《新闻与传播研究》2024年第2期。
22. 何丽野：《隐私、符号与资本》，《中国社会科学评价》2022年第1期。
23. 和丽军：《民法典遗嘱信托制度的完善》，《福建师范大学学报（哲学社会科学版）》2020年第5期。
24. 胡鹏鹏：《大数据背景下个人生物识别信息的立法保护研究》，《信息安全研究》2020年第9期。
25. 黄晓林、李妍：《美国儿童网络隐私保护实践及对我国启示》，《信息安全与通信保密》2017年第4期。
26. 黄莹：《语境消解、隐私边界与"不联网的权利"：对朋友圈"流失的使用者"的质性研究》，《新闻界》2018年第4期。
27. 季芳芳：《如何认识新闻伦理层面的算法透明度》，《中国报业》2018年第5期。
28. 姜华、张涛甫：《传播结构变动中的新闻业及其未来走向》，《中国社会科学》2021年第8期。
29. 静恩英：《大数据时代：一个超级全景监狱》，《传播与版权》2013年第 6 期。

30. 俊霖:《论个人信息保护中知情同意的边界——以规则与原则的区分为切入点》,《东方法学》2022 年第 3 期。
31. 蓝江:《外主体的诞生——数字时代下主体形态的流变》,《求索》2021 年第 3 期。
32. 雷丽莉、朱硕:《人工智能生成稿件权利保护问题初探——基于 Dreamwriter 著作权案的分析》2022 年第 5 期。
33. 李凯、于艺:《社会化媒体中的网络隐私披露研究综述及展望》,《情报理论与实践》2018 年第 12 期。
34. 李凌霄:《隐私悖论:万物互联与赛博人的隐私边界》,《传媒》2019 年第 19 期。
35. 李鹏翔、武阳:《模糊的边界:算法传播中隐私边界的内涵、衍度及其规制》,《新闻与写作》2021 年第 1 期。
36. 李唯嘉、杭敏:《社交媒体中的隐私困境:隐私边界与大数据隐忧》,《编辑之友》2019 年第 1 期。
37. 李延舜:《科技异化对隐私安全的危害及隐私权的回应性发展》,《中州学刊》2021 年第 8 期。
38. 李延舜:《隐私确权的个人维度与社会维度》,《河南大学学报(社会科学版)》2023 年第 1 期。
39. 林爱珺、蔡牧:《大数据中的隐私流动与个人信息保护》,《现代传播》2020 年第 4 期。
40. 林命彬:《哲学视角下智能机器在自我意识和行为意义上的突破》,《黑龙江社会科学》2016 年第 6 期。
41. 刘明达等:《区块链在数据安全领域的研究进展》,《计算机学报》2020 年第 1 期。
42. 刘秀秀:《技术向善何以可能:机制、路径与探索》,《福建论坛·人文社会科学版》2020 年第 8 期。
43. 刘泽刚:《大数据隐私权的不确定性及其应对机制》,《浙江学刊》2020 年第 6 期。
44. 刘战伟、包家兴、刘蒙之:《摄像头下的亲人:亲密监视中的"媒介化"与"去媒介化"亲情研究》,《新闻界》2023 年第 12 期。

45. 刘智慧:《论大数据时代背景下我国网络数字遗产的可继承性》,《江海论坛》2014年第6期。
46. 卢家银:《互联网平台私法责任承担的影响因素研究——2010—2022年隐私与个人信息纠纷裁判文书分析》,《新闻与传播研究》2024年第1期。
47. 卢新宁:《融合三问:新型主流媒体的转型思考》,《新闻与写作》2019年第2期。
48. 陆青:《个人信息保护中"同意"规则的规范构造》,《武汉大学学报(哲学社会科学版)》2019年第5期。
49. 栾轶玫:《人机融合情境下媒介智能机器生产研究》,《上海师范大学学报》(哲学社会科学版)2021年第1期。
50. 罗家德:《关系与圈子——中国人工作场域中的圈子现象》,《管理学报》2012年第2期。
51. 吕耀怀、罗雅婷:《大数据时代个人信息收集处理的隐私问题及其伦理维度》,《哲学动态》2017年第2期。
52. 马嘉:《趣缘社群领袖信任权威指标体系的建构与应用》,《当代传播》2024年第2期。
53. 马梦婕、杨佳妮:《国内外互联网平台的数字遗产保护与管理策略研究》,《新媒体研究》2021年第7期。
54. 宁园:《个人信息保护中知情同意规则的坚守与修正》,《江西财经大学学报》2020年第2期。
55. 牛静、赵一菲:《数字媒体时代的信息共享与隐私保护》,《中国出版》2020年第12期。
56. 牛彬彬:《数字遗产之继承:概念、比较法及制度建构》,《华侨大学学报(哲学社会科学版)》2019年第5期。
57. 潘玉庆:《社会资本理论与创新型组织文化建设》,《国外社会科学》2009年第5期。
58. 彭兰:《万物皆媒——新一轮技术驱动的泛媒化趋势》,《编辑之友》2013年第3期。
59. 彭兰:《网络的圈子化:关系、文化、技术维度下的类聚与群分》,《编辑之友》2019年第11期。

60. 彭兰:《智能时代的新内容革命》,《国际新闻界》2018 年第 6 期。
61. 彭兰:《智能时代人的数字化生存——可分离的"虚拟实体"、"数字化元件"与不会消失的"具身性"》,《新闻记者》2019 年第 12 期。
62. 申琦:《我国网站隐私保护政策研究:基于 49 家网站的内容分析》,《新闻大学》2015 年第 4 期。
63. 申琦:《重"私有领域"轻"个人信息":我国网络隐私权保护的司法困境》,《出版发行研究》2019 年第 2 期。
64. 宋建武等:《平台化:主流媒体深度融合的基石》,《新闻与写作》2017 年第 10 期。
65. 宋美杰、陈元朔:《逝者犹可追:基于数字痕迹的生死沟通与情感联结》,《国际新闻界》2023 年第 12 期。
66. 宋素红、陈艳明:《人脸识别中的"媒介化身份"——基于信息主体对技术使用与风险感知的角度》,《当代传播》2023 年第 6 期。
67. 宋亚辉:《个人信息的私法保护模式研究——〈民法总则〉第 111 条的解释论》,《比较法研究》2019 年第 2 期。
68. 隋岩:《群体传播时代:信息生产方式的变革与影响》,《中国社会科学》2018 年第 11 期。
69. 隋岩:《网络叙事的生成机制及其群体传播的互文性》,《中国社会科学》2020 年第 10 期。
70. 孙骥韬:《论遗嘱制度在〈民法典·继承编〉中的体系定位》,《学习与探索》2019 年第 9 期。
71. 孙伟平:《人工智能与人的"新异化"》,《中国社会科学》2020 年第 12 期。
72. 唐铮、林子璐:《生成式人工智能与新闻业:赋能、风险与前瞻》,《新闻与写作》2023 年第 11 期。
73. 万方:《隐私政策中的告知同意原则及其异化》,《法律科学(西北政法大学学报)》2019 年第 2 期。
74. 王琦:《网络时代的数字遗产·通信秘密·人格权——以社交、通信网络账户的继承为焦点》,《财经法学》2018 年第 6 期。
75. 王如鹏:《简论圈子文化》,《学术交流》2009 年第 11 期。
76. 王晓琳:《信息时代公共空间中的隐私问题》,《自然辩证法通讯》2018 年第 7 期。

77. 王泽鉴:《人格权的具体化及其保护范围·隐私权篇(中)》,《比较法研究》2009 年第 1 期。
78. 王长潇、刘娜:《人工智能时代的隐私危机与信任重建》,《编辑之友》2021 年第 8 期。
79. 魏春梅、盛小平:《弱关系与强关系理论及其在信息共享中的应用研究综述》,《图书馆》2014 年第 4 期。
80. 肖冬梅、陈晰:《硬规则时代的数据自由与隐私边界》,《湘潭大学学报(哲学社会科学版)》2019 年第 3 期。
81. 徐敬宏、张为杰、李玲:《西方新闻传播学关于社交网络中隐私侵权问题的研究现状》,《国际新闻界》2014 年第 10 期。
82. 徐敬宏、胡世明、陈文兵:《人工智能时代新闻业面临的机遇与挑战》,《郑州大学学报(哲学社会科学版)》2018 年第 5 期。
83. 徐婷婷:《新闻业的人工智能时代》,《科技传播》2016 年第 8 期。
84. 鄢一龙:《以道驭器:数智时代科技如何向善》,《中国科技论坛》2023 年第 6 期。
85. 闫坤如、刘丹:《技术介入主体及其伦理规约探析——以生物识别技术为例》,《东北大学学报(社会科学版)》2017 年第 1 期。
86. 严三九:《融合生态、价值共创与深度赋能——未来媒体发展的核心逻辑》,《新闻与传播研究》2019 年第 6 期。
87. 杨博文、孙永军:《理性赋能与向善赋权:科技伦理风险预警与敏捷治理体系的建构进路》,《科学技术哲学研究》2023 年第 4 期。
88. 杨国枢:《中国人的社会取向:社会互动的观点》,《中国社会心理学评论》2005 年第 1 期。
89. 杨宁:《大数据时代媒体人的新媒介素养》,《中国广播电视学刊》2015 年第 2 期。
90. 易继明:《人工智能创作物是作品吗?》,《法律科学(西北政法大学学报)》2017 年第 5 期。
91. 余成峰:《数字时代隐私权的社会理论重构》,《中国法学》2023 年第 2 期。
92. 喻国明、姚飞:《试论人工智能技术范式下的传媒变革与发展——一种对于传媒未来技术创新逻辑的探析》,《新闻界》2017 年第 1 期。
93. 岳林:《论隐私的社会生成机制——以习俗和法律关系为视角》,《学术月刊》2019年第6期。

94. 翟学伟:《中国人的人情与面子:框架、概念与关联》,《浙江学刊》2021年第5期。

95. 张陈弘:《新兴科技下的资讯隐私保护:"告知后同意原则"的局限性与修正方法之提出》,《台大法学论丛》2018年第3期。

96. 张萌:《从规训到控制:算法社会的技术幽灵与底层战术》,《国际新闻界》2022年第1期。

97. 张淑芳:《数据库:消费社会的"超级全景监狱"》,《华南农业大学学报(社会科学版)》2011年第2期。

98. 张新宝:《个人信息收集:告知同意原则适用的限制》,《比较法研究》2019年第6期。

99. 张媛媛:《论数字社会的个人隐私数据保护》,《中国特色社会主义研究》2022年第1期。

100. 赵建国:《社会生活的新参与者——无所不在的媒体陪伴》,《编辑之友》2015年第11期。

101. 赵自轩:《美国的数字资产继承立法:争议与启示》,《政治与法律》2018年第7期。

102. 郑佳宁:《知情同意原则在信息采集中的适用与规则构建》,《东方法学》2020年第2期。

103. 郑一卉、胡康:《"活"在云端:基于云的数智记忆实践及其意义研究》,《现代传播》2024年第1期。

104. 郑志峰:《人工智能时代的隐私保护》,《法律科学》(西北政法大学学报)2019年第2期。

105. 周丽娜:《智媒时代算法推荐对用户自主性的解构与重构——基于规则治理的视角》,《现代传播》2023第10期。

106. 朱侯、张明鑫、路永和:《社交媒体用户隐私政策阅读意愿实证研究》,《情报学报》2018年第4期。

107. 朱侯:《隐私边界冲突下社会化媒体共同隐私信息规制研究》,《情报学报》2021年第6期。

108. 朱天、张诚:《概念、形态、影响:当下中国互联网媒介平台上的圈子传播现象解析》,《四川大学学报(哲学社会科学版)》2014年第6期。

（二）国外论文

1. Schwartz, P. M., and Solove, D. J., "The PII Problem: Privacy and a New Concept of Personally Identifiable Information", *New York University Law Review*, 86(6), 2011.
2. Qian Liu, Mike Z. Yao, Ming Yang, Caixie Tu, "Predicting users' Privacy Boundary Management Strategies on Facebook", *Chinese Journal of Communication*, vol. 10, no. 3, 2017.
3. Glancy, D. J., The "Invention of the Right to Privacy", *Arizona law review*, 21(1), 1979.
4. Warren, S. D., and Brandeis, L. D., "The Right to Privacy", *Harvard law Review*, 4(5), 1890.
5. Edina Harbinja, "Post-mortem privacy 2.0: theory, law, and technology", *International Review of Law, Computers & Technology*, vol. 31, no. 1, 2017.
6. Edwards, L., & Harbinja, E., "Protecting post-mortem privacy: Reconsidering the privacy interests of the deceased in a digital world", *Cardozo Arts & Entertainment Law Journal*, vol. 32, no. 1, 2013.
7. Gandy, O. H., "The Panoptic Sort: A Political Economy of Personal Information", Review by: Gilmore, S., *Contemporary Sociology*, (1), 1995.
8. Loi, M., and Christen, M., "Two Concepts of Group Privacy", *Philosophy & Technology*, 33(1), 2020.
9. Elliot, A., "Comment, death & social media implications for the young & will-less", *Jurimetrics*, vol. 55, 2014.
10. Peter McCormick, "Social Contract: Interpretation and Misinterpretation", *Canadian Journal of Political Science*, vol. 9, No. 1, 1976.
11. Daniel J. Solove, "Privacy Self-Management and the Consent Dilemma", *Harv. L. Rev*, vol. 126, no. 7, 2013.
12. Leecia M. McDonald & Lorie Faith Cranor, "The Cost of Reading Privacy Policies", *A Journal of Law and Policy for the Information Society*, vol. 4, no. 3, 2008.

13. Obar, Jonathan A.&Anne Oeldorf-Hirsch., "The biggest lie on the internet: Ignoring the privacy policies and terms of service policies of social networking services", *Information, Communication & Society*, vol. 23, no. 1, 2020.
14. Clark D. Asay, "Consumer Information Privacy and the Problem(s) of Third-Party Disclosures", *Nw. J. Tech. & Intell. Prop.*, no. 11, 2013.
15. Leecia M. McDonald & Lorie Faith Cranor, "The Cost of Reading Privacy Policies", *A Journal of Law and Policy for the Information Society*, vol. 4, no. 3, 2008.
16. Richard Tur, "The 'Person' in Law", in *Persons and Personality: A Contemporary Inquiry*, Eds. A. Peacocke, G. Gilet, Hoboken: Basil Blackwel, 1987.
17. Edwards, L., & Harbinja, E., "Protecting post-mortem privacy: Reconsidering the privacy interests of the deceased in a digital world", *Cardozo Arts & Entertainment Law Journal*, vol. 32, no. 1, 2013.
18. Daniel J. Solove, "Introduction: Privacy Self-Management and the Consent Dilemma", *Harvard Law Review*, vol. 126, No. 7, 2013.
19. Tal Morse and Michael Birnhack, "Digital Remains: The Users' Perspectives", in *Digital Afterlife: Death Matters in a Digital Ages*, Eds. Maggi Savin-Baden, Victoria Mason Robbie, Boca Raton: CRC Press, 2020.
20. Park, Y. J., Sang, Y., Lee, H. and Jones-Jang, S. M., "The ontology of digital asset after death: policy complexities, suggestions and critique of digital platforms", *Digital Policy, Regulation and Governance*, Vol. 22, No. 1, 2018.
21. Edwards, L., & Harbinja, E., "Protecting post-mortem privacy: Reconsidering the privacy interests of the deceased in a digital world", *Cardozo Arts & Entertainment Law Journal*, vol. 32, no. 1, 2013.
22. Edina Harbinja, "Post-mortem privacy 2.0: theory, law, and technology", *International Review of Law, Computers & Technology*, vol. 31, no. 1, 2017.
23. Atherton, R., "Expectation Without Right: Testamentary Freedom and the Position of Women in Nineteenth Century New South Wales", *University of New South Wales Law Journal*, vol. 11, 1988.
24. Korobkin, Russell, "Bounded rationality, standard form contracts, and

unconscionability", *The University of Chicago Law Review*, vol. 70, no. 4, 2003.
25. Hildebrandt M., "Privacy and identity", in *Privacy and the criminal law*, Eds. Claes, E., Duff, A., Gutwirth, S., Antwerp-Oxford: Intersentia, 2006.
26. Susan, B., "A privacy paradox: Social networking in the Unites States", *First Monday Journal Article*, vol. 11, no. 9, 2006.
27. Walker, J., "Return of the UFADAA, How texas and the other states' adoption of the RUFADAA can change the internet", *Estate planning Community property law Journal*, No. 8, 2016.
28. Luci Pangrazio, Neil Selwyn, "'Personal data literacies': A critical literacies approach to enhancing understandings of personal digital data", *New media & Society*, vol. 21, no. 1, 2018.
29. Greenberg, J. & Arndt, J., "Terror management theory", in *Handbook of Theories of Social Psychology: Volume One*, Eds. Lange PAMV, Kruglanski AW and Higgins ET. CA: SAGE Publications Ltd., 2011.
30. Kasket Elaine, "Social Media and Digital Afterlife", in *Digital Afterlife: Death Matters in a Digital Age*, Eds. Maggi Savin-Baden, Victoria Mason-Robbie, Boca Raton: CRC Press, 2020.
31. Obar, J. A., & Oeldorf-Hirsch, A., "The Biggest Lie on the Internet: Ignoring the Privacy Policies and Terms of Service Policies of Social Networking Services", *Information, Communication & Society*, vol. 23, no. 1, 2020.
32. Calo, Ryan, "Against notice skepticism in privacy (and elsewhere)", *Notre Dame L. Rev*, vol. 87, 2011.
33. Morse, T., & Birnhack, M., The posthumous privacy paradox: Privacy preferences and behavior regarding digital remains, *New Media & Society*, 2020.

三、报告类

1. 中国互联网协会、工业和信息化部网络安全产业发展中心：《中国互联网企业100强发展报告2019年》人民网—中国经济周刊，2019年8月15日。
2. 人民网、中国信息通信研究院、中国互联网协会：《移动互联网应用个人信息安全报告（2019 年）》，人民网，2020 年 1 月 12 日。

四、电子文献

（一）国内电子文献

1. "部分人被淘汰不可避免！但 ChatGPT 真能颠覆新闻业吗？"传媒茶话会（2023-2-9）（https://mp.weixin.qq.com/s/13XlF1m1HZmOB6zoohvEsQ）。
2. "放心！火爆全球的 ChatGPT 不会换走媒体人的工作"，中国记者（2023-2-9）（https://mp.weixin.qq.com/s/hS93sCYwKdVhyJY4wRM_Uw）。
3. 巨量引擎："巨量算数首发年终盘点报告，解锁 10 个新消费族群的新力量"，搜狐网，2020 年 12 月 17 日。
4. 案例详情参见"王小英、王小亚一般人格权纠纷二审民事判决书"，https://wenshu.court.gov.cn/website/wenshu/181107ANFZ0BXSK4/index.html?docId=60cdf697a9a04a4ba608ab19009a5366。
5. 《腾讯微信软件许可及服务协议》，https://weixin.qq.com/cgi-bin/readtemplate?lang=zh_CN&t=weixin_agreement&s=default，2020 年 12 月 24 日。
6. 《关于保护"逝者账号"的公告》，https://m.weibo.cn/1934183965/4550080792898990，2020 年 12 月 24 日。
7. 《0.5 元一份！谁在出卖我们的人脸信息？》，新华网（2020-07-13）（http://www.xinhuanet.com/politics/2020-07/13/c_1126232239.html）。

（二）国外电子文献

1. About Inactive Account Manager, https://support.google.com/accounts/answer/3036546?hl=en. Accessed on December 24th.
2. Barbaro, M., and Zeller, T., Jr., A Face Is Exposed for AOL Searcher No. 4417749, *New York Times*, August 9, 2006, available at https://www.nytimes.com/2006/08/09/technology/09aol.html?ex=1171771200&en=fc3fb33.
3. Dick, E., Balancing User Privacy and Innovation in Augmented and Virtual Reality, *Information Technology & Innovation Foundation*, March 2021, available at https://itif.org/publications/2021/03/04/balancing-user-privacy-and-innovation-augmented-and-virtual-reality.
4. Federal Trade Commission, Privacy Online: A Report to Congress (1998-6), https://

www.ftc.gov/sites/default/files/documents/reports/privacy-online-report-congress/priv-23a.pdf (2019-8-21).
5. Hill, K., Facebook recommended that this psychiatrist's patients friend each other, Splinter, available at https://splinternews.com/facebook-recommended-that-this-psychiatrists-patients-f-1793861472.
6. John, E., Ottaviani&Alison Reuter, Maybe you can take it with you: post-mortem rights of publicity in the United States, https://www.worldtrademarkreview.com/trademark-law/maybe-you-can-take-it-you-post-mortem-rights-publicity-united-states. Accessed on December 24th.
7. California Consumer Privacy Act of 2018,1798.140, available at https://leginfo.legislature.ca.gov/faces/codes_displayText.xhtml?division=3.&part=4.&lawCode=CIV&title=1.81.5.
8. *Carpenter V. United States*, 585 U. S., available at https://www.supremecourt.gov/opinions/17pdf/16-402_h315.pdf.
9. Thompson, S. A., and Warzel, C., Twelve Million Phones, One Dataset, Zero Privacy, *New York Times*, December 19, 2019, Available at https://www.nytimes.com/interactive/2019/12/19/opinion/location-tracking-cell-phone.html.

后　　记

　　清代著名画家、文学家郑板桥在他的书斋挂着这样一副对联："删繁就简三秋树，领异标新二月花"，前句意指画兰绘竹易败于枝蔓，唯有删繁就简，方能如三秋树般别有意韵；后句则指撰文创作不可赶时髦、趋风气，必须"自出手眼，自树脊骨"，才能如二月花般引领百花盛开。这副对联蕴含的道理，对于我们今天的学术研究是十分有启发价值的，对我的学术研究也产生了重要的影响。如果说"领异标新"是一种学术目标或学术境界的话，"删繁就简"则是一个必须经历的艰难的蝶变过程。

　　我参加工作后承担的第一项工作是负责学校的对外宣传报道。凭借在大学读书时担任校报记者时拥有的新闻采写的初浅经验，几年间在国家和省市级各类媒体发表过近千篇（次）的新闻作品。完成新闻采写工作之余，还在学校不同院系讲授"法律基础知识"公共课。也许正是因为这样的机缘巧合，1995年我校新闻与传播学院成立后，当时在学院担任副书记的我选择将新闻传播法学作为自己教学科研的主要方向。我凭借着初生牛犊不怕虎的勇气，面对学科空白，构想着去完成学科框架性的中国内地第一本新闻传播法学著作。在随后的几年时间里，我从图书馆、书店搜罗了一大堆新闻传播学、法学的书刊疯狂地阅读、琢磨。在专业的针对性文献十分匮乏的情况下，我又通过大量阅读社会学、政治学、心理学等文献，来探寻新闻传播学与法学之间内在的科学联系。1999年底，我最初的构想终于在本人所著的《新闻法学》（修订版改为《新闻传播法学》）顺利出版后得以实现。在随后的时间里，我围绕这门学科的若干重要专题进行持续研究，至2010年，又先后出版了《新闻权利与新闻义务》等3本相关专著。

在完成了关于新闻传播法学学科研究最初的学术构想后，我的心理上开始有所放松，加之2012年由学院党委书记转任院长一职，行政事务异常繁忙，我的学术研究进入了一个瓶颈期。直到2015年，经过反复权衡和认真思考，我确定将"数字化社会公民隐私保护问题"作为未来研究的主要致力方向，至此，我的学术研究才由初期的系统性框架构想，进入到专题性的问题探讨。郑板桥当年提出绘画的要义之一"删繁就简"，是一种主动追求，而我的"删繁就简"则多少有点被动适应的意思——面对新闻传播法学所涉及的丰富复杂的问题，如果试图全面出击以求四面开花，显然是不切实际的，只有择其一二、殚精竭虑、探幽索隐，方能期待有更多创新性的发现。而关于隐私保护的研究，正是这种"删繁就简"的结果。

从生活日常发现学术议题，从而有针对性地回应生活之困和现实之惑，是研究者的社会担当，也是一种学术敏感。从这个意义上讲，我选择公民隐私保护问题作为致力的方向，就是试图用学术的方式努力去回答现实生活中提出的问题。当然，这个选择过程也有偶然的触发因素。随着数字化社会的到来和智能手机的普及，骚扰电话和垃圾短信成为长期困扰现代人的一个重要现实问题。猝不及防中随时响起的骚扰电话铃声迫使我思考这样一些问题：谁泄露了我的电话号码？他们怎么会知道电话主人的姓名？我们应该怎么办？这些隐私泄露问题，在相当长的时间里几乎是每个人每天都会面对的一大生活困扰。这不仅是一个生活问题，更是直面现实的学术问题，值得倾注心力去深入研究。其实，作为一种人格权利，在学术研究的早期，我就关注过隐私问题，在《新闻传播法学》一书中还有一章专门讨论隐私侵权问题。但在传统媒体时代，名誉才是身处面子社会中的中国人关注的焦点，因为媒体报道涉及报道对象时，总会对其名誉产生某种影响，而隐私相对而言似乎并没有那么重要。况且在当时的相关法律法规中，当公民隐私受到伤害时，也被视作当事人名誉权受损（比照名誉侵权）来处置。随着个体自主意识的增强和对隐私认知水平的持续提升，隐私权开始成为与名誉权对等的人格权利被高度重视起来。而伴随着数字化社会的到来，持续高发的隐私侵权案则推动着世界范围内对公民隐私保护问题的高度重视。

自2015年我将研究重点致力于公民隐私保护（尤其是智媒时代的公民隐私保护），至今已是第十个年头。伴随着大数据技术和人工智能技术的迭代升级和普遍应用，隐私保护的新问题也层出不穷，而十年艰苦探索过程中不时的新发现、新思想，则令这段学术时光意趣盎然。边界区隔一直是传统媒体时代讨论公民隐私保护问题的逻辑前提，但在数字化社会，边界消融已经成为一种生活现实，隐私保护问题的探讨必须从数字人的形成和数据流动融合这个全新的逻辑前提出发。前数字化社会，隐私都是以身体秘密、生活秘密等具象的方式存在；进入数字化社会，随着与自然人对应的数字人的出现，通过对个人数据的挖掘整合，技术可以对人进行"精准画像"，形成整合型隐私。这种整合型隐私更加多样化、全方位地呈现个体的私密性，从而导致对公民隐私的伤害无所不在；与之相对应，公民已经无法即时通过经验感知这种伤害的存在，从而产生了无感伤害。

隐私侵权的无感伤害并不是说伤害没有发生，而是人们感知这种伤害的时间会滞后，伤害的程度会加大。隐私作为一种公民权利在相当长的时间里是作为纯粹的人格权来对待的。在《民法典》中，隐私权也非常明确地被置于"人格权编"中来加以保护。而在数字化社会中，被数字化的隐私的财产价值伴随着数据的流动而持续显现。数据作为一种非竞争性资源需要被反复使用，因此，隐私保护也应摒弃传统的边界区隔的思维框架，更加强调科学的"知情同意"原则的践行。在对隐私的传统认知中，私密性一直是其核心诉求，换句话说，内向和封闭是其主要功能特征。但在以"趣缘"交往为普遍社交动机的网络社交中，隐私的介质性功能开始发挥作用。在网络交往中，人们通过分享自己的隐私信息建立社交关系，维系情感交流，彼此宽慰温暖。所以，隐私不是让个体与社会分开，而是成为基于信任而形成的一种社交结构。诸如此类的有趣发现，让我在对公民隐私保护问题的探索中，一直乐此不疲。十年的探索后，隐私保护问题依然将会是我在未来研究中持续关注的学术问题。

虽然，学术研究有"山重水复疑无路"后"柳暗花明又一村"的惊喜发现，但是更多的却是苦思冥想后四顾茫茫寻不见的艰难困顿，唯有学术兴趣和学术情怀，才可以成为一个研究者在艰辛的学术探索之路上持续前行的源源不断的精神动力。当然，研究过程中劳思伤神的身体劳累和精神疲惫都需要得到及时的化解。有人用运动的方式来抵抗精神的倦怠，有人用歌咏的方式来化解思绪的困顿，而我则选择亲近自然。不少同事和学生都知道我有一个"学术后花园"，那就是距南京车程一个半小时的溧阳曹山景区。思路阻塞的时候，我和夫人总会驱车来到这个富氧、幽静、景色优美的丘陵公园散步赏景。一季风光一欢时。无论是热烈绽放的格桑，还是肆意攀生的藤蔓，无论是风平浪静的河水，还是穿林而至的鸟鸣，这方游人稀少的芳草地总会令人身心舒展。如果时间不够充裕，我们则会驱车来到南京浦口滁河边一个我称为"秘密基地"的小景点作短暂的放松休闲。这个"秘密基地"虽然距南京只有半小时左右的车程，但由于并不处在热门景区，所以树静水幽，少人光顾。在长满了荷花菱角的池塘边，有一方亲水平台，岸边则有一排高大的栾树可以遮挡阳光。周边除春草夏荷秋叶冬雪外，时有野鸭白鹭活动，有几次甚至还看到两只黑天鹅带着一群天鹅宝宝在水中自由游弋……坐在休闲椅上，无论是观景还是冥想，都会拥有极好的休闲体验。当然，在我亲近自然的体验中，我觉得如果真正想放松放空，应该去中国的西部。我出生在江南水乡，看惯了杏花春雨。在面对大漠孤烟、青草牛羊、戈壁沙滩、旷野山川……的时候，会让我心心念念的"放空心灵"的愿望，有了真正的安置之处。面对天宇间一望无垠的茫茫沙漠和沙漠尽头高耸入云的巍峨山峰，凝望苦寂的戈壁滩上顽强生长的野花小草和艰难觅食的牛羊，学术研究中的那些艰难困苦就无法成为懈怠的理由。想起了在有"世界藏学府"之称的位于甘南夏河的拉卜楞寺看到的一幕：暮色降临，山风正劲，一群朝拜者目光坚定地走向寺庙。其中一位朝拜者从入口处便开始虔诚地两步一拜，坚定前行，其眼神坚毅，动作规范，目标明确。我无法猜度他的心愿，但这份虔诚与敬畏，令人敬佩。从某种意义上讲，他们的行为也是一种放空心灵、寻求内心安宁的行为——用身体丈量距离，在专注于目标的过程中，达致内心的安宁。这份信念，这种坚毅，令人肃然起敬。其实，学术研究也是如此。如果在通往目标的过程中承载太多功利性目的而负重前行，放松、放空就无从谈起，也就无法实现纯粹的学术理想。学术研究需要像亲近自然一样，拥有风一样的自由，追求天空一样的纯粹。

本书是我主持的国家社科基金重点项目"人工智能时代的公民隐私保护研究"的结项成果（项目结项等级为"优秀"），也是前一个重点项目"大数据时代隐私权问题研究"和后一个重大项目"智媒时代的公民隐私保护问题研究"中发挥承前启后的重要连接作用的关键项目。从项目申报书的撰写到项目研究的开展，迄今已有五年多的时间。时光流转中，我和团队成员一起锲而不舍地致力于公民隐私保护问题的探索。无论是艰苦的调研和细致的访谈，还是问题的分析和观点的碰撞，全体团队成员总是用敬畏之心，去科学处理学术研究中的每一个宏观问题和具体细节。正是这种努力和坚持，过去的五年时间也成为团队科研成果频频产出的收获时光。感谢团队成员辛勤的付出，特别感谢王飔濛、俞立根、范海潮在本书第四章、第七章、第八章和第九章的写作过程中作出的不可或缺的重要贡献。感谢南京师范大学新闻与传播学院的所有博士生、硕士生和本科生同学在课堂讨论和学术交流中给予我的启发。你们灵光一闪的奇思妙想经常会带给我惊喜的发现。感谢中国新闻史学会媒介法规与伦理专业委员会各位专家在天南海北的学术聚会中带给我的学术滋养，你们睿智的表达分享让我随时感受着学术思想的巨大魅力。与此同时，在学术交流中建立起来的学术情谊，也让我在这个易变的、不确定的世界里，感受着更多的温暖与确定性。感谢吴婧编辑为本书顺利出版付出的艰辛劳动。尽管素未谋面，但在联系书稿出版和书稿编辑过程中其所体现出的个人素养和专业能力，完美呈现了作为行业翘楚的权威出版社的编辑的良好形象。

十年前，在经过认真的分析权衡后，我确定花十年时间来重点致力于一个问题的研究，即数字化社会公民隐私保护问题的研究。

在孤灯苦影的独立思考或热烈争议的思想激荡中，十年时间倏忽而过，而隐私保护的议题却随着大数据、人工智能技术的迭代发展，持续成为全社会广泛关注的热点话题。在未来的岁月里，我将和团队成员一起，继续致力于这个古老而又新锐的问题的研究。期待以我们的微薄之力，积极推动全社会对隐私保护问题的关注和重视，让每一个社会成员都生活得更有尊严、更加美好！

生命中有很多机缘巧合。当我完成本书后记的写作时，正值教师节，期待这本凝结了我多年心血的新书，可以成为这个教师节对于我而言最有价值的节日礼物。

顾理平

2024年9月10日